utb 3146

D1942977

Eine Arbeitsgemeinschaft der Verlage

Böhlau Verlag · Wien · Köln · Weimar
Verlag Barbara Budrich · Opladen · Toronto
facultas · Wien
Wilhelm Fink · Paderborn
Narr Francke Attempto Verlag · Tübingen
Haupt Verlag · Bern
Verlag Julius Klinkhardt · Bad Heilbrunn
Mohr Siebeck · Tübingen
Ernst Reinhardt Verlag · München
Ferdinand Schöningh · Paderborn
Eugen Ulmer Verlag · Stuttgart
UVK Verlag · München
Vandenhoeck & Ruprecht · Göttingen
Waxmann · Münster · New York
wbv Publikation · Bielefeld

basics

Johannes Huinink
Torsten Schröder

Sozialstruktur Deutschlands

3., aktualisierte und überarbeitete Auflage

UVK Verlag · München

Online-Angebote oder elektronische Ausgaben sind erhältlich
unter www.utb-shop.de.

Bibliografische Information der Deutschen Bibliothek
Die Deutsche Bibliothek verzeichnet diese Publikation in der Deutschen Nationalbibliografie; detaillierte bibliografische Daten sind im Internet über «http://dnb.ddb.de» abrufbar.

Einbandgestaltung: Atelier Reichert, Stuttgart
Einbandmotiv: S. Hofschlaeger / PIXELIO
Druck und Bindung: CPI books GmbH, Leck

UVK Verlag
Nymphenburger Straße 48 · 80335 München
Tel. 089/452174-65
www.uvk.de

Narr Francke Attempto Verlag GmbH & Co. KG
Dischingerweg 5 · 72070 Tübingen
Tel. 07071/9797-0
www.narr.de

UTB-Nr. 3146
ISBN 978-3-8252-5201-4

Inhalt

Einleitung | 1

Die Sozialstruktur der Bevölkerung eines Landes ist ein zentraler Gegenstand soziologischer Forschung. Gleichwohl werden in der Soziologie sehr unterschiedliche Definitionen von Sozialstruktur verwendet. Dies mag der Vielfältigkeit des Themas geschuldet sein. Doch bedarf es in der Sozialstrukturanalyse wie in jeder wissenschaftlichen Disziplin einer angemessenen begrifflichen Ordnung. Anknüpfend an die Definitionsvorschläge in der Literatur versuchen wir daher in diesem Band, theoretisch begründet Licht in den Begriffsdschungel zu bringen – nicht als l'art pour l'art, sondern als aus unserer Sicht notwendige Systematisierungsleistung. Der Begriff der Sozialstruktur soll dabei auf zwei eng zusammenhängende Aspekte Bezug nehmen: auf die Muster sozialer Beziehungsgeflechte der Mitglieder einer Gesellschaft und auf die Gliederung der Bevölkerung nach Merkmalen, die für die Stellung oder Positionierung von Individuen in solchen Beziehungsgeflechten und in einer Gesellschaft überhaupt eine wichtige Rolle spielen.

Ziele dieses Bandes

Mit diesem Band verfolgen wir drei Ziele:

- *Erstens* soll er eine systematische Einführung in Begriffe und Konzepte der Sozialstrukturforschung geben.
- *Zweitens* soll er theoretische Grundlagen der Sozialstrukturforschung und der Erklärung sozialer Ungleichheit vermitteln.
- *Drittens* sollen darin ausgewählte, aktuelle Befunde zu grundlegenden Bereichen der Sozialstruktur Deutschlands und Europas vorgestellt werden. Zur ausführlicheren Dokumentation deutscher und internationaler sozialstruktureller Daten verweisen wir auf weiterführende Publikationen der Sozialstrukturforschung.

Aufbau des Buches

Unsere Einführung umfasst vier Abschnitte:

Erster Teil: Grundbegriffe und Basismodell

- Im *ersten* Teil (Kapitel 2 und 3) führen wir die zentralen Grundbegriffe der Sozialstrukturforschung ein und stellen das theoretische Basismodell einer mikrofundierten Sozialstrukturanalyse vor. Dieses Modell ist Ausgangspunkt für die theoretische Argumentation innerhalb der nachfolgend behandelten Themenfelder der Sozialstrukturanalyse. Es verbindet die Ebene der vielfältigen Strukturen einer Gesellschaft mit der Ebene der individuellen Lebensläufe der Menschen, die darin zusammenleben. Diese treten mit der Geburt in die Bevölkerung einer Gesellschaft ein und tragen durch ihr Handeln im Verlauf ihres Lebens zur Stabilität und zum Wandel der Sozialstruktur dieser Gesellschaft bei.

Zweiter Teil: Demografie

- Im *zweiten* Teil (Kapitel 4) behandeln wir das erste große Themenfeld der Sozialstrukturforschung. Wir präsentieren Begriffe und (Mess-)Konzepte der demografischen Sozialstrukturanalyse bzw. der Bevölkerungssoziologie und informieren über aktuelle demografische Entwicklungen. Zu diesem Themengebiet gehören die Gliederung der Bevölkerung nach demografischen Merkmalen, wie Alter oder Migrationshintergrund, ihre Verteilung nach Lebensformen, die Elemente der Beziehungsstruktur einer Gesellschaft sind, und die Prozesse, die die Veränderung der Bevölkerungsstruktur bewirken.

Dritter Teil: Soziale Ungleichheit

- Im *dritten* Teil (Kapitel 5) beschäftigen wir uns mit dem zweiten großen Themenkomplex der Sozialstrukturforschung – es geht um die Soziologie der sozialen Ungleichheit. Da die zentralen Konzepte recht uneinheitlich verwendet werden, legen wir unser Augenmerk auf eine stringente und konsistente Begriffsstruktur. Das beginnt beim Begriff der sozialen Ungleichheit selbst, ihren Dimensionen und der Lebenslage sowie den Determinanten sozialer Ungleichheit und der sozialen Lage, und reicht bis zu den unterschiedlichen Modellen der Strukturen sozialer Ungleichheit (Klasse, Schicht, Milieu). Zunächst wird die Begrifflichkeit theoretisch verankert. Anschließend stellen wir Erklärungsansätze für das Phänomen der sozialen Ungleichheit und seine spezifischen Erscheinungsformen in verschiedenen Teilbereichen unserer Gesellschaft vor. Großen Raum nimmt auch hier die Darstellung einiger aktueller empirischer Befunde zur sozialen Ungleichheit ein.

Vierter Teil: Sozialstruktur und gesellschaftliche Institutionen

- Im *vierten* Teil (Kapitel 6) behandeln wir die Beziehung zwischen Sozialstruktur und grundlegenden Institutionen unserer Gesellschaft (Wirtschaft und Arbeitsmarkt, Familie, Wohlfahrtsstaat und Öffentlichkeit). Die Bevölkerungsentwicklung und Phänomene sozialer Ungleichheit sind in vielfältiger Weise mit diesen Institutionen verbunden und lassen sich nicht ohne den Bezug darauf verstehen. Wir konzentrieren uns dabei besonders auf Ausmaß und Formen der Beteiligung der Bevölkerung am Arbeitsmarkt und die wichtigsten Elemente der wohlfahrtsstaatlichen Leistungs- und Absicherungssysteme. Wie in den vorangegangenen Teilen wird deren Bedeutung für die Sozialstruktur mit ausgewählten aktuellen empirischen Befunden belegt und erläutert.

Nach dem Resümee (Kapitel 7) werden in einem Anhang (Kapitel 8) wichtige Datenquellen der Sozialstrukturanalyse sowie die im Internet bestehenden Zugangsmöglichkeiten zu diesen Quellen vorgestellt, um dem Leser eigene Recherchen zu erleichtern.

Für diese dritte Auflage haben wir, wo uns dieses geboten erschien, wenige Begrifflichkeiten überarbeitet, die empirischen Informationen aktualisiert und Fehler in der vorherigen Ausgabe korrigiert. Bei der Bearbeitung dieser Auflage haben wir wieder von vielen Hinweisen und Ratschlägen sowie praktischen Hilfen profitiert. Allen, die daran Teil hatten, den Studierenden, Tutorinnen und Tutoren sowie den Mitarbeiterinnen und Mitarbeitern im Arbeitsgebiet »Theorie und Empirie der Sozialstruktur« des Instituts für Soziologie der Universität Bremen sind wir zu großem Dank verpflichtet. Stellvertretend für sie nennen wir Mandy Kusnierz und Katharina Lutz, die uns in besonderer Weise unterstützt haben. Ein großer Dank, geht an Herrn Harun Sulak und Herrn Dr. Martin Bujard vom Bundesinstitut für Bevölkerungsforschung für die Berechnungen zur Tabelle 4.7. Besonders bedanken möchten wir uns schließlich auch bei unserem Lektorat, das uns mit Rat und Tat zur Seite gestanden hat. Mit seinen instruktiven Hinweisen und Nachfragen hat es erheblich zur Verbesserung des Textes beigetragen. Es versteht sich natürlich von selbst, dass für den Inhalt dieses Bandes allein wir Autoren verantwortlich sind.

2 | Begriffliche Grundlagen der Sozialstrukturanalyse

Inhalt

Dieses Kapitel stellt die grundlegenden Begriffe und die Dimensionen der Sozialstruktur einer Gesellschaft vor. Zunächst erläutern wir allgemein, was unter gesellschaftlichen Strukturen zu verstehen ist. Wir geben dann eine systematische Einführung in den Begriff der Sozialstruktur mit seinen beiden Dimensionen: soziale Beziehungsstruktur und soziale Verteilungsstruktur.

2.1 | Gesellschaftliche Strukturen

Das Leben der Menschen wird durch verschiedenartige Erscheinungsformen gesellschaftlicher Strukturen beeinflusst. Dazu gehören die politisch-rechtliche und wirtschaftliche Ordnung eines Landes, seine kulturellen Besonderheiten, die Zusammensetzung seiner Bewohner nach individuellen Merkmalen wie Alter oder Beruf sowie die Regeln des alltäglichen sozialen Miteinanders der Menschen mit ihren unterschiedlichen Eigenschaften und Interessen. Als relativ verlässliche Bezugsgrößen, an denen sich die Menschen orientieren können, machen gesellschaftliche Strukturen die Individuen im Grunde erst handlungsfähig. Sie ermöglichen ihnen die Aufnahme und Pflege sozialer Beziehungen zu anderen Menschen und gestatten eine vorausschauende Lebensplanung. Je nach Situation bestimmen sie die Erwartungen, die Menschen in sozialen Beziehungen bezogen auf das Handeln der anderen haben.

Definition

Gesellschaftliche Strukturen
Relativ stabile, sich in der Regel nur langsam verändernde Phänomene, die das Miteinander der Menschen in einer Gesellschaft regulieren und ordnen und an denen sich die Menschen mit ihren Erwartungen und ihrem Handeln orientieren.

Gesellschaftliche Strukturen treten dem Einzelnen als Phänomene gegenüber, die er nicht ohne Weiteres verändern kann. Daher hat er sich mit seinem Handeln an ihnen zu orientieren. Der französische Mitbegründer der modernen Soziologie Émile Durkheim (1858–1917) nennt ein solches Phänomen *fait social*. In der folgenden deutschen Übersetzung wird es als *soziologischer Tatbestand* bezeichnet. Durkheim definiert:

Soziologischer Tatbestand

> »*Ein soziologischer Tatbestand ist jede mehr oder minder festgelegte Art des Handelns, die die Fähigkeit besitzt, auf den einzelnen einen äußeren Zwang auszuüben; oder auch, die im Bereiche einer gegebenen Gesellschaft allgemein auftritt, wobei sie ein von ihren individuellen Äußerungen unabhängiges Eigenleben besitzt*« (Durkheim 1976: 114).

Damit können soziologische Tatbestände als grundlegende Elemente gesellschaftlicher Strukturen gelten.

Zu den soziologischen Tatbeständen zählen beispielsweise Bräuche und Sitten, die Menschen wie selbstverständlich pflegen, die Sprache, die sie sprechen, und die Regeln des sozialen Zusammenlebens, die sie befolgen, kurz: jegliche Art von geltenden gesellschaftlichen Konventionen, seien sie in Form von Gesetzestexten schriftlich fixiert oder als Tradition von einer Generation an die nächste weitergegeben. Die soziale Zusammensetzung der Bewohner eines Landes oder einer Nachbarschaft nach ihren Merkmalen und Interessen gehört ebenfalls dazu.

Soziologische Tatbestände stellen für die Mitglieder einer Gesellschaft also etwas »objektiv« Vorgegebenes dar, an dem sie sich zu orientieren haben. Sie schlagen sich in der physischen Umwelt, in den demografischen Strukturen und im soziokulturellen Erbe einer Gesellschaft nieder. Durkheim spricht diesbezüglich vom Substrat der Gesellschaft oder des Kollektivlebens.

Soziales Handeln

Gesellschaftliche Strukturen regulieren das *soziale Handeln* der Menschen und sind zugleich Ausdruck und Ergebnis typischer Formen sozialen Handelns. Der Begriff des sozialen Handelns ist für die Soziologie grundlegend. Was darunter zu verstehen ist, hat der deutsche Soziologe Max Weber (1864–1930) in einer berühmten Definition bestimmt:

> *»Soziales Handeln aber soll ein solches Handeln heißen, welches seinem von dem oder den Handelnden gemeinten Sinn nach auf das Verhalten anderer bezogen wird und daran in seinem Ablauf orientiert ist.«* (Weber 1972: 1)

Nicht jede Art individuellen Handelns ist soziales Handeln. Entscheidend ist, dass der Handelnde sich damit sinnhaft oder intentional, direkt oder indirekt auf andere Menschen bzw. deren Verhalten bezieht. Egal welche Wirkung ein Kunstwerk erzeugt – ein Künstler handelt in dessen Produktion nicht sozial, wenn es ihm allein um Selbstverwirklichung und Selbstausdruck geht. Will er mit dem Werk aber eine bestimmte Aussage an potenzielle Rezipienten seiner Kunst vermitteln und womöglich Einfluss auf politische Entscheidungen nehmen, arbeitet er im Auftrag einer anderen Person oder will er mit seinem Kunstwerk auch nur einer bestimmten Person eine Freude bereiten, haben wir es mit sozialem Handeln zu tun.

Soziale Prozesse

Die Wirkung von gesellschaftlichen Strukturen auf soziales Handeln zeigt sich in der Regelmäßigkeit von Handlungsabläufen, die wir beim Umgang der Menschen miteinander beobachten können. Diese Handlungsabläufe bezeichnen wir als *soziale Prozesse*. Mit dem deutschen Soziologen Hartmut Esser verstehen wir darunter wiederkehrende »Sequenzen des Ablaufs und der Wirkung des sozialen Handelns« (Esser 1993: 87). Soziale Prozesse bezeichnen die Abfolge von Aktivitäten der Menschen im alltäglichen Umgang miteinander: in der Familie, im Beruf, in Vereinen, Organisationen und sozialen Gruppen. Sie stellen Handlungs- und Entscheidungssequenzen dar, in denen sich Menschen an der sie umgebenden sozialen Wirklichkeit orientieren und diese durch ihr Handeln reproduzieren oder verändern.

Definition

Soziales Handeln, Soziologische Tatbestände, soziale Prozesse

- *Soziales Handeln* ist ein Handeln, das dem subjektiven Sinn des/der Handelnden nach auf das Verhalten anderer Personen bezogen ist.
- *Soziologische Tatbestände* sind soziale Phänomene, die dem Einzelnen objektiv vorgegeben erscheinen und an denen er sich mit seinem sozialen Handeln zu orientieren hat. Sie stellen damit Elemente gesellschaftlicher Strukturen dar.
- *Soziale Prozesse* bezeichnen die Abfolge von Akten sozialen Handelns und dessen Wirkung auf soziale Tatbestände bzw. soziale Strukturen (Reproduktion und Veränderung).

Die Bedeutung sozialer Strukturen und ihr Einfluss auf soziale Prozesse werden in Übersicht 2.1 dargelegt. In Anlehnung an Hartmut Esser (1993: 426) benennen wir darin vier allgemeine Eigenschaften von gesellschaftlichen Strukturen, die für diese konstitutiv sind.

Übersicht 2.1

Charakteristika gesellschaftlicher Strukturen

Gesellschaftliche Strukturen

- steuern soziale Prozesse, indem sie die Möglichkeiten (*Opportunitäten*) und Beschränkungen (*Restriktionen*) für das Handeln der Menschen festlegen;
- begründen *Regelmäßigkeit und Ordnung* sozialer Prozesse, die gewährleisten, dass man mit ihnen »rechnen« kann;
- äußern sich in der *Dauerhaftigkeit* von Zuständen und Ablaufmustern in sozialen Prozessen;
- werden selbst durch Strukturen stabilisiert und beruhen auf *Regelmäßigkeiten sozialen Handelns, institutionalisierten Regelungen* und sozial geteilten *Orientierungs-, Wert-* und *Normensystemen.*

Gesellschaftliche Strukturen bilden den Bedingungsrahmen für soziale Prozesse und damit für soziales Handeln. Indem Menschen in gesellschaftlichen Strukturen handeln und sich an ihnen orientieren, reproduzieren sie gleichzeitig die bestehenden gesellschaftlichen Strukturen. Parallel dazu tragen sie zur Genese neuer und zum Wandel alter gesellschaftlicher Strukturen bei. Gesellschaftliche Strukturen sind daher nicht nur Bedingungsrahmen oder Ursache, sondern immer auch ein Ergebnis von sozialem Handeln bzw. von sozialen Prozessen (→ Kapitel 3).

Akteure

Wir sprechen im Folgenden häufig von Akteuren, wenn wir sozial handelnde Individuen meinen. Im Vordergrund stehen die Menschen als *individuelle Akteure*. Darüber hinaus gibt es weitere wichtige *Akteurskonstellationen*: die kollektiven und die korporativen Akteure (vgl. Übersicht 2.2).

Der Begriff des kollektiven Akteurs wird hier sehr umfassend verstanden. Neben den korporativen Akteuren lassen sich zahlreiche weitere Arten kollektiver Akteure unterscheiden. Dazu zählen lose organisierte Gruppen von individuellen Akteuren, die gleiche Interessen verfolgen und diese durch gemeinsame Aktionen zum Ausdruck bringen. Ein Beispiel sind die legendären Montagsdemonstrationen in Leipzig, die 1989 regelmäßig stattfanden und eine große Bedeutung für die friedliche Revolution in der DDR hatten.

Zu den kollektiven Akteuren gehören auch soziale Gruppen, in denen Individuen in direkten und informellen, aber in der Regel auch länger andauernden sozialen Beziehungen zueinanderstehen. Beispiele hierfür sind Lebensformen, in denen Menschen zusammenleben (Paarbeziehungen, Familien) oder der Freundeskreis, der sich regelmäßig zum Kegeln trifft. Zum korporativen Akteur wird Letzterer dann, wenn er sich offiziell als Verein mit einer Satzung etabliert und eine Vereinsleitung hat, die für den Verein nach außen auftritt und agiert. Dieser Verein kann dann als »juristische Person« handeln, womit die Analogie zum individuellen Akteur deutlich wird. Vereine können Verträge schließen und sie können für die Folgen der Handlungen ihrer Mitglieder, wenn diese im Namen des Vereins handeln, haftbar gemacht werden. Ein Verein »agiert« allerdings nur durch ein oder mehrere dafür autorisierte Mitglieder. Die sozialen Positionen und Beziehungen der Mitglieder im Verein sind durch eine formal geregelte innere Entscheidungs- und Organisationsstruktur bestimmt.

Übersicht 2.2

Akteurstypen

Zu unterscheiden sind:

- *individuelle Akteure*: Menschen als intentional handelnde Subjekte;
- *kollektive Akteure*: Gruppen individueller Akteure, die durch ihr mehr oder weniger koordiniertes Handeln als Einheit wahrnehmbar und wirksam sind;
- *korporative Akteure*: Kollektive Akteure (soziale Organisationen oder Körperschaften), die aufgrund ihrer inneren, hierarchischen Steuerungsstruktur durch dafür bestimmte Repräsentanten wie individuelle Akteure »auftreten« und handeln können (juristische Personen).

Wandel gesellschaftlicher Strukturen

Das Wechselverhältnis zwischen gesellschaftlichen Strukturen und sozialen Prozessen bedingt, dass Erstere nicht starr und unveränderlich sind. Sie werden nie eins zu eins reproduziert, weil sie Akteure nie vollständig auf ein bestimmtes Verhalten festlegen. Sie lassen eine gewisse Verhaltensvielfalt zu, die zu Variationen und Veränderungen von Verhaltensregeln oder Institutionen – also zu sozialem Wandel – führen kann. Zudem können veränderte Handlungsmöglichkeiten oder -beschränkungen Akteure dazu veranlassen, einmal eingeschlagene Wege nicht mehr zu beschreiten und neue soziologische Tatbestände zu schaffen (Genese). Diese werden dann Teil der gesellschaftlichen Struktur. Gesellschaftliche Strukturen wandeln sich also.

Ihr Wandel erfolgt in der Regel aber nur sehr langsam. Das unterscheidet sie von dem beständigen Fluss sozialen Handelns und den dadurch bewirkten Veränderungen im Lebensalltag der Menschen. Obwohl gesellschaftliche Strukturen im Allgemeinen sehr beständig sind, können sie sich unter Umständen aber auch in sehr kurzen Zeiträumen radikal ändern. Der Zusammenbruch des politischen Systems der DDR ist ein gutes Beispiel dafür.

Gesellschaftlichen Strukturen lassen sich in verschiedene Ebenen oder Dimensionen untergliedern. Hartmut Esser schlägt vor, drei Dimensionen zu unterscheiden: die Infrastruktur einer Gesellschaft, die soziale Struktur oder Sozialstruktur einer Gesellschaft und die institutionelle Struktur einer Gesellschaft (Esser 1993: 426 ff.).

Drei Dimensionen gesellschaftlicher Strukturen

- Die *Infrastruktur* stellt die materielle und technologische Basis der Gesellschaft dar. Sie stellt die Mittel und Ressourcen bereit, die den Akteuren in einer Gesellschaft zur Verfügung stehen. Esser zählt dazu unter anderem den technischen Entwicklungsstand, die bisher geschaffenen technischen und infrastrukturellen Produktionsbedingungen, vorhandene Bildungseinrichtungen, die ökologischen Gegebenheiten und die Fähigkeiten und Talente der Bevölkerung (Humankapital).
- Die *institutionelle Struktur* beinhaltet nach Esser die Gesamtheit der sozialen Institutionen, die den gesellschaftlichen Strukturen insgesamt Dauerhaftigkeit verleihen. Die institutionelle Struktur nennt Esser die grundlegende, übergreifende »Verfassung« einer Gesellschaft. Neben den Werten, Normen und den kulturell verankerten, allgemein akzeptierten Lebenszielen der Mitglieder einer Gesellschaft gehören hierzu auch Vorstellungen über die legitimen Mittel, mit denen diese Ziele verfolgt werden können, sowie die Verteilung dieser Mittel bzw. der Kontrolle über sie.
- Die *Sozialstruktur* einer Gesellschaft wird im kommenden Abschnitt erklärt. Es wird dabei deutlich werden, dass sie als wesentlicher Teil der gesellschaftlichen Strukturen eng mit der Infrastruktur und der institutionellen Struktur einer Gesellschaft verknüpft ist.

Lernkontrollfragen

1. Was sind die Charakteristika gesellschaftlicher Strukturen?
2. Wie unterscheiden sich gesellschaftliche Strukturen von sozialen Prozessen?
3. Welche strukturellen Ebenen einer Gesellschaft kann man unterscheiden?
4. In welcher Beziehung stehen Verhalten, sinnhaftes Handeln und soziales Handeln zueinander?
5. Wodurch unterscheiden sich kollektive von korporativen Akteuren?

Infoteil

Eine systematisch theoretische begründeten Klassifikation verschiedener Ebenen gesellschaftlicher Strukturen, auf die hier nur kurz eingegangen werden konnte, ist in Hartmut Essers Einführungsbuch »Soziologie. Allgemeine Grundlagen« aus dem Jahre 1993 ausführlich beschrieben.

2.2 | Die Sozialstruktur der Gesellschaft

Unter dem Begriff der *Sozialstruktur der Gesellschaft* fassen wir zwei Dimensionen zusammen:

- die sozialen Beziehungsstrukturen und
- die soziale Verteilungsstruktur der Gesellschaft.

Verwendung des Begriffs in der Forschung

Der Begriff der Sozialstruktur wird in der Literatur nicht einheitlich verwendet. Häufig versteht man darunter nur eine der beiden zuvor genannten Dimensionen. So sprechen zum Beispiel manche Autoren von sozialen Strukturen, wenn sie allein die Beziehungsstruktur einer Gesellschaft meinen (Bahrdt 1994). Der deutsche Sozialstrukturforscher Rainer Geißler präsentiert eine Übersicht von Definitionen (Geißler 2014: 1 ff.), welche die Vielfalt und die Vieldeutigkeit der unterschiedlichen Definitionen der Sozialstruktur verdeutlicht. Er selbst fasst diese Definitionsangebote in einer eigenen Charakterisierung zusammen, wonach die Sozialstruktur »die Wirkungszusammenhänge in einer mehrdimensionalen Gliederung der Gesamtgesellschaft in unterschiedliche Gruppen nach wichtigen sozial relevanten Merkmalen sowie in den relativ dauerhaften sozialen Beziehungen dieser Gruppen untereinander« umfasst. Nach Geißler umfasst die Sozialstruktur also zwei unterschiedliche, aber miteinander verbundene Dimensionen. Dieses Verständnis des Begriffs kommt dem unsrigen sehr nahe.

Zwei Dimensionen der Sozialstruktur

Unsere Definition der Sozialstruktur beinhaltet zwei Dimensionen: die soziale Beziehungsstruktur und die soziale Verteilungsstruktur. Sie verweist zum einen darauf, dass wir in einer Gesellschaft relativ stabile Formen von sozialen Beziehungsgeflechten vorfinden, in denen die Gesellschaftsmitglieder miteinander verkehren und sozial handeln (soziale Beziehungsstruktur). Den anschaulichen Ausdruck des *sozialen Beziehungsgeflechts* übernehmen wir von dem deutschen Soziologen Norbert Elias (Elias 1993: 109). Zum anderen betont unsere Definition der Sozialstruktur, dass sich die Mitglieder einer Gesellschaft nach bestimmten, für ihre sozialen Beziehungen und ihr soziales Handeln bedeutsamen Merkmalen (oder auch Kombinationen solcher Eigenschaften) in Teilgruppen untergliedern lassen (soziale Verteilungsstruktur). Die Zugehörigkeit zu diesen Teilgruppen ermöglicht

Rückschlüsse auf die unterschiedlichen Lebensbedingungen der Menschen und ihre sozialen Verhältnisse.

Definition

Sozialstruktur einer Gesellschaft
Die Sozialstruktur einer Gesellschaft hat zwei miteinander verbundene Dimensionen:

- die *soziale Beziehungsstruktur* als die Gesamtheit dauerhaft angelegter Formen sozialer Beziehungsgeflechte zwischen Mitgliedern der Gesellschaft;
- die *soziale Verteilungsstruktur* als die Gliederung der Mitglieder der Gesellschaft nach sozial relevanten Merkmalen und Kombinationen solcher Merkmale, d.h. nach Merkmalen, die für die Aufnahme und Pflege sozialer Beziehungen sowie für Möglichkeiten sozialen Handelns wichtig sind.

Sozialstrukturanalyse

Die Sozialstrukturanalyse untersucht die beiden Dimensionen der Sozialstruktur, deren Wechselbeziehungen und deren Wandel:

- Sie beschreibt die soziale Beziehungs- und Verteilungsstruktur der Gesellschaft.
- Sie analysiert die Auswirkungen und die Zusammenhänge zwischen Eigenschaften der Menschen bezüglich unterschiedlicher Merkmalsgruppen und der Zugehörigkeit zu bestimmten Bereichen der sozialen Beziehungsstruktur.

2.2.1 Soziale Beziehungsstruktur

Soziale Beziehungen

Die individuellen Akteure in einer Gesellschaft können in vielfältiger Weise in *sozialen Beziehungen* zueinanderstehen. Eine soziale Beziehung bedeutet ein spezifisch definiertes, sinnhaftes Aufeinanderbezogensein von Akteuren, das einen bestimmten Handlungszusammenhang generiert. Max Weber definiert:

> *»Soziale ›Beziehung‹ soll ein seinem Sinngehalt nach aufeinander eingestelltes und dadurch orientiertes Sichverhalten mehrerer heißen. Die soziale Beziehung besteht also durchaus und ganz ausschließlich: in der Chance, das in einer (sinnhaft) angebbaren Art sozial gehandelt wird, einerlei zunächst: worauf diese Chance beruht«* (Weber 1972: 13).

Beispiele für soziale Beziehungen sind Geschäftsbeziehungen, Freundschaften oder Kooperationsbeziehungen in Organisationen und am Arbeitsplatz, aber auch flüchtige Bekanntschaften im Zug oder auf der Straße.

Im übertragenden Sinne können, über individuelle Akteure vermittelt, auch korporative Akteure in sozialen Beziehungen zueinanderstehen (vgl. Übersicht 2.2). Vertraglich geregelte Kooperationsbeziehungen zwischen Organisationen oder Unternehmen sind dafür ein Beispiel.

Soziale Beziehungsgeflechte

Unter der sozialen Beziehungsstruktur einer Gesellschaft verstehen wir die Gesamtheit der gesellschaftstypischen Formen sozialer Beziehungsgeflechte zwischen Mitgliedern der Gesellschaft, die auf eine bestimmte Dauer hin angelegt sind. Dazu gehören nicht die flüchtige Bekanntschaft im Zug, sondern etwa Paargemeinschaften, Familien, Freundschaft- und Bekanntschaftsnetzwerke, soziale Organisationen und Wirtschaftsunternehmen. Sie weisen allesamt ein Mindestmaß an Stabilität auf und stellen daher in der Regel und zumindest zeitweise einen verlässlichen, Orientierung vermittelnden Kontext für das Handeln der beteiligten Akteure dar.

Nach dem deutschen Soziologen Hans P. Bahrdt sollen unter sozialen Beziehungsgeflechten oder »sozialen Strukturen«, wie er sie nennt, »Verhältnisse, d. h. als objektiv erlebte Zusammenhänge, die durch soziales Handeln entstehen, verstanden werden, die nicht nur faktisch die Situation einzelner sozialer Verhaltensweisen bzw. Interaktionen überdauern, sondern ihre Dauerhaftigkeit spezifischen Stabilisationsmomenten verdanken« (Bahrdt 1994: 110).

Als besondere Formen von sozialen Beziehungsgeflechten in der sozialen Beziehungsstruktur einer Gesellschaft sind die *kollektiven Akteure* hervorzuheben (vgl. Übersicht 2.2). Als eindeutig abgrenzbare und identifizierbare Gruppen individueller Akteure lassen sie sich durch eigene Merkmale und Eigenschaften charakterisieren. Die individuellen Akteure in diesen sozialen Beziehungsgeflechten handeln koordiniert und mehr oder weniger stark aufeinander abgestimmt.

Soziale Positionen

Den »Ort«, den ein individueller Akteur in einem sozialen Beziehungsgeflecht einnimmt, bezeichnen wir als seine *soziale Position*. Soziale Positionen verweisen auf das Verhältnis der individuellen Akteure zueinander, die Mitglieder eines sozialen Beziehungsgeflechtes sind. Mit den sozialen Positionen sind in der Regel soziale Rollen, d. h. Handlungsvorschriften für oder Handlungserwartungen an die Positionsinhaber verknüpft. Bei kollektiven Akteuren definiert eine soziale Position die Aufgaben, die der Positionsinhaber im Zusammenspiel aller Mitglieder des kollektiven Akteurs übernimmt oder zu übernehmen hat. Beispiele für soziale Positionen sind die Mutter in der Familie, der Manager in einem Unternehmen, der Kassierer in einem Verein. Diese Beispiele zeigen, dass ein und dieselbe Person mehrere soziale Positionen einnehmen kann und dies in der Regel auch tut.

Persönliche Übereinkünfte, aber auch formalisierte Regelungen und soziale Institutionen können sozialen Beziehungsgeflechten Stabilität verleihen. Man kann daher zwischen zwei idealtypischen Prinzipien unterscheiden, die soziale Beziehungsgeflechte in Reinform oder als Mischtyp begründen oder stabilisieren.

Definition

Soziale Beziehungsgeflechte und soziale Positionen

- *Soziale Beziehungsgeflechte* sind relativ dauerhafte Strukturen sozialer Beziehungen von individuellen Akteuren in einer Gesellschaft.
- *Soziale Positionen* kennzeichnen die »Orte« von individuellen Akteuren in sozialen Beziehungsgeflechten.

Formal bestimmte Beziehungsgeflechte

Soziale Beziehungen und die damit verbundenen sozialen Positionen können durch *formal* gesetzte Normen, Regeln und Vorschriften festgelegt sein, wie es für soziale Organisationen charakteristisch ist. Die individuellen Akteure, die durch formale Regelungen charakterisierte soziale Positionen bekleiden, werden in den sozialen Beziehungen nur als Träger der dadurch festgelegten sozialen Rolle betrachtet. Als Person bleiben sie uninteressant. Sie sind daher austauschbar, ohne dass das soziale Beziehungsgeflecht und seine Struktur davon gravierend tangiert sein müssen. Das trifft vor allem für korporative Akteure, wie zum Beispiel Wirtschaftsunternehmen, Vereine oder politische Parteien, zu (vgl. Coleman 1986).

Informell begründete Beziehungsgeflechte

Soziale Beziehungen und die damit verbundenen sozialen Positionen können auch das Ergebnis persönlicher Interaktion von individuellen Akteuren sein. In diesem Fall werden die gegenseitigen Handlungserwartungen über die *informelle* gegenseitige Zuschreibung generiert. Das ist in sozialen Gruppen wie Familien oder in Freundschaftsnetzwerken der Fall. Personen können hier nicht einfach ausgetauscht werden, ohne das soziale Beziehungsgeflecht bzw. seine Struktur grundlegend zu verändern.

2.2.2 Soziale Verteilungsstruktur

Mitglieder einer Gesellschaft können sich in Bezug auf diverse Merkmale gleichen oder verschieden sein. Dazu gehören das Geschlecht, die Staatsangehörigkeit oder das Einkommen ebenso wie die Körpergröße, die Haarfarbe oder die Intelligenz. In der Sozialstrukturforschung interessiert uns eine bestimmte Auswahl. Es handelt sich dabei um Merkmale, die der deutsche Soziologe und Sozialstrukturforscher Karl M. Bolte als »sozial relevante Kriterien« bezeichnet. Damit meint er »solche Kriterien, die das aufeinander bezogene Verhalten von Menschen beeinflussen« (Bolte 1990: 30).

sozialstrukturelle Merkmale

Wir nennen solche Merkmale *sozialstrukturelle Merkmale*. Das Geschlecht, die Staatsangehörigkeit oder der Beruf gehören dazu – die Augenfarbe jedoch nicht. Wir werden zeigen, dass sich das Geschlecht, die Staatsangehörigkeit und der Beruf eines Individuums auf seine sozialen Beziehungen und Möglichkeiten sozialen Handelns auswirken. Bei der Körpergröße ist das schon nicht mehr ganz so sicher. Allerdings zeigen empirische Befunde, dass sie in einem positiven Zusammenhang mit dem beruflichen Erfolg einer Person steht. Auch bei der Partnerwahl ist sie nicht bedeutungslos. Ob ein Merkmal sozialstrukturell relevant ist, kann für verschiedene Gesellschaften unterschiedlich zu entscheiden sein. So spielt die Religionszugehörigkeit in einigen Ländern für die Art und Ausgestaltung sozialer Beziehungen eine wichtige Rolle, während sie in anderen Ländern kaum noch von Bedeutung ist. Man erkennt, dass die Frage, ob ein individuelles Merkmal zu den sozialstrukturellen Merkmalen zu zählen ist oder nicht, nicht allgemein zu beantworten ist.

Die Mitglieder einer Gesellschaft gleichen oder unterscheiden sich im Hinblick auf die jeweiligen Ausprägungen sozialstruktureller Merkmale. Jemand kann weiblichen oder männlichen Geschlechts sein, sein bzw. ihr Einkommen kann 3000 Euro oder 4000 Euro betragen. Die individuelle Ausprägung eines sozialstrukturellen Merkmals bei einem Menschen bezeichnen wir als seine *sozialstrukturelle Position* (bezogen auf dieses Merkmal). Eine sozialstrukturelle Position gilt streng genommen immer nur für einen bestimmten Zeitpunkt im Leben eines Akteurs und verändert sich bei vielen sozialstrukturellen Merkmalen im Laufe der Zeit. Beim Geschlecht kommt das sehr selten vor. Das Alter eines Akteurs nimmt jedoch beständig zu und sein Einkommen steigt oder verringert sich.

sozialstrukturelle Positionen

Definition

Sozialstrukturelle Merkmale und sozialstrukturelle Positionen

- *Sozialstrukturelle Merkmale* sind Eigenschaften der Mitglieder einer Gesellschaft, die für die Aufnahme und Pflege sozialer Beziehungen sowie die Möglichkeiten ihres sozialen Handelns wichtig sind.
- *Eine sozialstrukturelle Position* ist die spezifische Ausprägung eines sozialstrukturellen Merkmals bei einem Menschen (Zugehörigkeit zu einer bestimmten Kategorie, z. B. bezogen auf das Merkmal Geschlecht: »eine Frau sein«; Größenordnung eines Merkmals, z. B. bezogen auf das Merkmal Einkommen: Einkommenshöhe).

Der bedeutende amerikanische Soziologe und Sozialstrukturforscher Peter M. Blau nennt sozialstrukturelle Merkmale »Parameter sozialer Strukturen«. Er meint damit »Kriterien«, wie das Alter, das Geschlecht, die ethnische Zugehörigkeit und den sozioökonomischen Status. Gemäß Blau hat die Tatsache, dass Menschen bezogen auf solche Kriterien eine unterschiedliche sozialstrukturelle Position innehaben, also Frau oder Mann, schwarz oder weiß, wohlhabend oder arm sind, einen Einfluss auf ihre sozialen Beziehungen und ihre sozialen Rollen (Blau 1978).

Sozialstrukturelle und soziale Positionen

Sozialstrukturelle Merkmale haben also einen Bezug zur sozialen Beziehungsstruktur einer Gesellschaft. Welche sozialstrukturelle Position ein Akteur bezogen auf bestimmte Merkmale einnimmt, hat einen Einfluss darauf, zu wem er soziale Beziehungen pflegen kann und welche Art von sozialen Beziehungen er in sozialen Beziehungsgeflechten knüpfen bzw. welche sozialen Positionen er darin einnehmen kann. Umgekehrt gilt, dass die Zugehörigkeit zu sozialen Beziehungsgeflechten oder kollektiven Akteuren sowie die Art der sozialen Positionen darin selbst als sozialstrukturelle Merkmale angesehen werden können. Eine sozialstrukturelle Position einer Person könnte zum Beispiel besagen, dass sie Mitglied in einem Sportverein ist. Eine weitere sozialstrukturelle Position könnte dann die Funktion, d.h. die soziale Position dieser Person in dem Sportverein angeben, nämlich Vorsitzender und nicht nur ein einfaches Mitglied des Vereins zu sein.

Zugeschriebene und erworbene sozialstrukturelle Positionen

Wichtig ist die folgende Unterscheidung von Typen sozialstruktureller Positionen:

1. Eine sozialstrukturelle Position ist bezogen auf bestimmte Merkmale *zugeschrieben*, wenn sie nicht selbst aktiv erworben ist, wenn sie dem Einzelnen gleichsam mit in die Wiege gelegt wurde. Ob ich Frau oder Mann bin, ist mir vorgegeben (Merkmal: Geschlechtszugehörigkeit). Ob die Familie, in die ich hineingeboren wurde, arm oder reich ist (Merkmal: Einkommen des elterlichen Haushalts), ist ebenfalls nicht auf mein Handeln zurückzuführen.
2. Sozialstrukturelle Positionen können aber auch vom Akteur selbst *erworben* sein. Das gilt etwa für das Ausbildungsniveau oder den Familienstand. Ob jemand einen Hochschulabschluss erreicht oder eine abgeschlossene Lehre als Facharbeiter, ob sie ledig ist oder verheiratet, hängt entscheidend, wenn auch nicht ausschließlich, von ihren Aktivitäten ab.

Zwei Typen sozialstruktureller Merkmale

Auf Peter M. Blau (1994: 14f.) geht die folgende, wichtige Unterscheidung zwischen zwei verschiedenen Typen sozialstruktureller Merkmale zurück:

1. Sozialstrukturelle Merkmale, die Menschen nach verschiedenen Kategorien oder Untergruppen unterscheiden, die keine irgendwie geartete Rangfolge unter den Merkmalsinhabern implizieren (Religionszugehö-

Klassifikationsmerkmale: Zugehörigkeit und Heterogenität

rigkeit, Geschlecht, Familienform usw.). Wir nennen sie *Klassifikationsmerkmale* (bei Blau: *nominal parameters*). Sozialstrukturelle Positionen bezogen auf solche Merkmale drücken eine *Zugehörigkeit* zu einer bestimmten Kategorie von Akteuren aus. Das Ausmaß der Unterschiedlichkeit bezüglich solcher Merkmale bestimmt die *Heterogenität* unter den Mitgliedern einer Gesellschaft. Die Heterogenität wächst im Prinzip mit der möglichen Anzahl der sozialstrukturellen Positionen. Sie nimmt auch in dem Maße zu, wie sich die Gesellschaftsmitglieder auf diese Positionen immer gleichmäßiger verteilen. Ein Beispiel ist die Verteilung einer Bevölkerung auf verschiedene Familienformen.

Ungleichheitsmerkmale: Status und Ungleichheit

2. Sozialstrukturelle Merkmale, mit denen man die Menschen in eine Rangfolge bringen kann; ihre sozialstrukturellen Positionen verweisen auf ein Mehr oder Weniger von Etwas (Bildungsniveau, Einkommen). Wir nennen sie im Folgenden *Ungleichheitsmerkmale* (bei Blau: *graduated parameters*). K.M. Bolte spricht auch von »ungleichheitsrelevanten« Merkmalen (Bolte 1990: 30). Verschiedene sozialstrukturelle Positionen bezogen auf solche Merkmale drücken, der Begrifflichkeit von Bolte folgend, einen unterschiedlich hohen *Status* (oder *Statusposition*) bezogen auf das Merkmal aus. Das Ausmaß der Unterschiedlichkeit bezüglich dieses Typs von sozialstrukturellen Merkmalen bestimmt den Grad der *Ungleichheit* zwischen Mitgliedern einer Gesellschaft (Blau 1994: 14). Als Beispiel sei das Ausmaß der Einkommensungleichheit in einer Gesellschaft genannt, das sich auf unterschiedliche Art und Weise messen lässt (→ Kapitel 5.2).

Soziale Aggregate bzw. sozialstrukturelle Gruppen

Mitglieder der Gesellschaft, die dieselbe sozialstrukturelle Position bezüglich eines sozialstrukturellen Merkmals einnehmen, bilden ein *soziales Aggregat*. Peter M. Blau bezeichnet soziale Aggregate auch als *sozialstrukturelle Gruppen* (Blau 1994: 21 ff.). Soziale Aggregate oder sozialstrukturelle Gruppen sind in der Regel keine kollektiven Akteure, da sie nicht ohne Weiteres ein Beziehungsgeflecht darstellen, sondern allein eine Menge von Individuen mit gleichen sozialstrukturellen Positionen bilden. Sie können aber als Referenzgruppe für das Denken, Streben und Handeln individueller Akteure bedeutsam sein, wenn sich Mitglieder einer sozialstrukturellen Gruppe in ihrem Verhalten aneinander orientieren.

Die Verteilung der Mitglieder einer Gesellschaft nach sozialstrukturellen Merkmalen ist ein wesentlicher Bestandteil der sozialen Verteilungsstruktur der Gesellschaft. Davon ausgehend lassen sich in Anlehnung an Peter M. Blaus Begriff der *population structure* drei weitere Bereiche definieren:

- Maße der Unterschiedlichkeit der Mitglieder einer Gesellschaft bezogen auf sozialstrukturelle Merkmale (Klassifikations- und Ungleichheitsmerkmale),

- Maße des Zusammenhangs zwischen sozialstrukturellen Positionen bezüglich verschiedener Merkmale und
- Umfang und Verteilung von sozialen Beziehungen zwischen Akteuren in und zwischen sozialstrukturellen Gruppen.

Übersicht 2.3

Soziale Verteilungsstruktur

Zur sozialen Verteilungsstruktur einer Gesellschaft zählen:

- die *Gliederung bzw. die statistische Verteilung* der Mitglieder einer Gesellschaft nach sozialstrukturellen Merkmalen; Beispiele sind die Altersstruktur einer Bevölkerung, die Verteilung der erwachsenen Bevölkerung nach der Größe des Haushalts, in dem sie leben, oder die Verteilung nach dem sozialen Status ihrer Eltern;
- *Maße der Unterschiedlichkeit (Heterogenität, Ungleichheit)* der Mitglieder einer Gesellschaft in Bezug auf sozialstrukturelle Merkmale; Beispiele sind Maße der Vielfalt von Lebensformen oder Indizes zur Messung der Einkommensungleichheit;
- *Maße des Zusammenhangs (Korrelationen) zwischen sozialstrukturellen Merkmalen* der Mitglieder einer Gesellschaft; ein bekanntes Beispiel dafür ist der Zusammenhang zwischen dem Schulabschluss junger Menschen und dem Schulabschluss ihrer Eltern;
- *Umfang der Beziehungen zwischen Mitgliedern einer sozialstrukturellen Gruppe und zwischen Mitgliedern unterschiedlicher sozialstruktureller Gruppen* der Gesellschaft. Ein Beispiel dafür ist das Ausmaß der Bildungshomogamie in Ehen, also das Ausmaß, in dem Ehepartner derselben Bildungsgruppe (etwa gleicher Schulabschluss) angehören.

Sozialstrukturelles Profil

Menschen nehmen gleichzeitig sozialstrukturelle Positionen bezogen auf verschiedene sozialstrukturelle Merkmale ein. Sie gehören also gleichzeitig verschiedenen sozialstrukturellen Gruppen an (vgl. den Begriff der »multiple groups« bei Blau 1994). Jemand ist ein Mann, besitzt die deutsche Staatsangehörigkeit, hat ein Einkommen von mehr als 3000 Euro usw. Wir sagen, dass ihm ein bestimmtes *sozialstrukturelles Profil* bezogen auf die berücksichtigten Merkmale zukommt. Je nachdem, welche sozialstrukturellen Merkmale man einbezieht, kann man Menschen mittels solcher Profile unterschiedlich gut charakterisieren bzw. identifizieren. Man kann zudem untersuchen, wie viele verschiedene sozialstrukturelle Profile bezogen auf diese Merkmale es in einer Gesellschaft gibt und wie sich die Bevölkerung darauf verteilt.

Die Vielfalt der sozialstrukturellen Profile in einer Gesellschaft kann unterschiedlich groß sein. Das hängt davon ab, wie viele verschiedene Kombinationen der sozialstrukturellen Positionen sich zu den einbezogenen Merkmalen beobachten lassen. Das wiederum ist abhängig davon, wie stark die sozialstrukturellen Merkmale miteinander zusammenhängen oder korrelieren (Blau 1994: 14 f.). Betrachten wir dazu zwei Beispiele.

Zusammenhänge zwischen Strukturmerkmalen

Im ersten Beispiel geht es um den – vermutlich vergleichsweise engen – Zusammenhang zwischen den sozialstrukturellen Merkmalen »Ausbildungsabschluss« und »berufliche Stellung«. Menschen mit einer abgeschlossenen Lehre nehmen eher eine niedrigere berufliche Stellung (z. B. Facharbeiter) ein, während Menschen mit einem Hochschulabschluss eher Leitungspositionen erreichen oder selbstständig sind. Hochschulabsolventen sind also seltener unter den Facharbeitern als in Leitungspositionen zu finden. Das Umgekehrte gilt für die diejenigen, die eine Lehre absolviert haben.

Eine bestimmte sozialstrukturelle Position bezüglich des ersten Merkmals (Ausbildungsabschluss) geht also besonders häufig mit einer bestimmten sozialstrukturellen Position bezüglich des zweiten Merkmals (berufliche Stellung) einher und umgekehrt. Das ist ein Indiz für »konsolidierte Abgrenzungen« (Blau) zwischen sozialstrukturellen Gruppen bezüglich der betrachteten Merkmale. Sozialstrukturelle Gruppen bezüglich dieser beiden Merkmale sind weitgehend *kongruent*: Die Mitglieder der sozialstrukturellen Gruppe bezüglich des einen Merkmals sind gleichzeitig auch Mitglieder der Gruppe bezüglich des anderen Merkmals und umgekehrt. Dies impliziert, dass Angehörige einer bestimmten Ausbildungsgruppe in Bezug auf ihre berufliche Stellung relativ homogen sind; gleichzeitig zeigt sich die Gruppe der Menschen mit einer bestimmten beruflichen Stellung bezogen auf ihren Ausbildungsabschluss relativ homogen. Menschen mit einem unterschiedlichen Ausbildungsniveau sind also im Hinblick auf ihre berufliche Stellung deutlich voneinander abgegrenzt und umgekehrt.

Kongruenz von sozialstrukturellen Gruppen

Im zweiten Beispiel betrachten wir die sozialstrukturellen Merkmale »Wohnortgröße« und »berufliche Stellung«. Für sie erwartet man einen eher schwachen Zusammenhang. Eine bestimmte sozialstrukturelle Position bei dem einen Merkmal (Wohnortgröße) kann mit allen möglichen sozialstrukturellen Positionen bezüglich des anderen sozialstrukturellen Merkmals (berufliche Stellung) einhergehen. Umgekehrt sollte die Tatsache, dass man eine leitende Angestelltenposition bekleidet oder als Facharbeiter arbeitet, kaum von der Wohnortgröße abhängen. Das ist ein Indiz dafür, dass die Kongruenz sozialstruktureller Gruppen bezüglich dieser beiden Merkmale gering ist und »Überschneidungen« (Blau) die Regel sind – man spricht von *Inkongruenz*. Jede Gruppe bezüglich des einen Merkmals ist in allen Gruppen bezüglich des anderen Merkmals nennenswert vertreten und umgekehrt. Menschen, die in Wohnorten einer bestimmten Größe leben, können alle möglichen Formen einer beruflichen Stellung bekleiden, ob Arbeiter, mittlerer Angestellter oder Beamter. Menschen mit

Inkongruenz von sozialstrukturellen Gruppen

einer bestimmten beruflichen Stellung leben nicht nur in Wohnorten einer besonderen Größe. Daraus kann man schlussfolgern, dass die sozialstrukturelle Gruppe derjenigen Menschen, die in einem Wohnort einer bestimmten Größe wohnen, in Bezug auf ihre berufliche Stellung relativ heterogen ist. Ebenso sind Menschen mit einer bestimmten beruflichen Stellung relativ heterogen bezogen auf die Größe ihres Wohnorts.

Wenn der deutsche Soziologe Georg Simmel (1858–1918) von der »Kreuzung der sozialen Kreise« spricht, so meint er genau dieses Phänomen (Simmel 1989). Die sozialen Kreise entsprechen den sozialstrukturellen Gruppen, die durch Positionen verschiedener sozialstruktureller Merkmale bestimmt sind. In modernen Gesellschaften überschneiden sich mehr soziale Kreise und die einzelnen Überschneidungsmengen sind kleiner als in traditionalen Gesellschaften. Das heißt nichts anderes, als dass die Vielfalt sozialstruktureller Profile bezogen auf verschiedene sozialstrukturelle Merkmale größer geworden ist.

Abschließend sei eine wichtige methodische Anmerkung zur sozialen Verteilungsstruktur angefügt. Grundsätzlich werden die in Übersicht 2.3 genannten Verteilungen und Maße auf einen festen Zeitpunkt bezogen bestimmt. Durch den Vergleich verschiedener Zeitpunkte miteinander kann man dann ihren Wandel »komparativ-statisch« im Zeitverlauf betrachten. Wir nennen diesen Zugang die *Querschnittsbetrachtungsweise* der Analyse sozialstrukturellen Wandels.

Querschnittsbetrachtungsweise

In der Sozialstrukturforschung wird aber mehr und mehr auch die Veränderung sozialstruktureller Positionen von Akteuren im Verlaufe ihres Lebens untersucht. Diese Veränderungen sind es, die den sozialstrukturellen Wandel bewirken. Will man ihn erklären, muss man somit die Dynamik sozialstruktureller Positionen im Lebenslauf von Menschen entschlüsseln. Veränderungen sozialstruktureller Positionen von Menschen eines bestimmten Geburtsjahrgangs finden typischerweise in einem bestimmten Alter statt. So mag zum Beispiel das Kalenderjahr, in dem ein Mensch aus dem Elternhaus auszieht und damit eine neue Phase in seinem Lebenslauf einleitet, eher unwichtig sein. Das Alter, in dem er dies tut, ist dagegen bedeutsam. Der Vergleich verschiedener Geburtsjahrgänge (Kohorten) im Hinblick auf das durchschnittliche Alter beim Auszug aus dem Elternhaus gibt daher aussagekräftige Hinweise auf sozialstrukturellen Wandel.

Längsschnittbetrachtungsweise

Die Teilgebiete der Sozialstrukturforschung, die sich mit dieser Art von Fragestellungen beschäftigen, sind die Kohorten- und die Lebenslaufsanalyse. Wählt man diese Analyseperspektive, folgt man der *Längsschnittbetrachtungsweise* in der Analyse sozialstrukturellen Wandels. Im Einzelnen gehen wir in Kapitel 3 und 4 auf diese konzeptuellen und methodischen Aspekte der Sozialstrukturforschung noch etwas detaillierter ein.

Kurzer Ausblick

In dieser Einführung beschäftigen wir uns ausführlich mit Aspekten der sozialen Verteilungsstruktur einer Gesellschaft (Bevölkerungsstruktur in Kapitel 4, Strukturen sozialer Ungleichheit in Kapitel 5). Soziale Beziehungsstrukturen werden im Zusammenhang mit den Darstellungen zu Lebensformen (Kapitel 4, Kapitel 6.2), Korporationen und Arbeitsorganisationen in der Wirtschaft (Kapitel 6.1) sowie Organisationen und Institutionen des Wohlfahrtsstaats (Kapitel 6.3) thematisiert.

Lernkontrollfragen

1 Beschreiben Sie beispielhaft Elemente der sozialen Beziehungsstruktur einer Gesellschaft.
2 Nennen Sie Beispiele für sozialstrukturelle Merkmale und begründen Sie die Auswahl.
3 Welche Sachverhalte werden mit den Begriffen der Heterogenität und der Ungleichheit ausgedrückt?
4 Was ist mit Kongruenz und Inkongruenz sozialstruktureller Gruppen gemeint?
4 Wie hängen die Beziehungs- und die Verteilungsstruktur als Teildimensionen der Sozialstruktur zusammen?

Infoteil

Eine sehr gute und klar konzipierte Einführung in die Begrifflichkeit der Sozialstrukturanalyse gibt Peter M. Blau in seinem Band »Structural Contexts of Opportunities« aus dem Jahre 1994. Wir haben uns in großen Teilen daran orientiert. Um Verwirrung zu vermeiden, sei darauf hingewiesen, dass der hier definierte Begriff der sozialstrukturellen Position mit Blaus Begriff der sozialen Position identisch ist.
In einer deutschen Übersetzung gibt es dazu einen Text von Peter M. Blau mit dem Titel »Parameter sozialer Strukturen« in dem von ihm herausgegebenen Band »Theorien sozialer Strukturen« von 1978.

Literatur

Bahrdt, Hans P. (1994): Schlüsselbegriffe der Soziologie, 6. Aufl., München.

Blau, Peter M. (1978): Parameter sozialer Strukturen, in: Blau, Peter M. (Hg.): Theorien sozialer Strukturen, Opladen, S. 203–233.

Blau, Peter M. (1994): Structural Contexts of Opportunities, Chicago/London.

Bolte, Karl M. (1990): Strukturtypen sozialer Ungleichheit. Soziale Ungleichheit in der Bundesrepublik Deutschland im historischen Vergleich, in: Berger, Peter A./Hradil, Stefan (Hg.): Lebenslagen, Lebensläufe, Lebensstile (Sonderband 7 der Sozialen Welt), Göttingen, S. 27–50.

Coleman, James S. (1986): Die asymmetrische Gesellschaft. Vom Aufwachsen in unpersönlichen Systemen, Weinheim und Basel.

Durkheim, Émile (1976): Regeln der soziologischen Methode, Neuwied.

Geißler, Rainer (2014): Die Sozialstruktur Deutschlands, 7., grundlegend überarb. Aufl., Wiesbaden.

Elias, Norbert (1993): Was ist Soziologie? Weinheim/München.

Esser, Hartmut (1993): Soziologie. Allgemeine Grundlagen, Frankfurt/M.

Simmel, Georg (1989) [1890]: Über die Kreuzung socialer Kreise, in: ders.: Gesamtausgabe, Bd. 2: Aufsätze 1887–1890, hg. v. Otthein Rammstedt, Frankfurt/M., S. 237–257.

Weber, Max (1972 [1921]): Wirtschaft und Gesellschaft, Tübingen.

3 | Sozialstruktur und Individuum

Inhalt

Dieses Kapitel beschreibt differenziert die wechselseitige Beziehung zwischen soziologischen Tatbeständen bzw. der Sozialstruktur und dem sozialen Handeln der Akteure in einer Gesellschaft. Mit Augenmerk auf den individuellen Lebenslauf wird die zeitliche Dimension auf der Handlungsebene der Akteure eingeführt, um die gegenseitige Abhängigkeit von sozialstrukturellen Phänomenen und individuellen Entscheidungen vertiefend zu erläutern.

3.1 | Sozialstruktur und soziales Handeln

Wie im zweiten Kapitel dargelegt, reguliert und ordnet die Sozialstruktur als ein gewichtiger Teil der gesellschaftlichen Strukturen das soziale Handeln und das Miteinander der Mitglieder einer Gesellschaft. Gleichzeitig ist sie selbst das Ergebnis des sozialen Handelns von Akteuren. Sozialstruktur und individuelles Handeln stehen also in einer Wechselbeziehung zueinander. Wollen wir die Genese, Reproduktion und den Wandel soziologischer Tatbestände und der Sozialstruktur einer Gesellschaft verstehen und erklären, müssen wir neben der gesellschaftlichen Makroebene auch die Mikroebene der sozial handelnden Akteure in die Betrachtung einbeziehen; denn durch ihr alltägliches Handeln werden diese Strukturen immer wieder aufs Neue reproduziert, aber auch verändert. Wir bezeichnen dieses Vorgehen als *Mikrofundierung der sozialstrukturellen Analyse.*

Mikrofundierung der sozialstrukturellen Analyse

Die Auswirkungen gesellschaftlicher Strukturen auf individuelles Handeln sind vielfältig. Beispielsweise beeinflussen sie in Form von Verhaltensnormen die Handlungsziele der Akteure. So sollen unerwünschte Folgen individuellen Handelns für die Akteure selbst, für Mitakteure und für die Gesellschaft verhindert werden. Dieses soll gewährleisten, dass Akteure verlässlich miteinander kooperieren und ihr Handeln koordinieren. Indem sie sich mittels informell vereinbarter oder formal festgelegter Handlungsregeln organisieren, schaffen sie ein Beziehungsgeflecht, in welchem sie ihr Handeln aufeinander abstimmen und nicht intendierte Folgen des Handelns einzelner Akteure vermeiden (→ Kapitel 2.2.1).

Organisiertes Handeln

Ein Beispiel dafür sind sogenannte *sharing groups*. Deren Mitglieder nutzen ein für sie zugängliches Gut (z.B. ein Auto) gemeinsam (Carsharing). Damit die Vorteile der gemeinsamen Nutzung optimiert und die Nachteile möglichst gering gehalten werden, gibt es für alle Eventualitäten Regeln, nach denen jeder Einzelne auf das Gut zugreifen kann. Warum eine solche Vorgehensweise sinnvoll ist, lässt sich an einem klassischen Beispiel zeigen: der 1968 von Hardin dargestellten »Tragik der Allmende« (Hardin 1968). Danach besteht die Tendenz, dass Akteure ohne Vereinbarungen eine für sie kostenlose Ressource, etwa eine für die Bauern eines Dorfes zur Viehzucht frei verfügbare Weide, aus Eigeninteresse »übernutzen«. Die Folge ist, dass die Ressource schließlich für alle Beteiligten unbrauchbar wird, ohne dass das die Beteiligten (etwa aus purer Bosheit) beabsichtigt haben müssen.

Ein anderes Beispiel ist die Einführung einer gesetzlichen Regelung, welche die Vereinbarkeit von Elternschaft und Berufstätigkeit verbessern soll – wie die Elternzeit und ein Ausbau des Angebots an Betreuungsplätzen für Kinder im Alter von unter drei Jahren. Die Wahrscheinlichkeit dafür, dass entsprechende Angebote so angenommen und genutzt werden, wie es der Gesetzgeber intendiert hat, hängt davon ab, wie gut die Interessen der daran beteiligten Akteure (Eltern, Verbände, Gemeinden, Bundesländer und Bund) berücksichtigt sind und wie gut deren Kooperation funktioniert.

Nicht intendierte Folgen absichtsvollen Handelns

Strukturelle Auswirkungen sozialen Handelns sind häufig nicht intendiert und entsprechen daher nicht oder nicht vollständig den Handlungszielen der Akteure. Sie können den Zielen der Akteure sogar widersprechen oder sie konterkarieren, wie das Beispiel der »Tragik der Allmende« zeigt (paradoxe Effekte). Nicht intendierte Folgen absichtsvollen Handelns ergeben sich häufig dann, wenn Akteure nicht aufeinander abgestimmt handeln, ihre Handlungen aber dennoch Konsequenzen füreinander haben. So bringen etwa die Teilnehmer einer Party nur Etwas zu essen mit und am Ende stehen alle ohne Getränke da.

Ein letztes Beispiel zeigt, wie Akteure über die Folgen ihrer Handlungen miteinander verbunden sind, ohne dass zwischen ihnen direkte soziale Beziehungen bestehen. Kein Mensch in unserer Gesellschaft beabsichtigt, indem er – aus welchen persönlichen Gründen auch immer – auf Kinder verzichtet, die Alterung der Bevölkerung Deutschlands zu beschleunigen und wohlmöglich sogar seine eigene Altersabsicherung zu gefährden. Doch genau diese Gefahr droht, wenn sich bei geringer Geburtenzahl langfristig das Verhältnis von jungen und alten Menschen in einer Bevölkerung zu sehr zugunsten Letzterer verschiebt (→ Kapitel 4.2). Die Geburtenentwicklung in einer Bevölkerung kann nicht »organisiert« werden, so dass die Menschen bewusst zur biologischen Reproduktion ihrer Gesellschaft ihren Beitrag leisten. Es gibt auch keine verbindliche Norm mehr, die verlangt, dass man mindestens zwei Kinder hat. Das bedeutet aber nicht, dass strukturelle Rahmenbedingungen einer Gesellschaft für die Bereitschaft, Kinder zu bekommen, bedeutungslos sind. Dass zeigt sich zum Beispiel daran, dass Paare eine Familiengründung vermeiden, solange Familie und Beruf für sie schwer miteinander zu vereinbaren sind.

Beispiel Geburtenentwicklung

Wir haben es also bezogen auf die Geburt von Kindern mit autonomen individuellen Entscheidungen zu tun, bei denen Frauen und Männer vor allem ihr eigenes Wohlergehen und nicht das der Gesellschaft insgesamt im Blick haben. Diese Entscheidungen können zu nicht intendierten Veränderungen der Sozialstruktur führen, etwa dazu, dass sich das Verhältnis von Erwerbspersonen zu Rentenempfängern zugunsten der Letzteren verschiebt. Ausgelöst durch Veränderungen in einem Bereich der gesellschaftlichen Strukturen rufen viele Einzelne, indem sie ihr Verhalten anpassen, in der Summe auch einen Wandel anderer sozialstruktureller Phänomene hervor. Die verbesserten Bildungs- und Berufschancen von Frauen und Männern haben danach – bei gleichbleibend schlechten Möglichkeiten der Vereinbarkeit von Familie und Beruf – neben anderen Faktoren einen weitreichenden, wenn auch sehr indirekten Effekt auf die individuelle Lebensplanung vieler Akteure. Seit einigen Jahren Jahren werden wirkungsvollere politische Maßnahmen umgesetzt, welche die Vereinbarkeit beruflicher und familiärer Ziele verbessern. Wir erleben einen Wandel, mit dem politische (korporative) Akteure die Rahmenbedingungen der individuellen Entscheidung zur Familiengründung und -erweiterung so verändern, dass Elternschaft auf individueller Ebene wieder attraktiver wird. Nach der Einführung der Elternzeit und des Elterngelds im Jahr 2007 und dem forcierten Ausbau der Kleinkindbetreuung scheinen die damit intendierten Ziele tatsächlich realisiert zu werden; denn die Geburtenraten in Deutschland steigen wieder an (→ Kapitel 4).

Soziologische Tatbestände bedingen soziales Handeln und soziales Handeln verändert soziologische Tatbestände. Das Wechselverhältnis zwischen gesellschaftlichen Strukturen und sozialen Prozessen zeigt, dass eine Gesellschaft durch das Handeln von Akteuren reproduziert oder verändert wird, wie komplex ein solcher Zusammenhang auch immer sein mag. Wegen ihrer Bedeutung wollen wir die Wechselbeziehung zwischen den gesellschaftlichen Strukturen (sozialen Tatbeständen) bzw. der Sozialstruktur und der individuellen Handlungsebene noch etwas genauer betrachten.

Definition

Mehrebenenmodell gesellschaftlicher Entwicklung
Modell des wechselseitigen Zusammenhangs zwischen soziologischen Tatbeständen und der Sozialstruktur auf der Makroebene mit den Handlungen von Akteuren auf der Mikroebene.

Der amerikanische Soziologe James Coleman hat sie in einer einfachen Abbildung veranschaulicht: der »Coleman-Wanne« (Coleman 1991: 7 ff.). Abbildung 3.1 zeigt eine für unsere Zwecke angepasste Version dieses einfachen Mehrebenenmodells.

Soziales Handeln findet unter objektiv vorgegebenen Rahmenbedingungen statt, die (unter anderem) durch soziologische Tatbestände und Merkmale der Sozialstruktur gekennzeichnet sind (Pfeil a). Diese Rahmenbedingungen beinhalten Gelegenheiten (*Opportunitäten*) und Behinderungen (*Restriktionen*) oder Anforderungen, die einen Einfluss darauf haben, wie Akteure handeln können oder sollten. Man unterscheidet also gewährte, gebotene oder naheliegende Möglichkeiten und Chancen, die bestimmte

Der Makro-Mikro-Link: Pfeil (a)

Abb. 3.1

Das Mehrebenenmodell

Mehrebenenmodell der Interdependenz zwischen Sozialstruktur und Akteur

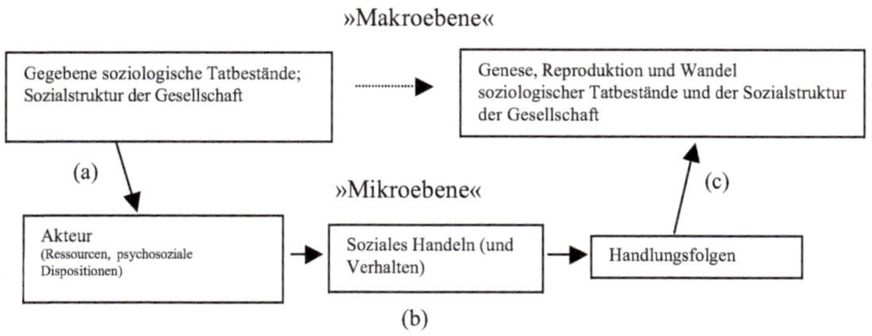

Pfeil (a) kennzeichnet die strukturelle Bedingtheit des sozialen Handelns (und Verhaltens) eines Akteurs.
Pfad (b) kennzeichnet die Auswahl einer bestimmten Handlungsalternative durch den Akteur und die Folgen, die das Handeln für ihn hat.
Pfeil (c) steht für die Rückwirkungen der Folgen des Akteurshandelns auf Strukturen der Gesellschaft.

Handlungen in einer Situation begünstigen, von solchen Umständen, die Handlungsmöglichkeiten ganz ausschließen oder eine Handlung aufgrund von Knappheiten mehr oder weniger kostenträchtig machen. Die strukturelle Bedingtheit des sozialen Handelns ist den Akteuren häufig bewusst. Sie kann aber auch »hinter ihrem Rücken« ihre Wirkung entfalten.

Opportunitätsstruktur

Die Sozialstruktur ist Teil der Opportunitätsstruktur von Akteuren und beeinflusst deren Handeln. Die Art der sozialen Beziehungen, die Akteure eingehen, hängt nach Blau zum Beispiel entscheidend von der Verteilungsstruktur der sozialen Umwelten ab, in denen die Akteure verkehren (Blau 1994: 9 f.). Damit ist die Frage der *Erreichbarkeit gewünschter Beziehungspartner* angesprochen.

Definition

Opportunitätsstruktur
Gesamtheit der gesellschaftlichen Rahmenbedingungen des Handelns von Akteuren (Handlungsmöglichkeiten und Handlungsrestriktionen).

Beispiel Partner- oder Heiratsmarkt

Betrachten wir das Beispiel des *Partner- oder Heiratsmarkts*. Die Chance für eine Frau, mit einem Mann eine Paarbeziehung einzugehen, der über denselben Bildungsabschluss verfügt wie sie selbst oder der bestimmte andere erwünschte Eigenschaften besitzt, ist umso größer, je mehr Männer mit solchen Eigenschaften für sie räumlich erreichbar sind – und umgekehrt. Davon hängt auch der Aufwand ab, den sie betreiben muss, und welche Orte sie besuchen sollte, um einen geeigneten Partner zu finden. Abiturienten, die studieren, verbringen an der Universität und vermutlich auch in der Freizeit einen großen Teil ihrer Zeit mit Personen, die ebenfalls das Abitur erworben haben. Die Chance, dass sie eine *bildungshomogame* Paarbeziehung eingehen, d. h. beide Partner haben die Hochschulreife, ist allein schon deshalb groß.

Beispiel Arbeitsmarkt

Die Sozialstruktur ist auch in anderer Hinsicht als Teil der Opportunitätsstruktur relevant, und zwar unter dem Aspekt der *Erreichbarkeit sozialer Positionen*. Ein Beispiel ist die Möglichkeit, eine bestimmte berufliche Position zu besetzen. Neben individuellen Voraussetzungen (adäquate Ausbildung) ist die Zahl der freien Stellen entscheidend dafür, wie groß die Chance ist, eine angestrebte berufliche Position auch zu erreichen. Wächst die Anzahl freier Stellen oder verringert sich die Zahl von Personen, die diese Position anstreben, erhöht sich diese Chance, weil sich die Konkurrenz verringert. Auch der umgekehrte Fall ist denkbar, wenn die Zahl der Stellen zurückgeht oder die Zahl der Personen, die eine solche Stelle nachfragen, größer wird. In diesen Fällen vergrößert sich die Konkurrenz und die Chance, diese Position zu erreichen, sinkt. Als Mitglied eines vergleichsweise kleinen Geburtsjahrgangs kann man daher optimistischer in die berufliche Zukunft schauen, als wenn man sich (bei gleichem Stellenangebot) gegen viele Mitbewerber aus einer großen Kohorte behaupten muss (Easterlin 1980).

Es sei erwähnt, dass natürlich auch Aspekte der institutionellen Struktur einer Gesellschaft einen Teil der Opportunitätsstruktur von Akteuren darstellen. Die Möglichkeit, Menschen kennenzulernen, kann etwa durch soziale Normen beeinflusst sein, die regeln, unter welchen Umständen sich unverheiratete Männer und Frauen treffen und gemeinsame Zeit verbringen dürfen. Geschlechtsrollenvorstellung können auch den Zugang zu bestimmten Berufen oder Arbeitsstellen beeinflussen.

Auf der Mikroebene bilden die für Akteure verfügbaren *Handlungsressourcen* einen weiteren Teil ihrer objektiven Handlungsbedingungen. Dazu gehören neben zeitlichen und finanziellen Mitteln individuelle Begabungen, Bildung und Wissen, aber auch physische Merkmale wie Attraktivität sowie kognitive, emotionale und soziale Kompetenzen.

Handlungsressourcen

Akteure können die objektiven Handlungsbedingungen und -möglichkeiten im Allgemeinen nicht in Gänze erfassen. Die Wahrnehmung der Handlungssituation durch die Akteure, die »›Definition‹ der Situation« (Esser 1999: 35 ff, 66 ff.), beruht auf selektiven Beobachtungen, Interpretationen und Einschätzungen der objektiven Handlungssituation. Diese Wahrnehmungen werden durch die so genannten *psychosozialen Dispositionen* der Akteure beeinflusst. Das heißt, Akteure betrachten ihre Handlungssituation durch eine subjektive Brille, die durch individuelle Vorerfahrungen und Interessen geprägt ist. Beispielsweise erscheinen Akteuren, je nach ihren persönlichen Erlebnissen und daraus erwachsenen Urteilen, verschiedene Lebensziele unterschiedlich erstrebenswert, oder aufgrund ihrer Erfahrungen über- oder unterschätzen sie die für eine Handlung notwendigen finanziellen Mittel.

Definition der Situation

Definition

Psychosoziale Dispositionen
Persönliche Ziele und Ansprüche, Werte und Interessen, Einstellungen und Überzeugungen von Akteuren.

Mithilfe sogenannter *Brückenhypothesen* werden Theorie geleitete Annahmen dazu formuliert, wie objektive – unter anderem durch die Sozialstruktur bestimmte – Handlungsbedingungen von Akteuren typischerweise

Brückenhypothesen

interpretiert werden sollten und welche Handlungsanreize sie für sich daraus ableiten (Esser 1999: 15 f., 286 f.).

Handlungsentscheidend für einen Akteur ist dann die subjektive Bewertung der Handlungssituation, der damit verbundenen Gelegenheiten, der Hindernisse und Kosten sowie der verfügbaren Ressourcen. Hinzu kommt seine Einschätzung dazu, wie wahrscheinlich es ist, mit einer bestimmten Handlung auch gewünschte Ergebnisse zu erreichen. Der Akteur wählt (mehr oder weniger bewusst) aus den subjektiv wahrgenommenen Handlungsmöglichkeiten eine bestimmte Handlungsalternative aus. Diese leitet sein soziales Handeln an, welches erwünschte oder auch unerwünschte und unerwartete Handlungsfolgen bewirkt (Pfad b).

Handlungswahl und Handlungsfolgen: Pfad (b)

Die Handlungswahl folgt mehr oder weniger komplexen Regeln. Auf die umfangreiche und kontrovers geführte Diskussion der verschiedenen Entscheidungsmodelle dazu können wir an dieser Stelle nicht eingehen (vgl. Esser 1999; Rössel 2005). Als einfaches und prominentes Modell sei hier nur das Erwartungsnutzenmodell (SEU-Modell) erwähnt (vgl. Esser 1999: 247 ff.). Es geht davon aus, dass Akteure sich bei der Auswahl aus möglichen Handlungsalternativen für die Variante entscheiden, die gemäß ihrer subjektiven Erwartung und im Lichte ihrer Handlungsziele den maximalen Nettonutzen (Nutzen abzüglich Kosten) verspricht.

Erwartungsnutzenmodell der Handlungsentscheidung

Sehr häufig geht dem Handeln gar kein komplizierter Entscheidungsprozess voraus. Menschen handeln oft routinemäßig oder habitualisiert. Das geschieht immer dann, wenn jemand mit der Handlungssituation hinreichend vertraut ist und »weiß, was zu tun ist«. Akteure verlassen sich auf diese eher wenig reflektierten Handlungspraktiken aber nur, weil und solange wie diese sich hinreichend bewähren. Man gibt sich sogar mit einem unter dem Maximum liegenden Nutzenniveau zufrieden (»satisficing«; March/Simon 1958). Warum sollte man beispielsweise beim immer wiederkehrenden Kauf eines Waschmittels jedes Mal neu die verschiedenen Produkte und ihre Preise gegeneinander abwägen – das wäre ineffizient, da auch ein Entscheidungsprozess selbst Kosten verursacht. Aufwändige Abwägungs- und Entscheidungsprozesse sind immer dann die Regel, wenn es keine probate Auswahl gibt oder wenn eine neue Entscheidungssituation auftritt und daher ein Abwägungsprozess für notwendig erachtet wird.

Routinehandeln und »satisficing«

Partnerwahl

Zurück zum Beispiel der Partnerwahl: Wir gehen davon aus, dass die Bedeutung der Zugehörigkeit zu einer sozialstrukturellen Gruppe sich danach bemisst, wie stark – aus welchen Gründen auch immer – die Beziehungsaffinität zwischen Individuen ist, die dieselbe sozialstrukturelle Position besitzen, oder wie stark das subjektive Verbundenheitsgefühl mit der sozialstrukturellen Gruppe ist (Blau 1994: 3 ff.). Blau spricht von der »salience« einer sozialstrukturellen Gruppe. Bei der Auswahl des Beziehungspartners hängt sie unter anderem davon ab, wie vorteilhaft es für die suchende Person erscheint, dass der Wunschpartner dieselbe sozialstrukturelle Position innehat – etwa denselben Bildungsabschluss. Partnersuchende streben umso eher eine homogame Beziehung bezogen auf ein sozialstrukturelles Merkmal – eine »ingroup relation« nach Blau – an, je höher die »salience« der sozialstrukturellen Gruppe, der sie selbst angehören, für sie ist. Haben Abiturienten nur Freundschaftsbeziehungen mit Abiturienten oder Hauptschüler nur mit Hauptschülern, dann sind die durch das Bildungsniveau bestimmten sozialstrukturellen Gruppen hoch salient für ihre Mitglieder.

Definition

»Salience« einer sozialstrukturellen Gruppe (Blau)
bezeichnet die Relevanz der sozialstrukturellen Gruppe (einer sozialstrukturellen Position) für die sozialen Beziehungen ihrer Mitglieder.

Sie lässt sich daran messen, wie stark soziale Beziehungen unter den Mitgliedern der Gruppe, also zwischen Akteuren, die dieselbe sozialstrukturelle Position haben (*ingroup relation*), gegenüber sozialen Beziehungen zu Akteuren, die anderen sozialstrukturellen Gruppen angehören oder eine andere sozialstrukturelle Position haben (*outgroup relation*), überwiegen.

Die Partnerwahl kann – je nach verwendeter Entscheidungsregel – unterschiedlich erklärt werden. Aus Nutzen maximierender Sicht hängt die Entscheidung für einen bestimmten Partner davon ab, wie hoch der Aufwand ist, um die oder den Auserwählten zu gewinnen, und wie die Wahrscheinlichkeit dafür eingeschätzt wird, dass diese Person auch »anbeißt«, wenn die entsprechenden Mittel eingesetzt werden. Nimmt ein Akteur die Sozialstruktur seines Partnermarktes angesichts seiner spezifischen Partnerwünsche als zu ungünstig wahr, kann er sich auch durch räumliche Mobilität oder durch Nutzung von geeigneten Medien (etwa einer Partnerbörse im Internet) neue Partnermärkte erschließen.

Nach welchen Kriterien Entscheidungen zugunsten eines bestimmten Partners getroffen werden, warum es Personen zum Beispiel als besonders vorteilhaft ansehen, eher einen Partner zu haben, der etwa das gleiche Bildungsniveau erreicht hat wie sie selbst, ist Gegenstand von Theorien der Partnerwahl (Lenz 1998). Dass die Bildungshomogamie heute in Paarbeziehungen vorherrscht, lässt sich theoretisch gut begründen und kann empirisch bestätigt werden (Blossfeld/Timm 1997, Arránz Becker/Hill 2008).

Berufswahl

Wenden wir uns noch einmal dem Arbeitsmarkt zu. Neben dem vorhandenen Stellenangebot spielen für die berufliche Karriere von Individuen weitere Faktoren eine große Rolle. Natürlich sind die Ressourcen und individuellen Fähigkeiten, die den Akteuren zur Verfügung stehen, von großer Bedeutung (→ Kapitel 5.5). Auch hier kann die Entscheidungsfindung durch ganz unterschiedliche subjektive Grundsätze beeinflusst werden und muss nicht nur den objektiven Rahmenbedingungen und Erfolgschancen im Beruf geschuldet sein. Beispielsweise wird man Hochseefischer genau wie der Vater und der Bruder – obwohl man vielleicht eine bessere Schulausbildung und andere Vorlieben hat. Andererseits spielen individuelle Interessen bei der Berufswahl eine große Rolle. Sie können die Akteure dazu motivieren, sich auch gegen starke Widerstände darum zu bemühen, eine bestimmte berufliche Position zu erreichen.

Individuelles Handeln wirkt auf die Strukturen der Makroebene der Gesellschaft, dem eigentlichen Untersuchungsgegenstand soziologischer Analyse, zurück. Annahmen über die Mechanismen, die dieser Wirkung zugrunde liegen, werden in sogenannten *Transformationsregeln* spezifiziert. Sie geben Auskunft darüber, wie sich die Konsequenzen individueller Handlungen für den Fortbestand und den Wandel der gesellschaftlichen Strukturen entfalten. Die Wirkungen sozialer Prozesse auf den sozialen Wandel sind in der Regel nur ex post, also im Nachhinein, abschätzbar und erklärbar. Das ist besonders dann der Fall, wenn die strukturellen Folgen von Handlungen von sehr kleinen Veränderungen der sozialstrukturellen und institutionellen Rahmenbedingungen abhängig sind (vgl. Boudon 1986). Wir haben es mit einem komplexen (nicht linearen) Systemzusammenhang zu tun, der oft nur sehr schwer zu durchschauen ist. Eine umfassende theoretische Lösung des Aggregations- oder Transformationsproblems steht daher noch aus.

Der Mikro-Makro-Link: Pfeil (c) Transformationsregeln

Ein einfaches Beispiel für die kumulative Auswirkung individueller Verhaltensakte auf die soziale Verteilungsstruktur einer Gesellschaft stellen *demografische Prozesse* dar. Geburten, Wanderungen und Sterbefälle führen beispielsweise zusammen mit dem biologischen Alterungsprozess qua Addition und Subtraktion als Transformationsregel zur Veränderung des Bevölkerungsbestands in einzelnen Altersgruppen und Regionen (→ Kapitel 4).

Beispiel demografische Entwicklung

Diesem einfachen *Aggregationsprinzip* folgend schlägt sich auch das Partnerwahl- oder Heiratsverhalten in der Sozialstruktur einer Gesellschaft nieder. Auf den wachsenden Anteil bildungshomogamer Paarbeziehungen und Ehen in der Bundesrepublik wurde bereits verwiesen. Sie haben das alte Modell, in dem der Mann ein höheres Qualifikationsniveau aufwies und als alleiniger Familienernährer fungierte, abgelöst. Interessanterweise hat sich der Altersabstand zwischen Ehepartnern in den letzten Jahrzehnten aber nicht stark verändert. Er liegt relativ konstant bei etwa drei Jahren.

Strukturelle Auswirkungen von individuellen Einzelentscheidungen lassen sich auch am Beispiel der Berufswahl veranschaulichen: Die Hochseefischerei ist eine harte Arbeit, die zudem nur noch wenig einbringt. Aufgrund besserer Bildungschancen und bedingt durch den Wandel des Arbeitsmarktes ist es der nachwachsenden Generation möglich geworden, attraktivere Berufe zu ergreifen. Damit drohen in der Bundesrepublik das Aussterben eines ganzen Berufszweigs und ein entsprechender Wandel der Sozialstruktur. Mehr noch, damit geht ein Stück regionaler Identität in Norddeutschland verloren. Es deuten sich also zusätzliche, strukturelle Auswirkungen an, die nicht in der hier vorgeführten einfachen Form von Aggregationseffekten darzustellen sind, weil ihnen komplexere Aggregations- oder besser Integrationsprozesse zugrunde liegen.

Zusammenfassung

Tiefenerklärung im Mehrebenenmodell

- (a) Individuelles Handeln wird durch die strukturellen Rahmenbedingungen der Handlungssituation geprägt. Die Brückenhypothesen spezifizieren, welche und wie die Anreize der Handlungssituation von Akteuren wahrgenommen werden.
- (b) Die (mehr oder weniger bewusste) Handlungswahl bestimmt nach situational angepassten Entscheidungsregeln, wie auf Grundlage der (wahrgenommenen) Handlungssituation unter Einbeziehung der psychosozialen Dispositionen gehandelt wird.
- (c) Die Transformationsregeln geben an, wie sich die Makrostruktur aufgrund der individuellen Handlungen verändert. Sie beruhen auf verschiedenen Prinzipien: Diese reichen von der einfachen Aggregation von Handlungsergebnissen (Geburtenzahl), über die nicht intendierten Folgen des Handelns von Akteuren (»tragedy of commons«) bis hin zu institutionalisierten Verfahren (Bundestagswahl).

Dynamisches Modell

Die drei Schritte des Mehrebenenmodells lassen sich zu einem sich ständig wiederholenden Prozess der Wechselwirkung von individuellen Handlungen und strukturellen Gegebenheiten in der Gesellschaft »hintereinanderschalten« (Esser 1999: 18). Wir erhalten damit ein dynamisches Modell sozialen Wandels. Strukturelle Bedingungen beeinflussen individuelles Handeln und dieses wirkt auf die Bedingungen zurück. Die dadurch reproduzierten oder veränderten strukturellen Bedingungen wirken wiederum auf das zukünftige individuelle Handeln usw.

Soziale Segregation als dynamisches Phänomen

Ein gutes Beispiel für einen Prozess, der sich als dynamische Wechselwirkung zwischen zielgerichtetem sozialem Handeln und Strukturwandel beschreiben lässt, ist die soziale Segregation von Stadtvierteln (Schelling 1978). Dieses Phänomen beruht auf der Entscheidung einzelner Haushalte in einem Stadtviertel oder Wohnbezirk, in Abhängigkeit von der sozialen Zusammensetzung der Nachbarschaft (nach sozialer Schicht, ethnischer

Zugehörigkeit) abzuwandern oder nicht. Man unterstellt, dass Menschen in ihrer Wohnumgebung eher mit ihresgleichen zusammenleben wollen. Überschreitet der Anteil der Haushalte, denen sich ein Haushalt sozial nicht zugehörig fühlt, einen bestimmten Wert, zieht dieser in einen anderen Wohnbezirk um. Die Fortzüge verändern die soziale Zusammensetzung des Stadtviertels, worauf weitere Haushalte mit räumlicher Mobilität reagieren – also die zukünftigen Entscheidungen über einen Wohnortswechsel dynamisch beeinflussen. Ohne dass unterstellt werden muss, dass Bewohner nur mit Angehörigen der eigenen sozialen Schicht oder Ethnie in ihrer Nachbarschaft zusammenleben wollen, führen die »Entmischungseffekte« der Umzüge zu sozial homogenen Nachbarschaften, wie wir sie in vielen Städten beobachten können. Auch das ist ein Aspekt der Sozialstruktur einer Gesellschaft.

Lernkontrollfragen

1 Welche Bedeutung haben die Brückenhypothesen im Mehrebenenmodell?
2 Begründen Sie die Komplexität von Aggregationsprozessen.
3 Überlegen Sie, wie man Bevölkerungswandel mit Hilfe des Mehrebenenmodells, geeigneter Brückenhypothesen und Transformationsregeln begründen kann.
4 Was begründet die Salience einer sozialstrukturellen Gruppe?

Infoteil

Das Mehrebenenmodell als Grundlage des Modells der soziologischen Erklärung wird bei Esser (1999: 15 ff.) ausführlich vorgestellt. Das zugrunde liegende Konzept des methodologischen Individualismus hat in der Soziologie eine lange Tradition.

Eine sehr anschauliche, beispielhafte Abhandlung zum Aggregationsproblem und zu nichtintendierten Folgen absichtsvollen Handelns (»Emergenzeffekte«) hat Boudon in seinem Buch über »Die Logik des gesellschaftlichen Handelns« vorgelegt (Boudon 1978).

Sozialstruktur und Lebenslauf

3.2

Auf der Makroebene äußert sich der Wandel der Sozialstruktur (sozialstruktureller Wandel) in der Genese, Reproduktion und Veränderung soziologischer Tatbestände innerhalb der Sozialstruktur. Auf der individuellen Ebene vollzieht sich das Handeln im Lebenslauf von Akteuren (Huinink/Schröder 2008).. Da, wie wir gesehen haben, die Mikro- und die Makroebene eng miteinander verknüpft sind, ändern sich mit den gesellschaftlichen Abläufen auch die individuellen Lebensläufe. Der Lebenslauf wird damit für die Sozialstrukturforschung und für das Studium sozialen Wandels eine wichtige Analyseebene. Häufig wird in diesem Zusammenhang in der Literatur statt vom Lebenslauf auch vom Lebensverlauf gesprochen (Mayer/Blossfeld 1986).

Neben der Wechselbeziehung (Interdependenz) zwischen dem sozialen Wandel auf der Makro- und individuellen Lebensläufen auf der Mikroebene ist eine lebenslaufanalytische Betrachtungsweise durch zwei weitere Arten von Interdependenzen gekennzeichnet, die in Übersicht 3.1 erläutert werden (Bernardi/Huinink/Settersten 2018):

Übersicht 3.1

Der Lebenslaufansatz: Drei Interdependenzen

Lebensläufe sind kennzeichnet durch:

1. Mikro-Makro-Interdependenz: Lebensläufe vollziehen sich im Kontext verschiedener Ebenen von Handlungsbedingungen und wirken auf diese zurück. Grob lassen sich unterscheiden: der allgemeine historische und gesellschaftliche Kontext (Kultur, Wirtschaft, Politik, Sozialstruktur), die soziale Einbettung in sozialen Gruppen, Organisationen, soziale Netzwerke sowie die Paar- bzw. Familienbeziehungen.
2. Interdependenz der Lebensbereiche: Der Lebenslauf ist ein mehrdimensionaler Prozess, der aus sich wechselseitig beeinflussenden Lebensbereichen und Prozessdimensionen (Familie, Arbeit, Freizeit, Wohnen etc.; psychosoziale, individuelle Entwicklung) gespeist wird.
3. Vorher-Nachher-Interdependenz: Der Lebenslauf ist ein Prozess, in dem die aktuellen und zukünftigen Interessen und Handlungsmöglichkeiten von früheren (Lern-)Erfahrungen, Entscheidungen und Handlungen abhängen. Man nennt ihn deshalb auch pfadabhängig. Weil sich Akteure dessen bewusst sind, wirkt gleichzeitig eine antizipierte zukünftige Entwicklung des Lebenslaufs auf die aktuellen Entscheidungssituationen zurück.

Mehrebenenbezug des Lebenslaufs

Der Lebenslauf vollzieht sich in enger Beziehung zu den Lebensläufen anderer Menschen (Eltern, Partner, Kinder, Freunde usw.) und im Kontext sozialer Gruppen (die elterliche Familie, die eigene Familie, Peergroups, Freundschaftsgruppen etc.). Er unterliegt den strukturierenden Einflüssen gesellschaftlicher Institutionen in Staat (Bildungssystem, Recht, Sozialgesetzgebung etc.) und Wirtschaft (Markt, Arbeits- und Gütermärkte). Er findet in spezifischen sozialräumlichen Kontexten und unter historisch gewachsenen gesellschaftlichen Bedingungen statt.

Die Bildungs- und Lebenslaufforscher Karl Ulrich Mayer und Walter Müller betonen die Rolle des Staates als wichtige Instanz der Strukturierung und Regulierung individueller Lebensläufe (Mayer/Müller 1989; vgl. auch Leisering 2004). Der Lebenslaufsoziologe Martin Kohli nimmt die institutionelle und kulturelle Regulierung des Lebenslaufs zum Anlass, den (Normal-) Lebenslauf zur *Institution* zu erheben (Kohli 1985, 2007). Damit will er zum Ausdruck bringen, dass der Lebenslauf im Unterschied zu vormodernen Zeiten durch institutionell geprägte Ablaufprogramme bestimmt ist. Das gilt sowohl für die Reihenfolge, das Auftreten als auch die altersspezifische Terminierung von lebenslaufspezifischen Ereignissen (Chronologisierung des Lebenslaufs). Dabei lässt sich zudem die Länge des Lebenslaufs heute erheblich sicherer vorhersagen als in früheren Zeiten. Durch diese Entwicklung ist der Lebenslauf planbar und kalkulierbar geworden.

Der Lebenslauf entfaltet sich in wechselseitig aufeinander bezogenen Lebensbereichen oder Prozessdimensionen. Es gibt den Bildungsverlauf, den Familienverlauf, den Erwerbsverlauf, den Krankheitsverlauf. Der Lebenslauf ist zudem ohne die Berücksichtigung Prozesse der individuellen kognitiven und psychosozialen Entwicklung nicht vollständig zu beschreiben.

Mehrdimensionalität von Lebensläufen

Die einzelnen Dimensionen haben in unterschiedlichen Lebenssituationen und abhängig vom Alter eine unterschiedliche Relevanz. Der Lebenslauf lässt sich als Abfolge (und Nebeneinander) von Lebenszielen oder -projekten verstehen, die in verschiedenen Lebensphasen und Lebensbereichen um die knappen zeitlichen und finanziellen Ressourcen des Akteurs konkurrieren. Die Ziele in den verschiedenen Lebensbereichen entwickeln sich nicht unabhängig voneinander. Ihr Verhältnis ist durch einen wechselseitigen Bedingungszusammenhang charakterisiert, der sehr unterschiedlich ausgeprägt sein kann.

Dazu nur zwei Beispiele: Der Erfolg in einem Lebensbereich kann den Erfolg in einem anderen Lebensbereich fördern (und umgekehrt): Beruflicher Erfolg schafft Einkommen und Einkommen erweitert Spielräume einer anspruchsvollen Freizeitgestaltung. Entspannung durch Freizeit fördert wiederum den Einsatz im Beruf. Andererseits kann das erfolgreiche Engagement in einem Lebensbereich in Konkurrenz zu einem anderen Lebensbereich stehen (und umgekehrt): Kümmert man sich verstärkt um berufliche Ziele, muss man seine Ziele im Hinblick auf zeitaufwendige Hobbys zurückstellen.

Diese enge Beziehung unterschiedlicher Lebensbereiche zueinander ist bei sogenannten *Statuspassagen* im Lebenslauf besonders stark ausgeprägt (Heinz 1996). Sie bezeichnen Phasen im Lebenslauf, in denen Statusübergänge in mehreren Lebensbereichen zu einer umfassenden Neustrukturierung der Lebensumstände führen. Dazu gehört etwa der Übergang vom Jugend- ins Erwachsenenalter.

Statuspassagen

Der zeitliche Spielraum dafür, biografische Entscheidungen aufzuschieben und wichtige Ziele in verschiedenen Lebensbereichen zu verwirklichen, ist unterschiedlich groß. Für die Wahl des Zeitpunkts einer Familiengründung steht zum Beispiel ein relativ großes Altersintervall zur Verfügung. Es wird zwar faktisch von sozial bedingten Alterspräferenzen begrenzt, grundsätzlich ist es aber nur durch biologische Schranken, innerhalb derer Menschen Kinder bekommen können, bestimmt. Andere biografische Aufgaben und die damit verbundenen Statusübergänge, wie zum Beispiel die Aufnahme und der Abschluss einer Ausbildung, die Berufswahl oder der Start in die Erwerbstätigkeit, sind dagegen heute nicht in diesem Maße zeitlich disponibel, will man keine gravierenden Nachteile für den weiteren Lebenslauf in Kauf nehmen. Der Übergang ins Erwachsenenalter wird daher zunächst von ausbildungs- und berufsspezifischen Aufgaben dominiert. Fragen der Familiengründung bleiben während der Zeit der Ausbildung und der beruflichen Orientierungsphase im Hintergrund und werden erst in einer späteren Phase aufgegriffen, wenn sich eine materielle Konsolidierung der Lebensgrundlagen und die Sicherung eines bestimmten Lebensstandards abzeichnen (Huinink 1995, Schröder 2007).

Individuelle Akteure handeln und entwickeln ihre Orientierungen auf der Grundlage ihrer kumulierten Erfahrungen und materiellen, sozialen und kulturellen Ressourcen. Der Lebenslauf kann daher als ein »endogener Kausalzusammenhang« verstanden werden (Mayer 2004: 164). Aktuelles Handeln hat Konsequenzen für die Gestaltung des zukünftigen Lebens; es kann zukünftige Handlungsmöglichkeiten eröffnen oder beschränken. Intendierte und nicht intendierte Folgen des individuellen Handelns erhalten so eine große Relevanz für die Lebensgestaltung. Biografische Umorientierungen im Lebenslauf sind zwar möglich, häufig sogar durch die Umstände erzwungen. Sie können aber zu starken »Tempoverlusten« und damit zu erheblichen Kosten und Benachteiligungen führen, die Akteure zu vermeiden suchen.

Pfadabhängigkeit von Lebensläufen

Es ist gut belegt, dass frühere Entscheidungen und im Zusammenhang damit auch die soziale Herkunft sehr bedeutsam dafür sind, wie individuelle Lebensläufe gestaltet werden können und welche sozialstrukturellen Positionen erreichbar sind (Mayer/Blossfeld 1990). Der nicht zu bestreitende

Zuwachs an individueller Entscheidungskompetenz wird daher von vielen nicht als Hinweis auf eine Auflösung sozialstrukturell bedingter Prägungen des Lebenslaufs gesehen. Wie strikt einmal vorgenommene oder herkunftsbedingte biografische Festlegungen sind, hängt nicht (allein) von den individuellen Akteuren, sondern auch von den institutionellen Gegebenheiten in einer Gesellschaft ab. Diese bestimmen mit, ob und mit welchem Aufwand Revisionen einmal eingeschlagener Lebenswege möglich sind. Aber auch diese Institutionen entwickeln sich pfadabhängig. So kann man eine Beziehung zwischen der Gestaltungsmacht der Vergangenheit auf der Mikroebene des Lebenslaufs und auf der Makroebene der gesellschaftlichen Entwicklung ausmachen.

Lernkontrollfragen

1 Welche Betrachtungsperspektiven bringt die Lebenslaufanalyse in die Sozialstrukturforschung ein?

2. Durch welche Art von Interdependenzen sind Lebensläufe charakterisiert? Machen Sie sich das anhand von Beispielen klar.

3 Welchen strukturierenden Einflüssen unterliegt der Lebenslauf? Nennen Sie Beispiele bezogen auf ihren eigenen Lebenslauf.

Infoteil

Die Lebenslaufforschung hat verschiedene Wurzeln. Ein anderer prominenter Systematisierungsvorschlag als der hier vorgestellte kommt von dem amerikanischen Soziologien Glen Elder (Elder/Johnson/Crosnoe 2004). Als Überblick eignet sich das »Handbook of the Life Course« von Mortimer und Shanahan (2004), in dem auch der Artikel von Elder, Johnson und Crosnoe veröffentlicht worden ist. Einen weiteren Einblick in die Forschungsansätze und Forschungsgebiete der Lebenslaufforschung gibt der »Life Course Reader«, 2009 herausgegeben von Walter Heinz, Johannes Huinink und Ansgar Weymann.

Literatur

Arránz Becker, Oliver/Hill, Paul B. (2008): Bildungshomogamie und Partnerschaftserfolg – eine dyadische Analyse, in: Huinink, Johannes/Feldhaus, Michael (Hg.): Neuere Entwicklungen in der Beziehungs- und Familienforschung. Vorstudien zum Beziehungs- und Familienentwicklungspanel (PAIRFAM). Würzburg, S. 151–185.

Bernardi, Laura/Huinink, Johannes/Settersten, Rick (2018): The Life Course Cube: A Tool for Studying Lives, in: Advances in Life Course Research, online first: doi.org/10.1016/j.alcr.2018.11.004.

Blau, Peter M. (1994): Structural Contexts of Opportunities, Chicago/London.

Blossfeld, Hans-P./Timm, Andreas (1997): Der Einfluss des Bildungssystems auf den Heiratsmarkt – Eine Längsschnittanalyse der Wahl des ersten Ehepartners im Lebenslauf, in: Kölner Zeitschrift für Soziologie und Sozialpsychologie, Jg. 49, H. 3, S. 440–476.

Boudon, Raymond (1978): Die Logik des gesellschaftlichen Handelns, Neuwied.

Boudon, Raymond (1986): Theories of Social Change. A Critical Appraisal, Cambridge.

Coleman, James S. (1991): Grundlagen der Sozialtheorie, Band 1, München.

Easterlin, Richard A. (1980): Birth and Fortune. The Impact of Numbers on Personal Welfare, New York.

Elder, Glen H. Jr./Johnson, Monika K./Crosnoe, Robert (2004): The Emergence and Development of Life Course Theory, in: Mortimer, Jeylan T./Shanahan, Michael (Hg.): Handbook of the Life Course, New York, S. 3–19.

Esser, Hartmut (1999): Soziologie. Spezielle Grundlagen, Band 1: Situationslogik und Handeln, Frankfurt/M.

Hardin, Garrett (1968): The Tragedy of the Commons, Science, Jg. 162, Heft 3859, S. 1243–1248.

Heinz, Walter (1996): Status Passages as Micro-Macro-Linkages in Life Course Research, in: Weymann, Ansgar/Heinz, Walter R. (Hg.), Society and Biography. Interrelationship Between Social Structure, Institutions and the Lifecourse, Weinheim, S. 51–65.

Heinz, Walter/Huinink, Johannes/Weymann, Ansgar (2009): The Life Course Reader: Individuals and Society across Time, Frankfurt/M./Chicago.

Huinink, Johannes (1995): Warum noch Familie? Zur Attraktivität von Partnerschaft und Elternschaft in unserer Gesellschaft, Frankfurt/M.

Huinink, Johannes/Schröder, Torsten (2008): Skizzen zu einer Theorie des Lebensverlaufs, in: Diekmann, Andreas et al. (Hg.), Rational Choice: Theoretische Analysen und empirische Resultate. Wiesbaden, S. 291–308.

Kohli, Martin (1985): Die Institutionalisierung des Lebenslaufs, in: Kölner Zeitschrift für Soziologie und Sozialpsychologie, Jg. 37, Heft 1, S. 1–29.

Kohli, Martin (2007): The Institutionalization of the Life Course: Looking Back to Look Ahead, in: Research in Human Development Jg. 4, Heft 3–4, S. 253–271.

Leisering, Lutz (2004): Government and the Life Course, in: Mortimer, Jeylan T./Shanahan, Michael (Hg.): Handbook of the Life Course, New York, S. 205-225.

Lenz, Karl (1998): Soziologie der Zweierbeziehung, Wiesbaden.

March, James G./Simon, Herbert A. (1958): Organizations, New York/London/Sydney.

Mayer, Karl U. (2004): Whose Lives? How History, Societies, and Institutions Define and Shape Life Courses, in: Research In Human Development, Jg. 1, Heft 3, S. 161–187

Mayer, Karl U./Blossfeld, Hans Peter (1990): Die gesellschaftliche Konstruktion sozialer Ungleichheit im Lebensverlauf, in: Berger, Peter A./Hradil, Stefan (Hg.): Lebenslagen – Lebensläufe – Lebensstile (Sonderband 7 der Sozialen Welt), Göttingen, S. 297–318.

Mayer, Karl U./Müller, Walter (1989): Lebensverläufe im Wohlfahrtsstaat, in: Weymann, Ansgar (Hg.): Handlungsspielräume. Untersuchungen zur Individualisierung und Institutionalisierung von Lebensläufen in der Moderne, Stuttgart, S. 41–60.

Mortimer, Jeylan T./Shanahan, Michael (Hg.) (2004): Handbook of the Life Course, New York.

Rössel, Jörg (2005): Plurale Sozialstrukturanalyse. Eine handlungstheoretische Rekonstruktion der Grundbegriffe der Sozialstrukturanalyse, Wiesbaden.

Schelling, Thomas C. (1978): Micromotives and macrobehavior, New York.

Schröder, Torsten (2007): Geplante Kinderlosigkeit? Ein lebensverlaufstheoretisches Entscheidungsmodell, in: Konietzka, Dirk/Kreyenfeld, Michaela (Hg.): Ein Leben ohne Kinder. Kinderlosigkeit in Deutschland, Wiesbaden, S. 365–399.

4 | Sozialstruktur und Bevölkerung

Inhalt

Dieses Kapitel führt in grundlegende Begriffe und Befunde der Demografie und Bevölkerungssoziologie ein, die beide Dimensionen der Sozialstruktur betreffen. Wir erörtern demografische Größen und Maßzahlen der Bevölkerungsstruktur als Teil der sozialen Verteilungsstruktur einer Gesellschaft. Ergänzend präsentieren wir Erklärungen und empirische Darstellungen zur Veränderung der Bevölkerungsstruktur in der Zeit. Abschließend beschreiben wir die Verteilung und den Wandel von Lebensformen, die einen zentralen Bereich der sozialen Beziehungsstruktur einer Gesellschaft bilden.

4.1 | Grundbegriffe der Bevölkerungsforschung

Die lebendige Basis einer Gesellschaft ist ihre Bevölkerung. Sie verkörpert die Gesamtheit der individuellen Akteure, die eine Gesellschaft gestalten. Wegen der besonderen Rolle, die die Struktur und Entwicklung der Bevölkerung eines Landes oder einer geografischen Region spielt, hat sich dazu eine eigenständige Wissenschaftsdisziplin mit einem eigenen methodischen Instrumentarium ausdifferenziert: die *Demografie oder Bevölkerungswissenschaft*. Innerhalb der Soziologie hat sich als »Bindestrich-Soziologie« die *Bevölkerungssoziologie* etabliert (Höpflinger 1997).

Demografie

Was wird genau unter der Bevölkerung eines Landes verstanden? In Deutschland zählen die statistischen Ämter seit 1983 diejenigen zur Bevölkerung einer regionalen bzw. administrativen Einheit, die dort ihre alleinige oder ihre Hauptwohnung haben (Bevölkerung am Ort der alleinigen bzw. der Hauptwohnung). Letztere ist laut Melderechtsrahmengesetz die vorwiegend benutzte Wohnung einer Person, die am Ort dieser Wohnung auch mit dem Hauptwohnsitz gemeldet sein muss. Weitere Wohnungen werden als Nebenwohnungen bezeichnet.

Bevölkerung

Definition

Bevölkerung
Zur Bevölkerung einer regionalen bzw. administrativen Einheit (Gemeinde, Bundesland, Deutschland) gehören alle Personen, die dort ihre Hauptwohnung haben und mit ihrem Hauptwohnsitz gemeldet sind.

Alternativ oder ergänzend existieren andere Bevölkerungskonzepte. So kann man zum Beispiel die ortsanwesende – und nicht unbedingt dort auch gemeldete – Bevölkerung, d.h. die Menschen, die sich zu einem bestimmten Zeitpunkt in einem Land oder einer Region aufhalten, betrachten (Esenwein-Rothe 1982: 9 ff.). Wenn wir im Folgenden von Bevölkerung sprechen, beziehen wir uns aber immer auf die zuerst genannte Definition.

Am 31.12.2016 gehörten laut Statistischen Jahrbuch der Bundesrepublik Deutschland 2018 des Statistischen Bundesamts 82 521 653 Personen zur Bevölkerung der Bundesrepublik Deutschland (Statistisches Bundesamt 2018: 31). Deutschland ist damit das bevölkerungsreichste Land in Europa, Russland mit ca. 144 Millionen Einwohnern (Stichtag 1.1. 2014) ausgenommen. Laut Eurostat, dem europäischen Gegenstück zum Statistischen Bundesamt, folgen die Türkei (79,8 Mio.), Frankreich (67,0 Mio.), Großbritannien (65,8 Mio.) und Italien (60,6 Mio.). Diese Zahlen beziehen sich auf den 1.1.2017. In den 27 Mitgliedsländern der EU lebten zu diesem Zeitpunkt insgesamt 511,5 Millionen Menschen (Eurostat 2019: Datensatz »demo_pjan«).

Die *Bevölkerungsstruktur* eines Landes ist durch die Gliederung seiner Einwohner nach sogenannten *demografischen Merkmalen* bestimmt. Dazu gehören das Geschlecht, das Alter, der Wohnort und die Wohnregion sowie die Staatsangehörigkeit der Bewohner. Auch zählt man die Religionszugehörigkeit, Angaben zur Erwerbsbeteiligung und zur Lebensform der Menschen, wie Familienstand, Kinderzahl oder der Typ, die Größe und die Zusammensetzung des Haushalts, in dem die Menschen leben, dazu.

Bevölkerungsstruktur und demografische Merkmale

Die Bevölkerungsstruktur ist Teil der sozialen Verteilungsstruktur einer Gesellschaft (→ Kapitel 2.2.2), denn demografische Merkmale gehören grundsätzlich zu den sozialstrukturellen Merkmalen. Welche demografischen Merkmale im Einzelnen sozial bedeutsam sind, kann von Land zu Land variieren. Beispielsweise spielt die Religion in bestimmten Ländern, etwa in vielen islamischen Staaten, für die sozialen Beziehungen der Individuen eine bedeutende Rolle, während sie in den westeuropäischen Industriegesellschaften deutlich weniger von Belang ist.

Zur Beschreibung der Bevölkerungsstruktur gibt es Maßzahlen. Eine Systematik dazu präsentiert Übersicht 4.1 (vgl. Mueller 2000).

Übersicht 4.1

Absolute und relative Strukturmaße

Demografische Strukturmaße messen die Größe und Verteilung demografischer *Merkmale* zu einem bestimmten *Zeitpunkt.*

- *Absolute Strukturmaße* (Bestandsmaße) sind Strukturmaße, die Bestandmassen, d.h. die Größe einer Bevölkerung insgesamt oder von Teilbevölkerungen, die nach demografischen Merkmalen untergliedert sind, angeben (z.B. Anzahl aller Einwohner eines Landes oder die Anzahl der weiblichen Einwohner eines Landes).
- *Relative Strukturmaße* sind Strukturmaße, bei denen Bestandsmassen zueinander ins Verhältnis gesetzt werden. Dazu gehören *Quoten* (z.B. der Anteil der über 60-Jährigen an der Gesamtbevölkerung oder Erwerbsquoten), *Häufigkeitsverteilungen* (z.B. die Altersverteilung einer Bevölkerung) und *Proportionen* (z.B. die Sexualproportion, die die Verteilung der Bevölkerung nach Geschlecht angibt).
- *Entsprechungszahlen* sind Strukturmaße, in denen Bevölkerungsbestände zu anderen sinnvollen Größen in Beziehung gesetzt werden (z.B. die Bevölkerungsdichte einer Region).

Durchschnittsbevölkerung

Die Berechnung der Strukturmaße erfolgt grundsätzlich für einen Zeitpunkt oder einen Stichtag. Bezieht man Strukturmaße dennoch auf einen Zeitraum, etwa ein Kalenderjahr, werden Durchschnittswerte bestimmt. Ein Beispiel ist die durchschnittliche Größe der Bevölkerung eines Landes in einem Jahr.

Bevölkerungsbewegung

Veränderungen der Bevölkerungsgröße und der Bevölkerungsstruktur gehören zur *Bevölkerungsbewegung.* Diese stellt eine Dimension sozialstrukturellen Wandels dar und steht mit dem sozialen, wirtschaftlichen und institutionellen Wandel eines Landes in einer engen Wechselbeziehung.

Die Bevölkerungsbewegung beruht auf *demografischen Ereignissen,* die im Verlauf der Zeit beobachtet werden. Damit sind Vorkommnisse gemeint, die den Bevölkerungsbestand und die Bevölkerungsstruktur verändern. Die drei Hauptkomponenten der Bevölkerungsbewegung sind *Geburten, Sterbefälle und Wanderungen* (Migrationen). Geburten und Sterbefälle gelten als *natürliche Bevölkerungsbewegung*. Wie demografische Ereignisse zu erfassen sind, zeigt Übersicht 4.2.

Demografische Ereignisse

Übersicht 4.2

Absolute und relative Ereignismaße

Demografische Ereignismaße erfassen die absolute und relative Häufigkeit demografischer Ereignisse in einem bestimmten *Zeitraum*. Der Beobachtungszeitraum kann sich auf die Kalenderzeit und/oder auf das Lebensalter von Mitgliedern der Bevölkerung beziehen.

1. *Absolute Ereignismaße* geben die Häufigkeit von demografischen Ereignissen (Ereignismassen) an, die in einer Bevölkerung oder einem Teil der Bevölkerung während eines bestimmten Zeitraums stattgefunden haben (z. B. die jährliche Zahl der Geburten oder die jährliche Zahl der Sterbefälle unter der Bevölkerung mit ausländischer Staatsangehörigkeit).
2. *Relative Ereignismaße* beruhen auf zwei unterschiedlichen Berechnungsweisen:
   a) Maße der Verteilung von Ereignissen (*Ereignisquoten*) setzen Ereignismassen zueinander in Beziehung (z. B. wird die Nichtehelichenquote als Anteil der nicht ehelichen Geburten an allen Geburten eines Jahres berechnet).
   b) Bei *Ereignisraten* oder *-ziffern* wird die Zahl demografischer Ereignisse zur Größe der Gesamtbevölkerung oder zu der Größe desjenigen Teils der Bevölkerung, in dem die Ereignisse stattgefunden haben oder stattfinden können, in Beziehung gesetzt (z. B. wird die *rohe Geburtenziffer* als Zahl der Lebendgeborenen eines Jahres auf 1000 Einwohner berechnet; die *allgemeine Geburtenziffer* dagegen ermittelt man als Zahl der Lebendgeborenen eines Jahres auf 1000 Frauen im Alter von 15 bis 45 bzw. 50, also Frauen eines Alters, in dem sie Kinder bekommen können; eine *altersspezifische Geburtenziffer* wird schließlich als Zahl der Lebendgeborenen von Frauen eines bestimmten Alters bezogen auf 1000 Frauen diesen Alters berechnet).

Zu Details und weiteren Typen relativer Ereignismaßen siehe Mueller (2000).

Neben Geburten, Wanderungen und Todesfällen werden Ereignisse zur Bevölkerungsbewegung gezählt, die eine Änderung in der Verteilung der Bevölkerung nach dem Familienstand bewirken (Eheschließungen, Ehescheidungen und Verwitwungen). Diese Ereignisse haben auch einen indirekten Effekt auf die natürliche Bevölkerungsbewegung, insbesondere die

Geburten. Die Zahl der Eheschließungen lieferte bis vor wenigen Jahrzehnten noch eine recht zuverlässige Vorhersage der zu erwartenden Geburtenzahlen. Angesichts steigender Quoten nicht ehelicher Geburten gilt das heute nicht mehr. Aus bevölkerungssoziologischer Sicht sollte man daher allgemeiner Veränderungen der *Lebens- und Haushaltsform* – etwa das Zusammenziehen mit einem Partner, das Verlassen des Elternhauses – einbeziehen (→ Kapitel 4.5).

Schließlich zählt die Veränderung weiterer Bereiche der Bevölkerungsstruktur, wie die der Bildungs- und Erwerbsbeteiligung (Erwerbsquoten) zu den demografischen Ereignissen: der Beginn oder Abschluss einer Ausbildung, die Aufnahme oder Aufgabe einer Berufstätigkeit oder der Übergang in die Verrentung.

Lernkontrollfragen

1 Warum kann man die Bevölkerungsstruktur als Teil der sozialen Verteilungsstruktur einer Gesellschaft ansehen?
2 Worin unterscheiden sich Struktur- und Ereignismaße?

Infoteil

Eine schon etwas ältere Einführung in die Demografie bietet das Buch der amerikanischen Demografen Samuel Preston, Patrick Heuveline and Michel Guillot mit dem Titel »Demography: Measuring and Modeling Population Processes« (2001). Außerdem kann man sich über die Demografie mit all ihren Facetten in der zweibändigen Ausgabe des Handbuchs der Demografie informieren, das 2000 von den Soziologen Ulrich Müller, Bernhard Nauck und Andreas Diekmann herausgegeben wurde. Ebenfalls empfehlenswert ist das 2016 erschienene, von Yasemin Niephaus, Michaela Kreyenfeld und Reinhold Sackmann herausgegebene Handbuch der Bevölkerungssoziologie.

4.2 | Parameter der Bevölkerungsstruktur

Die Bevölkerungsgröße und die Verteilung der Bevölkerung nach dem Alter werden in der Bevölkerungsstatistik des Statistischen Bundesamts im Statistischen Jahrbuch für den 31.12. eines Jahres veröffentlicht. Auch Angaben zur *Bevölkerungsstruktur* sind in der Regel auf einen *Stichtag* bezogen.

Die Verteilung der Bevölkerung nach dem Geschlecht | 4.2.1

In der Bundesrepublik lebten laut amtlicher Statistik am 31.12.2016 ca. 41,8 Millionen Frauen und 40,7 Millionen Männer (Statistisches Bundesamt 2018a: 26). Der Frauenanteil betrug damit knapp 51 Prozent. Anders ausgedrückt kamen auf 100 Frauen 97,3 Männer, Ende 2011 waren es lediglich 95,4 Männer auf 100 Frauen. Diese Größe wird als *Sexualproportion* bezeichnet und berechnet sich als Verhältnis der Zahl der Männer zur Zahl der Frauen, multipliziert mit 100. Die Sexualproportion kann man auch für Teile der Bevölkerung, etwa einzelne Altersgruppen, berechnen. In den jüngeren Altersgruppen überwiegt die Zahl der Männer. Ab dem Alter 56 sind die Frauen in der Mehrzahl (Statistisches Bundesamt 2018a: 25). Das ist deshalb der Fall, weil Frauen in Deutschland eine deutlich höhere Lebenserwartung haben als Männer (→ Kapitel 4.3).

Sexualproportion

Innerhalb Deutschlands und zwischen verschiedenen Ländern in der Welt gibt es große Unterschiede in der Sexualproportion der Bevölkerung. Die Ursachen dafür sind verschieden. Oft ist selektive Migration der Grund; das heißt, über einen längeren Zeitraum verlassen mehr Frauen als Männer (oder umgekehrt) ein Land oder einen Landesteil. Die Tatsache, dass in den neuen Bundesländern – vor allem in jüngeren Altersgruppen – auf 100 Frauen deutlich mehr Männer kommen als im bundesrepublikanischen Durchschnitt, ist auf diesen Sachverhalt zurückzuführen. In den letzten Jahrzehnten haben deutlich mehr junge Frauen als junge Männer diese Regionen verlassen. In den neuen Bundesländern (ohne Berlin) lag die Sexualproportion unter den zwischen 20- und 44-Jährigen im Jahr 2015 bei 113,5 Männer auf 100 Frauen (Geis/Orth 2017: 9).

Die Zuwanderung der letzten Jahre in die Bundesrepublik hat, wie oben erwähnt, die Sexualproportion für Deutschland insgesamt zugunsten der Männer verschoben. Es können auch andere Ursachen einen Überhang an Männern bedingen. Für die Volksrepublik China etwa wird für das Jahr 2016 schon bei den Neugeborenen ein Wert von 115,2 Knaben auf 100 Mädchen berichtet (World Bank 2019). Zurückzuführen ist dieses Phänomen vermutlich auf die inzwischen aufgegebene chinesische Ein-Kind-Politik und die traditionelle Präferenz für männliche Nachkommen. Die Sexualproportion der Neugeboren lag 2016 in Deutschland bei 105 Jungen auf 100 Mädchen.

Die Verteilung der Bevölkerung nach dem Alter | 4.2.2

Die Alterszusammensetzung der Bevölkerung – man spricht auch von ihrer *Vitalstruktur, Altersstruktur* oder ihrem *Altersaufbau* – ist das Ergebnis der Geburtenhäufigkeiten, Wanderungsbewegungen und Sterbefälle der letz-

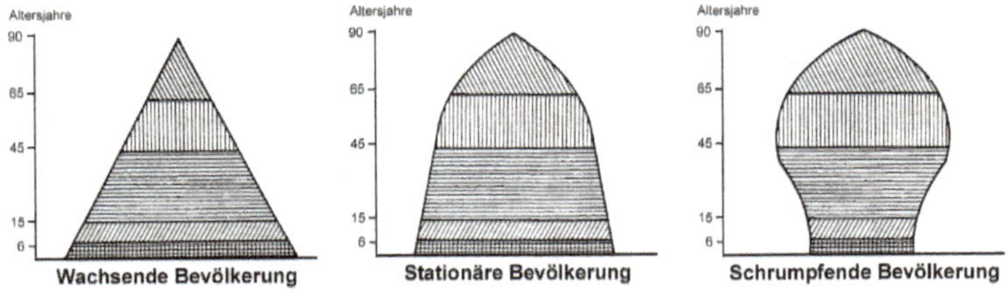

Abb. 4.1 | *Die Grundtypen des Altersaufbaus einer Bevölkerung*

Quelle: Esenwein-Rothe 1982: 82.

ten 100 Jahre. Anhand eines Größenvergleichs verschiedener Altersgruppen kann man erkennen, ob die demografischen Rahmenbedingungen, die für die Bevölkerungsentwicklung relevant sind, in diesem Zeitraum stabil waren oder sich verändert haben.

Grundtypen des Altersaufbaus einer Bevölkerung

Es gibt drei unterschiedliche Grundtypen des Altersaufbaus einer Bevölkerung. Sie sind als idealtypische »Schablone« zu verstehen, die mit drei Versionen der Bevölkerungsentwicklung korrespondieren (vgl. Abb. 4.1).

In Übersicht 4.3 sind die wesentlichen Erklärungen zu diesen Grundtypen zusammengefasst.

Übersicht 4.3

Die Grundtypen des Altersaufbaus einer Bevölkerung

- Beim Typ der *wachsenden Bevölkerung* (Pyramide) werden mehr Kinder geboren, als für die Bestandssicherung der Bevölkerung, d.h. für die zahlenmäßige Reproduktion der einzelnen Geburtsjahrgänge, notwendig ist. Der Bestand (bzw. die Reproduktion) ist dann gesichert, wenn die Größe eines Geburtsjahrgangs durch die Zahl der eigenen Nachkommen (unter Berücksichtigung des Sterberisikos) ersetzt wird. Das Ausmaß, in dem sich die Basis der Pyramide von Jahrgang zu Jahrgang verbreitert, hängt neben der Geburtenhäufigkeit auch von der Höhe der altersspezifischen Sterblichkeit in den mittleren Altersstufen ab. Dieser Altersaufbau einer »jungen« Bevölkerung ist in Entwicklungs- und vielen Schwellenländern zu finden. In Deutschland charakterisierte er die Alterstruktur der Bevölkerung vor dem Ersten Weltkrieg.
- Beim Typ der *stationären Bevölkerung* (Glocke) bekommen die einzelnen Jahrgänge so viele Kinder, wie für die Bestandssicherung der Bevölkerung nötig sind. Jeder Geburtsjahrgang reproduziert sich dann gerade selbst. Die Alterskohorten haben anfänglich eine ähnliche Größe. Typischerweise ist die Sterblichkeit im jüngeren Alter recht gering und steigt erst in höheren Altersklassen (ab 65 Jahren) an. Dieser Typ wird selten über längere Zeit beobachtet, sondern ist eher als Übergang zum dritten

Grundtyp anzusehen. Man findet ihn heute annähernd in südamerikanischen Ländern, wie Argentinien oder Peru.

- Beim Typ der *schrumpfenden Bevölkerung* (Pilz) werden weniger Kinder geboren, als für die Bestandssicherung der Bevölkerung erforderlich ist. Die Größe der nachrückenden Geburtsjahrgänge verkleinert sich und es kommt zu einer Überalterung der Bevölkerung. Erst in den höheren Altersklassen (ab 65 Jahren) verringert sich der Bestand in den Altersgruppen wieder durch die Sterblichkeit. Gegenwärtig findet man diesen Typ beispielsweise in Italien, Spanien und auch – unter Berücksichtigung der kriegsbedingten Verwerfungen – in Deutschland.

Die Altersverteilung wird durch gravierende historische Ereignisse verändert, soweit sie einen Einfluss auf die Geburten- und Sterbehäufigkeiten haben. Esenwein-Rothe (1982: 80) verweist auf Bevölkerungsverluste durch Naturkatastrophen (z.B. Dürrezeiten oder Seuchen), die sich zumeist überproportional auf ältere Menschen auswirken. Auch Kriege sind zu nennen, da die an Kriegshandlungen direkt Beteiligten und die Zivilbevölkerung einem höheren Sterblichkeitsrisiko ausgesetzt sind. Zusätzlich kommt es in Kriegszeiten zu massenhaften Zu- und Abwanderungen (z.B. Flucht) und es sind starke Geburtenausfälle zu beobachten. Beides kann auch in Zeiten politischer oder wirtschaftlicher Kriesen beobachtet werden.

Veränderung der Altersstruktur in Deutschland

Nachfolgend zeigen wir, wie sich die Alterszusammensetzung der Bevölkerung Deutschlands innerhalb der letzten 110 Jahre verändert hat und sich – in zwei Varianten – voraussichtlich bis zum Jahr 2060 verändern wird (vgl. Abb. 4.2). Die Schätzung für das Jahr 2060 basiert auf der 13. koordinierten Bevölkerungsvorausberechnung des Statistischen Bundesamts (Statistisches Bundesamt 2015). Man nahm dafür an, dass die zukünftige Geburtenhäufigkeit annähernd konstant bleibt und die Lebenserwartung bei der Geburt weiter ansteigt. In der ersten Modellvariante wandern jährlich im Durchschnitt 130 000 Personen mehr in die Bundesrepublik zu als fort (Variante 1: »Kontinuität bei schwächerer Zuwanderung«), in der zweiten Modellvariante wird diese Zahl auf 230 000 Personen festgelegt (Variante 2: »Kontinuität bei stärkerer Zuwanderung«).

In Abbildung 4.2 ist nach Frauen und Männern getrennt die Altersstruktur der Bevölkerung Deutschlands (differenziert nach Altersjahren) für die Jahre 1910, 1950, 2013 und 2060 dargestellt. Die einzelnen Jahre lassen sich grob den oben vorgestellten Grundtypen zuordnen, wenngleich Einwirkungen historischer Ereignisse erkennbar sind. Der Altersaufbau in den Jahren 1950 und 2008 weist deutliche »Kerben« auf. Sie sind vor allem

Abb. 4.2 | *Altersaufbau der deutschen Bevölkerung für die Stichjahre: 1910, 1950, 2013 und 2060 (geschätzt)*

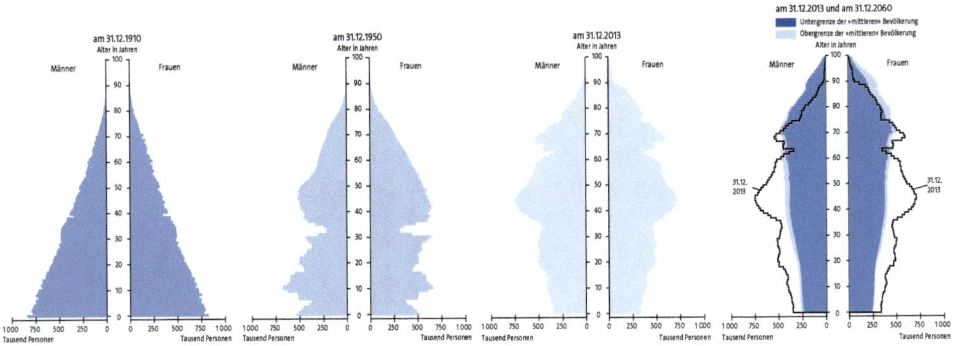

Quelle: Statistisches Bundesamt 2015: 18.

auf Geburtenausfälle während der Weltwirtschaftskrise und infolge der beiden Weltkriege zurückzuführen.

Es gibt verschiedene geeignete Strukturmaße für die Charakterisierung der Altersstruktur einer Bevölkerung. So kann man die Anteile unterschiedlicher Altersgruppen an der Gesamtbevölkerung berechnen: etwa der überwiegend erwerbstätigen Bevölkerung (20 bis unter 65 Jahre), der überwiegend noch nicht erwerbstätigen Jugendlichen (0 bis unter 20 Jahre) und der zum großen Teil nicht mehr erwerbstätigen Alten (65 und älter). Je nach Quelle der Statistik können die Altersgrenzen variieren. Wir verwenden im Folgenden das Alter 65.

Laut Tabelle 4.1 hat sich der Anteil der unter 20-Jährigen an der Gesamtbevölkerung von 1950 bis 2016 auf einen Wert von unter 20 Prozent verringert. Im Gegenzug stieg der Anteil der Menschen, die 65 Jahre und älter sind, auf 21 Prozent an. Prognosen zeigen, dass ihr Anteil in den kommenden Jahren weiter zunehmen wird.

Um die möglichen Folgen des demografischen Wandels für die bestehenden Sozialsysteme genauer abschätzen zu können, berechnet man das zahlenmäßige Verhältnis verschiedener Altersgruppen zueinander:

Jugend- und Altenquotient

- Der *Jugendquotient* wird in der Regel als Verhältnis der Zahl der unter 20-Jährigen zu der Zahl der 20- bis unter 65-Jährigen berechnet. Statt des Alters 20 wird in manchen Veröffentlichungen auch das Alter 15 gewählt.
- Beim *Altenquotient* setzt man die Zahl der 65-Jährigen und Älteren zur Zahl der 20- bis unter 65-Jährigen in Beziehung. Statt des Alters 64 wird in manchen Veröffentlichungen auch das Alter 60 oder 67 gewählt.

Jahr	0–19 Jahre	20–64 Jahre	65 Jahre oder älter
1950	30	60	10
1960	28	60	12
1970	30	57	13
1980	26	58	15[2]
1990	22	63	15
2000	21	62	17
2010	18	61	21
2016	18	60	21[2]

[1] Bis 1990 Westdeutschland, ab 1990 Angaben für Deutschland; 2016: Ergebnisse auf Grundlage des Zensus 2011.
[2] Aufgrund von Rundungsfehlern summieren sich die Prozentzahlen nicht auf 100 Prozent

Tab. 4.1

Veränderung der Altersstruktur 1950–2016[1] (Altersgruppen in % an der Gesamtbevölkerung)

Quelle: Statische Jahrbücher des Statistischen Bundesamts, div. Jahre; Statistisches Bundesamt 2019a; eig. Berechnungen.

Die Begründung für diese Altersfestlegungen lautet, dass die Bezugsgruppe jenen Teil der Bevölkerung repräsentiert, der wirtschaftlich aktiv ist, während die Jungen und die Alten entweder direkt oder indirekt (Rentenversicherung) von dieser Bevölkerungsgruppe materiell zu versorgen sind. Der Gesamtquotient ist das Verhältnis der Größe der jungen und alten Altersgruppe (im Zähler) zur Größe der wirtschaftlich aktiven Altersgruppe (im Nenner).

Abbildung 4.3 illustriert den Verlauf des Jugend-, Alten- und Gesamtquotienten seit 1950 und beinhaltet eine Prognose von 2014 bis 2060. Diese basiert auf der bereits erläuterten Variante 1 (»Kontinuität bei schwächerer Zuwanderung«) der 13. koordinierten Bevölkerungsvorausberechnung (Statistisches Bundesamt 2015).

Die Abbildung zeigt, dass der Jugendquotient bis zum Jahr 1980 bei Werten um 46 liegt und bis 2013 auf den Wert von 30 absinkt. Der Altenquotient lag 1960 noch bei einem Wert von 19 und ist bis zum Jahr 2013 auf den Wert von 34 anstiegen. In den folgenden Jahrzehnten ist mit einem weiteren deutlichen Anstieg des Altenquotienten zu rechnen. Der Jugendquotient wird dagegen weitgehend bei einem Wert von etwas mehr 30 verharren. Nach dieser Prognose kämen im Jahr 2060 etwa 32 Personen im Alter bis unter 20 Jahre und 65 Personen im Alter von 65 Jahren und älter auf 100 Personen im Alter zwischen 20 und 65 Jahren..

Im europäischen Vergleich liegt der Anteil der Bevölkerung im Alter von 65 und älter am oberen Bereich. Er lag Ende 2016 bei 21,2 Prozent. Nur in Italien und Griechenland war er höher (22,3 bzw. 21,5 Prozent). Wie in Deutschland ist dieser Sachverhalt auf ein langjähriges, sehr niedriges Niveau der Geburtenzahlen zurückzuführen. Der Anteil der Bevölkerung

Abb. 4.3 | *Jugend-, Alten- und Gesamtquotient (Altersgrenzen 20 und 65 Jahre)*

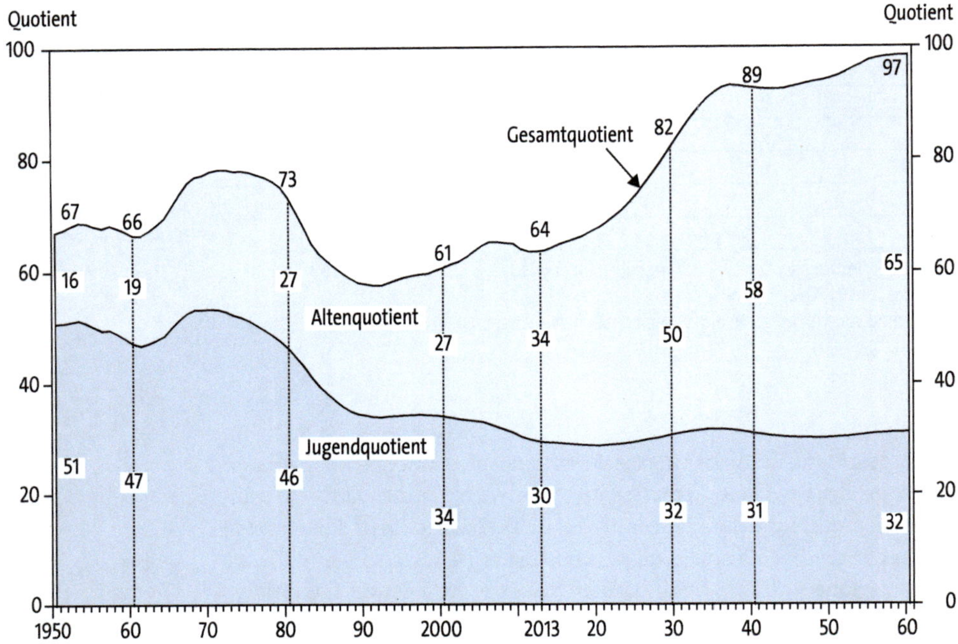

Ab 2014 Ergebnisse der 13. koordinierten Bevölkerungsvorausberechnung; Variante »mittlere« Bevölkerung, Untergrenze. Jugendquotient: unter 20-Jährige je 100 Personen im Alter von 20 bis 64 Jahre; Altenquotient: 65-Jährige und Ältere je 100 Personen im Alter von 20 bis 64 Jahre; Gesamtquotient: unter 20-Jährige und ab 65-Jährige je 100 Personen im Alter von 20 bis 64 Jahren.

Quelle: Statistisches Bundesamt 2015: 26.

im Alter von 65 und mehr lag aber auch in den anderen EU-Ländern mit wenigen Ausnahmen nicht unter 18 Prozent, Irland mit 13,5 Prozent weicht noch am stärksten vom EU-Mittelwert von 19,4 Prozent ab. Die Türkei hat noch eine junge Bevölkerung mit einem sehr niedrigen Anteil von 8,3 Prozent (Eurostat 2019: Datensatz »demo_pjanind«).

Auswirkung der Überalterung auf die Sozialsysteme

Diese Ergebnisse spiegeln nur bedingt die aktuellen und für die Zukunft zu erwartenden realen sozialen oder ökonomischen Belastungsverhältnisse in einer Gesellschaft wider. In Abhängigkeit davon, wie stark die wirtschaftliche Produktivität eines Landes wächst, ist der finanzielle Spielraum für die Absicherung der nicht mehr aktiven Generationen größer oder kleiner. Das Ausmaß der Erwerbsbeteiligung älterer Menschen, die in Deutschland in den letzten Jahren stark zugenommen hat (→ Kapitel 6.1.2), spielt ebenfalls eine große Rolle. Des Weiteren zeichnen sich Anpassungsmaßnahmen ab, die vor allem durch die Sozialpolitik vorgenommen werden. Dazu gehörten in Deutschland etwa die Veränderung der Rentenformel und die sukzessive Erhöhung des Rentenalters auf 67 Jahre. All diese Maßnahmen ändern aber nichts an der Tatsache, dass die Altersversorgung auch in Zukunft wesentlich durch die Rentenbeiträge der Erwerbstätigen finanziert werden muss und dass weniger Erwerbstätige die materiellen Mittel zur Versorgung der wachsenden älteren Generation in Form von Renten und Pensionen erwirtschaften müssen.

Die Verteilung der Bevölkerung nach der Staatsangehörigkeit und Migrationshintergrund | 4.2.3

Menschen mit ausländischer Staatsangehörigkeit

Ende des Jahres 2016 wird laut Ergebnissen der Bevölkerungsfortschreibung die Zahl der Personen mit ausländischer Staatsangehörigkeit in der Bevölkerung Deutschlands auf 9,2 Millionen geschätzt. Das sind 11,2 Prozent der Gesamtbevölkerung (Statistisches Bundesamt 2018a: 26). Der Ausländeranteil variiert stark nach den Bundesländern, wobei Stadtstaaten die höchsten und die ostdeutschen Länder die niedrigsten Anteile haben. Laut Mikrozensus 2017 war er in diesem Jahr in Berlin und Bremen mit 16,8 Prozent am höchsten, in den ostdeutschen Bundesländern (ohne Berlin) liegt er zwischen 3,9 und 4,5 Prozent (Statistisches Bundesamt 2018b: 40). Dabei sei erwähnt, dass sich diese Zahlen nur auf die Bevölkerung in Privathaushalten beziehen. Die Bevölkerung in Gemeinschaftsunterkünften ist nicht berücksichtigt. Die Zusammensetzung und Größe des ausländischen Bevölkerungsanteils waren über die Jahre hinweg erheblichen Schwankungen unterworfen. Zwischen Mitte der 1990er Jahre und 2014 blieb er relativ konstant, danach ist er deutlich angestiegen (→ Kapitel 4.4.3).

Menschen mit Migrationshintergrund

Die Zahl der Ausländer ist nicht identisch mit der Zahl der Menschen mit Migrationshintergrund, die in Deutschland leben. Letztere ist deutlich höher. Nach der neuesten Definition des Statistischen Bundesamts hat eine Person »dann einen Migrationshintergrund, wenn sie selbst oder mindestens ein Elternteil nicht mit deutscher Staatsangehörigkeit geboren ist. Zu den Personen mit Migrationshintergrund gehören im Einzelnen alle Ausländer, (Spät-)Aussiedler und Eingebürgerten. Ebenso dazu gehören Personen, die zwar mit deutscher Staatsangehörigkeit geboren sind, bei denen aber mindestens ein Elternteil Ausländer, (Spät-)Aussiedler oder eingebürgert ist.« (Statistisches Bundesamt 2018b: 18). Personen, die aus dem Ausland zugewandert sind, werden Migranten der ersten Generation genannt. Ihre Nachkommen, die keine eigene Migrationserfahrung haben, zählen zur zweiten Migrantengeneration. Laut Mikrozensus lebten im Jahr 2017 in Deutschland

19,3 Millionen Einwohner mit Migrationshintergrund. Sie machten etwa 23,6 Prozent der Bevölkerung Deutschlands in Privathaushalten aus (Statistisches Bundesamt 2018b: 35). 2017 hatten etwa 36,0 Prozent der Personen mit Migrationshintergrund ein Herkunftsland innerhalb der EU, etwas mehr als 14 Prozent entstammten der Türkei als bedeutsamsten Herkunftsland außerhalb der EU (Statistisches Bundesamt 2018b: 61).

Im europäischen Vergleich variiert der Anteil der Bevölkerung mit ausländischer Staatsangehörigkeit erheblich, da er neben geografischen auch stark von geschichtlichen und innenpolitischen Faktoren bestimmt wird. Die Zuwanderungs- und Einbürgerungspolitik spielt eine zentrale Rolle. Laut Eurostat (2019: Datensatz »migr_pop1ctz«; eig. Berechnung) lag der Ausländeranteil zu Anfang des Jahres 2017 in Frankreich bei 6,9 Prozent, in Großbritannien bei 9,3 Prozent und in Italien bei 8,3 Prozent. In Spanien war er mit 10 Prozent höher, in den osteuropäischen Ländern mit unter oder nur etwas über 1 Prozent sehr viel kleiner. Bekannt sind Luxemburg (48 Prozent) und die Schweiz (25 Prozent) für einen besonders hohen Anteil der Bevölkerung mit ausländischer Staatsangehörigkeit an der Gesamtbevölkerung.

4.2.4 | Die Bevölkerungsdichte

Räumliche Bevölkerungsverteilung

Die Bevölkerungsdichte ist eine Entsprechungszahl zur Beschreibung der räumlichen Bevölkerungsverteilung. Sie wird als Verhältnis der Einwohner einer regionalen Einheit zu deren Fläche berechnet. Am 31.12.2016 betrug sie in Deutschland 231 Einwohner je km^2. Deutschland ist also ein dicht besiedeltes Land. Die Bevölkerungsdichte in den einzelnen Bundesländern fällt allerdings sehr unterschiedlich aus: Unter den Flächenstaaten ist sie in Mecklenburg-Vorpommern mit 69 Einwohnern/km^2 am niedrigsten und in Nordrhein-Westfalen mit 524 Einwohnern/km^2 am höchsten. In Stadtstaaten ist sie erwartungsgemäß sehr hoch, wobei hier Berlin mit 4 012 Einwohnern/km^2 an der Spitze steht (Statistisches Bundesamt 2018a: 26).

Auch im europäischen Vergleich gehört Deutschland zu den Ländern mit einer hohen Bevölkerungsdichte. Noch dichter besiedelt waren 2016 Malta (1 459 Einwohner/km^2), die Niederlande (498 Einwohner/km^2), Belgien (372 Einwohner/km^2) und Großbritannien (271 Einwohner/km^2). Die geringste Besiedlungsdichte wies Island mit 3,3 Einwohnern/km^2 auf. Als weitere Beispiele seien die Türkei (103 Einwohner/km^2), Frankreich (106 Einwohner/km^2) und Italien (204 Einwohner/km^2) genannt (Eurostat 2019: Datensatz »demo_r_d3dens«).

Wir werden in diesem Band noch ausführlich auf weitere Bereiche der Bevölkerungsstruktur eingehen. So stellen wir im Kapitel 4.5 die Gliederung der Bevölkerung nach unterschiedlichen Aspekten der Lebensform vor und erläutern im Kapitel 6.1 detailliert die Erwerbsstatistik.

Lernkontrollfragen

1. Beschreiben Sie die verschiedenen Grundtypen des Altersaufbaus einer Bevölkerung.
2. Wie hängen Altersstruktur und Bevölkerungsentwicklung zusammen?
3. Worin unterscheiden sich Jugend- und Altenquotient?
4. Nennen Sie weitere demografische Merkmale zur Charakterisierung der Bevölkerungsstruktur.

Infoteil

Für Informationen über die Bevölkerungsstruktur Deutschlands und Europas sind das Statistische Bundesamt Deutschland (www.destatis.de), die Statischen Ämter der Länder und Gemeinden und Eurostat (https://ec.europa.eu/eurostat/data/database) wichtige Anlaufstellen. Im Text ist bei Verweisen auf Eurostat immer der Name des Datensatzes angegeben, der unter dieser Internetseite zu finden ist. Einen Überblick zu Europa findet man auch in Steuerwald (2016) oder Mau/Verwiebe (2009). Es gibt des Weiteren eine ganze Reihe leicht zugänglicher Informations- und Datenquellen – darunter Veröffentlichungen des Bundesinstituts für Bevölkerungforschung in Wiesbaden (https://www.bib.bund.de) oder Berichte der Bundesregierung zu verschiedenen Themenbereichen –, aus denen sich statistisches Material zur Demografie und Sozialstruktur gewinnen lässt. Eine umfangreiche Zusammenstellung findet sich im Anhang.

Parameter der Bevölkerungsbewegung | 4.3

Unter *Bevölkerungsbewegung* verstehen wir den Wandel der Bevölkerungsgröße und Bevölkerungsstruktur, der durch demografische Ereignisse hervorgerufen wird. Zentral sind die *Geburten, Sterbefälle* und *Wanderungen* in der Bevölkerung eines Landes. Aus sozialstruktureller Sicht ist die Entwicklung der Geburtenzahlen, der Sterblichkeitsrisiken und des Migrationsgeschehens für eine Vielzahl von Fragestellungen von großem Interesse. Alle drei Komponenten der Bevölkerungsbewegung hängen mehr oder weniger eng mit anderen sozialstrukturellen Merkmalen zusammen. So fallen die

Geburten- und Sterbehäufigkeiten und das Wanderungsverhalten in den verschiedenen Bildungsgruppen der Bevölkerung unterschiedlich aus: Mit steigendem Bildungsniveau geht die Zahl der Kinder leicht zurück, sinken die Sterberisiken und erhöht sich die Wanderungsbereitschaft.

Aus sozialstruktureller Perspektive sind auch andere demografische Ereignisse wie Veränderungen des Familienstands, der privaten Lebensform oder der Erwerbsbeteiligung von großem Interesse. Diese Ereignisse stehen ebenfalls mit den genannten drei zentralen Komponenten der Bevölkerungsbewegung in einem mehr oder weniger direkten Zusammenhang (→ Kapitel 4.5 und Kapitel 6.1).

4.3.1 | Bestimmung der Bevölkerungsentwicklung

Demografische Grundgleichung

Ausgehend von der Bevölkerungsgröße am 31.12. des Vorjahres sowie der jährlichen Zahl der Geburten, Sterbefälle und Ein- und Auswanderungen (Migrationen) in einem Kalenderjahr J berechnet sich die Größe der Bevölkerung zum Stichtag 31.12. des Kalenderjahres J wie folgt:

$$P(31.12.J) = P(31.12.J - 1) + G(J) - S(J) + I(J) - E(J)$$

Dabei bezeichnet P(31.12.J) die Größe der Bevölkerung am Ende des Jahres J, während P(31.12.J – 1) für die Größe der Bevölkerung am Ende des Vorjahres steht. G(J) ist die Zahl der Geburten und S(J) die Anzahl der im Jahr J Gestorbenen. Hinzu kommt mit I(J) die Zahl der Personen, die im Jahr J eingewandert sind, und mit E(J) die Zahl der Auswanderer im Jahr J.

Entsprechende Gleichungen lassen sich für jede einzelne Altersgruppe aufstellen. Beispielsweise berechnet sich die Zahl der 0- bis 1-Jährigen als Zahl der in einem Jahr geborenen und bis zum Jahresende überlebenden Kinder zuzüglich der Differenz der am Jahresende zu- und fortgezogenen 0- bis 1-jährigen Kinder.

Durchschnittliche Bevölkerungsgröße

Die durchschnittliche Bevölkerungsgröße im Jahr P(J) wird vereinfacht durch die folgende Gleichung geschätzt:

$$P(J) = (P(31.12.J) + P(31.12.J - 1))/2$$

So lebten im Jahr 2016 schätzungsweise im Mittel 82 348 668,5 Menschen in Deutschland. Das ist der Durchschnittswert des Bevölkerungsbestands zum 31.12.2015 und 31.12.2016 und man berechnet ihn als (82 175 684 + 82 521 653) / 2 (Statistisches Bundesamt 2018a; 31).

Die in Kapitel 4.2 vorgestellten Grundtypen des Altersaufbaus haben gezeigt, dass der Altersaufbau einer Bevölkerung stark von den Geburtenzahlen abhängt. Bei einer hohen Geburtenzahl nimmt – soweit die Sterblichkeit in den Altersjahren, in denen die Menschen ihre Kinder bekommen, begrenzt bleibt – nicht nur die Bevölkerungsgröße selbst, sondern auch die Basis des zukünftigen Bevölkerungswachstums zu. Bei einer niedrigen Geburtenzahl sinkt dagegen das Potenzial für zukünftiges Bevölkerungswachstum (*demografisches Momentum*). Selbst eine sprunghaft steigende Geburtenrate hätte bei einem geringen Bestand an 15- bis 45-Jährigen in einer Bevölkerung kurz- und mittelfristig nur geringe Auswirkungen auf den Bevölkerungszuwachs, da die absolute Zahl der Geburten klein bleibt. Das ist eine Situation, die wir in Deutschland bereits vorfinden.

Demografisches Momentum

Abbildung 4.4 zeigt, wie sich laut einer Vorausberechnung der UN die Bevölkerungsgröße verschiedener Kontinente auch bei Annahme zurückgehender Geburtenraten bis 2100 entwickeln könnte (UN 2017). Die Dynamik des Wachstums ist auf den verschiedenen Kontinenten sehr unterschiedlich.

Bevölkerung nach Weltregionen: Schätzungen für 1950–2015 und Vorausberechnung (Projektion) für 2015 bis 2100 (mittlere Variante) **Abb. 4.4**

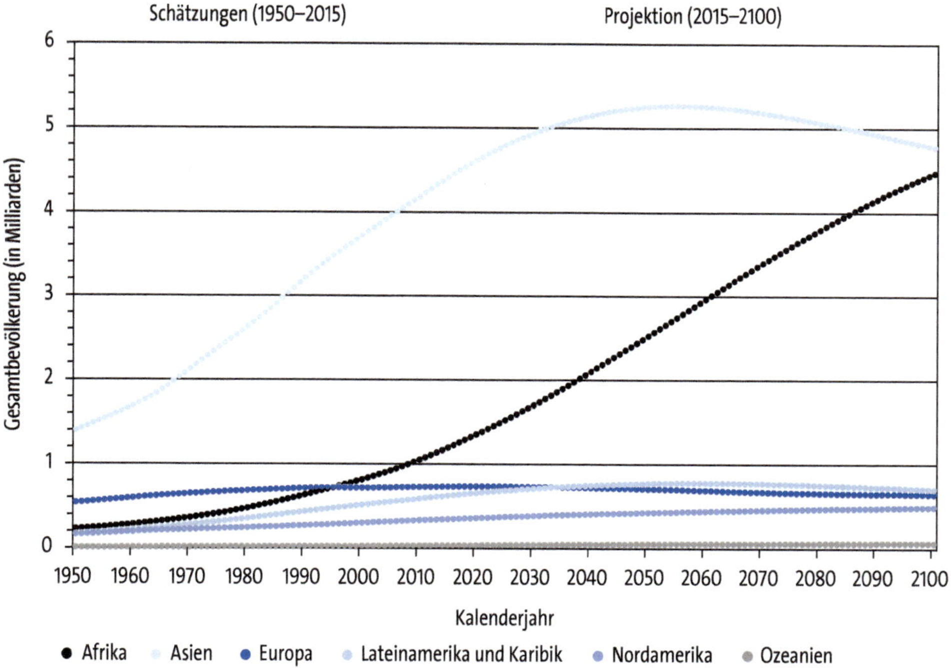

Quelle: United Nations, Department of Economic and Social Affairs, Population Division (2017): World Population Prospects: The 2017 Revision (Datenfile: WPP2017_POP_F01_1_TOTAL_POPULATION_BOTH_SEXES. xlsx), eig. Darstellung.

Weltbevölkerungsentwicklung

Das ist zum einen auf die unterschiedlichen Geburtenraten zurückzuführen: Während die Bevölkerung Afrikas aufgrund vergleichsweise hoher Geburtenraten (noch) stark wächst, flacht in anderen Regionen der Erde der Verlauf früher oder später ab. In Europa geht sie hingegen schon seit einiger Zeit zurück. Hier werden in vielen Ländern weniger als 2,1 Kinder pro Frau geboren. Diese durchschnittliche Kinderzahl wird als notwendig angesehen, um den Bevölkerungsbestand zu sichern, wenn man etwaige Wanderungsgewinne außer Acht lässt.

Zum anderen ist ein großer Teil des Wachstums der Bevölkerung einiger Regionen der Erde (Afrika, Teile Asiens, Südamerika) zwischen dem Jahr 2000 und dem Jahr 2050 durch die Tatsache begründet, dass die Bevölkerungen sehr jung sind. Das heißt, dass dort der Anteil der Menschen an der Gesamtbevölkerung, die Kinder bekommen können, wächst und über längere Zeit sehr hoch bleibt. Die Geburtenzahl wird daher in diesen Ländern noch zunehmen, obwohl die durchschnittliche Kinderzahl pro Frau sinkt.

Abb. 4.5 | *Bevölkerung in Deutschland und den neuen Bundesländern (NBL/DDR)[1] 1950–2016[2]*

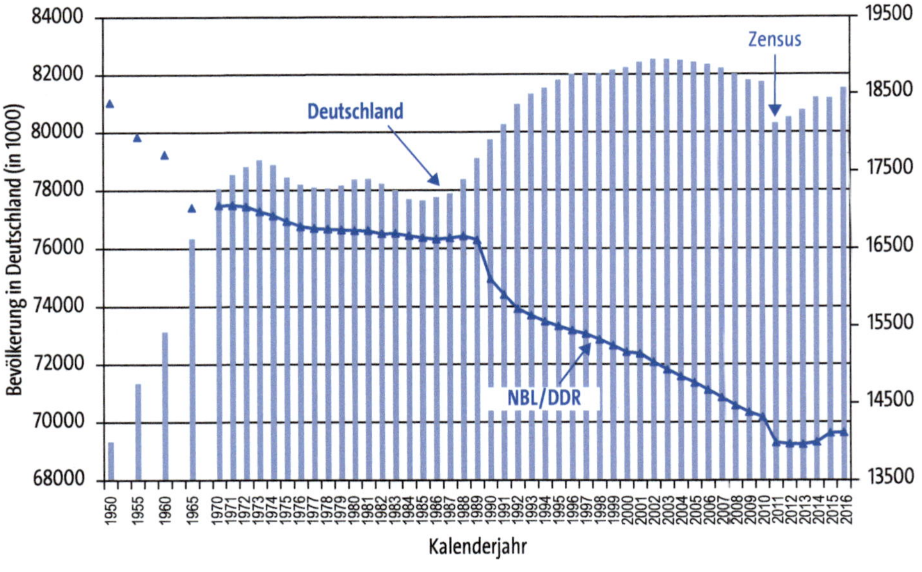

[1] NBL: ohne ehemaliges West-Berlin, ab dem Jahr 2001 geschätzt.
[2] Die hier ausgewiesenen Bevölkerungsgrößen basieren auf der Bevölkerungsfortschreibung. Ab 2011 Ergebnisse der Bevölkerungsfortschreibung auf Grundlage des Zensus 2011.

Quelle: Statistische Jahrbücher des Statistischen Bundesamts und Statistische Jahrbücher für Berlin, div. Jahrgänge, eig. Berechnungen.

Das ist die, dem Beispiel Deutschlands entgegengesetzte Variante des demografischen Momentums, in der hohe Geburtenzahlen eine Zunahme des Potenzials für zukünftiges Bevölkerungswachstum bewirken.

Abbildung 4.5 zeigt die Entwicklung der Einwohnerzahl in Deutschland insgesamt sowie zusätzlich die Einwohnerzahl der DDR bzw. der neuen Bundesländer (NBL) in der Zeit von 1950 bis 2016. Dabei ist zu beachten, dass die Bevölkerungsgröße der Bundesrepublik Deutschland nach der Volkszählung (Zensus) des Jahres 2011 nach unten korrigiert wurde, daher der »Knick« nach 2010. Entsprechend stellen die für die Zeit vor 2011 verwendeten Zahlen eine Überschätzung der tatsächlichen Bevölkerungsgröße dar.

Die Bevölkerungszahl in Deutschland insgesamt (linke Größenachse) ist bis 1970 stark angestiegen, um anschließend in eine Phase der Stagnation überzugehen. Ab 1990 ist ein erneuter Anstieg der Bevölkerungszahl zu erkennen. Seit Mitte der 1990er-Jahre ist die Bevölkerungsgröße mit etwas mehr als 82 Millionen Menschen relativ stabil. In der Zeit nach 2003 ging die Bevölkerungszahl, wie zeitweilig schon in den 1970er- und 1980er-Jahren in der alten Bundesrepublik, geringfügig zurück. Der Rückgang ist seit 2012 aufgrund der steigenden Zuwanderung wieder zum Stillstand gekommen (→ Kapitel 4.4, Abb. 4.7).

In der DDR verringerte sich die Einwohnerzahl (rechte Größenachse) von etwa 18,3 Millionen im Jahr 1950 auf 16,6 Millionen im Jahr 1989. Verantwortlich dafür waren in erster Linie die Abwanderungen vor dem Bau der Mauer 1961. Nach der Wende ist die Bevölkerungszahl in den neuen Bundesländern (ohne ehemaliges Westberlin) auf weniger als 15 Millionen gesunken. Das ist vor allem durch die Tatsache begründet, dass seit der Wiedervereinigung Deutschlands sehr viel mehr Menschen von Ost- nach Westdeutschland gewandert sind als umgekehrt (→ Kapitel 4.4.3).

Die Quer- und Längsschnittanalyse demografischer Prozesse | 4.3.2

Bevor wir einige Trends der Bevölkerungsentwicklung in Deutschland etwas differenzierter vorstellen, kommen wir am Beispiel der Bevölkerungsbewegung noch einmal auf die Unterscheidung zwischen der Querschnitt- und Längsschnittbetrachtung von Strukturveränderungen und sozialen Prozessen zurück, die im Kapitel 2 schon angesprochen wurde.

Demografische Ereignisse und damit der Wandel demografischer Strukturen verweisen auf soziale Prozesse, die Bestandteil der Lebensläufe von Individuen sind. Sie lassen sich daher grundsätzlich aus zwei zeitlichen Perspektiven betrachten. Wie alle Veränderungen sozialstruktureller Positionen von individuellen Akteuren finden sie einerseits zu einem bestimmten *historischen Zeitpunkt* t, also an einem bestimmten Tag in einem bestimmten

Monat in einem bestimmten Jahr J (»Periode«) statt. Andererseits ereignen sie sich zu einem bestimmten *Zeitpunkt im Lebenslauf* eines Individuums, also in einem bestimmten Alter x dieser Person. Demografische Ereignisse haben demnach immer zwei Zeitbezüge: den exakten Zeitpunkt t in einem Jahr J und das exakte Lebensalter x. Ist das Individuum zum exakten Zeitpunkt k geboren worden, gilt die einfache Gleichung: $x = t - k$. Das heißt nichts anderes, als dass das Alter eines Individuums gleich der Differenz zwischen dem aktuellen Zeitpunkt und dem Zeitpunkt seiner Geburt ist.

Querschnittbetrachtungsweise

Werden demografische Ereignisse oder ihre Verteilung nach dem Alter der Betroffenen in einer Bevölkerung bezogen auf ein Kalenderjahr J erfasst und analysiert, spricht man von der *Querschnitt- oder Periodenbetrachtungsweise*. Dafür zählt man die interessierenden Ereignisse, die sich in einem bestimmen Kalenderjahr zugetragen haben, beispielsweise die Lebendgeburten von Frauen. Die Frauen, die in diesem Jahr in unterschiedlichem Alter ein Kind bekommen haben, gehören unterschiedlichen Geburtsjahrgängen an. Ereignishäufigkeiten, ihre Verteilung nach dem Alter oder ereignisbezogene Kennziffern werden in diesem Fall bezogen auf Kalenderjahre (Perioden) berechnet und zwischen Kalenderjahren miteinander verglichen. So werden etwa die rohe Geburtenziffer (Zahl der Geburten dividiert durch die mittlere Bevölkerungsgröße in einem Jahr) oder die altersspezifischen Geburtenziffern (Zahl der Geburten von Frauen eines bestimmten Alters dividiert durch die mittlere Zahl der Frauen dieses Alters in einem Jahr) über die letzten 20 Jahre vergleichend analysiert.

Längsschnittbetrachtungsweise

Dieselben demografischen Ereignisse können auch bei den Mitgliedern eines Geburtsjahrgangs (einer Geburtskohorte) erfasst werden, etwa die Zahl der Lebendgeburten von Frauen, die im Jahr 1960 geboren wurden. Man spricht dann von der *Längsschnitt- oder Kohortenbetrachtungsweise.* Die Ereignisse werden über mehrere Kalenderjahre hinweg registriert, weil man den Individuen in ihrem Lebenslauf folgt. Ereignishäufigkeiten, ihre altersbezogenen Verteilungen und andere Ereignismaße lassen sich nun zwischen verschiedenen Geburtskohorten miteinander vergleichen. So kann man zum Beispiel die Zahl aller Lebendgeburten, die Frauen eines Geburtsjahrgangs bis zum vollendeten 45. Lebensjahr erbracht haben, aufsummieren oder die durchschnittliche endgültige Kinderzahl der Frauen einer Geburtskohorte berechnen und diese Größen zwischen verschiedenen Geburtskohorten miteinander vergleichen. Dann erst kann beurteilt werden, ob Frauen verschiedener Geburtsjahrgänge im Verlauf ihres Lebens durchschnittlich mehr oder weniger Kinder bekommen haben. Querschnittsgrößen der Geburtenhäufigkeit sind dafür in der Regel nicht geeignet.

Um den Zusammenhang zwischen beiden Betrachtungsweisen zu illustrieren, hat der deutsche Nationalökonom und Statistiker Wilhelm Lexis

(1837–1914) das nach ihm benannte Lexis-Diagramm entwickelt (vgl. Abb. 4.6). Darin werden die Kalenderzeit auf der horizontalen Achse und das Lebensalter auf der vertikalen Achse abgetragen. Der Lebenslauf eines Individuums lässt sich dann als eine 45°-Diagonale darstellen, die auf der horizontalen Achse zu dessen Geburtszeitpunkt beginnt. Jeder Punkt auf der Diagonalen entspricht genau einem Zeitpunkt t und dem dazugehörigen exakten Alter x.

Lexis-Diagramm

Ereignisse, die sich unter den Angehörigen einer Geburtskohorte zutragen, die in einem oder mehreren Kalenderjahren geboren sind – etwa zwischen dem 1.1.1940 und dem 31.12.1949 –, erscheinen in einem Schlauch, der sich diagonal von links unten nach rechts oben im Diagramm erstreckt (Längsschnittbetrachtung). Ereignisse, die sich in einem bestimmten Kalenderjahr, etwa dem Jahr 1990 zutragen, werden in einem vertikalen Schlauch verortet (Querschnittbetrachtung). Dieser wird durch zwei senkrechte Linien begrenzt, die dem 1.1.1990 und dem 31.12.1990 entsprechen – bei einem größeren Zeitintervall von mehreren Jahren ist der Schlauch entsprechend breiter. Analog repräsentiert schließlich ein horizontaler Schlauch ein bestimmtes Altersintervall. Er wird durch die horizontalen Linien begrenzt, die den Beginn und das Ende des Altersintervalls markieren; in der Abbildung wurden so die 20- bis unter 30-jährigen Personen hervorgehoben. Das Lexis-Diagramm veranschaulicht also die zeitlichen Bezüge von Ereignissen im Lebenslauf von Individuen.

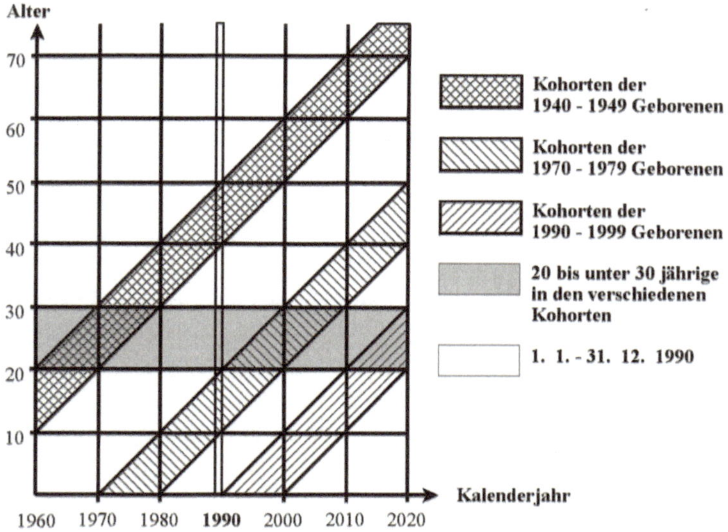

Abb. 4.6

Kohorten vor und nach der deutschen Wiedervereinigung im Lexis-Diagramm

Am Beispiel der Wende und der Wiedervereinigung Deutschlands im Jahr 1990 sei das Prinzip der verschiedenen zeitlichen Bezüge noch einmal verdeutlicht:

Querschnitt-, Alters- und Kohortenbetrachtung

- *Querschnittbetrachtung* (vertikale Schläuche im Lexis-Diagramm): Sie erfasst beispielsweise, wie die gesamte Bevölkerung in Ostdeutschland, also alle dort lebenden Geburtskohorten und damit alle Altersgruppen von Wende und Wiedervereinigung betroffen sind (*Periodeneffekte*). Demografische Veränderungen, beobachtet im Jahr 1990 und in den ersten Jahren danach, dürften tatsächlich zum Teil auf die gleichzeitige Betroffenheit verschiedener Geburtskohorten durch die Transformation in Ostdeutschland und ihre Folgen zurückzuführen sein. Der drastische Rückgang der Kinderzahlen nach 1990 war zunächst in allen relevanten Altersgruppen in der ostdeutschen Bevölkerung ein Fakt (Mau 1994). Doch ist dieser kalenderjahrbezogene Trend für die endgültige Kinderzahl der Mitglieder einzelner Geburtsjahrgangskohorten nur bedingt aussagekräftig. Jüngere Paare könnten in den frühen 1990er-Jahren die Elternschaft nur aufgeschoben und in einem höheren Alter nachgeholt haben.
  Eine *typische Fragestellung* der querschnittlichen Betrachtungsweise ist daher: Welche Auswirkungen hatte der gesellschaftliche Umbruch im Zuge der Wende im Jahr 1990 unabhängig vom Alter (und somit unabhängig von der Geburtsjahrgangskohorte) auf die damalige Elternschaftsentscheidung von Frauen und Männern in Ostdeutschland?
- *Längsschnittbetrachtung* (diagonale Schläuche im Lexis-Diagramm): Sie erfasst Entwicklungen in ein und derselben Geburtskohorte über deren gesamte Altersspanne und im Verlauf der Kalenderzeit (*Kohorteneffekte*). Im Hinblick auf die demografische Entwicklung kann man dann beispielsweise fragen, ob Mitglieder von Geburtskohorten, die in einem jugendlichen Alter die Wende in Ostdeutschland erlebt haben, mit einer größeren Wahrscheinlichkeit als die vor ihnen und die nach ihnen geborenen Kohorten darauf verzichten, mehr als nur ein Kind zu haben. Eine solche Auswirkung der Wende ist nicht unmittelbar feststellbar, sondern kann erst viele Jahre später nachgewiesen werden, wenn sicher ist, dass die Mitglieder der betrachteten Kohorten keine zweiten Kinder mehr bekommen können.
  Eine *typische Fragestellung* dieser Betrachtungsweise ist also: Hat sich die endgültige Kinderzahl von ostdeutschen Frauen unterschiedlicher Geburtsjahrgänge – auch infolge der Wendeerfahrungen – verändert?
- *Altersbetrachtung* (horizontale Schläuche im Lexis-Diagramm): Sie erfasst, was in einer bestimmten Altersgruppe (etwa die 20- bis unter 30-Jährigen) in verschiedenen Geburtskohorten und unterschiedlichen Kalenderjahren an Lebensereignissen geschieht und wie sich verschiedene Altersgruppen diesbezüglich unterscheiden – unabhängig davon, in wel-

chem Jahr und in welcher Kohorte diese beobachtet werden (*Alterseffekt*). Ein inhaltlicher Bezug zum Wendebeispiel ist hier nicht sinnvoll herzustellen. Zur Geburt von Kindern allgemein kann man jedoch etwa darauf verweisen, dass in der Bundesrepublik Deutschland nur selten Menschen im Alter von weniger als 20 Jahren Eltern werden (»Teenage«-Mütter oder -Väter), die Wahrscheinlichkeit dafür bei Männern und Frauen um die 30 dagegen besonders hoch ist.
Eine *typische Fragestellung* dieser Betrachtungsweise wäre also: Wie unterscheiden sich die unter 20-Jährigen von den 25- bis unter 35-Jährigen im Hinblick auf die Bereitschaft, ein Kind zu bekommen?

Mit der Quer- und Längsschnittbetrachtung sind spezielle Maßzahlen verbunden. Diese finden sich am Beispiel der Geburtenhäufigkeit in Übersicht 4.4.

Übersicht 4.4

Querschnitt- und Längsschnittmessung der Geburtenhäufigkeit
Aussagen über die Geburtenentwicklung in Deutschland weichen oft stark voneinander ab. Ursache dafür ist, dass verschiedene Kennziffern zur Geburtenhäufigkeit verwendet werden.

1. Das *Querschnittmaß* der *zusammengefassten Geburtenziffer eines Kalenderjahres J (total fertility rate: TFR)*. Die TFR ist die Summe der *alterspezifischen Geburtenziffern* des Jahres J. Diese werden als das Verhältnis der Zahl der Lebendgeburten von Frauen eines bestimmten Alters x im Jahr J zur durchschnittlichen Zahl der Frauen dieses Alters x im Jahr J (zumeist für x = 15, 16,..., 45) berechnet. Die altersspezifischen Geburtenziffern geben also an, wie viele Kinder Frauen eines bestimmten Alters im Jahr J durchschnittlich geboren haben. Da bei der zusammengefassten Geburtenziffer eines Jahres J die altersspezifischen Geburtenziffern von Frauen verschiedener Alterskohorten aufsummiert werden, erhält man ein Maß für die durchschnittliche Kinderzahl einer *nicht real existierenden* Frauenkohorte, die die alterspezifischen Geburtenziffern des Jahres J aufweist.
   Diese Größe entspricht im Allgemeinen nicht der durchschnittlichen Zahl der Kinder, die Frauen realer Geburtsjahrgänge im Verlaufe ihres Lebens geboren haben, da Geburten oftmals aufgeschoben oder auch vorgezogen werden (→ Kapitel 4.4.1). Veränderungen im durchschnittlichen Alter der Menschen bei der Geburt von Kindern haben aber zwangsläufig Auswirkungen auf die zusammengefasste Geburtenziffer eines Jahres: Werden Geburten aufgeschoben, sinkt die TFR; sinkt das mittlere Alter bei der Geburt von Kindern, steigt sie an (Preston/Heuveline/Guillot 2001).

2. Das *Längsschnittmaß* der *endgültigen Kinderzahl der Frauen einer Geburtsjahrgangskohorte K* (auch *zusammengefasste Geburtenziffer einer Kohorte K* oder *completed fertiltiy rate: CFR). Die CFR* berücksichtigt nur die Geburten einer bestimmten Kohorte K. Man ermittelt die Größe durch Aufsummieren der alterspezifischen Geburtenziffern der Frauen der Kohorte K. Sie kann erst dann exakt berechnet werden, wenn die Mitglieder dieser Kohorte das Alter erreicht haben, in dem sie keine Kinder mehr bekommen können. In der Demografie wählt man dazu in der Regel ein Alter 45 oder 49. Aufschub- oder Nachholeffekte haben nicht notwendigerweise eine Auswirkung auf die endgültige Kinderzahl, da die gesamte Fertilitätsphase einer Kohorte betrachtet wird.

Lernkontrollfragen

1. Aus welchen Komponenten setzt sich die Bevölkerungsbewegung zusammen?
2. Was ist mit der Quer- und der Längsschnittbetrachtung des Bevölkerungswandels gemeint?
3. Welche Rolle spielt das demografische Momentum für die zukünftige Bevölkerungsentwicklung?
4. Wo finden sich in Abbildung 4.2 zum Altersaufbau der Bevölkerung Deutschlands in verschiedenen Kalenderjahren Hinweise auf Perioden- und Kohorteneffekte auf Geburtenziffern?

Infoteil

Informationen über die Bevölkerungsentwicklung in Deutschland und Europa erhält man aus den Quellen, die auch über die Bevölkerungsstruktur informieren. Eine detaillierte Zusammenstellung dazu findet sich im Anhang.

Aktuelle Trends der Bevölkerungsentwicklung in der Bundesrepublik Deutschland | 4.4

Zusammenwirken von Geburten, Sterbefällen und Wanderungen

Die für die Veränderung der Bevölkerungsgröße verantwortlichen demografischen Komponenten sind in der demografischen Grundgleichung vorgestellt worden. In Abbildung 4.7 zeigen wir für Gesamtdeutschland bezogen auf den Zeitraum von 1955 bis 2016 die Differenz zwischen der Zahl der Lebendgeburten und Gestorbenen sowie die Differenz zwischen Zu- und Abwanderungen. Zusätzlich ist die daraus resultierende, jährliche Zu- oder Abnahme der Bevölkerung angegeben.

Der starke Anstieg der Bevölkerungszahl in Deutschland in den 1950er- und 1960er-Jahren war auf einen hohen Geburtenüberschuss (»Babyboom«) und die starke Zuwanderung aus dem Ausland (Arbeitsmigration) zurückzuführen. Seit Anfang der 1970er-Jahre aber werden weniger Kinder geboren als Menschen sterben, wobei das Geburtendefizit über die Jahre nicht immer gleich groß war. Bestimmt wird die Bevölkerungsentwicklung seit 1970 daher vor allem von der Zu- bzw. Abwanderung über die Grenzen der alten

Komponenten der Bevölkerungsentwicklung in Deutschland 1955–2016 | **Abb. 4.7**

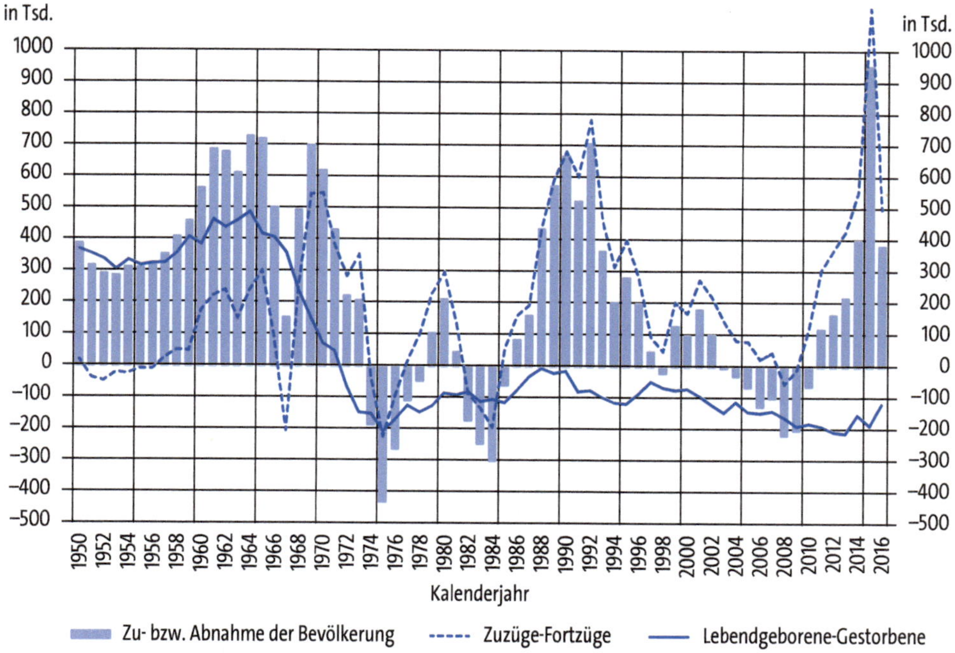

Quelle: Div. statistische Jahrbücher des Statistischen Bundesamts, eig. Berechnungen.

Bundesrepublik bzw. später Gesamtdeutschlands. Wanderungsverluste oder geringe Wanderungsgewinne führten zu einem Rückgang der Bevölkerungszahl in den Jahren 1974 bis 1978, 1982 bis 1985, 1998 und 2003 bis 2011. Das starke Bevölkerungswachstum der frühen 1990er-Jahre und seit 2012 beruht auf einem starken Zuwanderungsüberschuss (»Nettozuwanderung«; → Kapitel 4.4.3).

Ein Geburtendefizit gab es 2016 in Europa außer in Deutschland auch in Griechenland, Italien, Portugal und Spanien sowie in vielen osteuropäischen Ländern (Eurostat 2019: Datensatz »demo_gind«). Während in Deutschland die Differenz zwischen Geburten und Sterbefälle auf 1000 Einwohner gerechnet (»natürliche Bevölkerungswachstumsrate«) bei –1,4 lag, betrug sie in Bulgarien –6,0, in Griechenland -2,4 und in Italien –2,3. Spitzenwerte im Geburtenüberschuss hatten die Türkei mit 11,2 als natürliche Bevölkerungswachstumsrate und Irland mit dem Wert 7,0. Mittlere positive Werte finden sich in Großbritannien, Schweden und der Schweiz (je 2,7), Frankreich (2,8) oder Norwegen (3,5).

4.4.1 | Geburtenentwicklung

Lebendgeburten

Eine zentrale Rolle für die Reproduktion der Bevölkerung und ihre Altersstruktur spielen die *Lebendgeburten*. Als lebendgeboren gelten Kinder, bei denen nach der Scheidung vom Mutterleib entweder das Herz geschlagen, die Nabelschnur pulsiert oder die natürliche Lungenatmung eingesetzt hat. Die Zahl der Lebendgeburten hängt von mehreren Faktoren ab:

1. die Zahl der Frauen und Männer in einer Bevölkerung, die Kinder bekommen bzw. zeugen können; dies ist eine rein demografische Bestimmungsgröße, geburtenstarke Jahrgänge produzieren eher wieder geburtenstarke Jahrgänge;
2. die Höhe der Kinderlosigkeitsraten bzw. die Kinderzahl von Frauen und Männern;
3. das Alter der Frauen und Männer bei der Geburt ihrer Kinder.

Der zweite und dritte Faktor sind wesentlich durch die Verhaltensmuster von Frauen und Männern im Hinblick auf eine Familiengründung und -erweiterung bestimmt. Diese hängen wiederum stark von individuellen Interessen und gesellschaftlichen Rahmen- bzw. Strukturbedingungen ab (→ Kapitel 4.5).

Zusammengefasste Geburtenziffer für einzelne Kalenderjahre (TFR)

Abbildung 4.8 zeigt die jeweils im Querschnitt gemessene zusammengefasste Geburtenziffer für einige Kalenderjahre zwischen 1871 und 2016 (TFR). Wir erkennen einen starken Rückgang der Geburtenhäufigkeit zu Beginn des 20. Jahrhunderts (»erster demografischer Übergang«) und eine Reihe von historisch bedingten Einbrüchen. Im sogenannten Golden Age of Marriage der 1950er- und 1960er-Jahre steigt die zusammengefasste Geburtenziffer noch einmal an (»Babyboom«), um dann seit Ende der 1960er-Jahre in Westdeutschland wieder rapide abzunehmen (»Pillenknick«). Lange verharrt sie auf einem niedrigen Niveau bei Werten um 1,4, bis sie seit 2010 leicht stetig zu steigen beginnt und im Jahr 2016 den Wert von 1,59 erreicht. Im Verlauf der zusammengefassten Geburtenziffer in Ostdeutschland ist der als »demografischer Schock« bezeichnete drastische Rückgang der Geburtenziffer im Zuge der Wende, also nach 1990 zu erkennen. Danach steigen auch hier die Geburtenzahlen wieder an.

Vergleicht man die zusammengefassten Geburtenziffern der europäischen Länder, nimmt Deutschland mit 1,59 in 2016 trotz des Anstieges einen der mittleren Plätze ein. Für die Europäische Union wird ein Wert von 1,57 ausgewiesen. Vergleichsweise kleine TFR-Werte werden für Griechenland (1,33), Italien (1,35), Polen (1,32), Portugal (1,31) und Spanien (1,33) geschätzt. Irland (1,92), Frankreich (1,96), Schweden (1,85) und Großbritannien (1,80) liegen auf den vorderen Plätzen. Die Türkei mit einer TFR von 2,05 hat sich seit einigen Jahren diesem Niveau angeglichen (Statistisches Bundesamt 2018a: 652).

Ursachen des Babybooms

Der »Babyboom« der 1950er- und 1960er-Jahre in Deutschland (BRD und DDR) basiert demografisch auf drei Faktoren:

Zusammengefasste Geburtenziffer für einzelne Kalenderjahre in Deutschland 1871–2016 (TFR) **Abb. 4.8**

Quelle: BiB 2012: 11; mit freundlicher Genehmigung des BiB modifiziert und für die Jahre ab 2011 ergänzt.

1. Nach den Wirren der Nachkriegszeit und mit dem zunehmenden Wohlstand wurden in den 1950er-Jahren zuvor aufgeschobene Geburten nachgeholt.
2. Die nachfolgenden Kohorten begannen in einem immer jüngeren Alter zu heiraten und eine Familie zu gründen.
3. Die endgültige Kinderzahl der Frauen stieg geringfügig an.

Der anschließende, schnelle Rückgang der periodenspezifischen Geburtenhäufigkeit in der Bundesrepublik – für den stark schwankenden Verlauf der TFR in der DDR sind andere Erklärungen relevant, auf die wir hier nicht im Einzelnen eingehen können, – war durch gegenläufige Phänomene bedingt.

Eine wesentliche Ursache bestand darin, dass seit Ende der 1960er-Jahre die Familiengründung wieder deutlich im Alter aufgeschoben wurde. Erklären lässt sich dies damit, dass in dieser Zeit die Frauen begannen, zugunsten einer beruflichen Ausbildung und Erwerbstätigkeit eine frühe Mutterschaft zu vermeiden. Die Verfügbarkeit neuer Verhütungsmethoden (»Pille«) erlaubte zudem, die Familiengründung genauer zu planen. Waren die westdeutschen Mütter bei der Geburt des ersten Kindes Anfang der 1970er-Jahre im Mittel noch unter 25 Jahre alt, so lag das mittlere Alter in Gesamtdeutschland nach Angaben des Statistischen Bundesamts im Jahr 2016 bei 29,6 Jahren (Statistisches Bundesamt 2018a: 36). Der Altersanstieg spiegelt vermutlich eine dauerhafte Verhaltensänderung wider, er verlangsamt sich aber in den letzten Jahren. Ein hohes Alter bei der Familiengründung ist historisch allerdings nichts Neues (Huinink/Konietzka 2007: 70).

Das Alter bei der Familiengründung

In Ostdeutschland war der starke Geburtenrückgang nach der Wende zum überwiegenden Teil dadurch bedingt, dass die Geburt von Kindern aufgeschoben wurde. In der DDR bekamen die Frauen ihre Kinder deutlich früher als in der Bundesrepublik: Bis kurz vor der Wende, also bis zum Jahr 1989 lag das Alter bei der Geburt des ersten Kindes bei unter 23 Jahren. Nach der Wende stieg das Durchschnittsalter ostdeutscher Frauen bei der Geburt des ersten Kindes stark an. Es liegt in den ostdeutschen Bundesländern aber immer noch deutlich unter dem westdeutschen Niveau. Bis auf Brandenburg und Berlin beträgt es in allen anderen neuen Bundesländern weniger als 29 Jahre (Statistisches Bundesamt 2019b).

Neben der Veränderung des Alters bei der Familiengründung sind für den Geburtenrückgang eine Abnahme der endgültigen Kinderzahl in den Familien und eine steigende Kinderlosigkeit verantwortlich.

Endgültige Kinderzahl

Aus der Abbildung 4.9 wird ersichtlich, dass die endgültige Kinderzahl bei den Frauen, die im letzten Drittel des 19. Jahrhundert bis Anfang des 20. Jahrhunderts geboren wurden, von durchschnittlich etwas weniger als fünf auf zwei Kinder zurückgegangen ist. Die endgültigen Kinderzahlen der später geborenen Frauen haben sich nur noch moderat verändert. Der

Abb. 4.9 *Endgültige Kinderzahl der Geburtsjahrgänge 1865–1973 in Deutschland (CFR)*

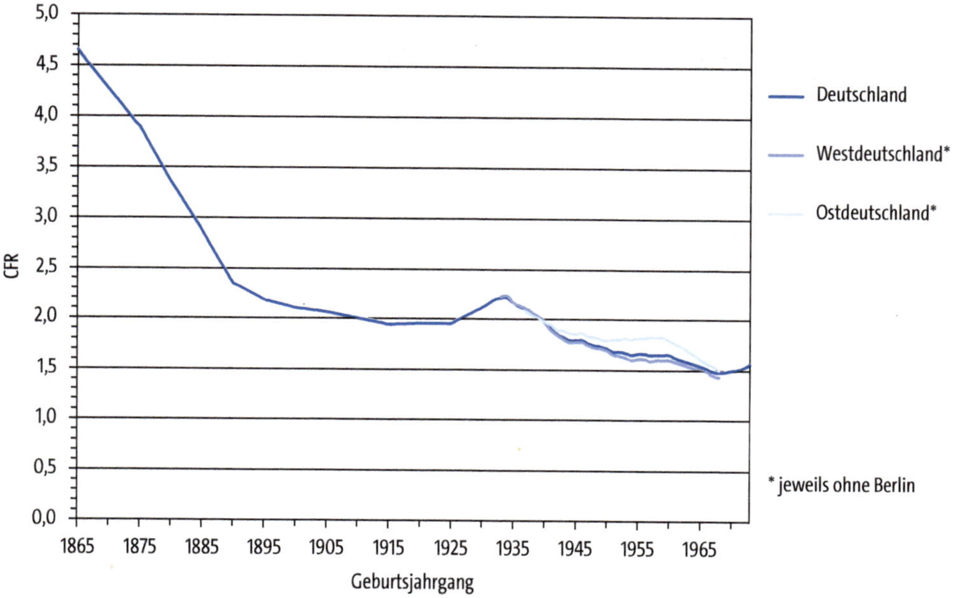

Quelle: BiB 2012: 12, mit freundlicher Genehmigung des BiB modifiziert; Statistisches Bundesamt 2019a.

»Babyboom« äußert sich in einem vorübergehenden Anstieg der endgültigen Kinderzahl auf im Durchschnitt 2,2 Kinder (bei den um 1933 geborenen Frauen). Bei den in der BRD bzw. Westdeutschland lebenden Jahrgängen, die ab 1933 geboren wurden, folgte ein weiterer kontinuierlicher Rückgang auf ca. 1,5 Kinder pro Frau. Die Frauen der entsprechenden Jahrgänge, die in der DDR bzw. Ostdeutschland lebten, wiesen im Vergleich dazu immer eine höhere durchschnittliche Kinderzahl auf. In den jüngeren Geburtsjahrgängen nähert sich die Zahl der Kinder der ostdeutschen Frauen jedoch jener der westdeutschen Frauen an. Für Gesamtdeutschland deutet sich mittlerweile ein erneuter Anstieg der CFR an.

Differenzierter zeigt Tabelle 4.2 die Veränderung der Kinderzahl von west- und ostdeutschen Frauen verschiedener Geburtsjahrgänge. Aus ihr lässt sich auch ablesen, wie sich das Ausmaß der Kinderlosigkeit in Deutschland verändert hat. Wir betrachten nur Frauen, deren Fertilitätsphase (fast) abgeschlossen ist. Die Zahlen basieren auf Daten des Mikrozensus 2016, in dem man nach der endgültigen Kinderzahl von Frauen gefragt hat.

Tab. 4.2

Frauen nach Alter und Kinderzahl in Deutschland. (in Prozent). Ergebnisse des Mikrozensus 2016[1]

Quelle: Statistisches Bundesamt 2017a; eigene Berechnungen.

Geburtsjahr	Alter im Jahr 2016	Anteil der Frauen (in Prozent)				
		Ohne Kinder	Mit Kindern			
			Insgesamt	Davon mit[2]		
				1 Kind	2 Kindern	3 und mehr Kindern
Früheres Bundesgebiet (ohne Berlin)						
1972–1976	40–44	22	78	29	48	23
1967–1971	45–49	21	79	30	48	22
1957–1961	55–59	19	81	28	48	24
1947–1951	65–69	15	85	30	47	24
Neue Bundesländer (ohne Berlin)						
1972–1976	40–44	15	85	38	46	16
1967–1971	45–49	12	88	43	44	13
1957–1961	55–59	8	92	30	54	17[3]
1947–1951	65–69	7	93	31	53	17[3]

[1] Da es sich bei Mikrozensus um eine Stichprobe handelt und zudem die Angabe zur Kinderzahl freiwillig war, sind die Angaben fehlerbehaftet. Genaueres dazu in Statistisches Bundesamt 2017a, S. 7–12.

[2] Anteile berechnet bezogen auf Mütter mit Angabe der Zahl der Kinder.

[3] Aufgrund von Rundungsfehlern summieren sich die Prozentzahlen nicht auf 100 Prozent.

Kinderlosigkeit in Ost und West

Wie erwartet ist der Anteil der kinderlosen Frauen in den jüngeren Geburtsjahrgängen angestiegen. In Westdeutschland fällt er wesentlich höher aus als in Ostdeutschland. Dabei ist zu bedenken, dass die Frauen dieser Geburtsjahrgänge ihre Familien überwiegend noch zu DDR-Zeiten gegründet haben. Auch wenn mittlerweile die Kinderlosigkeit in Ostdeutschland deutlich zunimmt, ist sie in den jüngeren Kohorten immer noch niedriger als in Westdeutschland. Der Tabelle ist auch der interessante Befund zu entnehmen, dass Frauen in Ostdeutschland bzw. der DDR weniger dritte und weitere Kinder bekommen haben als Frauen in Westdeutschland bzw. der alten Bundesrepublik.

Die Ursachen für die Unterschiede in der Geburtenentwicklung sind vielfältig. Sie lassen sich auf historisch gewachsene und auch noch aktuell unterschiedliche, wirtschaftliche und institutionelle Rahmenbedingungen zurückführen, welche die Entscheidung für oder gegen eine Elternschaft beeinflussen (Huinink/Kreyenfeld/Trappe 2012). Beispielsweise ist das Betreuungsangebot für Kinder in Ostdeutschland stärker ausgebaut als in Westdeutschland, Erwerbstätigkeit beider Eltern und Familie lassen sich dort also besser vereinbaren. Die Betreuungsquote für unter dreijährige Kinder lag im Jahr 2017 in fast allen westdeutschen Bundesländern noch bei maximal 32 Prozent (Ausnahme: Hamburg mit 45 Prozent). In den ostdeutschen

Bundesländern mit Ausnahme von Berlin (44 Prozent) lag sie dagegen immer über 50 Prozent (Statistisches Bundesamt 2018a: 69).

Ein wichtiger Faktor für die Anzahl der Kinder, der auch eng mit der Vereinbarkeitsfrage verbunden ist, ist das Bildungs- oder Ausbildungsniveau der Frauen und Männer. Mit dem Ausbildungsniveau verlängert sich zum einen die Ausbildungsdauer, was zu einem Aufschub der Familiengründung führt. Zum anderen steigen die beruflichen Chancen und Einkommenserwartungen mit zunehmendem Qualifikationsniveau. Wenn die Möglichkeiten, Familie und Beruf (bzw. Ausbildung) zu kombinieren, schlecht sind, schieben daher besonders gut qualifizierte Frauen eine Familiengründung auf, um ihre beruflichen Chancen abzusichern und um nicht auf zu viel Einkommen verzichten zu müssen. Frauen mit einem hohen Ausbildungsstatus bleiben auch eher kinderlos bzw. bekommen in der nach der Erwerbseinstiegsphase verbleibenden Zeit weniger Kinder als geplant. Die Ergebnisse des Mikrozensus 2016 in Deutschland bestätigen diesen Sachverhalt, relativieren ihn aber auch. Von Frauen mit akademischem Bildungsabschluss, die zum Erhebungszeitpunkt (2016) zwischen 45 und 49 Jahre alt waren, blieben 26 Prozent Kinderlos. Hatten die Frauen dieser Alterskohorte hingegen einen nicht-akademischen Bildungsabschluss, lag die Quote lediglich bei 18 Prozent. (Statistisches Bundesamt 2017a: 16 f.). Schaut man genauer hin, so stellt man wieder einen Ost-West-Unterschied fest. Bildungsunterschiede in der Kinderlosigkeit sind nur in Westdeutschland, nicht aber in Ostdeutschland festzustellen. Angesichts der besseren Betreuungsmöglichkeiten für Kinder in Ostdeutschland überrascht das nicht (Statistisches Bundesamt 2012: 34). Bei Männern ist die Kinderlosigkeit auch unter denjenigen, die sehr schlecht oder gar nicht ausgebildet sind, vergleichsweise hoch. Ein Grund dafür dürfte sein, dass sie eher nicht die Gewähr dafür bieten, dauerhaft »eine Familie ernähren zu können« (vgl. Huinink/Konietzka 2007: 173 ff.).

Bildung und Kinderzahl

4.4.2 Sterblichkeitsentwicklung (Mortalität)

Die Sterblichkeit bildet die zweite Komponente der natürlichen Bevölkerungsbewegung. Wichtige Bestimmungsfaktoren für die Zahl der *Sterbefälle* sind:

Bestimmungsfaktoren für die Zahl der Sterbefälle

1. Die Säuglingssterblichkeit: Sie bezieht sich auf das Sterberisiko in den ersten zwölf Lebensmonaten.
2. Die Morbidität bzw. das altersspezifische Sterberisiko im höheren Alter.

Beide Phänomene hängen von vielen Risikofaktoren ab, die wiederum in Abhängigkeit von Lebensbedingungen und Verhaltensweisen variieren können, sowie unter anderem vom Lebensstandard und dem Niveau der medizinischen Versorgung bestimmt werden.

Die Säuglingssterblichkeit ist auch nach dem Zweiten Weltkrieg weiter deutlich zurückgegangen. Im Jahr 1950 lag sie in der BRD bei 60,2 Promille. 2016 betrug sie in Deutschland nur noch 3,4 Promille (Statistisches Bundesamt 2018a: 34).

Die durchschnittliche Lebenserwartung der neugeborenen Kinder wächst in Deutschland beständig. Als kalenderjahrspezifische Größe gibt sie an, wie viele Jahre Neugeborene im Durchschnitt unter den aktuellen Sterblichkeitsverhältnissen (altersspezifischen Sterbewahrscheinlichkeiten) zu leben haben. Die durchschnittliche Lebenserwartung wird mit Hilfe der sogenannten Sterbetafel bestimmt, die im Allgemeinen auf den Bevölkerungs- und Sterbefallstatistiken von drei aufeinanderfolgenden Jahren basiert (Müller 2000).

Durchschnittliche Lebenserwartung Neugeborener

Die Entwicklung der durchschnittlichen Lebenserwartung der neugeborenen Kinder seit 1871 verdeutlicht Abbildung 4.10; sie ist für Jungen und Mädchen getrennt ausgewiesen. 1901 lag die Lebenserwartung neugeborener Jungen bei lediglich 44,8 Jahren (1871–81 sogar nur bei 35,6 Jahren), bei den Mädchen war sie vier Jahre höher. Aktuell (2016) hat sie bei den Frauen die 83-Jahre-Altersgrenze überstiegen. Frauen werden auch heute im Durchschnitt deutlich älter als Männer, deren durchschnittliche Lebenserwartung bei 78,4 Jahren liegt (Statistisches Bundesamt 2018c: 13).

Fernere Lebenserwartung

Die fernere Lebenserwartung im Alter x gibt die durchschnittliche Anzahl an Jahren an, die eine Person, die das Alter x erreicht hat, unter den gegeben Sterblichkeitsverhältnissen noch zu leben hat. Wie viele Lebensjahre haben Menschen in Deutschland noch zu erwarten, wenn sie bis zum 65. Lebensjahr überlebt haben? Es ist davon auszugehen, dass ihre Lebenserwartung insgesamt höher ist als bei ihrer Geburt, da sie die Risiken bis zu ihrem aktuellen Lebensjahr bzw. die Gefahr, als Säugling zu sterben, bereits überstanden haben. Auch die fernere Lebenserwartung der heute 65-Jährigen ist kontinuierlich angestiegen, für Männer allerdings in geringerem Ausmaß als für Frauen. Nach der Sterbetafel 2015/2017 beträgt die fernere Lebenserwartung heute der 65-jährigen Frauen 21 Jahre. Bei den Männern beträgt sie 17,8 Jahre. Nach der Sterbetafel 1871/1881 waren es noch für beide Geschlechter ca. 10 Jahre gewesen (Statistisches Bundesamt 2018c: 16).

Sowohl der deutliche Anstieg der Lebenserwartung als auch die sich verringernde Säuglingssterblichkeit sind darauf zurückzuführen, dass sich die Lebensbedingungen stark verbessert haben: Steigender Wohlstand und der technisch-medizinische Fortschritt haben seit Mitte des 19. Jahrhunderts die Säuglingssterblichkeit und das Sterberisiko im Alter deutlich reduziert.

Im europäischen Vergleich ist die Lebenserwartung Neugeborener in den letzten Jahrzehnten fast überall deutlich gestiegen. Allerdings gibt es

Lebenserwartung bei Geburt in Deutschland seit 1871/1881 in Jahren | **Abb. 4.10**

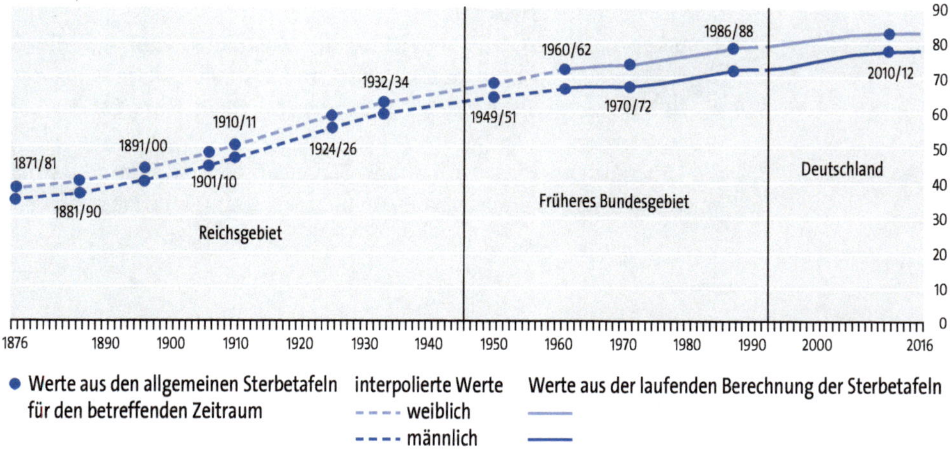

Quelle: Statistisches Bundesamt 2018c: 14 (Abb 3).

zum Teil erhebliche Unterschiede zwischen den einzelnen Ländern. Während in Europa zum Beispiel 2016 die durchschnittliche Lebenserwartung der spanischen und französischen Frauen mit 85,7 bzw. 85,5 Jahren am höchsten war, lag sie in Russland bei lediglich 76,9 Jahren. Dort liegt die Lebenserwartung der Männer mehr als 10 Jahre darunter (Statistisches Bundesamt 2018a: 652).

Wanderungen (Migration) | 4.4.3

Neben der natürlichen Bevölkerungsbewegung haben auch die *Wanderungen* einen bedeutsamen Einfluss auf die Bevölkerungsentwicklung eines Landes. »Von Migration spricht man«, so der Migrationsbericht der Bundesregierung des Jahres 2006, »wenn eine Person ihren Lebensmittelpunkt räumlich verlegt.« (BMI 2007: 12).

Definition

Grundbegriffe der Migration

Man unterscheidet zwischen

- *Außenwanderungen* bzw. internationaler Migration, damit sind die Zu- und Fortzüge über die Grenzen eines Landes gemeint, und
- *Binnenwanderungen* zwischen Regionen innerhalb eines Landes oder einer Region.

Die Differenz zwischen den Zu- und Fortzügen einer Region nennt man *Wanderungssaldo*, die Summe von Zu- und Fortzügen *Wanderungsvolumen*.

Wanderungen führen zu Veränderungen der Bevölkerungsgröße und -struktur in der Ziel- und der Herkunftsregion. Wesentlich sind dafür alters- oder merkmalsspezifische Unterschiede zwischen Zu- und Abgewanderten und den sesshaften Bevölkerungsteilen. Migranten sind zum Beispiel eher jung (Altersgruppe 15 bis 40; Bundesamt für Migration und Flüchtlinge 2007: 29). In jungem Alter migrieren Frauen häufiger als Männer, in höherem Alter kehrt sich das Verhältnis um. Das gilt auch für die Ost-West-Migration (Statistische Ämter des Bundes und der Länder 2015: 14 f.). Zwar werden vor allem wirtschaftliche Gründe für die Wanderungsentscheidung genannt, die Bestimmungsfaktoren für Migrationsprozesse sind aber sehr vielfältig und nicht auf eine einfache Formel zu bringen (Kalter 2000).

Außenwanderung

Im Jahr 2016 sind 1,865 Millionen Personen in die Bundesrepublik Deutschland zugezogen, 1,365 Millionen Menschen haben das Land verlassen. Daraus resultiert ein positiver Wanderungssaldo von knapp 500 000 Personen bei einem enorm hohen Wanderungsvolumen. Zum Ausmaß der Außenmigration der letzten Jahrzehnte gibt schon Abbildung 4.7 Auskunft. Im Kommentar zu dieser Abbildung haben wir erwähnt, dass das Bevölkerungswachstum in Deutschland seit den 1990er-Jahren ausschließlich auf eine Nettozuwanderung aus dem Ausland zurückzuführen war. In der ersten Hälfte dieser Jahre und in den letzten Jahren war es besonders hoch.

Dazu trugen in den 1990er Jahren vor allem Spätaussiedler bei, von denen insgesamt etwa vier Millionen nach Deutschland eingewandert sind. Im Jahr 1990 war ihre Zahl mit 397 000 Personen am höchsten. Seitdem ist sie kontinuierlich auf nunmehr 2350 Personen im Jahr 2010 gefallen. Auch die Zahl der Asylsuchenden war in den ersten Jahren nach der Wiedervereinigung sehr hoch. Der Wanderungssaldo erreicht im Jahr 1992 mit 782 071 Personen einen Rekordwert. Danach ging er unter anderem wegen einer verschärften Asylgesetzgebung deutlich zurück.

Im Verlauf dieses Jahrzehnts war wieder ein stetiger Zuwachs der Zuwanderung zu beobachten, die 2015 mit 2,14 Millionen Zuzügen ihren Höchststand erreichte. Dieser Sachverhalt war vor allem auf den starken Anstieg der Zahl Asylsuchender zurückzuführen. Ein Indiz ist die Zahl der Asyl-Erstanträge in Deutschland, die sich in den Jahren 2013 bis 2017 auf insgesamt mehr als 1,6 Millionen belief (BAMF 2018: 44). Aufgrund der rückläufigen Flüchtlingsmigration begannen die Zahlen seit 2016 wieder deutlich zu sinken. Das Wanderungssaldo verringerte sich von 1,1 Millionen (2015) auf 500 000 (2016). Dabei bleiben die Nettozuwanderungen aus Teilen der EU-Staaten weiterhin hoch. Anders als bei der Flüchtlingsmigration ist hier der Aufenthalt in Deutschland deutlich häufiger zeitlich befristet (BAMF 2018: 77, 101).

Binnenmigration

Über das Ausmaß der Binnenwanderung über Bundesland-, Kreis- und Gemeindegrenzen informiert Tabelle 4.3. Sie beruht auf Ergebnissen des Zensus 2011 und aktuellen Zahlen des Statistischen Bundesamtes.

Tabelle 4.3 weist innerhalb der Gemeinde-, Kreis-, und Landesgrenzen eine von 1970 bis 1990 leicht rückläufige Binnenwanderung aus. Ab 1990 steigen die Wanderungszahlen zunächst an. Dies lässt vermuten, dass die Maueröffnung (1989) und die Wiedervereinigung zu der vorübergehenden Zunahme der Binnenwanderung zwischen Ost- und Westdeutschland geführt haben. Doch dann sinken die Binnenwanderungsraten wieder. Untersuchungen zeigen, dass gleichzeitig die Zahl der Menschen, die berufsbedingt pendeln – besonders über längere Strecken – in den letzten Jahren zugenommen hat (Kley 2016). Offenbar hat sich auch die Umzugsmobilität in den letzten Jahren wieder erhöht.

Ursachen der Binnenmigration zwischen Ost- und Westdeutschland

Immer schon sind mehr Menschen von der DDR bzw. den neuen Bundesländern in die BRD bzw. die alten Bundesländer gezogen als umgekehrt. Der jährliche Wanderungssaldo ist bis 2016 immer positiv. Zwischen 1950 und 1959 kehrten 302 808 Menschen der DDR den Rücken, während nur 39 986 Menschen in die DDR zogen. Vor dem Mauerbau im Jahre 1961 verließ also eine große Zahl überwiegend gut qualifizierter Menschen die DDR in Richtung Bundesrepublik. Danach sank die Zahl der »Flüchtlinge«, wie sie offiziell genannt wurden, drastisch. Mit der Maueröffnung im Jahr 1989 nahm die Abwanderung aus Ostdeutschland wieder stark zu. Fast 400 000 Menschen kamen jeweils in den Jahren 1989 und 1990 in den Westen.

Von 1991 bis 2016 sind insgesamt weitere 3,6 Millionen Menschen aus den neuen Bundesländern Richtung Westdeutschland gezogen. Gleichzeitig sind in diesen Jahren 2,4 Millionen Menschen von West nach Ost gewandert, jeweils Berlin ausgenommen (Statistisches Bundesamt 2018a: 53). Die Ursachen für die starke Abwanderung aus Ostdeutschland liegen wohl in den sehr unterschiedlichen Arbeitsmarktchancen in West- und Ostdeutschland begründet. Wie schon erwähnt, sind vor allem in den 1990er-Jahren bedeutend mehr Frauen abgewandert als Männer. Berlin konnte in den letz-

Tab. 4.3 | *Wanderungen über die Gemeinde-, Kreis- und Landesgrenzen seit 1970*

Jahr	Wanderungen über die					
	Gemeindegrenzen		Kreisgrenzen		Landesgrenzen	
	Anzahl in 1000	Je 1000 Einwohner[1]	Anzahl in 1000	Je 1000 Einwohner[1]	Anzahl in 1000	Je 1000 Einwohner[1]
Früheres Bundesgebiet						
1970	3662	59,8	2942	48,1	1118	18,5
1980	3024	49,2	2304	37,5	820	13,3
1985	2572	42,1	1850	30,3	640	10,5
1990	2970	47,4	2185	34,9	841	13,4
Deutschland						
1995	3951	48,5	2722	33,4	1069	13,1
2000	3892	47,4	2700	32,9	1137	13,8
2005	3655	44,3	2548	30,9	1071	13,0
2010	3576	44,3	2568	31,2	1062	13,2
2016[2]	4419	54,4	–	–	1189	14,6

1 Jeweils am 31. Dezember des Vorjahres.
2 »Die Ergebnisse ab Berichtsjahr 2016 sind aufgrund methodischer Änderungen und technischer Weiterentwicklungen nur bedingt mit den Vorjahreswerten vergleichbar« (Statistisches Bundesamt 2016a: 5).

Quelle: Statistisches Bundesamt/WZB 2011: 18, Statistisches Bundesamt 2016a: 5; eig. Berechnung.

ten Jahren dagegen leicht von den Wanderungsbewegungen profitieren. Der negative Wanderungssaldo zwischen den neuen und alten Bundesländern (inklusive Berlin) hat sich in den letzten Jahren deutlich verringert. Er ist im Jahr 2017 sogar erstmalig positiv, d.h. die neuen Bundesländer verzeichnen einen Wanderungsgewinn (BiB 2019). In der Zwischenzeit dürften auch viele ehemals in Ostdeutschland lebende Menschen aus dem Westen dorthin zurückgewandert sein. Eine etwas ältere Studie behauptet auf der Basis von Auswertungen des Sozio-ökonomischen Panels, dass die Hälfte der West-Ost-Migranten Rückwanderer sind (Beck 2004).

International kann man – bei aller Heterogenität der Trends und vor allem für die entwickelten Länder – seit der Jahrhundertwende keinen Anstieg, sondern überwiegend einen Rückgang der internen Migrationsraten feststellen. In Europa stellt Portugal eine Ausnahme dar (Bell/Muhidin 2009: 57).

Lernkontrollfragen

1 Beschreiben Sie die wichtigsten Trends der Bevölkerungsbewegung in Deutschland.
2 Was sind die wesentlichen demografischen Faktoren, die die Geburtenzahl und die Sterbehäufigkeit in einem Land bestimmen?
3 Welche Faktoren mögen die starken Schwankungen im Ausmaß der Außenmigration in Deutschland verursachen?

Infoteil

Ausführliche Informationen zu den einzelnen Komponenten der Bevölkerungsentwicklung in Deutschland und Europa erhält man ebenso aus den Quellen, die auch über die Bevölkerungsstruktur informieren. Einen großen Raum nimmt die demografische Entwicklung auch in dem Band »Sozialstrukturanalyse« ein, den der Sozialstrukturforscher Thomas Klein 2015 veröffentlicht hat. Noch einmal der Hinweis: Eine detaillierte Zusammenstellung zu den Quellen findet sich im Anhang.

Lebensformen, Haushalte und Familien | 4.5

Lebensformen

Zur Bevölkerungsstruktur gehören auch Informationen über demografisch erfassbare Aspekte der privaten Lebensverhältnisse der Menschen. Da dieser Aspekt der sozialen Beziehungsstruktur einer Gesellschaft von herausragender Bedeutung ist, wollen wir uns ihm im Folgenden etwas eingehender widmen. Für die unterschiedlichen Formen der *Struktur der privaten sozialen Beziehungen* von Individuen ist der Begriff der *Lebensform* eingeführt worden. In der Literatur finden sich verschiedene Definitionsangebote, die den Lebensformbegriff unterschiedlich weit fassen. Die Definition des Statistischen Bundesamts lautet wie folgt: »Unter Lebensformen werden hier relativ stabile Beziehungsmuster der Bevölkerung im privaten Bereich verstanden, die allgemein mit Formen des Alleinlebens oder Zusammenlebens (mit oder ohne Kinder) beschrieben werden können« (Niemeyer/Volt 1995: 437). Huinink und Konietzka (2007: 29 ff.) schlagen eine systematische Differenzierung des Begriffs vor, die uns als Grundlage für die hier gegebene Definition dient.

Definition

Lebensform
Der Begriff kennzeichnet einen sozialen Beziehungszusammenhang, der durch Muster der Organisation des alltäglichen Zusammenlebens repräsentiert wird.

Diese Muster sind unter anderem durch den Institutionalisierungsgrad der Lebensform (Ehe, nicht ehelich), die Haushaltsform und die Generationenzusammensetzung des Haushalts gekennzeichnet. Je nach Verwendung können weitere Merkmale (etwa zur Erwerbsbeteiligung) aufgenommen werden.

Zu den Charakterisierungs- bzw. Unterscheidungsmerkmalen von Lebensformen zählen (Zapf/Breuer/Hampel 1987; Huinink/Konietzka 2007: 39):

- Haushaltsform und Zusammensetzung des Haushalts, Haushaltsgröße und Kinderzahl;
- Familienstand und Beziehungsform;
- Zahl der Generationen im Haushalt;
- sozialrechtliche Stellung bzw. Erwerbsstatus der Personen im Haushalt.

Privater Haushalt

Der Begriff des *privaten Haushalts* spielt für die Definition des Zusammenlebens eine wichtige Rolle. Alleinlebende oder Personen, die zusammenleben und gemeinsam wirtschaften, bilden einen privaten Haushalt (Statistsches Bundesamt 2018a: 172). Bei alleinlebenden Personen spricht man von einem *Einpersonenhaushalt*, ansonsten von einem *Mehrpersonenhaushalt*. Grundlegende Merkmale von privaten Haushalten sind die Haushaltsgröße und die Art und Struktur der sozialen Beziehungen der Haushaltsmitglieder. Aus wirtschaftlicher Sicht gehört auch das Haushaltseinkommen dazu (→ Kapitel 5.2). Es gibt auch nicht private Haushalte. Das sind die sogenannten Anstalten, wie Gemeinschaftsunterkünfte, Altersheime, Gefängnisse u.a.

Paarbeziehung als besondere Lebensform

Einen besonderen Stellenwert unter den Lebensformen hat die *Paarbeziehung*. Damit wird eine intime persönliche Beziehung zwischen zwei Individuen bezeichnet. Typischerweise zeichnet sich eine Paarbeziehung durch gegenseitige Liebe, persönliches Vertrauen und sexuelle Interaktion aus. Die Individuen in einer Paarbeziehung werden *Lebenspartner* genannt. Lebenspartner müssen nicht in einem Haushalt zusammenleben. Tun sie das, bilden sie eine *Lebensgemeinschaft (Paargemeinschaft)*. Andernfalls wird ihre Beziehung als *LAT-Beziehung* (living apart together) oder *bilokale Paarbeziehung* bezeichnet. Je nachdem, ob die Lebenspartner verheiratet sind oder nicht, sprechen wir von einer *ehelichen* oder *nicht ehelichen Lebens- oder Paargemeinschaft*.

Familie als besondere Lebensform

Besondere Bedeutung hat der Begriff der *Familie*. Wir verstehen sie als Lebensgemeinschaft von Eltern mit »ihren« Kindern, in welcher die Eltern rechtlich und materiell für die Kinder verantwortlich sind. Die *Elternschaftsbeziehung* wird als die soziale Beziehung zwischen einer erwachsenen Person (einem Elternteil) und »ihrem« Kind bezeichnet, die in der Regel auf biologischer Abstammung beruht, aber nicht dadurch begründet sein muss (Adoption, Pflegekindschaft, Reproduktionsmedizin). Dabei ist unerheblich, ob beide Eltern der Lebensgemeinschaft angehören und ob die Eltern verheiratet sind. »Familie« ist kein eindeutig bestimmbarer Begriff. Seine Bedeutung hat sich auch in unserer Gesellschaft im Laufe der Zeit verändert – und wird sich weiter verändern. Da der Begriff »Familie« auch im europäischen Vergleich recht unterschiedlich verwendet wird, wollen wir uns ein wenig genauer mit ihm beschäftigen.

Exkurs

Exkurs zum Familienbegriff

Die Definitionen von Familie sind in der Literatur sehr unterschiedlich (vgl. Huinink/Konietzka 2007). Das Statistische Bundesamt versteht heute unter einer Familie »im statistischen Sinn – alle Eltern-Kind-Gemeinschaften, d.h. Ehepaare, gemischtgeschlechtliche und gleichgeschlechtliche Lebensgemeinschaften sowie alleinerziehende Mütter und Väter mit ledigen Kindern im Haushalt. Einbezogen sind in diesen Familienbegriff – neben leiblichen Kindern – auch Stief-, Pflege- und Adoptivkinder ohne Altersbegrenzung« (Statistisches Bundesamt 2018d: 4). Bis 2004 benutzte das Statistische Bundesamt eine davon abweichende, Definition von Familie, die Ehepaare und Alleinerziehende mit ledigen Kindern und auch zusammenlebende Ehepaare ohne Kinder einbezog (Definition der Vereinten Nationen). Diese Definition ist relativ formal. Familie lässt sich inhaltlich gehaltvoller bestimmen, wenn auch funktionale und soziale Aspekte berücksichtigt werden. Nach der folgenden Definition von Nave-Herz sind Familien gekennzeichnet:

»1. *durch ihre ›biologisch-soziale Doppelnatur‹ [...], d.h. durch die Übernahme der Reproduktions- und der Sozialisationsfunktion neben anderen gesellschaftlichen Funktionen, die kulturell variabel sind,*
2. *durch die Generationenzusammensetzung (Urgroßeltern/Großeltern/Eltern/Kind(er)) und dadurch dass*
3. *zwischen ihren Mitgliedern ein spezifisches Kooperations- und Solidaritätsverhältnis besteht, aus dem heraus die Rollendefinitionen festgelegt sind«* (Nave-Herz 2004: 30).

Familienstandsänderungen müssen nicht in einem Haushalt zusammenleben. Ist das der Fall, spricht man von einer *Haushaltsfamilie* oder Eltern-Kind-Gemeinschaft.

Wir können hier nicht alle Dimensionen von Familien- und Lebensformen ausführlich behandeln. Im Folgenden werden exemplarisch einige Entwicklungen aufgezeigt, die für den Wandel der Lebensformen in unserer Gesellschaft von besonderer Bedeutung sind. Am Ende werden wir in einem historischen Exkurs ein Interpretationsangebot zur Erklärung dieser Veränderungen anbieten.

4.5.1 | Eheschließungen und Scheidungen

Familienstandsänderungen – als zentraler Aspekt der Lebensformwahl – gehören zum Kernbereich der Demografie. Aus soziologischer Sicht geht es dabei allgemeiner um die Beziehungsform und um den Grad der Institutionalisierung von Paarbeziehungen und Familien. Leben Menschen in Paarbeziehungen oder allein, leben sie gegebenenfalls mit ihrem Partner zusammen oder nicht? Leben sie unverheiratet zusammen (in einer nicht ehelichen Lebensgemeinschaft) oder besiegeln sie ihre Paarbeziehung durch den institutionellen Akt einer Eheschließung und gehen damit einen Vertrag miteinander ein, in dem Rechte und Pflichten der Partner bestimmt sind?

Die Art der vertraglichen Bindung hat umfassende Auswirkungen auf das rechtliche Verhältnis der Partner untereinander und gegenüber einem Kind – und damit auch direkt auf die Elternschaftsentscheidung. Die Auflösung dieses Vertrages erfolgt durch die Scheidung oder im Fall des Todes eines der Ehepartner durch die Verwitwung.

Entwicklung der Eheschließungen

Die Bereitschaft, sich institutionell in einer Ehe zu binden, ist in den letzten Jahrzehnten deutlich zurückgegangen. Die Entwicklungen bei Eheschließungen und Ehescheidungen in Deutschland zeigt Tabelle 4.4.

Veränderung des Alters bei der Eheschließung

Mit dem deutlichen Rückgang der Eheschließungen von 11,0 pro 1000 Einwohner im Jahr 1950 auf 4,7 im Jahr 2010 ging eine kurvilineare Veränderung des Alters bei der Eheschließung einher: In den alten Bundesländern sank das durchschnittliche Heiratsalter lediger Frauen bzw. Männer zunächst bis Mitte der 1970er-Jahre auf Werte knapp unter 23 bzw. 25,3 Jahren. Danach stieg es wieder an. In der DDR war das Heiratsalter noch niedriger, stieg aber während der 1980er-Jahre an. Nach der Wende nahm es in den neuen Bundesländern stark zu (Statistisches Bundesamt 2017b: 124). Es liegt heute über dem westdeutschen Niveau (Huinink/Konietzka 2007: 78). Im Jahr 2016 heirateten ledige Frauen in Deutschland durchschnittlich im Alter von fast 31,5 Jahren und ledige Männer im Alter von 34 Jahren (Statistisches Bundesamt 2018a: 62). Interessanterweise nimmt laut Tabelle 4.4 die

Jahr	Eheschließungen in 1000	Eheschließungen je 1000 Einw.	Ehescheidungen in 1000	Ehescheidungen je 1000 Einw.
1950	750	11,0	135	2,0
1960	689	9,5	73	1,0
1970	575	7,4	104	1,3
1980	497	6,3	141	1,8
1990	516	6,5	155	2,0
1995	431	5,3	169	2,1
2000	419	5,1	194	2,4
2005	388	4,7	202	2,5
2010	382	4,7	187	2,3
2015	400	4,9	164	2,0
2017	407	4,9	153	1,9

Tab. 4.4

Eheschließungen und Ehescheidungen in Deutschland

Quelle: Statistisches Bundesamt 2019a.

Zahl der Eheschließungen in letzter Zeit wieder zu und die Scheidungszahlen sinken. Letzteres geschieht vermutlich vor allem aufgrund einer zunehmenden Ehedauer bis zu einer eventuellen Scheidung.

Lebenspartnerschaft

Seit 2014 weist das Statistische Bundesamt auch Zahlen zur Begründung von (eingetragenen) Lebenspartnerschaften aus. Ende 2015 lebten etwa 65 000 Männer und 52 000 Frauen in einer Lebenspartnerschaft. Etwa 7 000 Männer und etwas mehr als 6 000 Frauen haben zu diesem Zeitpunkt ehemals in einer Lebenspartnerschaft gelebt und diese mittlerweile aufgehoben (Statistisches Bundesamt 2018e: 8). Seit 2018 können gleichgeschlechtliche Partner auch die Ehe eingehen.

Ehelosigkeit

Der Anteil dauerhaft unverheirateter Frauen und Männer in Deutschland dürfte aber weiter zunehmen. Das wird in Abbildung 4.11 belegt, die auf Berechnungen von sogenannten Heiratstafeln mit Daten der amtlichen Statistik beruht und die vereinfachte Version einer Abbildung in Grünheid (2011: 12) ist. Sie zeigt, im Kohortenvergleich, wie sich der Anteil lediger Frauen und Männer mit dem Alter entwickelt hat. Zwischen den Geburtsjahrgängen 1940 und 1970 ist dieser Anteil bei Frauen und Männern auch im höheren Alter stark gestiegen. Während in dem Geburtsjahrgang 1940 nur 6 Prozent der Männer und 8 Prozent der Frauen im Alter 39 noch ledig waren, galt das in der Kohorte 1970 schon für 34 Prozent der Männer und 30 Prozent der Frauen. Das deutet darauf hin, dass ein immer größerer Teil der Bevölkerung in Deutschland dauerhaft ledig bleiben wird. Der Anteil derjenigen, die nie mit einem Partner oder einer Partnerin in einem Haushalt zusammengelebt haben, ist dagegen deutlich geringer (Hochgürtel 2017, Melchior u. a. 2018)

Auch eine Elternschaft ist immer weniger Anlass für eine Heirat. Dabei sind Frauen und Männer in Westdeutschland noch sehr viel häufiger bei

Abb. 4.11 | *Ledige Männer und Frauen nach Geschlecht, Alter und Kohortenzugehörigkeit*

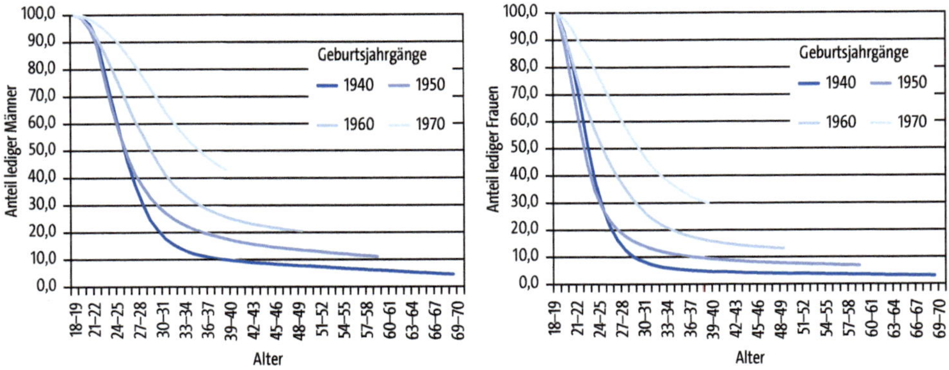

Aus: Grünheid 2011: 12; mit freundlicher Genehmigung der Autorin modifiziert.

Quelle: Statistisches Bundesamt; Berechnungen aus Generationentafeln.

der Geburt eines Kindes verheiratet als in Ostdeutschland. Der *Anteil nicht ehelicher Kinder* macht dieses deutlich: In den östlichen Bundesländern ist eine – auch im internationalen Vergleich – sehr hohe Nichtehelichenquote zu beobachten. Sie betrug im Jahr 2015 knapp 61 Prozent. In Westdeutschland lag sie im Durchschnitt bei »nur« 29,5 Prozent (Statistisches Bundesamt 2017b: 22 f.).

Nichtehelichenquote der Geburten

Nicht nur die Zahl der Eheschließungen hat sich über lange Zeit verringert, auch die Zahl der Ehescheidungen ist bis zur Mitte des letzten Jahrzehnts deutlich angestiegen (vgl. Tab. 4.5). Während noch etwa 80 Prozent aller 1965 geschlossenen Ehen nach 25 Jahren Bestand hatten, betrug dieser Anteil bei den 1980 geschlossenen Ehen nur noch etwa 66 Prozent (BiB 2008: 41). Insgesamt kann man aufgrund der Analyse ehedauerspezifischer Scheidungsraten davon ausgehen, dass heute 35 Prozent der Ehen eines Ehejahrgangs langfristig gesehen geschieden werden (Statistisches Bundesamt 2018e: 33). Es zeigt sich auch, dass die durchschnittliche Ehedauer bis zur Scheidung von knapp 13 Jahren im Jahr 2000 auf 15 Jahre im Jahr 2016 gestiegen ist (Statistisches Bundesamt 2018e: 35).

Scheidungen nach Heiratskohorte

Auch wenn offensichtlich die Scheidungsraten stagnieren, so verweist ihr hohes Niveau doch darauf, dass die Instabilität von Ehen in den letzten Jahrzehnten zugenommen hat, zumal auch die Wahrscheinlichkeit für eine Wiederverheiratung gesunken ist (Grünheid 2011). Das hat vielfältige Ursachen: Anstelle oder nach einer Ehe werden zunehmend andere Formen des Zusammenlebens oder des Alleinlebens – jeweils mit oder ohne Kinder –

praktiziert. Die hohen Scheidungsraten könnten sich auch auf die Bereitschaft, eine Familie zu gründen und Kinder zu haben, auswirken; denn in der Regel ist eine Elternschaft immer noch an eine befriedigende und auf Dauer angelegte Paarbeziehung geknüpft.

In den meisten europäischen Ländern hat sich das Heiratsverhalten sowie die Wahrscheinlichkeit einer Ehescheidung ähnlich verändert, wie es für Deutschland beschrieben wurde. Der Anteil der Ehen, die mit einer Scheidung enden, ist in vielen nord- und westeuropäischen Ländern noch höher als in Deutschland, wobei der Anteil in Schweden die 50 Prozent übersteigen dürfte (Huinink/Konietzka 2007: 81).

Europaweit hat langfristig die Ehe an Bedeutung verloren, wobei, wie in Deutschland, die Heiratsraten in vielen Ländern nicht mehr zurückgehen oder sogar wieder ansteigen. Der Anstieg der Scheidungshäufigkeit ist dagegen auch nahezu überall in Europa gebremst oder hat sich, wie in Deutschland, sogar moderat umgekehrt. Gleichzeitig ist das Heiratsalter überall gestiegen (Huinink/Konietzka 2007: 78, Eurostat 2019: Datensatz »demo_nind«). Laut Eurostat (2019: Datensatz »demo_nind«) lag 2016 die rohe Heiratsziffer (Eheschließungen auf 1000 Einwohner) in südeuropäischen Ländern, wie Portugal (3,1) und Italien (3,4) oder auch Frankreich (3,5), unter dem europäischen Mittel (4,3 im Jahr 2015). Deutlich höher war sie in Osteuropa mit Albanien (7,8) und der Türkei (7,5) an der Spitze. Die rohe Scheidungsziffer (Anzahl der Scheidungen auf 1000 Einwohner) in Europa lag zwischen 3,4 in Weißrussland und 0,7 (im Jahr 2015) in Irland (Eurostat 2019: Datensatz »demo_ndivind«). Die rohe Heiratsziffer und mehr noch die rohe Scheidungsziffer sind jedoch nur sehr einfache und deshalb grobe Indikatoren. Sie spiegeln die Verhältnisse daher recht ungenau wider.

Eheschließungen und Scheidungen in Europa

Während in den meisten europäischen Ländern das Erstheiratsalter der Frau zum Teil deutlich über 30 liegt (Schweden: 36,5), lag es 2016 in der Türkei bei 27,7 Jahren. In den europäischen Ländern ist die Nichtehelichenquote nahezu überall angestiegen. Im Jahr 2016 ist sie in Island mit fast 70 Prozent am höchsten. In Bulgarien, Estland, Skandinavien (außer Finnland) und Slowenien werden ähnlich hohe Werte wie in Ostdeutschland erreicht. Am niedrigsten war sie in der Türkei mit 2,9 Prozent (Eurostat 2019: »demo_fagec«, eig. Berechnung).

Nichteheliche Geburten in Europa

Familienstand | 4.5.2

Die beschriebenen Entwicklungen drücken sich darin aus, welchen Familienstand die Frauen und Männer aus verschiedenen Altersgruppen gegenwärtig haben. Es wird zwischen ledigen und verheirateten sowie verwitweten und geschiedenen Personen unterschieden.

Familienstand nach Altersgruppen

Tab. 4.5 *Die Bevölkerung der Bundesrepublik Deutschland 2015 nach ausgewählten Altersgruppen und Familienstand (jeweils in Prozent)*

Altersgruppe	Ledig		Verheiratet / in Lebenspartnerschaft		Verwitwet		Geschieden	
	Männer	Frauen	Männer	Frauen	Männer	Frauen	Männer	Frauen
20–25 J.	97,7	93,6	2,2	6,1	0,0	0,0	0,1	0,2
45–50 J.	25,7	16,6	61,6	65,8	0,4	21,7	12,1	15,9
75–80 J.	4,4	4,0	77,8	48,3	12,0	39,6	5,8	8,1

Quelle: Statistisches Bundesamt 2016b: 14.

Tabelle 4.5 zeigt, dass im Jahr 2015 fast alle Männer und Frauen der jüngsten Altersgruppe noch ledig sind. In der Gruppe der 45- bis 50-Jährigen machen die Verheirateten und in einer Lebenspartnerschaft Lebenden mit 62 Prozent bei den Männern bzw. 66 Prozent bei den Frauen eine deutliche Mehrheit aus. Der Anteil der in einer Lebenspartnerschaft Lebenden ist allerdings verschwindend gering. In der Altersgruppe der 45- bis 50-Jährigen ist auch der Anteil der Geschiedenen mit 12 bzw. 16 Prozent am höchsten. In der ältesten Gruppe der 75- bis 80-Jährigen fällt auf, dass der Anteil der verheirateten und in einer Lebenspartnerschaft lebenden Männer mit 78 Prozent deutlich höher ist als bei den Frauen (nur 48 Prozent). Dies ist durch die Übersterblichkeit der Männer bedingt, weshalb auch der Anteil verwitweter Frauen mit 40 Prozent sehr hoch ist. Ein Blick nach Europa zeigt, dass in der mittleren Altersgruppe in keinem Land weniger als die Hälfte der Bevölkerung unverheiratet sind, wobei vor allem die skandinavischen Länder vergleichsweite geringe Anteil ausweisen. In bestimmten Ländern, etwa der Türkei, ist der Anteil mit 85 Prozent aber deutlich höher als in Deutschland (Eurostat 2019: Datensatz »demo_pjanmarsta«).

4.5.3 Haushalts- und Familiengröße

Haushaltsgröße

Die durchschnittliche Größe der Haushalte in Deutschland lag im Jahr 2017 bei 2,0 Personen; 1971 hatte sie im früheren Bundesgebiet noch 2,74 Personen und 1991 noch 2,27 Personen betragen (Statistisches Bundesamt 2018a: 59). Zugleich ist die Zahl der Haushalte stetig angestiegen: Nach der Vereinigung wuchs sie von gut 35 Millionen auf etwas mehr als 41 Millionen im Jahr 2017.

Im Jahr 2017 waren gemäß Tabelle 4.6 42 Prozent der Haushalte Einpersonenhaushalte. In gut einem Drittel der Haushalte lebten zwei Personen, 12 Prozent waren Haushalte mit drei, und 12 Prozent mit vier und mehr Personen. Der Trend zu kleineren Haushalten wird auch hier deutlich. Diese Entwicklung ist durch den Wandel der Lebensformen, aber auch durch beständig sinkende Kinderzahlen in den Familien und die zunehmende

Tab. 4.6

Privathaushalte nach der Zahl der Personen in den Jahren 1971 (früheres Bundesgebiet), 1991, 2011 und 2017 (Deutschland)

Jahr	Zahl der Hausalte insgesamt (in 1000)	Davon mit ... Personen (in %)				
		1	2	3	4	5 und mehr
1971	21991	25	27	20	15	13[1]
1991	35256	34	31	17	14	5
2011	40439	40	34	13	9	3[1]
2017	41304	42	34	12	9	3

[1] Aufgrund von Rundungsfehlern summieren sich die Prozentzahlen nicht immer auf 100 Prozent.

Quelle: Statische Jahrbücher des Statistischen Bundesamts, div. Jahrgänge; eigene Berechnungen.

Lebenserwartung bedingt. Der Aufschub von Heirat und Familiengründung trägt ebenfalls dazu bei.

Die abnehmende Haushaltsgröße hat auch damit zu tun, dass der Anteil von Familien mit einer großen Kinderzahl zurückgegangen ist. Während in den alten Bundesländern 1972 noch in 21,8 Prozent der Familien drei oder mehr Kinder unter 18 Jahren lebten, lag dieser Anteil 2011 bei lediglich 11,3 Prozent.

4.5.4 Fazit: Wandel der Verteilung der Bevölkerung nach den Lebens- und Familienformen

Die skizzierten Befunde schlagen sich heute insgesamt in einer veränderten Verteilung der verschiedenen Lebensformen im Vergleich zu früheren Zeiten nieder. Dies wird zunächst in Tabelle 4.7 dokumentiert, bevor wir abschließend in einem historischen Exkurs versuchen, einige Erklärungen dafür zu geben. Die Tabelle zeigt, wie sich die Anteile der Bevölkerung in West- und Ostdeutschland im Alter von 18 bis 35 Jahren und von 36 bis 55 Jahren in ausgewählten Lebensformen im zeitlichen Verlauf geändert haben. Sie stellt die Verteilungen nach der privaten Lebensform (Konzept des Statistischen Bundesamts) für die Jahre 1972 (früheres Bundesgebiet inkl. Westberlin), 1996 (neue Länder inkl. Ostberlin) und 2017 einander gegenüber. 2017 wird nach den neuen Bundesländern inkl. Berlin und dem früheren Bundesgebiet ohne Berlin unterschieden. Die Tatsache, dass 2017 Westberlin den neuen Bundesländern zugerechnet wird, hat für die Trendaussagen keine ausschlaggebende Bedeutung.

Der Anteil der verheiratet mit Kindern zusammenlebenden Personen lag danach in der westdeutschen Bevölkerung des Jahres 1972 (inkl. Westberlin) noch bei 40 Prozent in der jüngeren bzw. 71 Prozent älteren Alters-

Tab. 4.7 | *Verteilung der Bevölkerung West- und Ostdeutschlands in Privathaushalten und im Alter von 18 und mehr Jahren nach der Lebensform in den Jahren 1972/1996 und 2017*

Alter der Person (in Jahren)	Bev. im Alter von 18 u. mehr J.	Davon							
		Ledige Kinder bei Eltern(teil)	Alleinlebende[1]		Mit Partner, ohne Kinder		Mit Partner und Kind(ern)		Alleinerziehende[2]
			Ledig	Nicht mehr ledig	Verheir. zus.-lebend	Unverh. zus.-lebend	Verheir. zus.-lebend	Unverh. zus.-lebend	
	in 1000	in %							
	Alte Bundesländer (inkl. Westberlin) 1972								
18–35	14 418	–	8,1		13,7	–	39,7	–	1,6
36–55	15 123	–	6,3		15,0	–	70,6	–	3,8
	Alte Bundesländer (ohne Berlin) 2017								
18–35	14 575	30,1	26,7	1,5	6,7	12,2	17,0	3,5	2,2
36–55	18 948	1,9	12,3	7,4	15,0	5,4	47,8	4,0	6,4
	Neue Bundesländer (inkl. Ostberlin)[3] 1996								
18–35	3 431	31,3	11,5	1,2	4,0	8,0	31,3	7,9	4,7
36–55	4 258	1,8	3,6	5,0	19,4	2,0	58,4	3,8	5,9
	Neue Bundesländer (inkl. Berlin) 2017								
18–35	3 144	19,9	32,7	1,3	4,6	12,9	13,6	10,6	4,3
36–55	4 498	2,3	15,0	7,6	19,0	6,2	32,9	9,6	7,4

[1] Unter den Alleinlebenden sind auch Personen enthalten, die ohne Partner und ohne Kind in einem Mehrpersonenhaushalt (nicht bei den Eltern) wohnen (z.B. Personen in Wohngemeinschaften).
[2] Ohne Partner im Haushalt. [3] eig. Berechnung auf Grundlage von Engster/Menning 2003.

Quelle: Engster/Menning 2003: 212; Für 2017: Berechnungen des Bundesinstituts für Bevölkerungsforschung (BiB) auf der Grundlage des Mikrozensus des Jahres 2017, die dankenswerterweise im BiB für uns durchgeführt wurden.

gruppe. Im Jahr 2017 sind es in den alten Bundesländern (ohne Berlin) dagegen nur noch 17 bzw. 48 Prozent. Im Gegenzug hat sich der Anteil der ledigen, alleinlebenden 18- bis 35-Jährigen im Westdeutschland zwischen 1972 und 2017 von 8 auf knapp 27 Prozent mehr als verdreifacht. In der höheren Altersgruppe konnte sich dieser Anteil verdoppeln. Die nicht ehelichen Lebensgemeinschaften mit und ohne Kinder wurden 1972 noch nicht erfasst, haben seitdem aber stark zugenommen und die frühen Ehen zum großen Teil ersetzt (Huinink/Konietzka 2003). Unter den 18- bis unter 35-Jährigen leben 2017 im Westen 12 Prozent unverheiratet und ohne Kinder zusammen, unter den Älteren sind es mehr als 5 Prozent. Nicht eheliche Lebensgemeinschaften mit Kindern sind im Westen noch relativ selten (3,4 bzw. 4 Prozent in den beiden Altersgruppen). Der Anteil der Alleinerziehenden hat dagegen in den betrachteten Altersgruppen zugenommen und betrug in 2017 in der höheren Altersgruppe 6,4 Prozent.

In Ostdeutschland erkennen wir ebenfalls einen starken Trend weg von der traditionellen Kernfamilie. Der Anteil der unverheiratet zusammenlebenden Personen ohne Kinder ist im Vergleich der Jahre 1996 und 2017 angestiegen und liegt im Jahr 2017 in beiden Altersgruppen über dem westdeutschen Niveau. Sehr viel höher als in Westdeutschland ist der Anteil von nicht ehelichen Eltern-Kind-Gemeinschaften. Die unverheiratet mit Kindern zusammenlebenden Personen machen in Ostdeutschland knapp 11 Prozent in der jüngeren und knapp 10 Prozent in der älteren Altersgruppe aus. Die Anteile waren auch 1996 schon vergleichsweise hoch. Der Anteil der Alleinerziehenden ist in Ostdeutschland ebenfalls höher als in Westdeutschland, vor allem in der jüngeren Altersgruppe.

Die statistischen Trends sind also eindeutig. Die Lebensform des verheirateten Paares mit Kindern hat erheblich an Bedeutung eingebüßt, auch wenn ihr immer noch der größte Anteil der 36- bis 55-Jährigen zuzurechnen ist. Bemerkenswert ist ebenso, dass auch mehr als 20 Jahre nach der Vereinigung charakteristische Unterschiede zwischen Ost- und Westdeutschland zu identifizieren sind (vgl. Huinink/Kreyenfeld/Trappe 2012).

Ein historischer Exkurs zeichnet diesen Wandel von Lebensformen und Familie abschließend nach.

Exkurs

Historischer Exkurs zum Wandel der Lebensformen

Zwei Phasen der Familienentwicklung

Die dominante Struktur und die Bedeutung der Familie für Individuum und Gesellschaft haben sich in Deutschland und in Europa im Laufe der Industrialisierung stark verändert. Im Allgemeinen geht man von zwei Veränderungsphasen aus.

Phase der bürgerliche Familie

Die erste begann in der Neuzeit und begleitete die Industrialisierung. Sie kam in Deutschland nach der Mitte des 20. Jahrhunderts zum Abschluss. An ihrem Ende stand für etwa zwei Jahrzehnte die Dominanz einer bestimmten Familienform, die als *bürgerliche Familie* bezeichnet wird und auch heute noch die Idealvorstellungen von Familie prägt. Diese Phase lässt sich knapp durch folgende Merkmale charakterisieren (Huinink/Konietzka 2007: 66 ff.):

- die *Trennung von Produktion und Familienhaushalt*: Diese Trennung gab es in der vormodernen Familie nicht. Die Folge war, dass der Mann nun außerhalb des Familienhaushalts erwerbstätig war, um die materielle Grundlage zur Reproduktion der Familie zu sichern;

- das *Prinzip gegenseitiger persönlicher Zuneigung und Liebe als Basis einer Partnerschaft*: Auch das war in der vorindustriellen Familie im Allgemeinen nicht so. Instrumentelle Interessen und Standesregeln dominierten die Kriterien der Partnerwahl;
- eine auf Dauer angelegte *eheliche Lebensgemeinschaft* mit Kindern: Die Ehe ist die wesentliche institutionelle Grundlage der Partnerschaftsbeziehung der Eltern;
- die Akzeptanz der *Kinder als Persönlichkeiten* mit individuellen Entwicklungspotenzialen und die *Entdeckung der Kindheit* als eigenständige Lebensphase: Dieses entspricht dem Trend, wonach die Individuen als Persönlichkeiten erst zu ihrem Recht kamen, nachdem sich die Familie als Produktionseinheit aufgelöst hatte. Vor der Zeit der Industrialisierung und auch in ihrer ersten Phase waren Kinder vor allem als (mithelfende) Arbeitskräfte interessant: Sie hatten einen materiellen Nutzen für ihre Eltern und garantierten ihnen die existentielle Sicherung im Alter;
- eine mit der Entdeckung der Kindheit einhergehende, *geschlechtsspezifische Rollenteilung* in der Paarbeziehung: Die Frau arbeitete als Hausfrau im Haushalt und der Mann als Arbeitskraft außerhalb des Haushalts;
- der Rückgang der durchschnittlichen *Kinderzahl auf eine Größenordnung etwas über dem Reproduktionsniveau*: Die Kinder verloren ihre vormalige Rolle als Arbeitskraft und als »Altersversicherung« für die Eltern. Sie verursachten nun zunehmend direkte und indirekte materielle Kosten. Ihre Bedeutung in psychologischer, emotionaler und sozial-normativer Hinsicht erhöhte sich dagegen. Zur Befriedigung dieser psychischen und sozial-normativ begründeten Bedürfnisse reichte eine begrenzte Kinderzahl.

Die »Hochzeit« der bürgerlichen Familie herrschte in Westdeutschland in den 1950er- und 1960er-Jahren. In Ostdeutschland konnte man seit den 1960er-Jahren wohl nur deshalb nicht mehr uneingeschränkt von einer Dominanz der bürgerlichen Familie sprechen, weil die klare geschlechtsspezifische Arbeitsteilung zwischen inner- und außerhäuslicher Arbeit wegen der Erwerbsarbeit der Frauen aufgehoben war. Alle anderen Kriterien waren aber weitgehend erfüllt; inklusive der anhaltenden innerfamiliären geschlechtsspezifischen Arbeitsteilung, die zu einer Mehrfachbelastung der Frauen führte.

Phase des Dominanzverlusts der bürgerlichen Familie

In den 1960er-Jahren setzte ein neuer Wandlungsschub in Bezug auf die Lebensformen in unserer Gesellschaft ein, die wir als zweite Veränderungsphase bezeichnen wollen. Das Modell der bürgerlichen Familie und seine institutionelle Basis verloren zunehmend an Relevanz, was nicht heißt, dass damit die Familie als solche ad acta gelegt worden wäre. Die Bedeutung von Partnerschaft und Elternschaft für die Menschen nahm sogar eher zu – allerdings kam es zu umfangreichen Veränderungen bei der inhaltlichen Ausgestaltung dieser Beziehungen.

Das Modell der bürgerlichen Familie ist mit einer Reihe klarer normativer Regeln verbunden, welche in Deutschland ab den 1970er-Jahren zunehmend hinterfragt wurden und an Relevanz verloren. Einen Teil dieser Wandlungsprozesse haben bereits die obigen empirischen Schaubilder gezeigt. Die wichtigsten Indizien für diese Veränderungen waren:

- Abkopplung von Sexualität und Ehe sowie die tendenzielle Abkopplung von Elternschaft und Ehe;
- Rückgang der Zahl der Eheschließungen;
- Zunahme der Zahl der Personen, die in nicht ehelichen Lebensgemeinschaften und in Einpersonenhaushalten leben;
- Destabilisierung von paarbezogenen Lebensgemeinschaften, Anstieg der Zahl der Ehescheidungen und Rückgang der Zahl der Wiederverheiratungen;
- fortschreitender Anstieg des Alters bei der Heirat und der Familiengründung;
- Rückgang der Kinderzahlen auf eine Größenordnung unter dem Reproduktionsniveau und Anstieg der Kinderlosigkeit;
- Rückgang der traditionellen Geschlechtsrollendifferenzierung. Dieser steht in Wechselwirkung mit einer fortschreitenden Egalisierung der Bildungs- und Erwerbschancen von Frauen und einer Zunahme ihrer Partizipationschancen im Arbeitsmarkt und in anderen Bereichen des öffentlichen Lebens.

Familie und Partnerschaft als erstrebenswerte Lebensziele

Doch auch heute noch sind partnerschaftliche und familiale Lebensformen *zentrale Lebensziele* für die überwiegende Mehrheit der Frauen und Männer in der Bevölkerung. Aus familiensoziologischer Sicht konstituieren Paarbeziehung, Ehe und Elternschaft einen sehr persönlichen, intimen Lebenszusammenhang, den man in anderen gesellschaftlichen Bereichen grundsätzlich so nicht herstellen kann (Huinink 1995, Kaufmann 1995). In ihnen kann sich, wie nirgendwo sonst, eine den anderen als »Gesamtperson« meinende und ernst nehmende, authentische, »dialogische« Interaktion und Kommunikation entfalten.

Empirische Untersuchungen belegen die Attraktivität partnerschaftlicher und familialer Lebensformen. Die Zahl derjenigen, die sich bewusst für Kinderlosigkeit entschieden haben, ist in beiden deutschen Staaten gering gewesen, auch wenn der Kinderwunsch niedriger ausfällt als in anderen europäischen Ländern (Peuckert 2012: 253 f., Stock u. a. 2012: 129). Die besondere Qualität der sozialen Beziehungen in Partnerschaft und Familie macht

Familie und Partnerschaft als »ärgerliche« Hindernisse

sie also auch heute noch zu erstrebenswerten Zielen. Zugleich aber stellen sie mögliche Hindernisse einer befriedigenden Lebensführung dar, in der berufliche Karriere und Freizeit eine immer wichtigere Rolle spielen. Die mit der engen und intimen Beziehung zu Partnern und besonders zu Kindern einhergehende starke soziale Bindung kann zu einem potenziellen »Ärgernis« werden, da sie Handlungsautonomie und Handlungsfreiheit einschränkt. Der sich damit auftuende Widerspruch ist prekär, da die Motivation zur Bindung in Ehe und Familie individualisiert ist und nicht (mehr) nach einer institutionellen oder religiös begründeten Absicherung verlangt oder ihrer bedarf. Andere, mit dem familialen Bereich konkurrierende, Lebensbereiche haben für immer größere Teile der Bevölkerung immer mehr an Bedeutung gewonnen. Die Möglichkeiten von Bildungs- und Erwerbsbeteiligung auch der Frauen stehen dabei an erster Stelle. Obwohl sich die Rahmenbedingungen ständig verbessern, sind Eltern immer noch mit schwerwiegenden Vereinbarkeitsproblemen konfrontiert. In diesem Zusammenhang sind die *folgenden Entwicklungen* zu nennen:

Zukünftige Entwicklungen und Probleme

- Männer *und* Frauen wollen das mittlerweile selbstverständliche Ziel einer vom Partner unabhängigen ökonomischen Basis ihrer Lebensführung nicht gefährden. Die damit einhergehende Parallelisierung der Lebensläufe von Frauen und Männern kollidiert mit den geschlechtsspezifisch immer noch unterschiedlichen Möglichkeiten der Lebenslaufplanung und dessen Organisation.
- Die Probleme der Vereinbarkeit von Familie und der Partizipation am öffentlichen gesellschaftlichen Leben, insbesondere die Probleme der Vereinbarkeit der Erwerbstätigkeit von Frauen, aber auch Männern mit der Kindererziehung sind immer noch groß. Ihre Lösung erweist sich immer noch als sehr kostspielig.
- Die Ansprüche an die Partnerschaft haben sich gleichzeitig vergrößert. Eine scheinbar paradoxe Folge ist, dass sowohl die Bereitschaft zu langfristigen Bindungen als auch die Stabilität von Partnerschaften abnimmt, da die (gestiegenen) Ansprüche an eine Partnerschaft – bzw. die Voraussetzungen für eine Familiengründung – immer schwieriger zu erfüllen sind.
- Die Offenheit des eigenen Lebenslaufs und des Lebenslaufs der möglichen Partner lässt eine frühzeitige Festlegung in einer Ehe oder Elternschaft nicht mehr sinnvoll bzw. unnötig risikoreich erscheinen. Zusätzlich wird die Einigung auf ein gemeinsames Zeitfenster für die Elternschaft erschwert. Das gilt umso mehr, als die Trennungs- bzw. Scheidungskosten hoch sind.
- Unsichere berufliche Perspektiven und steigende Ansprüche an die individuelle Lebensführung beeinträchtigen die Bereitschaft, die langfristige Verantwortung einer Elternschaft zu übernehmen.

- Aufgrund der weiter zunehmenden ökonomischen Unabhängigkeit der Partner voneinander werden familialen- oder partnerschaftliche Beziehungen instabiler, was wiederum den Zwang zur eigenständigen Absicherung der Lebensgrundlagen erhöht.

Elternschaft als Luxusgut

Die Situation von Ehe und Familie in unserer Gesellschaft weist also eine Reihe von Widersprüchen im Hinblick darauf auf, wie sie in der Bevölkerung wahrgenommen wird und gelebt werden kann. Die gestiegenen Ansprüche an Elternschaft tragen zu einer Steigerung der materiellen und immateriellen Kosten der Familie bei. Gleichzeitig steigen die Kosten der engen sozialen Bindung in Partnerschaft und Elternschaft, ohne die sich ihr Wert für die Menschen jedoch nicht voll entfalten könnte. Nimmt man die Kosten hinzu, die durch die private Lösung der Vereinbarkeitsprobleme entstehen, könnte sich die Familie in unserer Gesellschaft immer mehr als ein *Luxusgut* erweisen (Huinink 1995).

Lernkontrollfragen

1 Welche Veränderungen haben dazu geführt, dass das bürgerliche Familienideal zunehmend infrage gestellt wird?
2 Was sind die wichtigsten Trends des Wandels der Lebensformen im Deutschland der Nachkriegszeit?
3 In welchen größeren historischen Rahmen ist der aktuelle Wandel eingebettet?

Und zum Schluss als Recherchehinweis:
Verschaffen Sie sich mithilfe der Daten des Statistischen Bundesamtes und von Eurostat ein vollständigeres Bild über die Unterschiede der Bevölkerungsstruktur und Lebensformen in Deutschland und Europa!

Infoteil

Die Familienentwicklung und der Wandel der Lebensformen in Deutschland und Europa sind Gegenstand zahlreicher Überblicksbände. Einen umfassenden Einblick für Deutschland gibt Rüdiger Peuckert in seinem Buch über »Familienformen im sozialen Wandel«, dessen letzte Auflage im Jahr 2012 erschienen ist. Zu Europa sei noch einmal auf Steuerwald (2016) verwiesen.

Literatur

BAMF (2018): Das Bundesamt in Zahlen 2017. Asyl, Migration Integration, Nürnberg.

Beck, Grit (2004): Wandern gegen den Strom. West-Ost-Migration in Deutschland, in: Swiaczny, Frank/Haug, Sonja: Bevölkerungsgeographische Forschung zur Migration und Integration. Materialien zur Bevölkerungswissenschaft Heft 112, S. 95–111.

Bell, Martin/Muhidin, Salut (2009): Cross-National Comparisons of Internal Migration. Human Development Research Paper 2009/30, New York.

BiB (2008): Bevölkerung – Daten, Fakten, Trends zum demographischen Wandel in Deutschland, Wiesbaden.

BiB (2012): (Keine) Lust auf Kinder? Geburtenentwicklung in Deutschland, Wiesbaden.

BiB (2019): Go East: Erstmals mehr Umzüge von Westdeutschland in die ostdeutschen Flächenländer. Pressemitteilung vom 30.01.2019, Wiesbaden.

BMI (Hg.) (2007): Migrationsbericht 2006, Nürnberg.

Engstler, Heribert/Menning Sonja (2003): Die Familie im Spiegel der amtlichen Statistik. Lebensformen, Familienstrukturen, wirtschaftliche Situation der Familien und familiendemographische Entwicklung in Deutschland, Berlin: BMFSFJ.

Esenwein-Rothe, Ingeborg (1982): Einführung in die Demographie. Bevölkerungsstruktur und Bevölkerungsprozess aus Sicht der Statistik, Wiesbaden.

Eurostat (2019): eurostat. Your key to European Statistics. https://ec.europa.eu/eurostat/data/database, Stand 3.1.2019.

Höpflinger, François (1997): Bevölkerungssoziologie. Eine Einführung in bevölkerungssoziologische Ansätze und demographische Prozesse, München.

Geis, Wido/Orth, Anja Katrin (2017) Geschlechterverhältnisse und Geburten in den deutschen Regionen. IW-Report 33/2017l (hrsg. vom Institut der deutschen Wirtschaft), Köln.

Grünheid, Evelin (2011): Wandel des Heiratsverhaltens in Deutschland. Analysen mit Tafelberechnungen, BiB Working Paper 2/2011, Wiesbaden.

Hochgürtel, Tim (2017): Familiengründung und -erweiterung im Kohortenvergleich, in: Wirtschaft und Statistik, Heft 6/2017, S. 60–73.

Huinink, Johannes (1995): Warum noch Familie? Zur Attraktivität von Partnerschaft und Elternschaft in unserer Gesellschaft, Frankfurt/M.

Huinink, Johannes/Konietzka, Dirk (2003): Die De-Standardisierung einer Statuspassage? Zum Wandel des Auszugs aus dem Elternhaus und des Übergangs in das Erwachsenenalter in Westdeutschland, in: Soziale Welt, Jg. 54, Heft 3, S. 285–312.

Huinink, Johannes/Konietzka, Dirk (2007): Familiensoziologie. Ein Lehrbuch, Frankfurt/M.

Huinink, Johannes/Kreyenfeld, Michaela/Trappe, Heike (2012): Familie und Partnerschaft in Ost- und Westdeutschland. Eine Bilanz, in: dies. (Hg.): Familie und Partnerschaft in Ost- und Westdeutschland. Ähnlich und doch immer noch anders, Sonderheft 9 der Zeitschrift für Familienforschung, S. 9–28.

Kalter, Frank (2000): Theorien der Migration, in: Müller, Ulrich/Nauck, Bernhard/Diekmann, Andreas (Hg.): Handbuch der Demographie, 2 Bände, Berlin, S. 438–475.

Kaufmann, Franz-X. (1995): Zukunft der Familie im vereinten Deutschland, München.

Klein, Thomas (2016): Sozialstrukturanalyse. 2. Auflage Eine Einführung, Weinheim.

Kley, Stefanie (2016): »Räumliche Mobilität«.in: Niephaus, Yasemin/Kreyenfeld, Michaela/Sackmann, Reinhold (Hg.): Handbuch der Bevölkerungssoziologie, Wiesbaden. S. 481–500.

Mau, Steffen (1994): Der demographische Wandel in den neuen Bundesländern. Familiengründung nach der Wende: Aufschub oder Verzicht?, in: Zeitschrift für Familienforschung, Jg. 6, Heft 3, S. 197–220.

Mau, Steffen/Verwiebe, Roland (2009): Die Sozialstruktur Europas, Konstanz.

Melchior, Victoria/ Timmermann, Katharina/ Peter, Timo/ Preetz, Richard/ Selischew, Anastasia/ Buhr, Petra/Huinink, Johannes. (2018): Partnerschaftsverläufe, Kinderwunsch und Fertilitätstrends in Deutschland. Ergebnisse aus dem deutschen Beziehungs- und Familienpanel pairfam, Universität Bremen.

Müller, Ulrich (2000): Die Maßzahlen der Bevölkerungsstatistik, in: Müller, Ulrich/Nauck, Bernhard/ Diekmann, Andreas (Hg.): Handbuch der Demographie, 2 Bände, Berlin, S. 1–91.

Müller, Ulrich/Nauck, Bernhard/Diekmann, Andreas (Hg.) (2000): Handbuch der Demographie, 2 Bände, Berlin.

Nave-Herz, Rosemarie (2004): Ehe- und Familiensoziologie – Eine Einführung in Geschichte, theoretische Ansätze und empirische Befunde, München.

Niemeyer, Frank/Volt Hermann (1995): Lebensformen der Bevölkerung 1993, in: Wirtschaft und Statistik, Heft 6/1995, S. 437–445.

Niephaus, Yasemin/Kreyenfeld, Michaela/Sackmann, Reinhold (Hg.) (2016): Handbuch der Bevölkerungssoziologie, Wiesbaden.

Peuckert, Rüdiger (2012): Familienformen im sozialen Wandel, 8. Aufl., Wiesbaden.

Preston, Samuel H./Heuveline, Patrick/Guillot, Michel (2001): Demography: Measuring and Modeling Population Processes, London.

Statistische Ämter des Bundes und der Länder (Hg.) (2015): 25 Jahre Deutsche Einheit, Wiesbaden.

Statistisches Bundesamt (Hg.) (2012): Geburten in Deutschland, Ausgabe 2012, Wiesbaden.

Statistisches Bundesamt (Hg.) (2016a): Bevölkerung und Erwerbstätigkeit. Wanderungen. Fachserie 1, Reihe 1.2, Wiesbaden.

Statistisches Bundesamt (Hg.) (2016b): Bevölkerung und Erwerbstätigkeit. Bevölkerungsfortschreibung auf Grundlage des Zensus 2011. Fachserie 1, Reihe 1.3, Wiesbaden.

Statistisches Bundesamt (Hg.) (2017a): Kinderlosigkeit, Geburten und Familien – Ergebnisse des Mikrozensus 2016. Ausgabe 2017, Wiesbaden.

Statistisches Bundesamt (Hg.) (2017b): Bevölkerung und Erwerbstätigkeit. Natürliche Bevölkerungsbewegung 2015. Fachserie 1, Reihe 1.1, Wiesbaden.

Statistisches Bundesamt (Hg.) (2018a): Statistisches Jahrbuch 2018, Wiesbaden.

Statistisches Bundesamt (Hg.) (2018b): Bevölkerung und Erwerbstätigkeit – Bevölkerung mit Migrationshintergrund. Ergebnisse des Mikrozensus 2017, Fachserie 1, Reihe 2.2, Wiesbaden.

Statistisches Bundesamt (Hg.) (2018c): Sterbetafel 2015/2017. Methoden- und Ergebnisbericht zur laufenden Berechnung von Periodensterbetafeln für Deutschland und die Bundesländer Wiesbaden.

Statistisches Bundesamt (Hg.) (2018d): Bevölkerung und Erwerbstätigkeit – Haushalte und Familien. Ergebnisse des Mikrozensus 2017, Fachserie 1, Reihe 3, Wiesbaden.

Statistisches Bundesamt (Hg.) (2018e): Bevölkerung und Erwerbstätigkeit – Statistik der rechtskräftigen Beschlüsse in Eheauflösungssachen (Scheidungsstatistik) und Statistik der Aufhebung von Lebenspartnerschaften, Fachserie 1, Reihe 1.4, Wiesbaden.

Statistisches Bundesamt (2019a): GENESIS-Online Datenbank. https://www-genesis.destatis.de/genesis/online, Stand 4.1.2019.

Statistisches Bundesamt (2019b): Regionaldatenbank. https://www.regionalstatistik.de/genesis/online/data, Stand 4.1.2019.

Steuerwald, Christian (2016): Die Sozialstruktur Deutschlands im internationalen Vergleich, Wiesbaden.

Stock, Günter u. a. (Hg.) (2012): Zukunft mit Kindern. Fertilität und gesellschaftliche Entwicklung in Deutschland, Österreich und der Schweiz, Frankfurt/M.

UN (2017): World Population Prospects: The 2017 Revision, Key Findings and Advance Tables. United Nations Department of Economic and Social Affairs, Population Division ESA/P/WP/248.

World Bank (2019): Sex ratio at birth (male births per female births) https://data.worldbank.org, Stand 4.1.2019.

Zapf, Wolfgang/Breuer, Sigrid/Hampel, Jürgen (1987): Individualisierung und Sicherheit, München.

5 | Soziale Ungleichheit

Inhalt

Dieses Kapitel beschäftigt sich mit der sozialen Ungleichheit in unserer Gesellschaft und damit, wie sie sich in der sozialen Beziehungs- und Verteilungsstruktur niederschlägt (→ Kapitel 2.2). Wir erläutern, was unter sozialer Ungleichheit zu verstehen ist, in welcher Form sie sich äußert und wie sie gemessen wird. Außerdem untersuchen wir ihre Ursachen und präsentieren theoretische Erklärungsansätze. Schließlich gehen wir darauf ein, wie stabil Statuspositionen im Lebenslauf sind und in welchem Umfang sie von einer zur nächsten Generationen »vererbt« werden.

5.1 | Der Begriff der sozialen Ungleichheit

Formale Definition sozialer Ungleichheit

Wir können von *sozialer Ungleichheit* in einer Gesellschaft sprechen, wenn Gruppen von Mitgliedern dieser Gesellschaft in Bezug auf ein oder mehrere *Ungleichheitsmerkmale* verschieden sind (→ Kapitel 2.2). Beispiele für Ungleichheitsmerkmale sind der Bildungsabschluss, das Einkommen oder das soziale Prestige, das man in einer Gesellschaft genießt. Die sozialstrukturelle Position bezüglich eines Ungleichheitsmerkmals haben wir als *Status* eines Individuums, bezogen auf das Merkmal bezeichnet. Wir sagen also, Individuen haben einen unterschiedlichen Bildungs- oder Einkommensstatus.

Statt vom Status kann man bei vielen Merkmalen auch von Niveau sprechen (z. B. Bildungsniveau).

Diese eher formale Definition sozialer Ungleichheit ist zwar einfach, erweist sich inhaltlich aber nicht als hinreichend spezifisch:

Defizite der formalen Definition

1. Es ist unklar, ob alle denkbaren Ungleichheitsmerkmale auch tatsächlich für soziale Ungleichheit in einer Gesellschaft bedeutsam oder charakteristisch sind. Insbesondere wird nichts darüber ausgesagt, anhand welcher Kriterien entschieden werden kann, ob ein bestimmtes Merkmal für soziale Ungleichheit relevant ist. Einkommensungleichheit als solche wäre zum Beispiel in einer Gesellschaft völlig belanglos, in der alles kostenlos zu haben ist. Die soziale Bedeutung von Statusdifferenzen bezüglich ungleichheitsrelevanter Merkmale wird also nicht genügend berücksichtigt.
2. Zweitens bleibt in dieser Definition offen, wie dauerhaft in einer Gesellschaft zu beobachtende Ungleichheitsphänomene sind. Sporadische oder nur vorübergehende Ungleichheiten interessieren weniger, denn es geht in der Sozialstrukturforschung um die Beschreibung und Erklärung gesellschaftlicher Ungleichheitsverhältnisse als soziologische Tatbestände, denen eine theoretisch begründete Stabilität und Systematik anhaftet.

In der Literatur werden daher soziologisch begründete Zusatzkriterien genannt, wenn man den Begriff der sozialen Ungleichheit definiert.

Einen interessanten Vorschlag zu einer Definition sozialer Ungleichheit macht der deutsche Sozialstrukturforscher Reinhard Kreckel (1997: 15 ff.). Er unterscheidet soziale Ungleichheit einerseits von bloß physisch bedingter Verschiedenartigkeit der Menschen (z. B. in Bezug auf Geschlecht oder die Haarfarbe) und andererseits von sozialer Differenzierung. Letztere versteht er, wie in der Soziologie üblich, als Ausdruck einer sozial verankerten Verschiedenartigkeit der Menschen, die sich aus der beruflichen Arbeitsteilung, aus kulturellen, religiösen, parteipolitischen, regionalen oder nationalen Unterschieden ergibt. Diese Vorgehensweise entspricht unserer formalen Unterscheidung zwischen Klassifikations- und Ungleichheitsmerkmalen (→ Kapitel 2.2). Kreckel bestimmt dann einen Begriff der sozialen Ungleichheit im weiteren Sinne:

Inhaltliche Definition von Kreckel

»*Soziale Ungleichheit im weiteren Sinne liegt überall dort vor, wo die Möglichkeiten des Zugangs zu allgemein verfügbaren und erstrebenswerten sozialen Gütern und/oder zu sozialen Positionen, die mit unterschiedlichen Macht- und/oder Interaktionsmöglichkeiten ausgestattet sind, dauerhafte Einschränkungen erfahren und dadurch die Lebenschancen der betroffenen Individuen, Gruppen und Gesellschaften beeinträchtigt bzw. begünstigt werden*« (Kreckel 1997: 17).

Soziale Ungleichheit wird also allgemein als der Ausdruck strukturell angelegter Unterschiede in den Möglichkeiten von Akteuren verstanden, Zugang zu erstrebenswerten Gütern und sozialen Positionen zu erhalten. Diese Unterschiede können durch die Zugehörigkeit der Akteure zu verschiedenen sozialstrukturellen Gruppen bedingt sein. Kreckel zählt dazu klassische Ungleichheitsmerkmale, wie Macht, Bildung und Einkommen und spricht diesbezüglich von »vertikaler Ungleichheit« bzw. »sozialer Ungleichheit im engeren Sinne«. Gleichzeitig aber und im gewissen Widerspruch zu seiner oben skizzierten Abgrenzung berücksichtigt er auch Klassifikationsmerkmale wie das eben erwähnte Geschlecht, die Nationalität, die Wohnregion oder die Zugehörigkeit zu armen oder reichen, mächtigen oder ohnmächtigen Ländern. Er spricht in diesem Zusammenhang von »neuen, nicht vertikalen Ungleichheiten«. In der Literatur findet man auch den Begriff der »horizontalen Ungleichheit« (Hradil 1987).

Ein so breites Verständnis sozialer Ungleichheit ist problematisch. Es vermischt Ungleichheits- und Klassifikationsmerkmale miteinander, die für die Analyse sozialer Ungleichheit eine unterschiedliche theoretische Bedeutung haben. Wir halten es für zweckmäßiger, den Begriff der sozialen Ungleichheit enger zu fassen. Er soll sich ausschließlich auf Ungleichheitsmerkmale beziehen, die ein Mehr oder Weniger von etwas messen, das gebraucht wird, um erstrebenswerte Güter oder soziale Positionen in einer Gesellschaft zu erreichen. Wir werden diese Merkmale als die *Dimensionen sozialer Ungleichheit* einführen (→ Kapitel 5.2). Soziale Ungleichheit ist danach für uns immer vertikale Ungleichheit, um mit Kreckels Begriff zu sprechen.

Dimensionen sozialer Ungleichheit

Wir leugnen damit nicht, dass Klassifikationsmerkmale wie das Geschlecht, die Nationalität oder die Wohnregion für Strukturen sozialer Ungleichheit in hohem Maße relevant sind. Sie selbst drücken jedoch für sich betrachtet noch keine Ungleichheit aus: Männer sind nicht »mehr« (in welchem Sinne?) als Frauen oder umgekehrt. Allerdings beeinflussen Merkmale dieser Art die Möglichkeiten, bestimmte Statuspositionen in Bezug auf Ungleichheitsmerkmale, wie Bildung oder Einkommen, zu erreichen. Sie sind aber immer nur als *Ursachen* und nicht als Ausdruck sozialer Ungleichheit anzusehen. Wir werden sie als *Determinanten sozialer Ungleichheit* (→ Kapitel 5.3) bezeichnen. Die Differenzierung zwischen Merkmalen, die Ungleichheit ausdrücken (Dimension sozialer Ungleichheit), und solchen, die sie (mit-)verursachen (Determinanten sozialer Ungleichheit), ist wichtig. Soziale Ungleichheit im engeren Sinne wird nach unserer Sichtweise ausschließlich durch die Dimensionen sozialer Ungleichheit bestimmt. Wir folgen daher dem in der jüngeren Sozialstrukturforschung zwar durchaus üblichen, aus unserer Sicht jedoch wenig schlüssigen Ansatz eines sehr weiten Begriffs von (vertikaler und horizontaler) sozialer Ungleichheit nicht.

Determinanten sozialer Ungleichheit

Soziale Ungleichheit und allgemein anerkannte Lebensziele

5.1.1

Man könnte der oben zitierten Definition eine schwache wertende Färbung vorwerfen, da von Begünstigung bzw. Benachteiligung von Akteuren und Bevölkerungsgruppen gesprochen wird, aber Kriterien dafür, was als Begünstigung oder Benachteiligung zu gelten hat, allenfalls indirekt angedeutet werden. So ist von »den Möglichkeiten des Zugangs zu allgemein verfügbaren und erstrebenswerten sozialen Gütern und/oder zu sozialen Positionen« die Rede. Wir folgen deshalb einem Definitionsvorschlag sozialer Ungleichheit, der diesen Aspekt noch expliziter und theoretisch begründeter aufgreift. Recht klar in dieser Hinsicht ist eine Definition sozialer Ungleichheit, die der deutsche Sozialstrukturforscher Stefan Hradil vorgelegt hat. Nach Hradil sind unter sozialer Ungleichheit »gesellschaftlich hervorgebrachte und relativ dauerhafte Lebens- und Handlungsbedingungen zu verstehen, die bestimmten Gesellschaftsmitgliedern die Befriedigung allgemein akzeptierter Lebensziele besser als anderen erlauben« (Hradil 1987: 144).

Definition

Soziale Ungleichheit
Gesellschaftlich bedingte, strukturell verankerte Ungleichheit der Lebens- und Handlungsbedingungen von Menschen, die ihnen in unterschiedlichem Ausmaß erlauben, in der Gesellschaft allgemein anerkannte Lebensziele zu verwirklichen.

Mit dem Verweis auf die allgemein akzeptierten oder, wie wir in der obigen Definitionsvariante formulieren, allgemein anerkannten Lebensziele will Hradil eine subjektivistische wie eine rein objektivistische Definition von Lebenszielen oder Begehrtem vermeiden. Die subjektivistische Variante höbe allein auf die persönlichen Ziele der Lebensplanung und -gestaltung einzelner Akteure ab. Die objektivistische Variante ließe nur allgemein geltende, abstrakte Lebensziele oder Zielhierarchien für alle Menschen zu. In »gesellschaftlich hervorgebrachten und relativ dauerhaften Lebens- und Handlungsbedingungen« äußert sich die Relevanz von Ungleichheitsmerkmalen, die es für eine bestimmte Gesellschaft im Einzelnen zu begründen gilt. Bevor wir das inhaltlich konkreter ausfüllen, wollen wir zunächst die vorgeschlagene Definition sozialer Ungleichheit theoretisch stärker untermauern.

Der Begriff der allgemein anerkannten Lebensziele erfährt in Essers Konzept der institutionellen Struktur einer Gesellschaft unter Bezug auf Robert

K. Merton eine umfassendere Rechtfertigung (Esser 1993: 438; Merton 1995; → Kapitel 2). Wir skizzieren nur die wichtigsten Argumentationsschritte dieses Ansatzes: Esser geht von der Existenz *allgemeiner menschlicher Grundbedürfnisse* aus und nennt unter Bezug auf den schottischen Moralphilosophen und Mitbegründer der Soziologie Adam Smith (1723–1790) das physisch-psychische Wohlbefinden und die soziale Anerkennung. Allem Handeln liegt letztlich die Befriedigung dieser Bedürfnisse zugrunde. Sie steht als Motivationsbasis hinter allem Streben der Akteure in einer Gesellschaft.

Allgemeine Grundbedürfnisse

Diese Grundbedürfnisse sind aber nicht unmittelbar zu befriedigen. Die Menschen müssen dafür geeignete Lebensbedingungen finden oder herstellen und über die notwendigen Mittel und Ressourcen verfügen. Geeignete Lebensbedingungen und Ressourcen stellen daher selbst Ziele des menschlichen Strebens dar. Man kann sie auch als Zwischenziele verstehen, deren Verwirklichung die Befriedigung der Grundbedürfnisse ermöglicht bzw. fördert. Ein solches (Zwischen-)Ziel ist etwa, einen bestimmten materiellen Lebensstandard zu realisieren, der vor allem dem physischen Wohlbefinden dienlich, oft aber auch der sozialen Anerkennung förderlich ist. Materiellem Wohlstand wird in unserer Gesellschaft ein hoher Wert zugemessen, auch wenn er nicht an erster Stelle rangiert. Laut Umfragen, wie dem Sozio-ökonomischen Panel, zählen in Deutschland Gesundheit, eine glückliche Partnerschaft sowie für andere da zu sein, zu den mit Abstand wichtigsten Zielen im Leben (Statistisches Bundesamt 2006: 454).

Zwischenziele

Wie der Bhutan National Development Report des Jahres 2005 zeigt, gibt es Länder, die explizit andere Ziele zur Maxime individuellen Handelns proklamieren und gar zum Staatsziel machen (vgl. den Exkurs).

Exkurs

Exkurs: Gross National Happiness (GNH)

Aus dem Bhutan National Development Report 2005 (Royal Government of Bhutan 2005):

- »GNH is being pursued through the four broad platforms of sustainable and equitable socioeconomic development; conservation of environment; preservation and promotion of culture; and enhancement of good governance.« (S. 15).
- »Whether the ultimate objective is GNH or human development, however, the practical strategic focus is on creating an enabling environment for a flourishing of human potential at its fullest. These enabling conditions basically share the same space. At the same time, more detailed elaboration and further exploration of the conceptual framework, substantive content and intellectual structures of GNH would greatly help in the development of practical guidelines for policy creation, implementa-

tion and evaluation to achieve the overall goal. Questions that were once asked about human development are being posed to GNH as it gains increased attention around the world and generates lively debate in the country. Is GNH operational, and can it be operationalised? Does it lend itself to measurement? Can it be planned for and monitored? Can specific policies and programmes be implemented to achieve it?« (S. 18)

- »Gross National Happiness is more important than Gross National Product. The ultimate purpose of government is to promote the happiness of its people« (His Majesty the King, Jigme Singye Wangchuch) (S. 4).

Die Regierung von Bhutan sieht sich mit diesem Konzept in der Tradition des »Human-Development«-Ansatzes, der auf das *capability*-Modell des indischen Ökonomen und Nobelpreisträgers Amartya Sen zurückgeht und ein vieldimensionales Verständnis von Entwicklung vertritt, das über den wirtschaftlichen Aspekt weit hinausgeht (Sen 1999).

Kulturelle Ziele

Es gibt also von Gesellschaft zu Gesellschaft oder auch innerhalb einer solchen in verschiedenen historischen Phasen unterschiedliche Vorstellungen darüber, welche (Zwischen-)Ziele zur mittelbaren Befriedigung der Grundbedürfnisse angestrebt werden sollen (vgl. Übersicht 5.1). Der amerikanische Soziologe Robert K. Merton spricht in diesem Zusammenhang von den *kulturellen Zielen* (1995: 128). Es hängt also von den gesellschaftlichen Verhältnissen ab, was konkret als anerkannt und erstrebenswert gilt, wobei die dahinter stehenden Grundbedürfnisse als allgemeingültig angesehen werden. Da in einer Gesellschaft über den Kanon der kulturellen Ziele weitgehende Einigkeit herrscht und sie als legitim anerkannt sind, beruhen sie aber nicht auf rein subjektiven Einzelauffassungen.

Legitime oder institutionalisierte Mittel

Das Gleiche gilt für die Frage, wie, d.h. mit welchen Mitteln, kulturelle Ziele angestrebt und erreicht werden können (Merton 1995: 128). Generell dürften Güter, Leistungen und Handlungsweisen, die der Realisierung kultureller Ziele dienen, als erstrebenswert und als etwas, wofür es sich einzusetzen lohnt, betrachtet werden. Wenn diese Mittel nicht unmittelbar verfügbar sind, wird man sie gewinnen wollen. Kulturelle Ziele könnten dann als Zwischenziele erster Ordnung verstanden werden, die die Befriedigung der Grundbedürfnisse befördern. Ein legitimes Mittel, mit dem sich ein kulturelles Ziel erreichen lässt, zu erlangen oder zu verbessern, wäre entsprechend ein Zwischenziel zweiter Ordnung, dem wiederum dafür dienliche Zwischenziele dritter und weiterer Ordnung nachgeordnet sein könnten. Beispielsweise lässt sich das kulturelle Ziel »materieller Wohlstand« (Zwischenziel erster Ordnung) mittels eines hohen Einkommens (Zwischenziel zweiter Ordnung) erreichen. Dafür muss man in einem gut bezahlten Job arbeiten (Zwischenziel dritter Ordnung), für den eine hochqualifizierte Ausbildung (Zwischenziel vierter Ordnung) erforderlich ist.

Welche Mittel und Verfahren sind aber legitim? Die Antwort auf diese Frage ist ebenfalls von Gesellschaft zu Gesellschaft und von Epoche zu Epoche verschieden. Geld ist heute als legitimes Mittel der Lebensführung fast universell institutionalisiert. Was jedoch legitime und was illegitime Wege sind, an Geld zu gelangen (siehe Übersicht 5.1), dies wurde und wird unterschiedlich gesehen. Man denke an die Möglichkeit, Glücksspiele zu betreiben. Ein anderes Beispiel: Es war in der DDR ein legitimes und probates, ja bisweilen unverzichtbares Vorgehen, durch Parteizugehörigkeit und Systemloyalität seine Chancen für eine bestimmte berufliche Position zu steigern (Solga 1995: 197 f.). Nach der Wende hat diese Strategie hingegen stark an Relevanz verloren. Die Förderung der individuellen Karriere durch politische Gefälligkeit wird in der Öffentlichkeit sogar eher als illegitimes Mittel beruflichen Fortkommens betrachtet, auch wenn es in der Realität natürlich in der Bundesrepublik ebenfalls nicht bedeutungslos ist.

Übersicht 5.1

Kulturelle Ziele und institutionalisierte Mittel

- *Kulturelle Ziele einer Gesellschaft* sind Objekte, Ressourcen und Zustände, die für *alle* Mitglieder einer Gesellschaft von hohem Wert sind. Dazu gehören etwa wirtschaftlicher Wohlstand oder eine gute Gesundheit.
- *Institutionalisierte Mittel* sind erlaubte Ressourcen zur legitimen Erlangung der kulturellen Ziele. Auf legitime Weise kann man Wohlstand durch selbstständige bzw. nicht selbstständige Arbeit, Börsenspekulation oder auch die Teilnahme an einer Lotterie erlangen, nicht jedoch durch einen Banküberfall.

»Die Definition der *kulturellen Ziele* legt die *Interessen* der Menschen fest: Sie gibt an, was alle Menschen in einer Gesellschaft tun *müssen*, um an soziale Anerkennung und physisches Wohlbefinden zu gelangen. Die Art der *Institutionalisierung der Mittel* regelt die Verteilung der erlaubten und unerlaubten Ressourcen zur Erlangung dieser Ziele und damit: die Verteilung unterschiedlicher Grade von *Kontrolle* über die Mittel, die nötig sind, um an die kulturellen Ziele heranzukommen.« (Esser 1993: 440)

Akteursspezifische Interessenstruktur

Die kulturellen Ziele und mehr noch die Zwischenziele zweiter und folgender Ordnung, die Akteure für sich als erstrebenswert ansehen, und die Wege, auf denen sie versuchen, die Grundbedürfnisse zu befriedigen, sind durchaus unterschiedlich. Sie hängen von den jeweils bereits erreichten sozialen und sozialstrukturellen Positionen der Akteure ab. Ein Unternehmer etwa verfolgt das Ziel, einen möglichst hohen Profit mit seiner Firma zu erzielen, während seine Mitarbeiter eine möglichst hohe Entlohnung erreichen oder eine befriedigende Arbeit ausüben wollen. Ein Sportler wird an allem interessiert sein, was seinem sportlichen Erfolg dient, der ihm soziale Anerkennung verschafft. Diese Unterschiede in den konkreten Zwischenzielen von Akteuren in verschiedenen sozialen bzw. sozialstrukturellen Positionen drücken sich nach Esser in einer mehr oder weniger heterogenen *Interessenstruktur* in einer Gesellschaft aus (Esser 1993: 441 f.). Menschen verfolgen unterschiedliche Interessen im Hinblick auf mögliche anerkannte Lebensziele, um durch sie ihre Wohlfahrtsbedürfnisse zu befriedigen.

Die prinzipielle Knappheit verfügbarer Ressourcen verlangt eine Regulierung der Formen der Zielverfolgung und der Wahl der Mittel. Damit geht einher, dass Menschen in einer Gesellschaft ein unterschiedliches Ausmaß an Kontrolle über legitime Mittel zur Verfolgung ihrer Ziele besitzen bzw. erreichen können – nicht nur die Interessen, auch die Mittel, sie zu realisieren, variieren akteursspezifisch. Sowohl der Unternehmer wie auch seine Angestellten haben das Ziel, viel Geld zu verdienen, aber der Unternehmer ist in einer Position, die es ihm erlaubt, bei hinreichendem Geschick und Durchsetzungsvermögen größere Mengen davon in seinen Besitz zu bringen als seine Angestellten. Mehr noch: Er hat Macht und Kontrolle darüber, was seine Mitarbeiter verdienen, und kann – zumindest bis zu einem gewissen Grad – seinen Gewinn auf ihre Kosten steigern. Esser spricht daher von einer gesellschaftlichen *Kontrollstruktur*, die beinhaltet, über welche Mittel Akteure in welchen sozialstrukturellen Positionen in einer Gesellschaft verfügen (Esser 1993: 441).

Gesellschaftliche Kontrollstruktur

Die in Hradils Definition genannten »allgemein akzeptierten Lebensziele« verweisen auf die »kulturellen Ziele« von Merton. Sie werden auf der einen Seite auf allgemeine menschliche Bedürfnisse zurückgeführt, sind andererseits historisch und gesellschaftlich spezifisch ausgeprägt. Soziale Ungleichheit verweist dann darauf, wo man sich innerhalb der Interessen- und Kontrollstruktur einer Gesellschaft befindet. Davon ist abhängig, wie viel Kontrolle man über den Einsatz von legitimen Mitteln bei der Verfolgung allgemein anerkannter Lebens- oder Wohlfahrtsziele hat. Die dafür notwendigen institutionalisierten Mittel verweisen auf die *Dimensionen sozialer Ungleichheit* und auf die mehr oder minder vorteilhaften Handlungs- und Lebensbedingungen der Mitglieder einer Gesellschaft. Sie werden durch bestimmte Ungleichheitsmerkmale repräsentiert.

Kontrollstruktur und soziale Ungleichheit

5.1.2 Soziale Ungleichheit und Lebenslage

Nach diesen Vorüberlegungen können wir ein genaueres Verständnis davon entwickeln, welche Ziele in einer Gesellschaft als allgemein akzeptiert und erstrebenswert gelten und mit welchen Mitteln sie zu erreichen sind. So sind Wohlstand und soziale Sicherheit in unseren modernen Wohlfahrtsstaaten nach wie vor Ziele von hohem Wert. Sie erlauben, unser Bedürfnis nach Komfort und physischem Wohlbefinden zu befriedigen. Legitime Mittel, diese Ziele zu erreichen, sind eine Schul- und Berufsausbildung als Qualifikation, und Einkommenserwerb in abhängiger Beschäftigung oder Selbstständigkeit.

Aber auch befriedigende soziale Beziehungen in Paargemeinschaften, Familien und Freundschaftsnetzwerken sind zentrale gesellschaftlich geteilte Lebensziele. Sie verschaffen Individuen persönliche Anerkennung, die für ihre Entwicklung wichtig ist und wiederum gewährleistet, dass sie sich unter den Bedingungen einer fortgeschrittenen industriellen Gesellschaft in ihrem Streben nach Wohlfahrt behaupten können (Huinink 1995).

Lebenslage und sozialer Status

Hradil fasst die »Gesamtheit ungleicher Lebensbedingungen eines Menschen, die durch das Zusammenwirken von Vor- und Nachteilen in unterschiedlichen Dimensionen sozialer Ungleichheit zustande kommen«, mit dem Begriff der Lebenslage zusammen (Hradil 2001: 44). Auch dem wollen wir folgen. In unserer Terminologie ist die Lebenslage durch den Teil des sozialstrukturellen Profils von Individuen charakterisiert, der die gesellschaftlich relevanten Ungleichheitsmerkmale (Dimensionen sozialer Ungleichheit) von Akteuren umfasst. Anders ausgedrückt: Die Lebenslage eines Menschen ist durch die Art und die Menge der legitimen Mittel, über die er bei der Verfolgung kultureller Ziele verfügt, bestimmt. Alternativ sprechen wir auch vom *sozialen Status* der Individuen.

Definition

Lebenslage
Gesamtheit der Handlungs- und Lebensbedingungen, die es den Menschen mehr oder weniger gut erlauben, allgemein anerkannte Lebensziele zu verwirklichen (sozialstrukturelles Profil bezogen auf Dimensionen sozialer Ungleichheit). Diese Bedingungen können kulturell bzw. gesellschaftsspezifisch variieren.

Der Lebenslagenbegriff hat eine lange Geschichte. Er wurde von dem österreichischen Philosophen und Ökonomen Otto Neurath (1882–1945) eingeführt, der über aussagekräftige, quantitative Indikatoren möglichst präzise die Lebenssituation und das Versorgungsniveau von Individuen erfassen wollte. In der weiteren Diskussion um den Begriff verstärkte sich die inhaltliche Fokussierung auf den Aspekt des vorhanden Spielraums, »den die äußeren Umstände dem Menschen für die Erfüllung der Grundanliegen bieten, die er bei unbehinderter und gründlicher Selbstbesinnung als bestimmend für den Sinn seines Lebens ansieht«, wie es Gerhard Weißer 1957 formuliert hat (zitiert nach Leßmann 2006: 33).

Hier kann man einen Bezug zum *capability*-Ansatz von Amartya Sen herstellen (vgl. den Exkurs weiter oben). Die Sozialforscherin Ortrud Leßmann sieht eine enge Beziehung zwischen dem Begriff der Lebenslage und Sens Konzept der *capability sets* oder der *Verwirklichungschancen* (Leßmann 2006). In den Worten des indischen Ökonomen und Nobelpreisträgers Armatya Sen selbst:

Lebenslage und die capability sets von Sen

> *»Attention is thus paid particularly to the expansion of the ›capabilities‹ of persons to lead the kind of lives they value – and have reason to value«* (Sen 1999: 18.)

Diesen Zusammenhang haben auch die Verfasser des fünften Armuts- und Reichtumsbericht der Bundesregierung mit dem Titel *Lebenslage der Menschen in Deutschland* erfasst (BMAS 2017: IV; vgl. auch BMAS 2005, Volkert 2005). Sie schlagen ein breites Konzept zur Analyse der Privilegierung und Deprivation von Menschen in der Bundesrepublik vor, das sich nicht allein auf die finanzielle Dimension beschränkt, sondern weitere Dimensionen der Lebenslage, welche die Verwirklichungschancen von Lebenszielen beeinflussen, einbezieht. Die folgenden Dimensionen der Lebenslage werden behandelt:

Armuts- und Reichtumsbericht

- Erwerbstätigkeit und Arbeitslosigkeit (insbesondere Langzeitarbeitslosigkeit),
- Einkommen, Vermögen, Überschuldung, Armutsrisiken und Bezug von Leistungen aus dem Mindestsicherungssystem,
- Bildung,
- Versorgung mit Wohnraum und Wohnsituation,
- gesundheitliche Situation und Pflegebedürftigkeit,
- politische und gesellschaftliche Partizipation.

Der deutsche Sozialstruktur- und Armutsforscher Wolfgang Voges fasst den »übereinstimmenden Kern« unterschiedlicher Lebenslagenkonzepte in der Literatur in den folgenden vier Punkten zusammen:

> *»a) Lebenslagenansätze sind bezogen auf die verschiedenen strukturellen Ebenen der Gesellschaft als Mehrebenenmodelle angelegt. b) Entgegen rein ökonomischen Ansätzen erheben sie den Anspruch der Multidimensionalität. c) Lebenslagen stehen damit auch quer zu den Auseinandersetzungen um objektive versus subjektive oder materielle versus immaterielle Dimensionen von Unter- oder Überversorgung. d) Schließlich können Lebenslagen nicht einfach in Ursache-Wirkungs-Relationen beschrieben werden. Vielmehr sind Lebenslagen sowohl die Ursache eines bestimmten Ausmaßes an gesellschaftlicher Teilhabe, als auch die Wirkung [...]«* (Voges 2002: 263).

Anders als Voges, der auch *subjektive* Dimensionen wie Bewertungen und Zufriedenheiten in den Lebenslagenbegriff einbezieht, fassen wir darunter nur die *objektiven* Aspekte der Lebens- und Handlungsbedingungen, die durch den Status der Individuen in den Dimensionen sozialer Ungleichheit bestimmt sind, die wir in Kapitel 5.2 im Einzelnen einführen. Die subjektive Dimension wird häufig in anderer Weise berücksichtigt. Darauf gehen wir später noch ein (→ Kapitel 5.4).

Der Begriff der *Lebenslage* bezeichnet also die Gesamtheit der ungleichen Handlungs- und Lebensbedingungen, die sich in den Dimensionen sozialer Ungleichheit manifestieren (sozialer Status). Hradil schlägt vor, mit dem Begriff der *sozialen Lage* zusätzlich auf die Determinanten sozialer Ungleichheit zu verweisen, die für das individuelle Ausmaß sozialer Ungleichheit ursächlich verantwortlich sind (vgl. Hradil 2001: 43; → Kapitel 5.3).

Soziale Lage

Die beiden Begriffe werden allerdings von unterschiedlichen Autoren verschieden definiert. So greift Schwenk (1999) in seiner Systematik über »typische« soziale Lagen in der Bundesrepublik Deutschland hauptsächlich auf Dimensionen sozialer Ungleichheit zurück – also auf Merkmale, die eigentlich der Lebenslage zugerechnet werden. Um eine eindeutige Differenzierung zwischen den Begriffen der Lebenslage und der sozialen Lage zu gewinnen, schlagen wir vor, mit dem Begriff der sozialen Lage die *Gesamtheit der Dimensionen und Determinanten sozialer Ungleichheit* zu bezeichnen. Die Lebenslage – als allein auf die Dimensionen sozialer Ungleichheit bezogener Begriff – ist demnach ein Teilaspekt der sozialen Lage.

Definition

Soziale Lage
Sozialstrukturelles Profil eines Individuums bezogen auf die sozialstrukturellen Merkmale der Lebenslage (z. B. Bildung, Einkommen, Macht und Prestige) und die Faktoren, welche die Lebenslage determinieren (z. B. Beruf, Geschlecht oder Nationalität).

Im Sinne dieser Terminologie könnte man den Lagenbegriff weiter differenzieren, indem man damit typische Konstellationen sozialstruktureller Profile von Personen oder Personengruppen bezeichnet, die für die Erklärung und Beschreibung ihrer Chancen, allgemein anerkannte Lebensziele zu verfolgen, relevant sind. In dieses Konzept lassen sich alle Dimensionen sowie Ursachenfaktoren sozialer Ungleichheit einbeziehen; es kann daher näher an der konkreten Wirklichkeit der Akteure ansetzen. Wenn man von »Lagen« oder »sozialen Lagen« spricht, ist immer deutlich zu machen, welche Merkmale zur Bestimmung des sozialstrukturellen Profils einbezogen werden.

Lernkontrollfragen

1 Was ist mit der Kontroll- und Interessenstruktur gemeint?
2 Wie hängen allgemeine Grundbedürfnisse, kulturelle Ziele und institutionalisierte Mittel zusammen? Wie verhält sich dazu der Begriff der »Zwischenziele«?
3 Was ist die Kernidee des Lebenslagenkonzepts?
4 Was ist der Unterschied zwischen den Begriffen der Lebenslage und der sozialen Lage?

Infoteil

In seinem Konzept sozialer Ungleichheit ergänzt Esser die Interessen- und Kontrollstruktur um die Ebene der kulturellen Struktur. Sie schlägt sich als Korrelat sozialer Ungleichheit in gruppenspezifischen kulturellen Praktiken, Orientierungen und Verhaltensmustern nieder, ohne selbst eine klare Rangordnung zwischen entsprechenden sozialstrukturellen Gruppen zu bestimmen. Erst die sogenannte Prestigestruktur begründet wieder eine eigene Dimension sozialer Ungleichheit, da sich in ihr die unterschiedliche Bewertung sozialstruktureller Positionen in der Interessen- und Kontrollstruktur ausdrückt, soweit sie in unterschiedlichem Ausmaß mit der Kontrolle über knappe Ressourcen ausgestattet sind. Diese Positionen sind daher in der Gesellschaft auch unterschiedlich stark begehrt. Die Interessen- und Kontrollstruktur, die kulturelle Struktur und die Prestigestruktur bilden bei Esser das System der sozialen Ungleichheit (Esser 1993: 458).

Eine hochinteressante, über den Tellerrand unserer Industriegesellschaften hinausschauende Analyse der Lebenslage von Menschen und Vorschläge zu ihrer Charakterisierung bietet Amartya Sen in seinem Buch »Development as Freedom« (1999).

5.2 | Dimensionen sozialer Ungleichheit

Ausgehend von der allgemeinen Definition sozialer Ungleichheit und der Lebenslage nach Hradil schauen wir uns nun an, in welchen Erscheinungsformen uns Erstere begegnet. Wir stellen eine Systematik von Dimensionen sozialer Ungleichheit vor, in denen sich ungleiche Lebens- und Handlungsbedingungen der Menschen auf verschiedene Weise äußern und die in der Summe ihre Lebenslage kennzeichnen. Gleichzeitig vermitteln wir einige Informationen zur sozialen Ungleichheit in der Bevölkerung der Bundesrepublik Deutschland und erläutern dabei, wie verschiedene Dimensionen sozialer Ungleichheit empirisch erfasst werden können.

Definition

Dimensionen sozialer Ungleichheit
Persönliche oder strukturbedingte Merkmale, welche die Erscheinungsformen ungleicher Lebens- und Handlungsbedingungen (Lebenslage) der Menschen charakterisieren (etwa das Einkommen oder das soziale Prestige einer Person).

5.2.1 | Eine Systematik von Dimensionen sozialer Ungleichheit

In einer instruktiven Übersicht hat Hradil Dimensionen sozialer Ungleichheit in drei Gruppen unterteilt. Zu diesem Zweck ordnete er sie unterschiedlichen Bedürfnisgruppen zu, die den Verweis auf allgemein akzeptierte Lebensziele erlauben (Hradil 1987: 147). Wir folgen diesem Modell, nehmen aber Änderungen und Ergänzungen vor. Der folgende Vorschlag umfasst mehr Ungleichheitsmerkmale, als es die gängigen Lebenslagenmodelle tun (→ Kapitel 5.1.2). Gleichwohl steht dieses erweiterte Konzept voll und ganz in Einklang mit der Idee der Lebenslage, die durch die Möglichkeiten, individuell zu handeln und allgemein anerkannte Lebensziele zu verwirklichen, gekennzeichnet ist.

Übersicht 5.2

Dimensionen sozialer Ungleichheit

Bedürfnisse/Lebensziele	Dimensionengruppe	Dimensionen sozialer Ungleichheit (Ungleichheitsmerkmale)
Wohlstand	Ökonomische Dimensionen	(Aus-)Bildung und Wissen Einkommen, Vermögen, materieller Besitz
Sicherheit Gesundheit	Wohlfahrtsstaatliche Dimensionen	Soziale Absicherung Erwerbschancen Gesundheitsrisiken Arbeitsbedingungen Freizeitbedingungen Wohn(umwelt)bedingungen
Integration Soziale Anerkennung	Soziale Dimensionen	Soziale Beziehungen Machtstatus und sozialer Einfluss Diskriminierungen und soziale Privilegien Soziales Prestige
Autonomie Selbstverwirklichung	Emanzipatorische Dimensionen	Soziale Rollen Selbstbestimmungschancen Gesellschaftliche Partizipation

Vier Gruppen von Dimensionen sozialer Ungleichheit

Unsere Gliederung unterscheidet vier Gruppen von Dimensionen sozialer Ungleichheit:

- die *ökonomischen* Dimensionen: Sie beinhalten das Ausmaß, in dem Akteure über materielle und wissensbezogene Ressourcen verfügen;
- die *wohlfahrtsstaatlichen* Dimensionen: Sie verweisen auf unterschiedlich starke erwerbsbezogene und andere soziale Chancen im Lebenslauf, ein unterschiedliches Ausmaß der sozialstaatlichen Absicherung sowie mehr oder weniger vorteilhafte infrastrukturelle Lebensbedingungen;
- die *sozialen* Dimensionen: Sie heben auf soziale Aspekte individueller Handlungsbedingungen ab, wie die Einbettung in soziale Beziehungsstrukturen, Macht und sozialer Einfluss von Akteuren innerhalb derselben sowie das Ausmaß sozialer Anerkennung;
- die *emanzipatorischen* Dimensionen: Sie betonen Ungleichheit bezüglich der Möglichkeiten, persönliche Emanzipation und individuelle Autonomie zu erreichen und am gesellschaftlichen Willensbildungsprozess teilzuhaben.

Diese vier Gruppen sind nicht vollkommen trennscharf zu konstruieren. Sie verweisen aber auf Aspekte sozialer Ungleichheit und damit verbundene Bedürfnisse bzw. Lebensziele, die sich analytisch klar unterscheiden lassen. Es ist kein Zufall, dass sie mit den Bedürfnisklassen korrespondieren, die in der Theorie des Psychologen Abraham Maslow (1954) gemäß ihrer Bedeutung in Form einer Pyramide hierarchisch geordnet sind: Es beginnt mit den physiologischen- und Sicherheitsbedürfnissen (Hunger, Durst und Schutz), nach deren Befriedigung Bedürfnisse nach sozialen Beziehungen und Liebe relevant werden (Defizitbedürfnisse). Zu den nachgeordneten Wachstumsbedürfnissen zählt Maslow sogenannte Individualbedürfnisse, wie das Streben nach sozialer Anerkennung und persönlicher Unabhängigkeit sowie das Bedürfnis nach persönlicher Selbstverwirklichung. Wie man schnell erkennt, lässt sich jedoch keine einfache Analogie herstellen, da insbesondere die ökonomischen Dimensionen sozialer Ungleichheit schon weit über die Mittel für rein physisches Überleben hinausgehen.

Maslows Bedürfnishierarchie

Hradil geht nicht zu Unrecht davon aus, dass sich das Spektrum allgemein anerkannter Lebensziele in unserer Gesellschaft während der letzten Jahrzehnte über die »klassischen« ökonomischen Dimensionen hinaus vergrößert hat, ohne dass diese ihre Bedeutung eingebüßt haben (Hradil 1987: 146). Viele der anderen Dimensionen sind erst in »fortgeschrittenen« Industrieländern virulent geworden (→ Kapitel 5.4). Allerdings kann man argumentieren, dass immer schon alle hier genannten Dimensionen für die Lebens- und Handlungsbedingungen der Menschen eine Rolle gespielt haben. Sie waren nur unterschiedlich stark im gesellschaftlichen Bewusstsein verankert.

Spätestens jetzt stellt sich grundsätzlich die Frage, in welcher Beziehung die verschiedenen Dimensionen sozialer Ungleichheit zueinander stehen. Ist die ökonomische Dimension immer die entscheidende für die Lebenslage insgesamt? Wie unabhängig sind die einzelnen Dimensionen voneinander? Kann man Nachteile bezogen auf eine Dimension durch Vorteile in anderen ausgleichen? Antworten auf diese Fragen sind für das Verständnis und die Erklärung sozialer Ungleichheit von zentraler Bedeutung. Wir werden daher darauf ausführlicher zurückkommen (→ Kapitel 5.3 und 5.4). An dieser Stelle wollen wir nur noch zwei für die folgenden Betrachtungen wichtige Begriffspaare einführen (→ Kapitel 2.2.2).

Das erste Begriffspaar bezieht sich auf die Frage, wie stark verschiedene Dimensionen sozialer Ungleichheit zusammenhängen. Wenn einige oder gar alle der Dimensionen sozialer Ungleichheit miteinander positiv korrelieren, d.h., dass ein Akteur oder eine Gruppe von Akteuren, die bezogen auf eine Dimension eine hohe Statusposition besitzen, auch bezogen auf allen anderen Dimensionen privilegiert sind, sprechen wir von *Statuskonsistenz*. Machtfülle ginge dann mit einem hohen Einkommen und dieses wiederum mit hohem Bildungsniveau, hohem Sozialprestige, sehr guten Arbeitsbedingungen und schließlich auch mit hohen Chancen, am politischen Willensbildungsprozess zu partizipieren, einher. Kurz: Die Hand-

Statuskonsistenz

lungs- und Lebensbedingungen wären in jeder Hinsicht für das Erreichen allgemein anerkannter Lebensziele förderlich.

Trifft dieser Sachverhalt nicht zu und gehen hohe Statuspositionen bezogen auf eine Dimension mit niedrigen Statuspositionen in anderen Dimensionen einher, spricht man von *Statusinkonsistenz*. Die Lebenslage von Menschen ist dann durch Widersprüche gekennzeichnet. Vorteilhaften Lebensbedingungen auf der einen Seite stehen nachteilige Bedingungen, Risiken und Gefährdungen auf der anderen Seite gegenüber. Der Trainer eines Bundesligavereins etwa mag ein hohes Einkommen haben, muss aber immer den Verlust seines Jobs fürchten, ganz zu schweigen von den Arbeitsbedingungen. Man kann davon ausgehen, dass er einen langen Arbeitstag hat. Ein anderes Beispiel: Viele Künstler haben nur ein geringes Einkommen und können von ihrer Kunst allein nicht leben. Doch in der Regel verfügen Sie über eine hohe Bildung, und sie sind in ihrem künstlerischen Schaffen hochgradig selbstbestimmt.

Statusinkonsistenz

Das zweite Begriffspaar bezieht sich auf die Frage, wie man Statuspositionen in einzelnen Dimensionen sozialer Ungleichheit, also die Kontrolle oder Verfügbarkeit über individuelle Fähigkeiten, Einkommen und Vermögen, soziale Beziehungen, Macht und Prestige erlangen kann. Das geschieht auf verschiedene Weise. Man kann sie einerseits gleichsam in den Schoß gelegt bekommen, ohne dafür viel tun zu müssen. Man erlangt den entsprechenden Status durch Zuschreibung (*Statuszuschreibung*). So mögen Kompetenzen und Talente angeboren sein. Materielle Güter kann man von seinen Eltern erben, institutionelle Vorschriften und Normen mögen die Vergabe von und den Zugang zu Statuspositionen regeln. Andererseits können Statuspositionen von Akteuren als typische Zwischenziele individuellen Strebens durch eigene Anstrengung erworben sein (*Statuserwerb*). Die Ausbildung oder die berufliche Karriere sind heute in deutlich stärkerem Maße Ausdruck individueller Leistung, als das noch vor 100 Jahren der Fall war.

Zuweisungsmodi von Statuspositionen

In Statuszuweisungsprozessen sind häufig beide Prinzipien virulent. Statuszuschreibung, die vor der Industrialisierung die Regel war, ist auch in unserer Gesellschaft noch von Bedeutung und an vielen Stellen wirksam. Die schon zitierten Determinanten sozialer Ungleichheit spielen dabei eine große Rolle. Die Möglichkeiten, die individuelle Lebenslage eigenständig zu gestalten, haben zwar zugenommen, doch von einer meritokratischen, also der individuellen Leistung gemäßen Verteilung oder Zuweisung von Statuspositionen ist unsere Gesellschaft weit entfernt (→ Kapitel 5.3, 5.5 und 6.1).

Die Sachverhalte der Statuskonsistenz und Statusinkonsistenz sowie die Logik der Statuszuweisung verweisen darauf, dass es Wechselwirkungen verschiedener Art zwischen den ungleichheitsrelevanten Handlungsbedingungen von Akteuren gibt. Dimensionen der Lebenslage, wie etwa der Bildungsstatus und das Einkommen, hängen in unterschiedlicher Art und

Weise miteinander zusammen oder können auch für sich im Verlauf des Lebens eine charakteristische »Eigendynamik« entfalten. Welchen Prinzipien diese Wechselwirkungen und Dynamiken unterworfen sind und welche Schlussfolgerungen man daraus ziehen muss, wird in den Kapiteln 5.3 und 5.4 genauer erläutert.

Zusammenfassung

Statuskonsistenz, Statusinkonsistenz und Statuszuweisung

Statuskonsistenz: Akteure besitzen, bezogen auf alle Dimensionen sozialer Ungleichheit, eine ähnlich vorteilhafte bzw. unvorteilhafte Statusposition.

Statusinkonsistenz: Akteure besitzen, bezogen auf manche Dimensionen sozialer Ungleichheit eine vorteilhafte und bezogen auf andere eine unvorteilhafte Statusposition.

Modi der *Statuszuweisung:*

- *Statuszuschreibung:* Statuspositionen sind durch zugeschriebene Ungleichheitsmerkmale bestimmt, kommen Akteuren also ohne deren Zutun zu.
- *Statuserwerb:* Statuspositionen sind durch erworbene Ungleichheitsmerkmale bestimmt, werden von den Akteuren durch eigene Anstrengung und Leistung erreicht (erworben).

Im Folgenden stellen wir zunächst einige zentrale Merkmale der in Übersicht 5.2 genannten vier Gruppen von Dimensionen sozialer Ungleichheit vor und präsentieren dazu aktuelle statistische Informationen für die Bundesrepublik Deutschland. Punktuell ergänzen wir wieder Befunde für andere europäische Länder. Zum internationalen Vergleich siehe auch Mau/Verwiebe (2009) und Steuerwald (2016).

5.2.2 | Ökonomische Dimensionen sozialer Ungleichheit

Die erste Gruppe von Dimensionen sozialer Ungleichheit bezieht sich auf Aspekte, denen vorrangig Bedürfnisse nach materiellem Wohlstand zugrunde liegen und die Ressourcen (legitime Mittel) für die Verfolgung auch anderer allgemein anerkannter Lebensziele beinhalten. Hier finden sich die Dimensionen sozialer Ungleichheit, in denen die ökonomischen und bildungsbezogenen Bedingungen einer erfolgreichen Lebensführung besonders erfasst werden: (Aus-)Bildung und Wissen, Geld und Besitz von Gütern (Einkommen und Vermögen).

(Aus-)Bildung und Wissen

5.2.2.1

Bildung und Ausbildung ist in modernen Gesellschaften eine außerordentlich wichtige, für beruflichen Erfolg und Wohlstand zentrale Ressource von Frauen und Männern. Dazu gehören die kumulierten Bildungs-, Ausbildungs- und Berufserfahrungen, die man unter Anleihe bei der Ökonomie auch unter dem Begriff des *Humankapitals* zusammenfasst (Becker 1964). Der französische Soziologe Pierre Bourdieu (1983) spricht auch vom *institutionalisierten kulturellen Kapital*, wenn es darum geht, (marktrelevantes) Wissen in Form von Zertifikaten oder Zeugnissen auszuweisen.

Humankapital

Wir beziehen auch alle weiteren Formen von vermitteltem oder erworbenem Wissen im weiteren Sinne sowie Kompetenzen, angeborene Talente und Fähigkeiten ein. Damit gehen wir über die klassische Definition dieser Dimension sozialer Ungleichheit hinaus, die auf beruflich verwertbare Kompetenzen abhebt. Wir berücksichtigen also die Gesamtheit der individuellen Fähigkeiten und Fertigkeiten zur Problemlösung und Informationsverarbeitung, sei es im Kontext einer beruflichen Tätigkeit zum Zweck des Einkommenserwerbs oder sei es im Kontext anderer Aktivitäten wie der Freizeitgestaltung. Dazu gehören auch Fähigkeiten und Wissensbestände, die nicht in erster Linie dem wirtschaftlichen Erfolg zuträglich sind, sondern ebenso psychisches Wohlergehen und Lebensfreude befördern können. So wird die Fußballbundesliga erst interessant, wenn man über ein entsprechendes Hintergrundwissen zu den verschiedenen Vereinen und Spielern verfügt. Der Genuss, den man empfindet, wenn man ein Kunstwerk von Kandinski betrachtet, dürfte in dem Maße zunehmen, in dem man kunsthistorische oder künstlerbiografische Kenntnisse über diesen Maler hat. Sie helfen, das Werk einzuordnen und zu interpretieren. Diese umfassenderen Wissensbestände bezeichnet Bourdieu als *inkorporiertes kulturelles Kapital* (1983). Bourdieu bestimmt noch eine dritte Art kulturellen Kapitals, das er *objektiviertes kulturelles Kapital* nennt. Darunter versteht er, vereinfacht ausgedrückt, alle materiellen Erscheinungsformen von Wissen und Kultur, wie Bücher, Kunstwerke und andere kulturelle Güter. Der Besitz dieser Formen des kulturellen Kapitals gehört, vornehmlich als Teil des materiellen Vermögens, zweifellos ebenfalls zu den ökonomischen Dimensionen sozialer Ungleichheit.

Wissen

Für den kleinen, aber für die soziale Ungleichheit zentralen Bereich zertifizierter Bildungsabschlüsse seien nun einige statistische Befunde für die Bundesrepublik Deutschland vorgestellt.

Die Bildungsbeteiligung (Schulbesuch) als Weg, über den ein bestimmter, zertifizierter Bildungsstatus – aber auch Wissen im weiteren Sinne (»Allgemeinwissen«) – erworben wird, hat sich in Deutschland in den letzten Jahrzehnten verändert. Im Zuge der sogenannten Bildungsexpansion in Westdeutschland wurde in den 1960er- und 1970er- Jahren der Zugang zu höheren Schul- und Ausbildungsgängen stark ausgeweitet, ohne das dreigliedrige Schulsystem mit Hauptschule, Realschule und Gymnasium grundlegend zu verändern (Hradil 2001: 157 f.; 176 ff.). Die Erwartung, dass damit nicht nur die Begabungsreserven des Landes besser ausgeschöpft werden, sondern sich auch die Chancengleichheit in der Bildungsbeteiligung erhöht, erfüllte sich allerdings nur begrenzt (→ Kapitel 5.5). In der DDR gab es im Rahmen des »einheitlichen sozialistischen Bildungssystems« die für alle Kinder grundsätzlich obligatorische zehnjährige Polytechnische Oberschule (POS) und die Erweiterte Oberschule (EOS), die in zwei Jahren zum Abitur führte. Der Zugang zur EOS wurde nach einer kurzen Expansionsphase Ende der 1960er-Jahre im Jahr 1971 auf zwölf Prozent eines Jahrgangs zurückgefahren und auf diesem Niveau eingefroren (Huinink/Mayer/Trappe 1995: 100).

Schulbesuch

Im linken Teil der Abbildung 5.1 ist die Verteilung der Schulabschlüsse in unterschiedlichen Altersgruppen der Bevölkerung Deutschlands zu sehen ist. Sie ist auf der Basis von Statistiken aus dem Statistischen Jahrbuch 2018 berechnet worden, die auf dem Mikrozensus 2017 beruhen.

Der Hauptschulabschluss, der bis zur Vereinigung nur in Westdeutschland erworben werden konnte, hat seine dominierende Stellung verloren. Während im Jahr 2017 von den 55- bis 65-Jährigen noch etwa ein Drittel einen Hauptschulabschluss hatten, traf das für nur noch 20,5 Prozent der

Abb. 5.1 | *Bildungsabschlüsse der Bevölkerung 2017 nach Alter und Geschlecht*

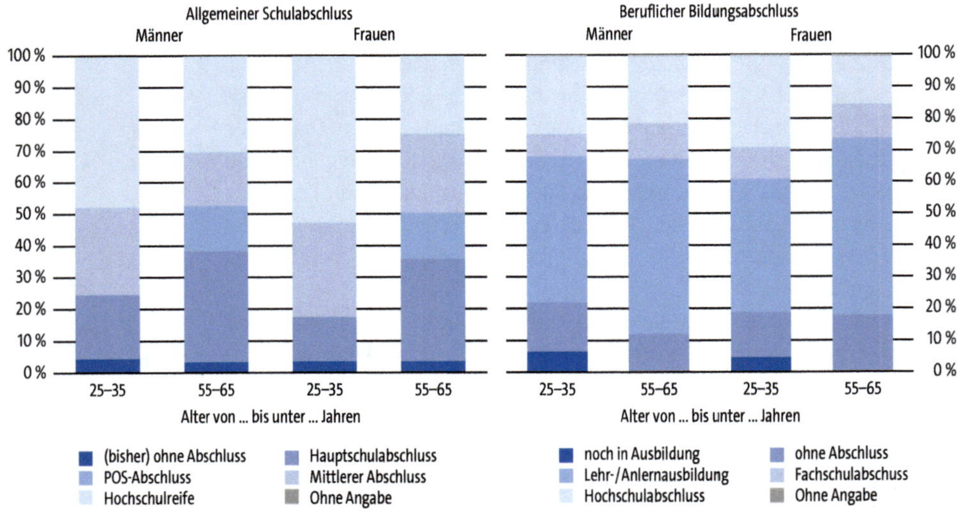

Quelle: Statistisches Bundesamt 2018a: 88, 90; eigene Berechnungen.

25- bis 35-Jährigen zu (20,1 Prozent bei den Männern und 14 Prozent bei den Frauen zu) – Tendenz fallend. Gut ein Viertel der 25- bis 35-Jährigen absolvierte die Realschule, 32 Prozent der 55- bis 65-jährigen Männer und etwa 40 Prozent der Frauen hatten einen Realschul- oder POS-Abschluss. Letzterer war in der DDR erworben worden. Um die Hälfte der 25- bis 35-Jährigen verfügten dagegen im Jahr 2017 über eine Fachhochschul- oder Hochschulreife, wobei die Frauen die Männer übertreffen (52 zu 47 Prozent). Unter den 55- bis 65-Jährigen erreichten nur 30 Prozent der Männer und 24 Prozent der Frauen die Fachhochschul- oder Hochschulreife. Hier war der Anteil bei den Männern noch höher als bei den Frauen. Etwa 4 Prozent in beiden Altersgruppen hatten keinen allgemeinbildenden Schulabschluss.

Schulabschluss

Wie die rechte Seite in Abbildung 5.1 zeigt, spiegeln sich die Veränderungen in den Schulabschlüssen nur zum Teil in der Entwicklung der beruflichen Ausbildung wider. Die Angaben dazu sind wieder auf der Basis von Statistiken aus dem Statistischen Jahrbuch 2018 berechnet worden. Die Lehrausbildung im dualen System ist nach wie vor mit über 40 Prozent die am stärksten genutzte Ausbildungsform, Tendenz leicht fallend. Der Anteil der 25- bis 35-Jährigen, die im Jahr 2017 einen Fachhochschul- oder Hochschulabschluss hatten, lag noch unter der 30 Prozent-Marke. Da einige Frauen und Männer dieses Alters noch studieren, dürfte sich der Anteil weiter erhöhen. Allerdings steigt nur bei den Frauen der Anteil der Fachhochschul- oder Hochschulabsolventen zwischen der älteren und der jüngeren Altersgruppe (auf fast 30 Prozent) an, während er bei den Männern in den jüngeren Altersgruppen nur geringfügig von 21 auf 25 Prozent zugenommen hat. Diese Befunde lassen vermuten, dass nur ein Teil der Personen mit erlangter (Fach-)Hochschulreife tatsächlich ein Studium absolviert. Bei den Männern hat sich dieser Anteil offensichtlich sogar verringert.

Ausbildungsabschluss

Immerhin besaßen 2017 zirka 20 Prozent der 25- bis 35-jährigen Frauen und Männer noch keinen Abschluss, was, wie schon erwähnt, dadurch bedingt ist, dass noch nicht alle eine begonnene Ausbildung zum Ende gebracht haben. In der älteren Altersgruppe der 55- bis 65-Jährigen fiel der Anteil der Männer und Frauen ohne Ausbildung deutlich niedriger aus (ca. 12 Prozent bzw. 18 Prozent).

Fazit ist, dass die Bildungsungleichheit in Deutschland immer noch hoch ist, dass aber bezogen auf Schulabschluss und Ausbildungsniveau die Frauen in den letzten Jahren nicht nur mit den Männern gleichgezogen, sondern sie sogar überflügelt haben.

Im Vergleich zu anderen Ländern in Europa scheint Deutschland im Hinblick auf die Quote akademischer Abschlüsse, die im Wesentlichen Ausbildungen an Universitäten und Fachhochschulen sowie Fachakademien und Promotionen umfassen (oder die »tertiäre« Ausbildung nach der international standardisierten Klassifikation von Bildungsabschlüssen ISCED; Statistisches Bundesamt 2018a: 199), hinterherzuhinken. Während laut der Organisation für wirtschaftliche Zusammenarbeit und Entwicklung (OECD) im Jahr 2017 für Deutschland von den 25- bis unter 35-jährigen Frauen und Männern 31 Prozent dieses Niveau erreicht hatten, lag der Anteil in fast allen westeuropäischen Ländern zum Teil deutlich über 40 Prozent (OECD 2018: 68). Der internationale Vergleich berücksichtigt aber nicht, dass die Ausbildungssysteme in einzelnen Ländern sehr unterschiedlich sind und dass daher eine echte Vergleichbarkeit nicht gegeben ist. Das duale System der beruflichen Bildung, wie es in Deutschland oder Österreich existiert, gibt es anderen Ländern zum Beispiel in dieser Form nicht.

5.2.2.2 Einkommen und Vermögen

Einkommen sowie Vermögen bilden die wesentliche Grundlage für materiellen Wohlstand und haben in vielfältiger Weise Einfluss auf die Möglichkeiten, auch nicht materielle Lebensziele zu befriedigen. Man mag im Detail darüber streiten, wie weitgehend sich die Chancen von Akteuren, ihre Ziele zu verwirklichen, auf ihre finanzielle Ausstattung zurückführen lassen. Dass diese eine zentrale Bedeutung hat, dürfte aber unbestritten sein. Die Tatsache, über wie viele materielle Ressourcen jemand verfügt, hat direkte oder indirekte Auswirkungen auf zahlreiche andere Dimensionen sozialer Ungleichheit. Einkommen und Vermögen tragen zur sozialen Absicherung der Menschen bei und mildern die Folgen vorübergehender Arbeitslosigkeit ab. Sie vergrößern die Chancen zu sozialer Teilhabe, fördern die Bemühungen, soziales Ansehen zu erlangen und erweitern die Spielräume für gesellschaftliche Partizipation (→ Kapitel 5.4).

Einkommensarten

Die wichtigsten Einkommensarten bzw. Einkommensquellen sind (Statistisches Bundesamt 2018b: 5, 2018c: 6 ff.):

- Einkommen aus unselbstständiger Arbeit (*Erwerbseinkommen*),
- Einkommen aus selbstständiger Tätigkeit (Unternehmertätigkeit),
- Einkommen aus Vermögen, also Einnahmen aus Vermietung, Zinsen und Dividenden (*Besitz- oder Kapitaleinkommen*),
- Einkommen aus öffentlichen Einkommensübertragungen oder öffentlichen *Transfereinkommen* (Kindergeld, Wohngeld, Arbeitslosengeld, Sozialhilfe, Renten, Pensionen) und
- Einkommen aus nichtöffentlichen Transferzahlungen (Werks- und Betriebsrenten, privaten Transfers, Unterhaltszahlungen u. a.).

Einkommen können bezogen auf unterschiedliche Zeiträume (Monat, Jahr) bestimmt werden.

persönliches Brutto- und Nettoeinkommen

Man unterscheidet zwischen dem *persönlichen Einkommen* einzelner Individuen und dem *Haushaltseinkommen*. Das *persönliche Bruttoeinkommen* ergibt sich aus der Summe aller Beträge, die ein Individuum aus den genannten

Einkommensquellen erwirtschaftet oder erhalten hat. Das *persönliche Nettoeinkommen* wird berechnet, indem die direkten Steuern und Sozialbeiträge, die jemand gezahlt hat, abgezogen werden.

Das *Haushaltsbruttoeinkommen* ist demgemäß die Summe der Bruttoeinkommen aller Haushaltsmitglieder zuzüglich aller weiteren an den Haushalt als ganzen – und nicht an die einzelnen Haushaltsmitglieder – adressierten Zahlungen und Erträge, wie das Kindergeld oder Wohnungsbeihilfen. Zu den Einnahmen aus Vermögen wird zudem »(nach internationalen Konventionen) eine so genannte unterstellte Eigentümermiete« eingerechnet (Statisches Bundesamt 2018b: 7). Nach Abzug der direkten Steuern, der Pflichtbeiträge zur Sozialversicherung sowie regelmäßiger privater Transferzahlungen erhält man das *Haushaltsnettoeinkommen*. Gegebenenfalls werden Zuschüsse von Arbeitgebern oder Rentenversicherungsträgern zur freiwilligen oder privaten Krankenversicherung hinzugerechnet (vgl. Statisches Bundesamt/WZB 2018: 196). In den laufenden Wirtschaftsrechnungen des Statistischen Bundesamtes werden auch »ausgabefähige Einkommen und Einnahmen privater Haushalte« (auch: *verfügbares Einkommen)* veröffentlicht. Zusätzlich zum Haushaltsnettoeinkommen sind darin »Einnahmen aus dem Verkauf von Waren (z. B. Verkauf von Gebrauchtwagen) sowie die sonstigen Einnahmen (z. B. Einnahmen aus der Einlösung von Leergut und Flaschenpfand, Energiekostenrückerstattung, Einnahmen aus Spesen)« enthalten (Statistisches Bundesamt 2018b: 5).

Haushaltsbrutto- und Haushaltsnettoeinkommen

Im Folgenden stellen wir einige Befunde zur Einkommens- und Vermögensverteilung vor. Wir werden überwiegend möglichst aktuelle, vom Statistischen Bundesamt veröffentliche Zahlen verwenden. Dabei handelt es sich zumeist um Ergebnisse der laufenden Wirtschaftsrechnungen, der Einkommens- und Verbrauchsstichprobe (Statistisches Bundesamt 2018c) und der EU-SILC-Befragung (European Union Statistics on Income and Living Conditions; Statistisches Bundesamt 2017a). Zu bedenken ist, dass verschiedene Datenquellen (Einkommens- und Verbrauchsstichprobe, Mikrozensus, Sozio-ökonomisches Panel, Volkswirtschaftliche Gesamtrechnung, laufende Wirtschaftsrechnungen) durchaus zu abweichenden Ergebnissen kommen können. Dieser Umstand und die Veränderung von Berechnungsgrundlagen in einigen Studien haben dazu beigetragen, dass die Einkommens- und Armutsberichterstattung nicht besonders übersichtlich ausfällt.

Einkommensniveau

Die Einkommen haben sich in Deutschland seit den 1950er-Jahren stark erhöht. Damit ging eine enorme Steigerung des durchschnittlichen materiellen Wohlstandsniveaus und des Lebensstandards in der alten Bundesrepublik und – in deutlich geringerem Ausmaß – in der DDR einher. Gleichzeitig nahm vor der Vereinigung das Wohlstandsgefälle zwischen den beiden deutschen Staaten kontinuierlich zu (Geißler 2014: 60). In Ostdeutschland ist auch heute das Einkommensniveau noch deutlich niedriger als in Westdeutschland. Die Schätzungen der laufenden Wirtschaftsrechnungen des Statistischen Bundesamtes weisen bundesweit für das Jahr 2017 ein durchschnittliches monatliches Haushaltsnettoeinkommen von 3 399 Euro (Haushaltsbruttoeinkommen: 4 474 Euro; ausgabefähige Einkommen und Einnahmen: 3 461 Euro) aus. Im früheren Bundesgebiet (ohne Berlin) lag es bei 3 554 Euro (Haushaltsbruttoeinkommen: 4 687 Euro; ausgabefähige Einkommen und Einnahmen: 3 617 Euro) und in den neuen Bundesländern (inkl. Berlin) bei 2 808 Euro (Haushaltsbruttoeinkommen: 3 661 Euro; ausgabefähige Einkommen und Einnahmen: 2 862 Euro). 2017 wurden im Osten demnach knapp 80 Prozent des westdeutschen Haushaltsnettoeinkommens erreicht. Die Gesamteinnahmen der Haushalte, zu denen Einnahmen aus Vermögensumwandlung und Kredite zählen, sind erheblich höher und betragen im Bundesdurchschnitt 5 424 Euro. Dem stehen durchschnittliche Gesamtausgaben von 5310 Euro gegenüber (Statistisches Bundesamt 2018b: 12 f., 15, 17).

In der Tabelle 5.1 sind Schätzungen des monatlichen Haushaltsnettoeinkommens verschiedener Haushaltstypen und Bevölkerungsgruppen für das Jahr 2013 angegeben. Die Zahlen basieren auf Daten der Einkommens- und Verbrauchsstichprobe (EVS) 2013 des Statistischen Bundesamts und sind daher schon etwas älter. Die durchschnittlichen monatlichen Haushaltsnettoeinkommen unterschieden sich erheblich nach Geschlecht, Haushaltstyp sowie »sozialer« Stellung und dem Erwerbstatus der Haupteinkommensperson im Haushalt. Letzterer bzw. Letztere ist die Person mit dem höchsten Beitrag zum Haushaltsnettoeinkommen (Statistisches Bundesamt 2018c: 7).

Das durchschnittliche Haushaltsnettoeinkommen stieg mit der Haushaltsgröße an. Waren die Haupteinkommensbezieher Beamte und Selbstständige, lag im Jahr 2013 das durchschnittliche Haushaltsnettoeinkommen bei deutlich über 4 000 Euro. In Haushalten, in denen der Hauptverdiener oder die Hauptverdienerin Arbeiterin war, betrug es weniger als 3300 Euro. Die Einkommen von Haushalten Arbeitsloser oder auch Studierender sind besonders niedrig.

Wenn man Genaueres über die finanzielle Situation der Haushalte aussagen will ist dieser Vergleich allerdings irreführend, weil das Haushaltseinkommen von der Zahl der Einkommensbezieher abhängt und diese (wie auch die Haushaltsgröße) systematisch zwischen den Gruppen variieren dürfte (vgl. Übersicht 5.4).

Aktuellere, aber etwas weniger differenzierte Einkommensinformationen liefern auch die laufenden Wirtschaftsrechnungen des Statistischen Bundesamtes. Danach lag das Haushaltsnettoeinkommen in Haushalten mit weiblicher Haupteinkommensperson im Jahr 2017 bei 2588 Euro, in Haushalten mit männlicher Haupteinkommensperson betrug es 4 029 Euro (Statistisches Bundesamt 2018b: 38).

Tab. 5.1

Monatliche durchschnittliche Haushaltsnettoeinkommen im Jahr 2013 in Deutschland nach Geschlecht und der beruflichen Stellung bzw. dem Erwerbsstatus des Haupteinkommensbeziehers bzw. der Haupteinkommensbezieherin

Quelle: Statistisches Bundesamt 2018c: 27.

	Haushaltsnettoeinkommen im Monat (in Euro)
Geschlecht der Haupteinkommenspersonen	
Insgesamt	3132
Männlich	3679
Weiblich	2342
Haushaltstyp	
Alleinlebende	1856
Paare ohne Kind[1]	3655
Paare mit Kind(ern)[1]	4618
Alleinerziehende[2]	2183
Sonstige Haushalte	4630
Erwerbsstatus und soziale Stellung der der Haupteinkommenspersonen	
Erwerbstätige	3753
Selbstständige	4125
darunter:	
Landwirt/in	4139
Arbeitnehmer/innen	3705
darunter:	
Beamter/Beamtinnen	4723
Angestellte	3759
Arbeiter/innen	3283
Nichterwerbstätige	2204
darunter:	
Arbeitslose	1263
Personen im Ruhestand	2476
darunter:	
Rentner/innen	2206
Pensionäre/Pensionärinnen	4404
Studierende	1251

[1] Ledige(s) Kind(er) unter 18 Jahren der Haupteinkommenspersonen oder der Ehe- bzw. Lebenspartner/-innen.
[2] Mit ledigem(n) Kind(ern) unter 18 Jahren.

Einkommensungleichheit

Da das Einkommen für die Lebensführung der Menschen eine große Bedeutung hat, ist die Relevanz der Einkommensungleichheit für das gesamte Gefüge der sozialen Ungleichheit zentral. Wie sich diese statistisch darstellen lässt, zeigt Übersicht 5.3.

Übersicht 5.3

Messung der Einkommensungleichheit

Einkommensungleichheit lässt sich auf unterschiedliche Weise darstellen. Wir nennen drei Verfahren, die auf verschiedene Arten von Einkommen anwendbar sind:

1. Die Verteilung des Einkommens in der Bevölkerung nach Einkommensgrößenklassen.
2. Einkommensanteile von Einkommenssegmenten (Quintile, Dezile) einer Bevölkerung (Statistisches Bundesamt 2018c: 7, 13):
   Einkommens*quintile*: die ersten (ärmsten), zweiten, dritten, vierten und fünften (reichsten) Fünftel der nach dem Einkommen geordneten Bevölkerungsmitglieder;
   Einkommens*dezile*: die ersten (ärmsten), zweiten, ..., zehnten (reichsten) Zehntel der nach dem Einkommen geordneten Bevölkerungsmitglieder;
   Quintilsverhältnis oder *S80/S20-Rate*: das Verhältnis der Einkommensanteile des obersten und des untersten Einkommensquintils zueinander.
3. *Perzentilsverhältnisse* einer Einkommensverteilung (vgl. Groh-Samberg 2019, Huinink 2019):
   Das *x-te Perzentil* P_x einer Einkommensverteilung ist der Einkommensbetrag, unterhalb dessen x Prozent der nach dem Einkommen aufsteigend angeordneten Bevölkerungsmitglieder liegen. x kann ein ganzzahliger Wert zwischen 1 und 100 sein. Ist x=10, 20, 30... wird auch hier von Dezilen gesprochen – was sehr verwirrend sein kann.
   Das *zehnte Perzentil* P_{10} beispielsweise trennt die einkommensschwächsten 10 Prozent der Bevölkerung von den einkommensstärkeren 90 Prozent. P_{99} ist der Einkommensbetrag, den nur 1 Prozent der Bevölkerung übertreffen.
   Perzentilverhältnisse sind Quotienten aus Perzentilen der Einkommensverteilung. Das Perzentilverhältnis P90/P10 besagt etwa, um wieviel höher der Einkommensbetrag, der nur von den einkommensreichsten 10 Prozent der Bevölkerung übertroffen wird (P90), im Vergleich zum maximalen Einkommensbetrag, der in den einkommensärmsten 10 Prozent (P10) der Bevölkerung erreicht wird, ist. Das Perzentilverhältnis P90/P50 stellt den Einkommensbetrag, der nur von den einkommensreichsten 10 Prozent der Bevölkerung übertroffen wird, zum Einkommen in Beziehung, das die einkommenschwächere von der einkommensstärkeren Hälfte der Bevölkerung trennt.
4. *Gini-Koeffizient*:
   Der Gini-Koeffizient liegt zwischen 0 (keine Ungleichheit) und 1 (maximale Ungleichheit). Je größer der Koeffizient ist, umso ungleicher sind die Einkommen verteilt.

Dabei ist wichtig zu beachten, dass die gemäß der Konvention des Statistischen Bundesamtes definierten Dezile und Quintile als Einkommenssegmente der Bevölkerung nicht mit Perzentilen als Schwellenwerte der Einkommensverteilung verwechselt werden (Grabka/Schröder 2018, Huinink 2019).

In Abbildung 5.2 ist auf der Datenbasis der EVS 2013 die Einkommensverteilung nach Einkommensgrößenklassen in Deutschland veranschaulicht. Sie weist ein beträchtliches Maß an Einkommensungleichheit in Deutschland aus. Die Einkommensverteilung ist »linksschief«; das heißt, Haushalte mit niedrigeren überwiegen gegenüber solchen mit sehr hohen Einkommen. Einkommen zwischen 1500 und 2000 Euro bilden mit mehr als 13,4 Prozent denn auch die am stärksten besetzte Einkommensgrößenklasse. 58 Prozent aller Einkommen liegen zwischen 500 und 3000 Euro.

Einkommensverteilung

Bei der Analyse der Einkommensungleichheit ist die Frage, ob man persönliche Einkommen oder Haushaltseinkommen betrachtet, von großer Bedeutung. Da man davon ausgeht, dass Personen, die in einem Haushalt zusammenleben, gemeinsam wirtschaften, liegt es nahe, das Haushaltsnettoeinkommen zu betrachten. Augenscheinlich ist es aber nicht sinnvoll, einen Singlehaushalt und eine fünfköpfige Familie, die über dasselbe Einkommen verfügen, als gleichgestellt zu betrachten. Zur Charakterisierung der Einkommenssituation muss deshalb eine Normierung durch die Haushaltsgröße vorgenommen werden. Dieses geschieht mittels der Berechnung

Nettoäquivalenzeinkommen

Verteilung des monatlichen Haushaltsnettoeinkommens 2013 in Deutschland | **Abb. 5.2**

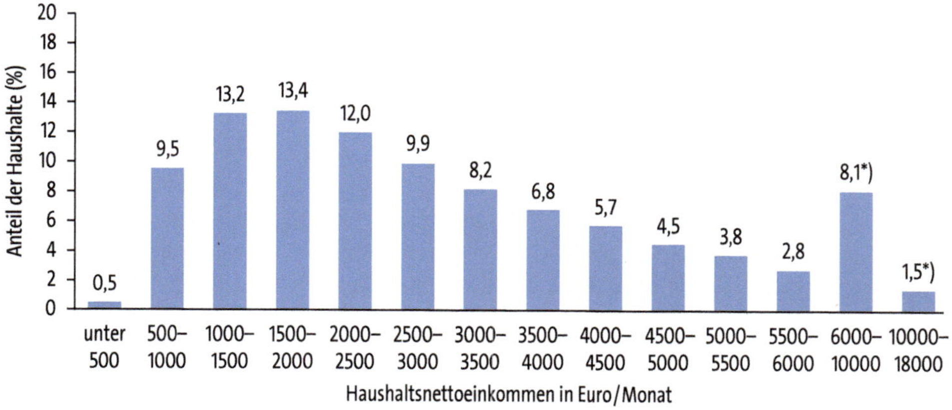

***) Ab 6 000 Euro wurden aus Darstellungsgründen größere Klassenbreiten gewählt.**

Quelle: Statistisches Bundesamt 2018c: 17.

des sogenannten Nettoäquivalenzeinkommens, das auch bedarfsgewichtetes Haushaltsnettoeinkommen genannt wird und vielen Analysen zur Einkommensungleichheit zugrunde liegt (vgl. Übersicht 5.4; auch: Statistisches Bundesamt 2018c: 12).

Übersicht 5.4

Nettoäquivalenzeinkommen, bedarfsgewichtetes Haushaltsnettoeinkommen

Das Nettoäquivalenzeinkommen oder bedarfsgewichtete Haushaltsnettoeinkommen stellt eine Form des bedarfsgewichteten Pro-Kopf-Einkommens von Haushalten dar. Das Haushaltsnettoeinkommen wird dabei nicht einfach durch die Zahl der Haushaltsmitglieder geteilt, weil Einspareffekte in Mehrpersonenhaushalten und der unterschiedliche Bedarf von Kindern und Erwachsenen berücksichtigt werden sollen. Die Haushaltsmitglieder erhalten ein Bedarfsgewicht, das auf unterschiedliche Weise festgelegt wird:

- *Alte OECD-Skala:* Die erste erwachsene Person im Haushalt geht mit dem Gewicht 1, weitere Erwachsene mit dem Gewicht 0,7 und Kinder unter 16 Jahren dem Gewicht von 0,5 in die gewichtete Haushaltsgröße ein.
- *Neue (modifizierte) OECD-Skala:* Die erste erwachsene Person im Haushalt geht mit dem Gewicht 1, weitere Erwachsene mit dem Gewicht 0,5 und Kinder unter 14 Jahren mit dem Gewicht von 0,3 in die gewichtete Haushaltsgröße ein.

Betrachten wir nun das Beispiel eines Haushalts mit zwei Erwachsenen und drei Kindern im Alter von drei, sieben und elf Jahren, der insgesamt über ein Haushaltsnettoeinkommen von 3000 Euro verfügt. Das Nettoäquivalenzeinkommen wird dann wie folgt berechnet.

Berechnung nach der alten OECD-Skala:

$$\frac{3000 \text{ Euro}}{1 + 0{,}7 + 3 \cdot 0{,}5} = \frac{3000 \text{ Euro}}{3{,}2} = 937{,}50 \text{ Euro}$$

Berechnung nach der neuen OECD-Skala:

$$\frac{3000 \text{ Euro}}{1 + 0{,}5 + 3 \cdot 0{,}3} = \frac{3000 \text{ Euro}}{2{,}4} = 1250 \text{ Euro}$$

Man kann diese Werte so interpretieren: Wenn ein Einpersonenhaushalt über 937,50 bzw. 1250 Euro verfügt, erreicht er einen vergleichbaren Lebensstandard, wie der Fünfpersonenhaushalt bei einem Haushaltsnettoeinkommen von 3000 Euro. Das zu einem Einpersonenhaushalt äquivalente Pro-Kopf-Einkommen ohne Berücksichtigung von Bedarfsgewichten betrüge nur 600 Euro.

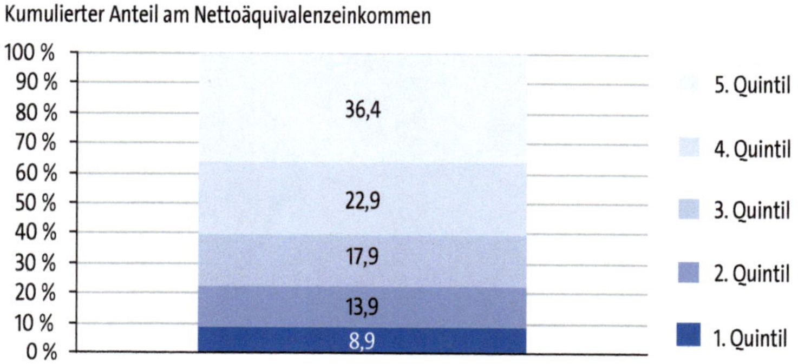

Abb. 5.3

Quintilsanteile am Nettoäquivalenzeinkommen im Jahr 2013 in Deutschland

Quelle: Statistisches Bundesamt 2018c: 20.

In Abbildung 5.3, deren Angaben wieder auf der EVS 2013 des Statistischen Bundesamts beruhen, wird das Nettoäquivalenzeinkommen der Berechnung der Anteile von Einkommensquintilen der Bevölkerung zugrunde gelegt. Sie veranschaulichen auch Einkommensungleichheit.

2013 betrug der Anteil des Nettoäquivalenzeinkommens des einkommensschwächsten Fünftels (20 Prozent) der Bevölkerung nach dieser Schätzung nur 8,9 Prozent des gesamten Nettoäquivalenzeinkommens der Bevölkerung in Deutschland. Der Einkommensanteil des einkommensstärksten Fünftels der Bevölkerung im Jahr 2013 belief sich dagegen auf 36,4 Prozent. Das Quintilsverhältnis oder die S80/S20-Rate in Deutschland war im Jahr 2013 gleich 4,1. Das heißt, die Bevölkerung im oberen Einkommensquintil hatte 4,1-mal so viel verdient wie die Bevölkerung im unteren Einkommensquintil. Dieser Wert kann in unterschiedlichen Bevölkerungsgruppen verschieden hoch sein. Zum Beispiel war er in der sozialstrukturellen Gruppe der Studierenden besonders hoch (Quintilsverhältnis: 4,7), noch größer war er bei den Selbstständigen (Quintilsverhältnis: 5,4).

Quintilsverhältnis

Das Verhältnis des 90. zum 10. Perzentil der Einkommensverteilung, P90/P10, lag dagegen 2014 laut der Organisation für wirtschaftliche Zusammenarbeit und Entwicklung (OECD) in Deutschland bei 3,7. Für die S80/S20-Rate wurde 2014 für Deutschland der Wert 4,5 angegeben (OECD 2019).

Einkommensungleichheit in einer Bevölkerung wird auch mit dem sogenannten Gini-Koeffizienten erfasst, der nach einem italienischen Statistiker benannt ist. Mit dieser Maßzahl ist die Darstellung von Einkommensungleichheit durch die sogenannte Lorenzkurve verknüpft. Betrachten wir dazu Abbildung 5.4. Darin ist die Lorenzkurve als grafische Veranschaulichung zur Einkommensungleichheit in Deutschland und im Jahr 2013 abgebildet. Auf der horizontalen Achse ist der kumulierte Anteil der nach dem Einkommen geordneten Bevölkerung an der Gesamtbevölkerung

Lorenzkurve

Abb. 5.4 | *Verteilung des Nettoäquivalenzeinkommens in Deutschland 2013 (Lorenzkurve)*

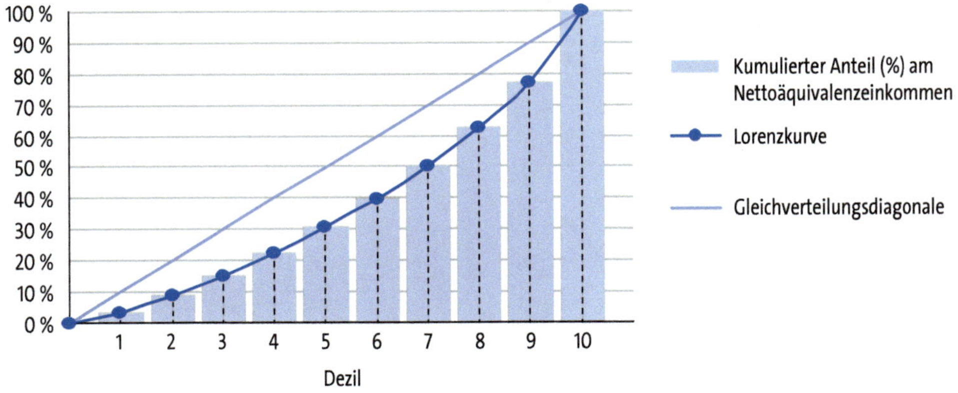

Quelle: Statistisches Bundesamt 2018c: 19, 36.

abgetragen. Die Lorenzkurve gibt für jeden Anteil der jeweils einkommensschwächeren Bevölkerung an, wie viel Prozent des Nettoäquivalenzeinkommens der Gesamtbevölkerung sie erwirtschaftet hat. Beispielweise verdiente die einkommensschwächere Hälfte der deutschen Bevölkerung (erstes bis fünftes Dezil der Einkommensverteilung) laut EVS im Jahr 2013 nur 31 Prozent des kumulierten Nettoäquivalenzeinkommens der Gesamtbevölkerung. Im Umkehrschluss verdient die einkommensstärkere Hälfte der Bevölkerung 69 Prozent des gesamten Nettoäquivalenzeinkommens.

Gini-Koeffizient

Der Gini-Koeffizient ist gleich dem Verhältnis der Fläche zwischen der Lorenzkurve und der so genannten »Gleichverteilungsdiagonale« zu der Fläche des gesamten Dreiecks unterhalb der »Gleichverteilungsdiagonale«. Erhielten alle Mitglieder der Bevölkerung ein identisches Nettoäquivalenzeinkommen, läge die Lorenzkurve auf der »Gleichverteilungsdiagonalen« und der Gini-Koeffizient wäre gleich 0. Würde ein Bevölkerungsmitglied alles und alle anderen Personen nichts verdienen, läge die Lorenzkurve auf der horizontalen Achse. Der Gini-Koeffizient wäre maximal hoch, nämlich gleich 1. Der Wert des Gini-Koeffizienten der Einkommensverteilung, die der Abbildung 5.4 zugrunde liegt, ist gleich 0,274 (Statistisches Bundesamt 2018c: 39). In der DDR war die Einkommensungleichheit erheblich geringer als heute in Deutschland. Im Jahr 1991 lag der Gini-Koeffizient in Ostdeutschland noch bei 0,208 (Geißler 2014: 77).

Die Einkommensungleichheit hat sich in Deutschland nach einer längeren Stabilitätsphase seit Anfang dieses Jahrhunderts bis 2005 beständig erhöht. Sie scheint aber seitdem nach Auswertungen der EVS 2013 nicht weiter gestiegen zu sein. Das zeigt ein Vergleich der Befunde der EVS 2013 und EVS 2008 zum Gini-Koeffizienten und Quintilsverhältnis (Statistisches Bundesamt 2012, 2018c; vgl. auch Grabka/Goebel 2018). Gemessen am Gini-Koeffizienten berichtet der Sozialstruktur- und Armutsforscher Olaf Groh-Samberg seit 2012 wieder einen leichten Anstieg der Ungleichheit (Groh-Samberg 2019: 837).

Nach wie vor gibt es einen Trend zur Polarisierung von Einkommen; das heißt, sehr hohe Einkommen wachsen über die Jahre über- und sehr niedrige Einkommen unterproportional. Die Ökonomin Charlotte Bartels zeigt zum Beispiel, dass nach der Vereinigung Deutschlands das obere Einkommensdezil der Bevölkerung bis 2013 seinen Anteil am Volkseinkommen stetig vergrößert hat, während sich der Anteil der unteren 50-Prozent verringert. Das Gleiche gilt für die Top-Ein-Prozent (Anstieg des Anteils) und die unteren 90 Prozent (Rückgang des Anteils). Ein Grund ist, dass gesamtwirtschaftlich »die Unternehmens- und Vermögenseinkommen in Deutschland seit den 1970ern deutlich an Bedeutung gegenüber den Lohneinkommen gewonnen« haben (Bartels 2018: 56 f.; vgl. auch Piketty 2016, Groh-Samberg 2019: 841).

Das bestätigt ein Blick auf die Entwicklung der monatlichen Bruttoarbeitsentgelte sozialversicherter Vollzeitbeschäftigter. Hierzu liegt eine ältere Darstellung für die Zeit zwischen 1999 und 2010 vor, die vom Deutschen Gewerkschaftsbund veröffentlicht wurde. In Abbildung 5.5 wird der prozentuale Bruttolohnzuwachs der vier Einkommensgruppen ab 1999 (Index 1999 = 100 Prozent) gezeigt, die jeweils die Grenze zwischen dem ersten und zweiten, dem zweiten und dritten usw. Quintil und damit das 20., 40., 60. und 80. Perzentil der Verteilung der Bruttoarbeitsentgelte markieren. Das Bruttoarbeitsentgelt ist danach bei den Großverdienern (Grenze 4. zu 5. Quintil = 80. Perzentil) im Beobachtungszeitraum um etwa 25 Prozent gestiegen, während es in der unteren Einkommensgruppe um weniger als 10 Prozent zugenommen hat. »Berücksichtigt man, dass sich die Lebenshaltungskosten im Beobachtungszeitraum um rund 18 Prozent erhöht haben, so mussten die unteren Einkommensgruppen reale Verdiensteinbußen hinnehmen, während die Vollzeitbeschäftigten mit höheren Entgelten noch Reallohnzuwächse verzeichnen konnten.« (DGB 2012: 10). Hier dürfte der Lohnrückgang im Niedriglohnsektor eine Rolle spielen, der als ein direktes Ergebnis der ab 2003 in Kraft getretenen »Hartz«-Gesetze zur Reduzierung der Arbeitslosigkeit anzusehen ist. Die Maßnahmen haben Beschäftigung im Niedriglohnsektor begünstigt (vgl. BMAS 2013: XXII ff.; → Kapitel 6.3).

Die Einkommensungleichheit ist in verschiedenen europäischen Ländern unterschiedlich hoch. Mit den Daten von EU-SILC (verfügbares Äquivalenzeinkommen) wird dieser Sachverhalt anhand eines Vergleichs der Quintilsverhältnisse und der Gini-Koeffizienten deutlich. Danach betrug

Internationaler Vergleich

Abb. 5.5

Entwicklung der monatlichen Bruttoarbeitsentgelte sozialversicherter Vollzeitbeschäftigter 1999–2010 (in Euro), Index 1999 = 100 Prozent

Quelle: DGB 2012: 11.

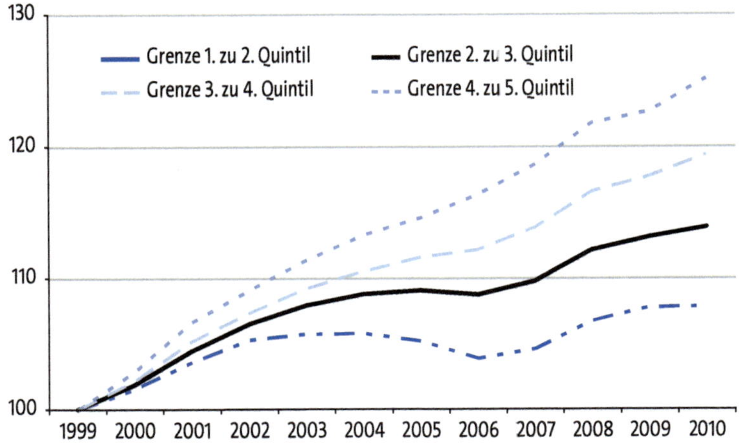

das Quintilsverhältnis im Jahr 2016 in Deutschland 4,6 und der Gini-Koeffizient lag bei 0,295 (Eurostat 2019: Datensatz »eu silc_di01«, eig. Berechnung; vgl. auch Grabka/Goebel 2018: 455).

2016 wurden für Spanien und Griechenland mit einem Wert von 6,5, für Litauen mit 7,1, für Rumänien mit 7,3, für Bulgarien mit 7,6 und die Türkei mit 8,2 ein deutlich höheres Quintilsverhältnis geschätzt. Unter den Mitgliedsstaaten der EU haben Slowenien, die Slowakei und Finnland (3,6) und die Tschechische Republik mit einem Wert von 3,5 das kleinste Verhältnis der kumulierten Einkommen des einkommensreichsten Fünftels zu den kumulierten Einkommen des einkommensschwächsten Fünftels der Bevölkerung. Nur Island mit 3,3 toppt diesen Wert.

Die Befunde zum Gini-Koeffizienten im Jahr 2016 entsprechen ungefähr den Ergebnissen zum Quintilsverhältnis. Der höchste Wert mit 0,377 wird für Bulgarien berichtet, der Wert für Spanien lag bei 0,345. In der Slowakei betrug er lediglich 0,243. Der Gini-Koeffizient für die Türkei betrug 0,429 (Eurostat 2019: Datensatz »ilc_di12«). Es gibt Länder, in denen die Einkommensungleichheit noch größer ausfällt. Dazu gehörten im Jahr 2014 zum Beispiel Südafrika (0,63) oder Brasilien (0,51) (World Bank 2019).

Einkommensarmut

Die ungleiche Verteilung des Einkommens in der Bevölkerung wird auch anhand eines anderen Sachverhalts deutlich. Gemeint ist die Betroffenheit von monetärer *Armut* bzw. *Einkommensarmut*. Nach dem Lebenslagenkonzept wird Armut umfassender verstanden (→ Kapitel 5.2.6; vgl. auch Böhnke/Dittmann/Goebel 2018). Hier fokussieren wir zunächst nur auf einkommensbasierte Maße. Wenn wir im Folgenden verkürzt von Armut sprechen, meinen wir diese Form materieller Armut. Es gibt unterschiedliche Definitionen dazu, die in Übersicht 5.5 zusammengefasst sind.

Übersicht 5.5

Definitionen von Einkommensarmut

1. *Absolute Armut:* »Personen gelten als »absolut arm«, wenn sie nicht genügend Mittel zum physischen Überleben haben. Die Grenze zur Armut wird hier dann überschritten, wenn die Versorgung unterhalb einer vorgegebenen Schwelle liegt (physisches Existenzminimum), d.h. wenn die Mittel zur Bestreitung des Lebensunterhalts nicht ausreichen« (BMAS 2005: 6).
   In der Bundesrepublik Deutschland wird statt des physischen ein »soziokulturelles Existenzminimum« als Kriterium eingeführt, dessen Höhe im Sozialhilferecht festgelegt wird. Arm ist danach, wer über ein Einkommen verfügt, das den Mindestbedarf, der einer Person laut Bemessungsgrundlage für das Arbeitslosengeld II und Sozialgeld zusteht, unterschreitet (→ Kapitel 6.2.1.4, Übersicht 6.10).
2. *Relative Armut:* Arm ist, dessen Nettoäquivalenzeinkommen einen bestimmten Anteil des durchschnittlichen Nettoäquivalenzeinkommens in der Bevölkerung unterschreitet. Heute wird meistens die folgende Spezifikation verwendet:
   - Das Einkommen beträgt weniger als 60 Prozent des Medians der Verteilung des Nettoäquivalenzeinkommens in der Bevölkerung (*Armutsrisikoschwelle*). Der Median bezeichnet den Wert des Nettoäquivalenzeinkommens, den 50 Prozent der Bevölkerung unter- bzw. überschreiten und ist gleich dem 50. Perzentil P_{50} der Einkommensverteilung. Der Anteil der in diesem Sinne armen Personen wird als *Armutsrisiko- oder Armutsgefährdungsquote* bezeichnet.

   Früher übliche Spezifikationen sind:
   - Das Einkommen beträgt weniger als 50 Prozent des Durchschnitts des Nettoäquivalenzeinkommens in der Bevölkerung (*Armut*).
   - Das Einkommen beträgt weniger als 40 Prozent des Durchschnitts des Nettoäquivalenzeinkommens in der Bevölkerung (*strenge Armut*).

International wird von der Weltbank momentan als absolute Einkommensarmutsgrenze (physisches Existenzminimum) ein tägliches Mindesteinkommen von 1,9 US$ (in Preisen von 2011) bestimmt (World Bank 2019). Für 2016 geht die Weltbank davon aus, dass 10 Prozent der Weltbevölkerung diese Einkommensarmutsgrenze unterscheiten. Während für Deutschland absolute physische Armut als nicht existent angenommen wird, wird der Anteil für viele afrikanische Länder auf über 40 Prozent geschätzt.

Absolute Armut

Ausgehend davon, dass für einzelne Länder, angepasst an den dort herrschenden Lebensstandard, ein Mindestbedarf an Geld bestimmt werden kann, der ein menschenwürdiges Leben sichert (sozio-kulturelles Existenzminimum), wird in Deutschland ein Betrag festgelegt und regelmäßig angepasst, der dem Arbeitslosengeld II und dem Sozialgeld (Grundsicherung für Arbeitssuchende nach dem SGB II) sowie der Sozialhilfe (SGB XII) zugrunde liegt. Er ist nicht abstrakt gesetzt, sondern beruht auf einer statischen Schätzung der durchschnittlichen Ausgaben sogenannter Referenzhaushalte für den täglichen Bedarf, die mit Hilfe der Daten der EVS ermittelt wird (→ Kapitel 6.2.1.4, Übersicht 6.10). Mit der Orientierung am durchschnittlichen täglichen Bedarf ist aber gleichzeitig das Grundprinzip des relativen Armutskonzepts darin aufgenommen. In Deutschland bezogen laut Sozialberichterstattung der Statischen Ämter des Bundes und der Länder Ende 2017 5,9 Millionen Personen Leistungen nach dem SGB II, knapp 1,2 Millionen Personen erhielten Sozialhilfe nach SGB XII und 0,5 Millionen Personen Asylbewerberleistungen. Das sind 9,2 Prozent der Bevölkerung (Amtliche Sozialberichterstattung 2019).

sozio-kulturelles Existenzminimum

Das Konzept der relativen Armut hat sich in der Armutsberichterstattung in Deutschland und Europa durchgesetzt. Gegenüber dem Konzept der absoluten Armut hat es den Vorteil, dass damit die Unterschiede im durchschnittlichen Einkommensniveau der Bevölkerung eines Landes berücksichtigt werden und man keine oder nur wenige Setzungen vornehmen muss, wie es in Deutschland etwa beim Konzept des sozio-kulturelles Existenzminimums der Fall ist. Die Zahl derjenigen, die über ein Einkommen unterhalb der Armutsrisikogrenze verfügen, also von relativer Armut betroffen sind, ist größer als die Zahl der Personen mit einem Einkommen unterhalb des sozio-kulturelles Existenzminimums. Ihr Anteil an der Gesamtbevölkerung wird als *Armutsrisiko- oder Armutsgefährdungsquote* bezeichnet. Er ist in Deutschland seit der Jahrhundertwende ständig angestiegen (Grabka/Goebel 2018: 455).

relative Armut

Laut Schätzungen, die auf dem Mikrozensus beruhen, betrug die Armutsgefährdungsquote im Jahr 2017 in Deutschland 15,8 Prozent (2015: 15,7 Prozent), während sie im Jahr 2005 noch 14,7 Prozent betragen hatte (Amtliche Sozialberichterstattung 2019). Die Armutsrisikoschwelle auf Basis des Nettoäquivalenzeinkommens lag im Jahr 2017 bei 999 Euro (2005: 736 Euro).

Verschiedene sozialstrukturelle Gruppen sind unterschiedlich stark von Einkommensarmut betroffen. Die Armutsgefährdungsquoten unterscheiden sich vor allem nach dem Erwerbsstatus von Haushaltsmitgliedern und dem Haushaltstyp. Auch das Alter, das Bildungsniveau und die Nationalität spielen eine Rolle.

Armut in sozialstrukturellen Gruppen

In Tabelle 5.2 wird für das Jahr 2015 die Armutsgefährdungsquote, die mit Daten der europaweiten Haushaltsbefragung EU-SILC geschätzt wurde, vor und nach Berücksichtigung von Sozialleistungen für verschiedene Bevölkerungsgruppen gezeigt (Statistisches Bundesamt 2017a).

Tab. 5.2

Armut in verschiedenen Bevölkerungsgruppen Deutschlands im Jahr 2015 (in Prozent)

Quelle: Statistisches Bundesamt 2017a: 23.

	Armutsgefährdungsquote bezogen auf den 60 % Median	
	Vor[1] Sozialleistungen	Nach Sozialleistungen
Insgesamt	25,1	16,7
Nach Alter		
Bis 5	34,4	15,5
6 bis 10	28,9	13,0
11 bis 15	31,1	15,1
16 bis 17	28,5	(14,3)[6]
18 bis 24	30,7	21,1
Männer	30,2	19,0
Frauen	31,2	23,4
25 bis 49	23,9	14,7
Männer	22,2	13,9
Frauen	25,5	15,5
50 bis 64	27,4	19,9
Männer	27,5	20,1
Frauen	27,3	19,7
65 und älter	17,5	16,5
Männer	15,5	14,5
Frauen	19,5	18,3
75 und älter	15,5	14,6
Männer	11,9	11,2
Frauen	19,1	18,0
In Haushalten nach dem Haushaltstyp[2]		
Haushalte ohne Kind	23,6	19,2
Alleinlebende	37,0	33,1
zwei Erwachsene ohne Kind, beide unter 65 Jahre	20,0	13,2
zwei Erwachsene ohne Kind, mindestens einer unter 65 Jahre	12,9	11,3
andere Haushalte ohne Kind	14,6	8,5
Haushalte mit Kind(ern)	27,4	13,2
Alleinerziehende	52,3	33,7
zwei Erwachsene mit Kind(ern)	22,9	10,4
andere Haushalte mit Kind(ern)	28,8	(7,4)[6]
Personen ab 16 Jahren		
Insgesamt[3]	24,3	17,1
Nach überwiegendem Erwerbsstatus[4]		
Erwerbstätige	16,0	9,7
nicht Erwerbstätige	33,7	25,5
Arbeitslose	88,4	69,0
Rentner/innen und Pensionär/innen	18,9	17,0
sonstige nicht Erwerbstätige	42,1	27,1

	Armutsgefährdungsquote bezogen auf den 60 % Median	
	Vor[1] Sozialleistungen	Nach Sozialleistungen
Nach Bildungsstatus[5] (höchster erworbener Bildungsabschluss)		
ISCED 1 bis 2 (niedrig)	38,8	27,2
ISCED 3 bis 4 (mittel)	23,3	16,2
ISCED 5 bis 8 (hoch)	13,9	10,2

[1] Regelmäßig gezahlte staatliche Sozialleistungen an den Haushalt oder an einzelne Haushaltsmitglieder. Dazu zählen Kindergeld, Wohngeld, Arbeitslosenunterstützung und Leistungen der Grundsicherung, Waisen- und Witwenrenten, Leistungen im Rahmen von Bildung und Gesundheit sowie alle sonstigen, regelmäßigen staatlichen Sozialleistungen.
[2] Als Kind zählen Personen unter 18 Jahren sowie Personen zwischen 18 und 24 Jahren, die nichterwerbstätig oder arbeitssuchend sind und mit mindestens einem Elternteil zusammenleben.
[3] Personen ab 16 Jahren mit ausgefülltem Personenfragebogen.
[4] Erwerbsstatus, der über einen Zeitraum von mehr als sechs Monaten im Einkommens-Referenzjahr galt. In einigen Fällen ist der überwiegende Erwerbsstatus nicht feststellbar. Die Summe der Fallzahlen, die den Vorspaltenpositionen »Erwerbstätige« und »Nichterwerbstätige« zugrunde liegen, summiert sich daher nicht zu 100 % auf, d. h., sie liegt niedriger als die entsprechende Fallzahl in der Position.
[5] Aktueller Bildungsabschluss nach ISCED 2011 = International Standard Classification of Education. ISCED 1 bis 2: Vorschule, Primärschule und Sekundarstufe I, ISCED 3 bis 4: Sekundarstufe II und post-sekundarer nichttertiärer Bereich, ISCED 5 bis 8: Kurzes tertiäres Bildungsprogramm, Bachelor-, Master- bzw. gleichwertige Bildungsprogramme, Promotion.
[6] Zahl mit Unsicherheit behaftet.

Bei den Armutsrisikoquoten nach Sozialleistungen fällt auf, dass der auf dem EU-SILC basierende Wert um 1 Prozent höher ist als die in der amtlichen Sozialberichterstattung genannte, die auf dem Mikrozensus beruht (vgl. Grabka/Goebel 2018: 455). Differenzierte Zahlen für das Jahr 2016, aber nur zur Armutsgefährdungsquote nach Berücksichtigung von Sozialleistungen, finden sich im Datenreport 2018 (Statistisches Bundesamt/WZB 2018: 234).

Inhaltlich sieht man, dass die altersspezifischen Unterschiede in den Armutsrisikoquoten (nach Sozialleistungen) eher moderat sind. Eine vergleichsweise stark gefährdete Altersgruppe bilden die 18 bis 24 Jahre alten Frauen und Männer, die sich häufig noch in einer Ausbildung oder im Studium befinden, aber schon einen eigenen Haushalt haben. Die zweite besonders gefährdete Gruppe sind die 50- bis 64-Jährigen. Darin spiegelt sich das vergleichsweise hohe Risiko dieser Altersgruppe wider, den Arbeitsplatz zu verlieren und aufgrund des Alters keine neue Stelle zu finden. Auch Rentnerinnen und Rentner bzw. Pensionärinnen und Pensionäre weisen 2015 schon eine etwas überdurchschnittliche Armutsgefährdungsquote auf. Das war 2011 noch nicht der Fall (vgl. Statistisches Bundesamt 2012: 26). Fast in allen

Altersklassen wird für Frauen eine höhere Armutsgefährdungsquote (nach Sozialleistungen) als für Männer ausgewiesen.

Die Armut von Familien mit Kindern ist insgesamt unterdurchschnittlich. Allerdings, und das ist in dieser Tabelle nicht ausgewiesen, sind große Familien etwas stärker armutsgefährdet als der Durchschnitt (vgl. Statistisches Bundesamt/WZB 2018: 234). Vor allem aber Familien mit relativ jungen Eltern sind vergleichsweise häufig arm (Buhr/Huinink 2011). Haushalte von Alleinerziehenden sind besonders stark von Armut betroffen. Auch die Armutsgefährdungsquote Alleinlebender ist auffallend hoch.

Weitaus am höchsten ist die Armutsrisikoquote (nach Sozialleistungen) bei den arbeitslosen Frauen und Männern. Das unterschiedliche Arbeitslosigkeitsrisiko, aber auch die Gefahr, trotz Erwerbsarbeit unter den Armutsrisikogrenze zu bleiben, begründet auch die hohe Armutsrisikoquote bei den Frauen und Männern mit einem niedrigen Bildungsniveau, die höchstens eine zehnjährige Schulbildung und keine Berufsausbildung haben (ISCED 1 bis 2).

Im Vorgriff auf Darstellungen in Kapitel 6 sei hier schon darauf hingewiesen, dass die staatlichen Sozialleistungen das Armutsrisiko erheblich verringern, wie ein Vergleich der beiden Spalten in Tabelle 5.2 zeigt: im Gesamtmittel von 25,1 Prozent auf 15,8 Prozent. Die sehr hohen Armutsrisikoquoten einzelner Gruppen werden damit aber unterschiedlich und nur zum Teil erfolgreich bekämpft.

Ein Blick auf die Armutsrisikoquoten anderer Länder in Europa zeigt, dass Deutschland im mittleren Feld liegt. Im Jahr 2016/2017 wurden in osteuropäischen (Bulgarien, Rumänien, Serbien) und südeuropäischen Ländern (Griechenland, Italien und Spanien) Quoten von mehr als 20 Prozent gemessen. Die Länder mit besonders niedrigen Armutsrisikoquoten sind geografisch nicht so eindeutig zu verorten: Island und Tschechische Republik mit Werten von unter 10 Prozent, Finnland, Norwegen und Slowakei mit 12 Prozent und die Niederlande, Slowenien und Frankreich mit 13 Prozent (Eurostat 2019: Datensatz »ilc_li02«).

Betrachten wir zum Abschluss der Darstellungen zu den ökonomischen Dimensionen der sozialen Ungleichheit noch Befunde zur Vermögensungleichheit in unserer Gesellschaft (→ Kapitel 6.1.1.1). Das Vermögen von Personen setzt sich grundsätzlich aus drei Komponenten zusammen: *Geldvermögen* (Spar- und Bausparguthaben, Wertpapiere, Termingeld und angesammeltes Kapital bei Lebensversicherungen), *Immobilien* (Verkehrswert) und *Betriebsvermögen*. Letzteres spielt hier keine Rolle, da nur Privatvermögen betrachtet werden.

Vermögensarten

Das Nettogesamtvermögen (Geld und Grund) ergibt sich aus dem Bruttogesamtvermögen abzüglich der Bau- und Konsumschulden. Nach Schätzungen auf Basis der Daten der EVS aus den Jahren 2003 und 2013 verfügten

Haushalte in den alten Bundesländern im Jahr 2003 über durchschnittlich 136900 Euro Nettogesamtvermögen, in Ostdeutschland nur über durchschnittlich 54700 Euro. Im Jahr 2013 waren es 140300 Euro im Westen und 61200 Euro im Osten (Statistisches Bundesamt 2013a: 16f.). Zwischen 2003 und 2013 nahmen die Nettogesamtvermögen im Durchschnitt nur etwas zu, in der Zeit von 1993 bis 2003 waren sie dagegen stark gestiegen. Schon zuvor, in der Nachkriegszeit ließ sich ein enormes Wachstum der Vermögenswerte beobachten (Geißler 2014: 59ff.).

Vermögensungleichheit

In Deutschland gab und gibt es eine sehr starke und über die Zeit zunehmende Vermögenskonzentration, wie der vierte Armuts- und Reichtumsbericht und eine Zusatzstudie aus dem Jahr 2015 eindrucksvoll zeigen (BMAS 2013, 2015). Im Jahr 2012 betrug der Anteil des vermögensstärksten Dezils der Haushalte am Nettogesamtvermögen über 58 Prozent, während die vermögensschwächsten 50 Prozent der Bevölkerung 1,2 Prozent des Nettogesamtvermögens besaßen (vgl. Tab. 5.3). Das P90/P50 Perzentilverhältnis der Vermögensverteilung betrug 12,6 und war in Ostdeutschland höher als in Westdeutschland (BMAS 2015: 119, 121). Der Gini-Koeffizient der Vermögensverteilung lag in Westdeutschland im Jahr 2012 bei 0,77 und in Ostdeutschland bei 0,79 (Grabka/Westermeier 2014: 157). Auch international ist die Vermögensungleichheit enorm hoch, wobei Deutschland in Europa einen Spitzenwert einnimmt (Eurostat 2019: Datensatz »icw_sr_05«; EWSA 2017: 8).

Sozioökonomischer Status

Fassen wir zusammen: In einem ungleichen Bildungsniveau sowie in der ungleichen Verteilung materieller Einkommen und Vermögen drückt sich soziale Ungleichheit insofern aus, als Menschen mehr oder weniger bildungs- bzw. wissensspezifische und materielle Ressourcen für die Realisierung ihrer Lebensziele zur Verfügung haben. Man spricht diesbezüglich auch vom ungleichen *sozioökonomischen Status* eines Akteurs. Er macht damit einen bestimmten Teilaspekt des sozialen Status aus. Der sozioökonomische Status hängt in unserer Gesellschaft eng mit der beruflichen Position und der beruflichen Qualifikation eines Akteurs zusammen.

Tab. 5.3

Verteilung des Nettogesamtvermögens

Quelle: BMAS 2013: 465, BMAS 2015: 119; eig. Berechnung.

Indikator	Jahr			
	1998	2003	2008	2012
Verteilung der Nettovermögen auf die oberen 10 % der Haushalte	45,1 %	49,4 %	52,9 %	58,1 %
Verteilung der Nettovermögen auf die unteren 50 % der Haushalte	2.9 %	2,6 %	1,2 %	0,4 %
Gini-Koeffizient	0.686	0.713	0,748	0,780

Es sind Skalen entwickelt worden, mit denen der sozioökonomische Status summarisch gemessen werden soll. Dazu gehören zum Beispiel die Skala von Handl (1977), die SES-Skala des US-amerikanischen Bureau of Census oder die internationale Skala des sozioökonomischen Status (ISEI) von Ganzeboom, De Graaf und Treiman (1992).

Wohlfahrtsstaatliche Dimensionen sozialer Ungleichheit | 5.2.3

Die zweite Gruppe der Dimensionen sozialer Ungleichheit bezieht sich auf Bedürfnisse bzw. Lebensziele, die den Übergang von der Wohlstands- zur Wohlfahrtsgesellschaft markieren. Sie fokussieren auf Lebensbedingungen, die nachhaltig Lebenskomfort und soziale Sicherheit garantieren. Damit sind neben verschiedenen Aspekten der materiellen Wohlfahrt auch Faktoren gemeint, welche die soziale und persönliche Lebenswirklichkeit betreffen und durch wohlfahrtsstaatliche Maßnahmen beeinflusst werden. Dieses Bündel ungleichheitsrelevanter Faktoren kann man unter dem Oberbegriff der Lebensqualität zusammenfassen. Es wird seit einiger Zeit von Initiativen verschiedener nationaler und internationaler Institutionen beforscht (für eine Übersicht der verschiedenen Instrumente vgl. Diez 2015). Zu nennen wäre hier etwa der »Better Life Index« der OECD (2014) oder auch der Bericht der Bundesregierung zur Lebensqualität in Deutschland (BMWI 2016). Sie belegen die zunehmende Bedeutung wohlfahrtsstaatlicher Leistungen und Regelungen in immer mehr Lebensbereichen (vgl. Knecht 2010: 127 ff.).

Lebensqualität

Soziale Sicherung und Erwerbschancen | 5.2.3.1

Der Grad der sozialen Absicherung ist unter anderem durch die Erwerbschancen, die Sicherheit des Arbeitsplatzes, Schutz gegen Armutsrisiken, die materielle Absicherung im Fall von Arbeitslosigkeit, Arbeitsunfähigkeit und Krankheit sowie die Qualität der Alterssicherung von Individuen bestimmt. Auf diese Aspekte werden wir in Kapitel 6 noch eingehen, in dem die Bedeutung des Arbeitsmarkts und der wohlfahrtsstaatlichen Institutionen für die Strukturen sozialer Ungleichheit in unserer Gesellschaft behandelt wird. Zum Ausmaß, in dem unterschiedliche Bevölkerungsgruppen von Armutsrisiken betroffen sind, haben wir schon im vorangegangenen Abschnitt informiert.

Gesundheitsrisiken | 5.2.3.2

Zahlreiche Studien konnten die ungleiche Verteilung der Gesundheits- und Mortalitätsrisiken in der Bevölkerung belegen. Menschen haben ungleiche Chancen, ein gesundes Leben zu führen. Damit verbindet sich auch eine unterschiedlich hohe Lebenserwartung (Statistisches Bundesamt/WZB 2018, Kap 8.2.). Richter und Hurrelmann (2007) heben als gesicherte Erkenntnis hervor, dass das Ausmaß der Gesundheitsrisiken, denen jemand ausgesetzt ist, eng mit ökonomischen Dimensionen sozialer Ungleichheit verbunden ist. Je höher der sozioökonomische Status eines Individuums ausfällt, desto besser ist sein Gesundheitszustand (Statistisches Bundesamt 2017a: 34 ff.). Warum dies so ist, ist wegen der komplizierten Zusammenhänge nicht bis ins Detail geklärt. So kann man annehmen, dass Akteure mit höherem sozioökonomischen Status eine aufwändigere Lebensführung realisieren können. Mit ihr sind geringere Krankheits- und Sterberisiken verbunden und sie erlaubt, im Krankheitsfall eine bessere Gesundheitsversorgung in Anspruch zu nehmen (*Verursachung besserer Gesundheit*). Doch können umgekehrt eine höhere Morbidität, d.h. größere Krankheitsrisiken oder krankheitsbedingte Behinderungen, die Chancen auf den Erwerb eines höheren sozioökonomischen Status einschränken (*Selektion*). Dieser Zusammenhang ist, so meinen Richter und Hurrelmann (2007), nur adäquat aufzuklären, wenn man der Lebenslaufperspektive folgend ganze Status- und Gesundheitsverläufe untersucht. In Bezug auf beide Bereiche existieren zahlreiche Möglichkeiten der Kumulation oder Kompensation von Risiken und Gefährdungen (vgl. Lampert u.a. 2016).

Zusammenhang zwischen Gesundheitsrisiken und sozioökonomischem Status

5.2.3.3 Arbeits-, Freizeit- und Wohn(umwelt)bedingungen

Als Teil der Opportunitätsstrukturen (→ Kapitel 3.1) individuellen Handelns bestimmen auch die Arbeits-, Freizeit- und Wohn(umwelt)bedingungen Gelegenheiten und Beschränkungen bei der Verfolgung individueller Ziele.

Arbeitsbedingungen

Arbeitsbedingungen kann man im Hinblick auf Arbeitszeiten, Arbeitsbelastungen und Sicherheit am Arbeitsplatz sowie daraufhin unterscheiden, ob die Tätigkeit einseitig oder abwechslungsreich ist, welche Kreativitätsanforderungen es gibt usw. Sie können durchaus quer zu anderen Dimensionen sozialer Ungleichheit liegen. Typisches Beispiel sind die schon angesprochenen langen Arbeitszeiten eines Bundesligatrainers oder eines Topmanagers, die eher wenig Raum für andere Aktivitäten lassen. Fragen des Verhältnisses zwischen der beruflichen und nicht beruflichen Sphäre werden unter der Überschrift der »Work-Life-Balance« soziologisch untersucht. Eine zentrale These, die den Wandel dieser Balance zwischen verschiedenen Lebensbereichen (→ Kapitel 3.2) betrifft, ist die einer zunehmenden »Entgrenzung von Arbeit und Leben« in unserer Gesellschaft (Gottschall/Voß 2005, Hochschild 2006).

Im Datenreport 2018 wird auf Basis einer Erhebung, die 2015 im Rahmen des International Social Survey Programme (ISSP) durchgeführt wurde, gezeigt, dass Menschen mit verschiedenen sozialstrukturellen Positionen (→ Kapitel 5.2.4.2) unterschiedlich stark mit belastenden Arbeitsplatzbedingungen wie Umweltbelastungen oder Stress konfrontiert sind. Die Differenzen sind allerdings in vielen Punkten relativ gering. Auch die Möglichkeiten zu einer befriedigenden Balance zwischen Familienleben und Arbeit sind ungleich in der Bevölkerung verteilt (Statistisches Bundesamt/WZB 2018: 188, 190, 193).

Neben den Arbeitsbedingungen sind die Freizeit, Wohn- und Umweltbedingungen für die Realisierung der Lebensziele relevant (vgl. Hradil 2001: 300 ff., Statistisches Bundesamt/WZB 2018, Kap. 6.2).

Freizeitbedingungen

Freizeit zur Verfügung zu haben, ist ein wichtiger Bestandteil individueller Lebensqualität. Damit ist die Zeit gemeint, die frei von beruflichen Tätigkeiten und Arbeiten in und um den Haushalt ist. In der Freizeit ist es für viele eher möglich, selbstbestimmt zu handeln, als im Beruf – auch wenn in Gesellschaften wie der unsrigen die Freizeit stark von den Angeboten der Konsumgesellschaft geprägt ist. Da die Verfügbarkeit über Freizeit zugenommen hat, ist sie für die Lebensführung immer wichtiger geworden. Aber auch hier gibt es erhebliche Unterschiede in den Möglichkeiten, die eigenen Interessen befriedigend zu verwirklichen. Diese Unterschiede sind daher eine Quelle sozialer Ungleichheit (vgl. Statistisches Bundesamt/WZB 2018: 199 ff.).

Wohn- und Umweltbedingungen

Die Wohnbedingungen sind ebenfalls zu berücksichtigen. Die Eigentümerquote für Wohnungen lag im Jahr 2013 in Deutschland bei 47,5 Prozent, wobei sie in Ostdeutschland niedriger als in Westdeutschland ausfiel. Die durchschnittliche Wohnfläche lag insgesamt bei 91,9 qm und es wurden 2,1 Personen je Wohnung geschätzt. Die durchschnittliche Wohnfläche korreliert außerdem stark positiv mit dem Haushaltseinkommen und anderen sozialstrukturellen Merkmalen, wie der Lebensform (Statistisches Bundesamt 2013b; vgl. auch Statistisches Bundesamt/WZB 2018: 227 ff.). Weitere wichtige Faktoren zur Beurteilung der Wohn- und Umweltbedingungen sind auch die Art, der bauliche Zustand und die Ausstattung von Wohnungen sowie die Wohnlage (infrastrukturelle Verhältnisse am Wohnort und Umweltsituation). Zu den Wohnverhältnissen und den Umweltbedingungen in Deutschland werden regelmäßig Indikatoren erhoben und sozialstrukturell differenzierte Auswertungen vorgestellt (vgl. Statistisches Bundesamt 2013b). Siehe beispielhaft dazu die Tabelle 5.4 mit Zahlen, die wiederum auf Basis der EU-SILC-Erhebung des Jahres 2015 berechnet worden sind. Danach leben armutsgefährdete Personen in deutlich schlechteren Wohnverhältnissen als nicht armutsgefährdete Personen. Ebenso sind Mieterhaushalte schlechter versorgt als Eigentümerhaushalte.

Mittlerweile häufen sich die Darstellungen welche Indikatoren zu einem bestimmten Bereich der Lebensqualität (oft regional begrenzt) veröffentlichen (*Lebensqualitätatlas*, *Gesundheitsatlas*, *Wohnatlas*).

Tab. 5.4

Wohnsituation der Bevölkerung in Deutschland 2015: Bevölkerung nach Mängeln in der Wohnung/dem Haus, in der/dem der Haushalt lebt (Selbsteinschätzung), und nach soziodemographischen Merkmalen

Quelle: Statistisches Bundesamt 2017a: 32.

	Anteil der Personen mit Mängeln in der Wohnung/dem Haus, in der/dem der Haushalt lebt (in Prozent)			
		und zwar		
	Insgesamt	Feuchtigkeitsschäden[2]	Zu wenig Tageslicht[3]	Lärmbelästigung[4]
Armutsgefährdete Personen[1]	46,3	19,7	7,5	34,9
darunter[5]				
Eigentümerhaushalte	26,7	9,1	(3,4)[6]	20,2
Mieterhausaushalte	53,6	23,7	9,1	40,5
Nicht armutsgefährdete Personen[1]	31,6	11,4	3,3	24,0
darunter[5]				
Eigentümerhaushalte	23,6	7,0	1,8	18,8
Mieterhausaushalte	43,3	17,9	5,5	31,7

[1] Personen in Haushalten mit Angaben zur Fragestellung.
[2] Das Dach ist undicht und/oder die Wände, Fußböden oder das Fundament sind feucht und/oder in den Fensterrahmen oder Fußböden gibt es Fäulnis.
[3] Die Wohnräume haben zu wenig Tageslicht oder sind zu dunkel.
[4] Es gibt Lärmbelästigung (z. B. durch Nachbarn, Verkehrslärm, Geschäfte oder Industrie).
[5] Die Klassifizierung eines Haushalts in »Mieterhaushalt« beinhaltet auch die Fälle von Wohnen mit reduzierter Miete. Mietfrei wohnende Haushalte zählen als Eigentümerhaushalte. In Einzelfällen war keine Zuordnung möglich.
[6] Zahl mit Unsicherheit behaftet.

5.2.4 Soziale Dimensionen sozialer Ungleichheit

Als dritte Gruppe allgemeiner Lebensziele hatten wir Bedürfnisse nach Integration und sozialer Teilhabe, sozialem Einfluss und sozialer Anerkennung genannt. Hier rücken die Verfügbarkeit und persönlich befriedigende Gestaltung sozialer Beziehungen in den Fokus der Betrachtung.

5.2.4.1 Soziale Beziehungen

Die Bedeutung sozialer Beziehungen

Die mehr oder weniger gelungene Integration in Primärbeziehungen (Familie) und soziale Netzwerke anstelle von sozialer Isolation und die Qualität dieser Beziehungen bilden eine wichtige Rahmenbedingung für eine befriedigende Lebensgestaltung. Wir verstehen diesen Aspekt hier in einem umfassenderen Sinne als Hradil, der nur auf die Integration von sozialstrukturellen Gruppen (insbesondere Migranten) in die sozialen Beziehungsnetze der Bevölkerung abhebt (Hradil 1987: 147). Soziale Beziehungen sind eine wichtige Quelle von instrumentellen Unterstützungsleistungen und sozialer Anerkennung; sie begleiten die Menschen durch ihr ganzes

Leben. Am Anfang steht die spezifische Form der Eltern-Kind-Beziehung, in der die Eltern das persönliche und soziale Werden des Kindes ermöglichen und begleiten.

Wenn es darum geht, als junger Mensch einen Platz im sozialen Positionengefüge der Gesellschaft zu besetzten, ist man auf Ressourcen anderer Personen angewiesen, also auf Ressourcen, die man nicht durch eigene Anstrengungen gewonnen hat. Ihr Ausmaß hängt vor allem von den wirtschaftlichen, kulturellen und sozialen Bedingungen des Aufwachsens im Elternhaus und damit von den Statuspositionen der Eltern ab. Man kann abkürzend von der *sozialen Herkunft* einer Person sprechen, wenn man sich auf den sozioökonomischen Status und andere relevante Statuspositionen der Eltern bezieht. Je nach sozioökonomischem Status der Eltern wird das Elternhaus Kindern den Zugang zu mehr oder weniger attraktiven sozialen Statuspositionen erleichtern können. Es hat einen großen Einfluss auf die Chancen junger Menschen, in der Gesellschaft anerkannte Lebensziele zu verwirklichen. Die Zusammenhänge zwischen Statuspositionen der Eltern und den Lebens- und Statuserwerbschancen der Kinder, vor allem im Hinblick auf Ausbildung und Beruf, werden als soziale Vererbung bezeichnet und sind Gegenstand der Forschung zur (intergenerationalen) *sozialen Mobilität*, auf die wir in Kapitel 5.5 eingehen.

Soziale Herkunft

Das soziale Unterstützungspotenzial im Elternhaus gehört zu dem, was Bourdieu (1983) oder Coleman (1991) als *soziales Kapital* bezeichnen. Man erkennt den Bezug zum sprichwörtlichen »Vitamin B« oder »Beziehungen« im alltagssprachlichen Sinn. Es steckt sozusagen in den sozialen Beziehungen zu anderen Menschen, die über Güter, Informationen oder Handlungsmöglichkeiten verfügen, welche unter bestimmten Voraussetzungen bei Bedarf »abgerufen« werden können, um sie für eigene Interessen einzusetzen. Soziale Beziehungen (Verwandtschaftsbeziehungen, Freundschaften, Bekanntschaften, persönliche Bindungen) oder die Teilhabe an sozialen Organisationen (z. B. Vereine) ermöglichen so einen Zugang zu Ressourcen, Gütern und Leistungen materieller und nicht materieller Art, die man selbst nicht hat.

Soziales Kapital

Das soziale Kapital als Quelle für potenziell aktivierbare Ressourcen ist daher ein bedeutsamer Bestandteil der Lebensbedingungen von Akteuren. Die Voraussetzung dafür ist, dass die Beziehungspartner bereit und in der Lage sind, Unterstützung zu gewähren. Verpflichtungen und soziale Normen, ein erwartetes Gleichgewicht des Gebens und Nehmens (Reziprozität), Autoritätsverhältnisse oder die Bereitschaft zu altruistischem Verhalten spielen dabei eine wichtige Rolle (Coleman 1991: 395 ff.). Ebenso generieren informelle Beziehungen und die Mitgliedschaft in sozialen Organisationen oder organisierte Kooperation soziales Kapital.

Zusammenfassung

Soziales Kapital
Soziale Ungleichheit bezogen auf soziale Beziehungen bedeutet, über ein unterschiedliches Ausmaß an *sozialem Kapital* zu verfügen. Das heißt unter anderem:

- unter unterschiedlich vorteilhaften wirtschaftlichen, kulturellen und sozialen Bedingungen im Elternhaus aufzuwachsen (»soziale Herkunft«);
- in unterschiedlich hohem Maße durch soziale Beziehungen Zugang zu Ressourcen, Gütern und Leistungen materieller und nicht materieller Art zu bekommen, über die man selbst nicht verfügt;
- in seinem Beziehungsleben ein unterschiedlich hohes Maß an sozialer Anerkennung zu erfahren.

5.2.4.2 Macht und sozialer Einfluss

Soziale Beziehungen zwischen Akteuren können »asymmetrisch« sein. Ein Akteur mit sozialem Einfluss oder sozialer Macht genießt Handlungsbedingungen, die ihn in verschiedener Hinsicht privilegieren können, da er Möglichkeiten besitzt, eigene Interessen gegenüber seinen Beziehungspartnern durchzusetzen bzw. diese für seine Interessen zu instrumentalisieren. Max Weber hat den Machtbegriff wie folgt definiert:

Macht bei Max Weber

> *»Macht bedeutet jede Chance, innerhalb einer sozialen Beziehung den eigenen Willen auch gegen Widerstreben durchzusetzen, gleichviel worauf diese Chance beruht«* (Weber 1972: 28).

Macht kann sehr unterschiedlich begründet sein, sie ist soziologisch amorph, wie Weber sagt. Soziologisch relevanter sind daher die Begriffe der Herrschaft und der Autorität.

> *»Herrschaft soll heißen die Chance, für einen Befehl bestimmten Inhalts bei gegebenen Personen Gehorsam zu finden«* (Weber 1972: 28).

Herrschaft und Autorität

Den Begriff der Autorität benutzt Weber synonym dazu. Andere sehen im Herrschaftsbegriff eher den institutionellen Aspekt einer asymmetrischen sozialen Beziehung und im Autoritätsbegriff eher den personalen Aspekt thematisiert (Büschges/Abraham/Funk 1995: 32). Herrschaft bedarf einer institutionellen Regelung, die sie auf einen bestimmten Bereich bezogen legitimiert oder zumindest durchsetzt. Gehorsam ist (ohne den permanenten Einsatz von Zwangsmitteln) gewährleistet, wenn die Untergebenen Herrschaft als legitim anerkennen: Diese Legitimität kann nach Weber auf einer legal gesatzten Ordnung (legale Herrschaft), auf Tradition (traditionale Herrschaft) und auf Hingabe an eine charismatische Führerpersönlichkeit (charismatische Herrschaft) beruhen (Weber 1972: 124).

Büschges, Abraham und Funk definieren Autorität »als durch freiwilligen Gehorsam gerechtfertigte Macht, die auf dem als legitim geglaubten oder verstandenen Verhältnis von Befehl und Gehorsam beruht«. Autorität kann in besonderen persönlichen Eigenschaften, zuerkannter oder zugewiesener Kompetenz oder Expertenschaft, in der Position oder dem Amt begründet liegen (Büschges/Abraham/Funk 1995: 32; → Kapitel 5.3.2).

Soziale Ungleichheit heißt bezogen auf diese Dimension, in sozialen Beziehungsstrukturen mehr oder weniger Macht oder Autorität zu haben und eine bestimmte Position im Herrschaftsgefüge einer Gesellschaft zu bekleiden. Soziale Ungleichheit bedeutet hier Ungleichheit bezogen auf sozialen Einfluss sowie auf Kontroll- und Entscheidungsbefugnisse.

Eliten

Akteure, die aufgrund der mit ihren sozialen bzw. beruflichen Positionen verbundenen formalen Befugnisse und Einflussmöglichkeiten über ein besonders hohes Maß an Macht verfügen (Positionsansatz), werden zur gesellschaftlichen *Elite* gezählt (Macht- und Funktionseliten). Sie bekleiden in der Regel Spitzenpositionen innerhalb korporativer Akteure verschiedenster Art und besitzen daher weitreichende Entscheidungsbefugnisse in den Bereichen der funktional differenzierten Gesellschaft wie Politik, Verwaltung, Justiz, Militär, Wirtschaft, Öffentlichkeit (ausführlich dazu Geißler 2014: 131 ff.; Hartmann 2008).

Berufsstatus

Bezogen auf die Machtposition, die man qua Beruf in einer Hierarchie beruflicher Positionen in einer Arbeitsorganisation bekleidet, spricht man auch vom *Berufsstatus* oder *beruflichen Status* eines Akteurs. Eine Form der Operationalisierung, d.h. der empirischen Messung des Berufsstatus, bietet die seit 1971 erstmalig im Mikrozensus verwendete Klassifikation der *beruflichen Stellung*. Darin unterscheidet man zunächst Arbeiter, Angestellte, Beamte, Selbstständige, freie Berufe, Landwirte und mithelfende Familienangehörige. Innerhalb dieser Teilgruppen wird dann noch einmal eine hierarchische Gruppierung nach dem Ausmaß der Verfügungsgewalt über Dinge und Menschen vorgenommen (Hoffmeyer-Zlotnik/Geis 2003).

Zusammenfassung

Macht und soziale Ungleichheit

Soziale Ungleichheit heißt bezogen auf die Machtdimension, in sozialen Strukturen mehr oder weniger Entscheidungsbefugnisse und sozialen Einfluss zu haben und eine mehr oder weniger hohe Position im Herrschaftsgefüge einer Gesellschaft zu bekleiden. Sie wird insofern als eine Ungleichheitsdimension betrachtet, als sich soziale oder sozialstrukturelle Positionen nach dem Grad des ihren Inhabern gegebenen Einflusses auf andere Akteure »ordnen« lassen.

5.2.4.3 Diskriminierungen und Privilegierungen

In sozialen Beziehungen erleben wir die Ungleichbehandlung von Mitgliedern bestimmter Bevölkerungsgruppen aufgrund von Vorurteilen, Stigmatisierungen und Diskriminierungen, die sich oft an askriptiven, also zugeschriebenen Merkmalen festmachen. Dazu gehören das Geschlecht, die Religion, der Migrationshintergrund oder auch eine körperliche oder geistige Behinderung. Wir kommen auf diesen Sachverhalt zurück, wenn wir uns mit den Ursachen und Determinanten sozialer Ungleichheit beschäftigen (→ Kapitel 5.3). Allgemein verweist dieser Sachverhalt auf gesellschaftliche Randgruppen, die von der Mehrheit der Bevölkerung an der gleichberechtigten Teilhabe am gesellschaftlichen Wohlstand gehindert werden oder zu denen der soziale Kontakt gemieden wird.

5.2.4.4 Soziales Prestige

Das *soziale Prestige* ist die soziale Wertschätzung, die jemand durch andere Menschen in einer Gesellschaft erfährt. In der Bevölkerung werden sozialstrukturelle Positionen (und darüber ihre Inhaber) gewissermaßen in eine bestimmte Rangordnung gebracht, die den Grad der sozialen Wertschätzung, die man mit einer solchen Position verbindet, ausdrückt. Im Allgemeinen bezieht sich die Prestige-Analyse auf den Beruf.

Symbolische Dimension sozialer Ungleichheit

Das soziale Prestige stellt eine symbolische Dimension sozialer Ungleichheit dar (Hradil 2001: 275). Es basiert auf sozialen Zuschreibungen, die Akteure sozialstrukturellen Positionen (bzw. deren Trägern) aufgrund damit verbundener Merkmale oder Verhaltensmustern zuweisen. Das Prestige ist in der Regel nicht an konkrete Personen gebunden, sondern haftet sozialstrukturellen Positionen, wie einem bestimmten Beruf, an.

Was beeinflusst das soziale Prestige?

Es gibt zahlreiche Faktoren, die die soziale Wertschätzung einer sozialstrukturellen Position in einer Gesellschaft beeinflussen. Dazu gehören das Ausmaß wirtschaftlich relevanter Kapitalien, über das jemand verfügt, sowie die mit einer sozialstrukturellen Position verbundenen Einkommensmöglichkeiten und die dafür erforderlichen Qualifikationen. Auch spielt eine Rolle, für wie wichtig diese Position mit Blick auf das Funktionieren einer Gesellschaft gehalten und welcher Einfluss Inhabern dieser Position zugemessen wird. Weitere Faktoren sind mit der Vorstellung von wünschenswerten Zielen (»kulturelle Ziele«, → Kapitel 5.1) verbunden, die in verschiedenen sozialstrukturellen Positionen unterschiedlich gut zu erreichen sind. In modernen Gesellschaften gehört dazu insbesondere der Grad an Autonomie, der mit einer sozialstrukturellen Position verbunden ist. Schließlich kann bedeutsam sein, wie nützlich eine soziale Beziehung zu einer Person in einer bestimmten sozialstrukturellen Position sein könnte. Gute Beziehungen zu Personen, die über knappe Güter und hohen sozialen Einfluss verfügen, sind den eigenen Handlungsinteressen dienlich. Deshalb wird solchen Personen eine besondere Wertschätzung zuteil. Vorstellungen zum Prestige sozialstruktureller Positionen werden weitgehend von den Mitgliedern einer Gesellschaft geteilt. Sie sind zudem über die Zeit hin relativ stabil.

Berufsprestige

In der Praxis der Sozialstrukturforschung wird das soziale Prestige von Individuen häufig an ihrem Beruf festgemacht. Man spricht dann auch vom *Berufsprestige*. In der Soziologie sind eine Vielzahl unterschiedlicher Skalen zur Messung des Berufsprestiges entwickelt worden. Zu den wichtigsten gehören in der internationalen Forschung die Treiman-Skala (Treiman 1977) sowie im deutschen Sprachraum die Skala von Scheuch und Daheim (1961) und die Magnitude-Skala von Wegener (Wegener 1985).

Eine sehr einfache Version einer Rangliste von Berufen nach ihrem Prestige erstellt in regelmäßigen Abständen das Institut für Demoskopie Allensbach (vgl. Abb. 5.6). Die Befragten werden gebeten, sich aus einer vorgegebenen Liste von Berufen die fünf herauszusuchen, vor denen sie »am meisten Achtung haben«. Der Arztberuf steht hier weit vorne mit 76 Prozent der Nennungen, gefolgt von dem Beruf der Krankenschwester und, schon weit abgeschlagen, dem Lehrerberuf, ganz zu schweigen von den Politikerinnen und Politikern.

Soziale Distinktion

Soziales Prestige ist eng mit dem Phänomen der *sozialen Distinktion* verbunden; sie äußert sich in einer auf gegenseitiger sozialer Wertschätzung und Anerkennung beruhenden Ab- und Ausgrenzung sozialstruktureller Gruppen in der Gesellschaft. Wir sprechen von *Prestigegruppen* (vgl. die Stände bei Weber, → Kapitel 5.4). Ihre Mitglieder zeichnen sich durch eine vergleichsweise hohe Ähnlichkeit in ihrem Denken, ihren Einstellungen und ihren kulturellen Vorlieben und Praktiken aus. Eine vertikale Ordnung von Prestigegruppen ist dabei weniger von Belang, die Abgrenzung ist das Entscheidende.

Statussymbole

Distinktion verlangt *Statussymbole*. Hradil definiert sie als »äußerlich erkennbare Gegebenheiten, die den Prestigestatus eines Menschen anzeigen« (Hradil 2001: 292 f.). Statussymbole haben einen Exklusivcharakter für bestimmte Statusgruppen, sollen also nur für sie erreichbar sein, sei es aus ökonomischen, institutionellen oder anderen Gründen. Hradil nennt als Beispiele Rangabzeichen, Wohngegenden, Haustypen und Wohnungseinrichtungen, Konsumgüter, Ernährungsstile, Lokalitäten (Restaurants u. Ä.),

Abb. 5.6

Die Allensbacher Berufsprestige-Skala 2013

Quelle: IfD 2013: 2.

Sprachstile, Kleidung, Sportarten, Gesten, Rituale, Titel. Sie können offiziell eingeführt und damit institutionalisiert sein oder sich informell eingebürgert haben. Außerdem sind sie nicht immer unmittelbar und allen in gleicher Weise zugänglich und bekannt.

Statussymbole geben Orientierung und vermitteln das Gefühl der Zugehörigkeit. Wie kulturelle Symbole generell, so können auch sie als Mittel individueller Identitätssicherung oder -stabilisierung dienen und Handlungssicherheit bieten. Dasselbe Symbol kann eine subgruppenspezifisch unterschiedliche Bedeutung haben. Während beispielsweise einerseits der Mercedes als Symbol für individuellen Erfolg und Reichtum stand, wurde andererseits mit einem abgebrochenen Mercedesstern die Ablehnung des Establishments ausgedrückt.

Statussymbole signalisieren Ungleichheit und eignen sich damit als Machtsymbole und zur Durchsetzung von Machtinteressen. Sie können ihre Bedeutung verändern oder ihre Distinktionsfunktion mit der Zeit verlieren. Der Mercedes als solcher ist heute sicher nicht mehr ein Statussymbol der Reichen, da muss es schon ein besonders exklusives Modell sein. Den Tennissport hat das gleiche Schicksal ereilt, der Golfsport ist ebenfalls dabei, seinen Exklusivstatus zu verlieren.

Statussymbole hoch angesehener Prestigegruppen sind begehrte Güter, auch für andere Teile der Bevölkerung – so erfreuen sich exakte Kopien prestigeträchtiger und teurer Modemarken einer konstant hohen Beliebtheit. Sobald ihre Exklusivität für eine Prestigegruppe nicht mehr gesichert ist, verlieren sie ihre distinguierende Wirkung. So werden Prestigegruppen immer wieder gezwungen, nach neuen Statussymbolen Ausschau zu halten, wenn sie erkennbar und exklusiv bleiben wollen.

Zusammenfassung

Soziales Prestige und soziale Ungleichheit

Soziale Ungleichheit ist gemäß der Dimension des sozialen Prestiges durch mehr oder weniger *soziale Wertschätzung* seitens der anderen Mitglieder der Gesellschaft gekennzeichnet. Sie wird insofern als eine Ungleichheitsdimension betrachtet, als sich soziale oder sozialstrukturelle Positionen nach dem Grad des ihren Inhabern gewährten sozialen Ansehens »ordnen« lassen.

Soziales Prestige ist mit *sozialer Distinktion* verbunden; diese äußert sich in einer auf gegenseitiger sozialer Wertschätzung und Anerkennung beruhenden Ab- und Ausgrenzung sozialstruktureller Gruppen in der Gesellschaft und wird durch Statussymbole signalisiert.

5.2.5 Selbstbestimmung und Partizipation

Die vierte und letzte Gruppe von Dimensionen sozialer Ungleichheit steht für die unterschiedlichen Chancen zu individueller Selbstverwirklichung, Emanzipation, Entfaltung individueller Autonomie sowie Partizipation an gesellschaftlichen Willensbildungs- und Entscheidungsprozessen.

Soziale Rollen und Selbstbestimmungschancen

Menschen unterliegen in ihrem privaten und beruflichen Umfeld grundsätzlich einer mehr oder minder starken Verhaltenskontrolle. Der Verweis auf soziale Rollen und Selbstbestimmungschancen zielt auf das unterschiedliche Ausmaß ab, in dem man von sozialen Rollenvorgaben (Verhaltens- und Handlungserwartungen) und Einschränkungen selbstbestimmten Handelns im Alltag betroffen ist. Ein besonderes Beispiel dafür sind Berufe, in denen Menschen dazu angehalten sind, ganz bestimmten

Verhaltensnormen zu folgen (Arbeitsbedingungen) oder in denen sogar ihre emotionalen Regungen präzisen Vorgaben unterworfen sind. Besonders gilt das für Berufe, die ein hohes Maß an persönlicher Interaktion – wie etwa bei Stewardessen – erfordern (Hochschild 1990). Sie verlangen ein großes Maß an Selbstkontrolle und »Gefühlsarbeit«.

Ein anderes Beispiel ist das unterschiedliche Maß an Verantwortung, das Individuen im Zusammenhang mit familialen Verpflichtungen übertragen ist. Auch wenn die Familie in der modernen Gesellschaft als ein höchst privater und intimer Interaktionsraum verstanden wird, so ist die interne Organisation und Verteilung von Zuständigkeiten von gesellschaftlichen Institutionen in einer Gesellschaft abhängig. Deutlich wird das etwa an dem gesellschaftlichen Verständnis der Mutterrolle, das immer noch weitreichende Auswirkungen auf die Möglichkeiten der Lebensgestaltung von Frauen mit Kindern hat. Im privaten Lebensbereich scheint die Relevanz sozialer Rollenerwartungen zwar an Bedeutung zu verlieren. Untersuchungen etwa zur innerfamilialen Arbeitsteilung belegen aber, dass die traditionellen Muster der geschlechtsspezifischen Aufteilung von Tätigkeiten im Haushalt und die höhere zeitliche Belastung der Frauen mit Hausarbeit und Kinderbetreuung immer noch der Normalfall ist. Spätestens dann, wenn ein Kind geboren wird, ist die innerfamiliale Arbeitsteilung nahezu unweigerlich auf dem Weg in die traditionellen Strukturen – mit nur kleinen Unterschieden zwischen West- und Ostdeutschland (Huinink/Röhler 2005).

Gesellschaftliche Partizipation

Die Beteiligung an gesellschaftlichen und insbesondere politischen Willensbildungs- und Entscheidungsprozesse ist in der Bevölkerung ebenfalls sehr unterschiedlich verteilt (vgl. Böhnke 2011, Statistisches Bundesamt/WZB 2018). Darauf gehen wir in Kapitel 6.3 noch einmal ein.

5.2.6 | Ein mehrdimensionaler Armutsbegriff: Lebenslagenarmut

Mehrdimensionale Armutskonzepte

Nachdem wir wichtige Dimensionen sozialer Ungleichheit, gegliedert in die in Übersicht 5.2 angegebenen vier großen Bereiche, vorgestellt haben, stellt sich die Frage, ob man nicht im Anschluss daran auch eine Erweiterung des Armutsbegriffs vornehmen muss. Neben der Ressourcen- oder Einkommensarmut kann man auf die Unterversorgung oder Deprivation in Bezug auf andere Dimensionen, wie Bildung, Erwerbsbeteiligung und soziale Sicherheit, Wohnsituation und Ausstattung mit Gütern, Gesundheit, soziale Integration und soziale Teilhabe als weitere Kennzeichen von Armut verweisen (→ Kapitel 6.1.1.3). Alle Aspekte der Lebenslage von Menschen, d.h. alle Dimensionen der sozialen Ungleichheit, lassen sich im Prinzip berücksichtigen. Man spricht dann auch von *Lebenslagenarmut* (Hradil 2001, Groh-Samberg 2009). Für jede Dimensionen sozialer Ungleichheit gilt es dann festzulegen, wo die

Armutsschwelle anzusiedeln ist, bei welchem Grad der Unterversorgung man also in Bezug auf diese Dimension als arm zu gelten hat.

Mittlerweile besteht in der Armutsberichterstattung Konsens, dass das eindimensionale Konzept der Einkommensarmut die Bedürftigkeit von Menschen nicht hinreichend gut erfasst (vgl. BMAS 2013, 2017). In Übersicht 5.5 sind bereits verschiedene Definitionen diskutiert worden. Auf internationaler Ebene wird ebenfalls ein umfassenderes Verständnis von sozialstruktureller Deprivation verfolgt. Das Entwicklungsprogramm der UN (UNDP) hat einen mehrdimensionalen Armutsindex entwickelt (UNDP 2011).

Übersicht 5.6

Soziale Ausgrenzung (Social Exclusion)
Eurostat hat für die europäische Armutsberichterstattung in Europa ein mehrdimensionales Armutskonzept eingeführt und bezeichnet es als »soziale Ausgrenzung«. Danach ist man sozial ausgegrenzt, wenn eines der drei folgenden Kriterien erfüllt ist:

- man ist einkommensarmutsgefährdet,
- man erfährt gravierende materielle Entbehrungen,
- von den Mitgliedern eines Haushalts im Alter von 18 bis 59 Jahren sind nur 20 Prozent erwerbstätig.

Sozial ausgegrenzt im Sinne der Definition in Übersicht 5.6 wären im Jahr 2017 in Deutschland etwa 19 Prozent der Bevölkerung gewesen (Eurostat 2019; Datensatz »ilc_peps01«). Dieser Anteil ist höher als die geschätzte Armutsrisikoquote. Bedeutend höher ist er in Bulgarien (39 Prozent), Griechenland (35 Prozent) und Rumänien (36 Prozent). Der niedrigste Wert wird für Finnland mit knapp 16 Prozent ausgewiesen.

Die subjektive Zufriedenheit mit der Lebenslage | 5.2.7

Wir haben weiter oben vorgeschlagen, mit dem Begriff der Lebenslage nur die Gesamtheit der objektiven Handlungs- und Lebensbedingungen zu bezeichnen, wie sie sich in den verschiedenen Dimensionen sozialer Ungleichheit manifestieren. Die subjektive Befindlichkeit der Menschen, die von Autoren wie Voges auch als Teil der Lebenslage verstanden wird (Voges 2002), haben wir um einer klaren Abgrenzung willen davon ausgenommen (→ Kapitel 5.1.2).

Lebenszufriedenheit

Zum Abschluss dieses Kapitels über die Dimensionen sozialer Ungleichheit (Lebenslage) wollen wir dennoch in einem kurzen Intermezzo Befunde zur subjektiven Bewertung der eigenen Lebenslage und Lebensqualität durch die Menschen in Deutschland vorstellen. Abbildung 5.7 aus dem Datenreport 2011 zeigt für das Jahr 2009, wie zufrieden die Menschen in Ost- und Westdeutschland laut den Daten des Sozio-ökonomischen Panels durchschnittlich mit ihrem Leben insgesamt (allgemeine Lebenszufriedenheit), mit ihrer Arbeit und mit anderen, zum Teil ungleichheitsrelevanten Lebensumständen (Freizeit, Haushaltseinkommen u. a.) waren. Danach lag die allgemeine Lebenszufriedenheit (gemessen auf einer Skala von 0 bis 10) in Westdeutschland bei 6,9, in Ostdeutschland bei 6,5. Am wenigsten zufrieden waren die Befragten offensichtlich mit ihrer finanziellen Situation, gefolgt von der Gesundheit. Offensichtlich konnten auch viele ihre Vorstellungen, wie sie ihre Freizeit verbringen möchten, bzw. ihre Ansprüche an ihre Freizeitgestaltung nicht verwirklichen – obwohl die gemessene Zufriedenheit hier noch vergleichsweise hoch ist. Die Wohnzufriedenheit weist die höchsten Werte auf.

Neuere Auswertungen des Sozio-ökonomischen Panels zur Zufriedenheit mit einzelnen Lebensbereichen sind im Datenreport 2018 veröffentlicht (Statistisches Bundesamt/WZB 2018, Kap. 10).

Abb. 5.7

Zufriedenheit in Lebensbereichen und allgemeine Lebenszufriedenheit 2009

Quelle: Statistisches Bundesamt/WZB 2011: 377.

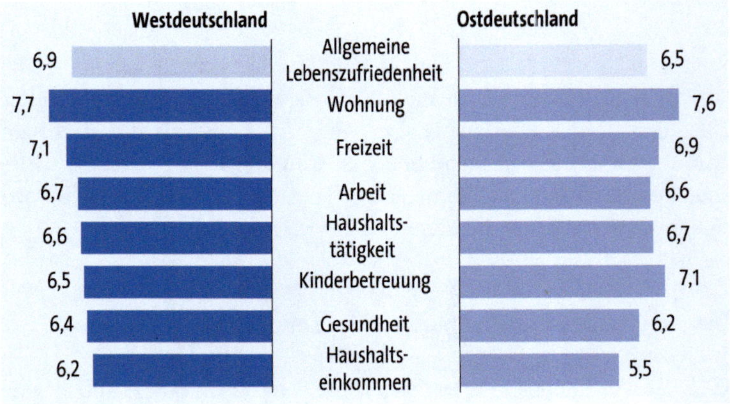

Datenbasis: SOEP 2009.

Lernkontrollfragen

1 Begründen Sie die Relevanz der vier Gruppen von Dimensionen sozialer Ungleichheit.
2 Diskutieren Sie verschiedene Formen der Messung sozioökonomischer Deprivation (Armut).
3 Worin begründen sich Macht und soziales Prestige?
4 Welche Sachverhalte drücken soziale Ungleichheit im Hinblick auf Selbstbestimmung und Partizipation aus?
5 Eruieren Sie verschiedene Konzepte von Lebenslagenarmut und deren Operationalisierung in der Literatur.

Infoteil

Die empirischen Befunde zu allen hier genannten Dimensionen sozialer Ungleichheit bzw. zur Lebenslage der Menschen sind außerordentlich umfangreich und vielfältig. Sie hat sich in den letzten Jahren auch bedeutend verbessert. Einführende Übersichten mit ausführlicheren Informationen, als wir hier präsentieren konnten, findet man in Geißler (2014). Speziell zum Thema Armut sei auf Böhnke/Dittmann/Goebel (2018) verwiesen. Die Datenreports verschiedener Jahre, zuletzt von 2018 bieten zu allen Bereichen statistische Informationen (Statistisches Bundesamt/WZB 2018). Nicht zu vergessen sind die zahlreichen Veröffentlichungen des Statistischen Bundesamts, Eurostat, der Organisation für wirtschaftliche Zusammenarbeit und Entwicklung (OECD) und International Labour Organisation (ILO), die alle im Internet verfügbar sind (→ Kapitel 8). Gleiches gilt für die Berichte der Bundesregierung. Neben den schon erwähnten Armuts- und Reichtumsberichten seien Berichte zur Sicherheit und Gesundheit bei der Arbeit, die Kinder- und Jugendberichte, die Familienberichte, die Gesundheitsberichte und die Bildungsberichte genannt. Zu den im Text genannten Datenquellen verweisen wir auf den Anhang.

5.3 Ursachen und Theorien sozialer Ungleichheit

Zur Erinnerung: Definiert haben wir soziale Ungleichheit als Ausweis gesellschaftlich bedingter Unterschiede in den Chancen, allgemein anerkannte Lebensziele in einer Gesellschaft zu realisieren. Die Lebensziele wurden in vier Gruppen zusammengefasst, ausgehend von allgemeinen Grundbedürfnissen, die alle Menschen in unserer Gesellschaft teilen (vgl. Übersicht 5.2). Die ungleichen Handlungsbedingungen, welche die Realisierung dieser Ziele erschweren oder erleichtern, haben wir als *Dimensionen sozialer Ungleichheit* eingeführt und in ihrer Gesamtheit als die *Lebenslage* eines Individuums bezeichnet. Beispielsweise steigen mit dem Einkommen, der Arbeitsplatzsicherheit oder der sozialen Anerkennung auch die Möglichkeiten, ein behagliches und finanziell abgesichertes Leben zu führen.

Während wir im vorangegangenen Kapitel Aspekte der Lebenslage beschrieben haben, legen wir im Folgenden dar, wodurch diese Aspekte beeinflusst werden und welche sozialstrukturellen Faktoren man als Determinanten der Lebenslage von Individuen ansehen kann. Nachdem wir einige Determinanten sozialer Ungleichheit betrachtet haben, zeigen wir im Kapitel 5.3.2, in welcher Weise auch die Dimensionen sozialer Ungleichheit selber die Entwicklung sozialer Ungleichheit im Lebenslauf beeinflussen können (Eigendynamik sozialer Ungleichheit). Zur Erinnerung: Die Determinanten sozialer Ungleichheit, die wir im Folgenden erläutern, und die Dimensionen sozialer Ungleichheit, die wir im vorangegangen Kapitel 5.2 eingeführt haben, haben wir unter dem Begriff der sozialen Lage zusammengefasst (→ Kapitel 5.1). Im Kapitel 5.3.3 führen wir dann in einige wichtige Theorien sozialer Ungleichheit ein.

5.3.1 | Determinanten sozialer Ungleichheit

Bestimmungsfaktoren sozialer Ungleichheit

Um Unterschiede zwischen den Lebenslagen von Individuen zu erklären, gilt es, die Bedingungen und Ursachen für die Zuweisung von Statuspositionen in den Dimensionen sozialer Ungleichheit zu identifizieren. So hängen etwa das Einkommen oder das soziale Ansehen eines Akteurs stark davon ab, welchen Beruf er ausübt. Der Beruf kann daher als eine »Determinante« des Einkommens oder des sozialen Prestiges angesehen werden. *Determinanten sozialer Ungleichheit* müssen in ihren Wirkungen theoretisch begründet werden. Man muss zum Beispiel die Frage beantworten, auf welche Weise der Beruf das soziale Ansehen einer Person beeinflusst. Nur dann lässt sich erklären, warum sich das Ansehen von Berufsgruppen verändert, warum etwa das Ansehen von Politikerinnen und Politikern in der Bevölkerung in den letzten Jahren stark abgenommen hat, wie Umfragen des Allensbacher Instituts zu belegen scheinen (vgl. Abb. 5.8). Nur 6 Prozent der Befragten nannten im Jahr 2011 (und wie in Abb 5.6 auch für 2013 geschätzt) Politikerinnen und Politiker unter den fünf Berufen, vor denen sie am meisten Achtung hatten. Im Jahr 1972 waren es noch 27 Prozent gewesen – ebenfalls kein berauschender Wert.

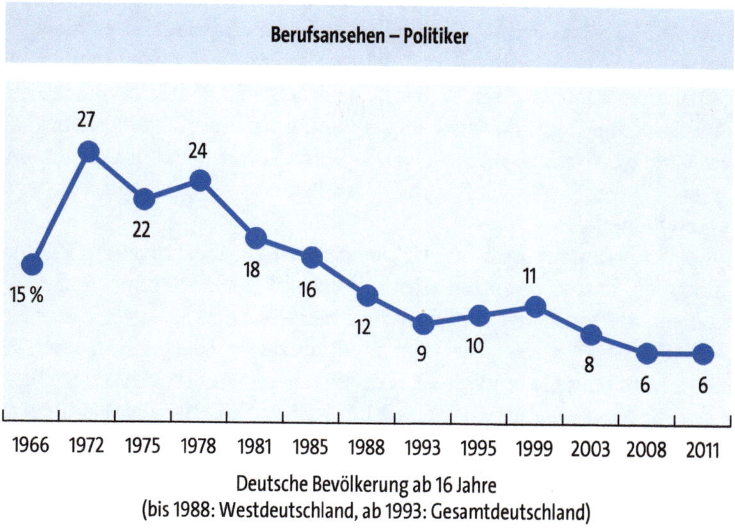

Abb. 5.8

Berufliches Prestige der Politiker im historischen Wandel: Anteil der Befragten, die Politiker zu den fünf am meisten geschätzten Berufen zählen

Quelle: IfD 2011: 4.

Definition

Determinanten sozialer Ungleichheit
Individuell zurechenbare Umstände und sozialstrukturelle Merkmale, welche die Chancen beeinflussen, bestimmte Statuspositionen in den Dimensionen sozialer Ungleichheit zu erreichen, und die selbst keine Ungleichheitsmerkmale (Dimensionen sozialer Ungleichheit) sind.

Unterschied zwischen Dimensionen und Determinanten sozialer Ungleichheit

Determinanten sozialer Ungleichheit sind Merkmale, die ursächlich dafür sind, welche Statuspositionen in einzelnen Dimensionen sozialer Ungleichheit erreicht werden, die jedoch selbst keine Ungleichheitsmerkmale sind. Wir haben in Kapitel 5.1 erläutert, dass sie von einigen Autoren auch als Aspekte sozialer Ungleichheit angesehen und als Merkmale *horizontaler Ungleichheit* (vgl. zum Beispiel Kreckel 1997; Hradil 1987) begriffen werden. Bezogen auf die Dimensionen sozialer Ungleichheit spricht man dann abgrenzend von *vertikaler sozialer Ungleichheit*. Da sich aber Determinanten und Dimensionen sozialer Ungleichheit theoretisch auf unterschiedliche Wirkungszusammenhänge beziehen, schließen wir uns dieser Terminologie nicht an und empfehlen die Unterscheidung zwischen Dimensionen und Determinanten sozialer Ungleichheit, wie sie Hradil später auch vorsieht (Hradil 2001: 34 f.).

Determinanten sozialer Ungleichheit messen selbst kein Mehr oder Weniger an Mitteln zur Verfolgung allgemein anerkannter Lebensziele. Sie haben aber einen Einfluss darauf, wie viel jemand von diesen Mitteln zur Verfügung hat oder erreicht. Berufe sind beispielsweise selbst noch kein Ausdruck von Ungleichheit; denn der Beruf ist ein Klassifikationsmerkmal. Er kann aber Ursache oder eben »Determinante« ungleich hoher Einkommen, ungleich großer Einflussmöglichkeiten oder ungleich guter Arbeitsbedingungen sein.

Zugeschriebene und erworbene Determinanten

Wie für Dimensionen sozialer Ungleichheit gilt aber auch für die Determinanten, dass sie *erworben* oder *zugeschrieben (askriptiv)* sein können. So gehören der Beruf oder die Lebensform heute – anders als in vormodernen Zeiten – eher zu den erworbenen sozialstrukturellen Merkmalen. Das Geschlecht oder die ethnische Zugehörigkeit sind in der Regel zugeschriebene Merkmale, an denen man nichts oder nur in seltenen Fällen etwas ändern kann oder ändert.

In Kapitel 5.2. haben wir gezeigt, wie unterschiedlich in Deutschland und Europa die Lebenslage in den zentralen Dimensionen ausgeprägt ist. Bei den empirischen Beispielen wurden bereits einige sozialstrukturelle Merkmale wie das Geschlecht, die Lebensform oder die Wohnregion (Ost-West-Unterschiede) erwähnt, die in der hier eingeführten Terminologie als Determinanten sozialer Ungleichheit anzusehen sind (siehe Übersicht 5.7).

Übersicht 5.7

Zentrale Determinanten sozialer Ungleichheit

Als zentrale Determinanten sozialer Ungleichheit bezeichnen wir jene sozialstrukturellen Merkmale, die auf vielfältige Weise einen theoretisch begründbaren Einfluss auf Dimensionen sozialer Ungleichheit haben. Hierzu gehören:

- der Beruf,
- das Geschlecht,
- das Alter (auch als Geburtsjahrgang oder Kohorte bezeichnet),
- die Wohnregion (insbesondere Stadt/Land- oder speziell in Deutschland Ost/West-Unterschiede),
- die Familienverhältnisse oder die Lebensform,
- die ethnische Zugehörigkeit, Staatsangehörigkeit und »Migrationshintergrund«.

Im Folgenden stellen wir einige Beispiele für den Einfluss der Determinanten Beruf, Geschlecht, Alter, Wohnregion, Lebensform und Migrationshintergrund auf Dimensionen sozialer Ungleichheit vor. Wir illustrieren das exemplarisch an den ökonomischen Dimensionen sozialer Ungleichheit (insbesondere dem Einkommen) mit empirischem Material (zu weiteren Befunden → Kapitel 5.2, 6.1 und 6.2).

Beruf

5.3.1.1

Beruf als Bestimmungsfaktor der Lebenslage

Als wichtigste Determinante sozialer Ungleichheit wird der *Beruf* eines Individuums angesehen (vgl. Geiger 1963). Er ist ein wesentlicher Bestimmungsfaktor für zahlreiche Aspekte der Lebenslage von Menschen:

- Berufe verschaffen Individuen unterschiedlich gute Erwerbschancen und Einkommen. Sie verlangen eine Ausbildung, die zu unterschiedlich hohen, in Deutschland oft zertifizierten Qualifikationsniveaus führt. Der Beruf hat also nicht nur einen wesentlichen Anteil an der wirtschaftlichen Situation von Akteuren, sondern er hängt auch eng mit dem Niveau ihres über die Zeit hin angesammelten, »marktverwertbaren« Humankapitals zusammen.
- Die Struktur der berufsbezogenen Tätigkeitsfelder hat einen großen Einfluss auf wohlfahrtsstaatliche Dimensionen sozialer Ungleichheit, wie Erwerbschancen, Arbeitsbedingungen, Arbeitsplatzsicherheit oder Regelungen zur Alterssicherung.
- Aspekte der sozialen Dimensionen sozialer Ungleichheit hängen ebenfalls stark mit dem Beruf zusammen. Über ihn lassen sich soziale Beziehungen, persönliche Macht und sozialer Einfluss aufbauen und mehr oder weniger soziales Prestige genießen – dem Arzt bieten sich hier mehr Möglichkeiten als der Arzthelferin, dem Handwerksmeister mehr als seinem Gehilfen.
- Ähnlich verhält es sich mit emanzipatorischen Dimensionen sozialer Ungleichheit. Auch die Partizipation am gesellschaftlichen Leben sowie die Möglichkeiten zur Selbstbestimmung können durch die Art der beruflichen Tätigkeit beeinflusst werden.

Beruf und Einkommen

Um die Bedeutung des Berufs für das Einkommen zu illustrieren, zeigt Tabelle 5.5, wie sich im Jahr 2017 die durchschnittlichen Bruttomonatsverdienste von Arbeitnehmerinnen und Arbeitnehmern im produzierenden Gewerbe nach Wirtschaftszweigen in Deutschland unterschieden haben.

Der durchschnittliche Bruttomonatsverdienst schwankt je nach Wirtschaftszweig erheblich. Insgesamt wurden im produzierenden Gewerbe und Dienstleistungsbereich durchschnittlich 4149 Euro brutto im Monat verdient. Im Gastgewerbe war das durchschnittliche Verdienstniveau mit 2401 Euro am niedrigsten, im Bereich »Erbringung von Finanz- und Versicherungsleistungen« mit 6179 Euro am höchsten. Außerdem ist zu erkennen, dass in allen Wirtschaftsabschnitten die Männer – zum Teil deutlich – mehr verdienen als die Frauen.

Tab. 5.5

Durchschnittliche Bruttomonatsverdienste vollzeitbeschäftigter Arbeitnehmer (Männer und Frauen) in Deutschland nach Wirtschaftsabschnitten 2017

Quelle: Statistisches Bundesamt 2018d: 6, 9, 12.

Wirtschaftsabschnitt	Bruttomonatsverdienst (in Euro)		
	Gesamt	Frauen	Männer
Produzierendes Gewerbe und Dienstleistungsbereich	4149	3597	4392
Produzierendes Gewerbe und marktbestimmte Dienstleistungen	4188	3522	4398
Produzierendes Gewerbe	4370	3697	4502
Bergbau und Gewinnung von Steinen und Erden	4531	4247	4557
Verarbeitendes Gewerbe	4552	3689	4747
Energieversorgung	5591	4777	5787
Wasserversorgung	3643	3606	3649
Baugewerbe	3463	3373	3470
Dienstleistungsbereich	4026	3573	4308
Marktbestimmende Dienstleistungen	4023	3436	4283
Handel	3851	3210	4162
Verkehr und Lagerei	3256	3198	3268
Gastgewerbe	2401	2217	2551
Information und Kommunikation	5462	4386	5825
Erbringung von Finanz- und Versicherungsleistungen	6179	4921	6994
Grundstücks- und Wohnungswesen	4544	3920	4984
Erbringung von freiberuflichen, wissenschaftlichen und technischen Dienstleistungen	5269	3975	6037
Erbringung von sonstigen wirtschaftlichen Dienstleistungen	2659	2566	2691
Öffentliche und persönliche Dienstleistungen			
Öffentliche Verwaltung, Verteidigung,	4032	3705	4365
Sozialversicherung	3915	3747	4008
Erziehung und Unterricht	4364	4131	4669
Gesundheits- und Sozialwesen	3979	3545	4682
Kunst, Unterhaltung und Erholung	4092	3031	4792
Erbringung von sonstigen Dienstleistungen	3859	3341	4418
Investitionsgüterproduzenten	5085	4285	5213

5.3.1.2 Geschlecht

Soziale Ungleichheit zwischen Männern und Frauen ist in Gesellschaften, in denen die Gleichstellung der Geschlechter ein gesellschaftspolitisches Ziel darstellt, zu einem zentralen Thema sozialer Gerechtigkeit geworden. Seit Anfang der 1970er-Jahre gelangte es – nicht zuletzt mit Erstarken der »neuen« Frauenbewegung – in der alten Bundesrepublik in die Öffentlichkeit und innerhalb der sozialstrukturellen Forschung zunehmend stärker auf die Tagesordnung. Zwar ist die Gleichstellung von Mann und Frau im Grundgesetz der Bundesrepublik Deutschland (Art. 3 Abs. 2) festgeschrieben, die rechtlich-formale Umsetzung dieses Grundrechts ist jedoch trotz großer Fortschritte in vielen Bereichen der Gesellschaft bis heute nicht erreicht (Geißler 2014: 374 ff.). Insbesondere die unterschiedlichen Berufs-

Gleichstellung von Mann und Frau

chancen von Frauen und Männern und die ungleiche Aufteilung der Zuständigkeit für Kinder und Haushalt zwischen den Geschlechtern sind für die Realisierung gesellschaftlich geteilter Lebenschancen weiterhin von großer Bedeutung.

In der DDR war die Gleichstellung der Geschlechter in Politik, Recht und Alltag sehr viel weiter vorangeschritten, ohne dass sie auch hier jemals in Gesetz und Praxis vollständig realisiert wurde (Trappe 1995).

Geschlecht und Schulabschluss

Bis vor einiger Zeit waren Mädchen schon im Hinblick auf die schulische und berufliche Ausbildung gegenüber den Jungen benachteiligt. Mittlerweile sind geschlechtsspezifische Unterschiede im allgemeinbildenden Schulwesen nicht mehr vorhanden. Mädchen erreichen heute im Durchschnitt sogar bessere Bildungsabschlüsse als Jungen. Unter den 25- bis 35-Jährigen lagen die Frauen im Jahr 2017 beim mittleren Abschluss (30 Prozent im Vergleich zu 29 Prozent bei den Männern) und noch deutlicher bei der Hochschulreife (52 Prozent im Vergleich zu 47 Prozent bei den Männern) vorne (vgl. Abb. 5.1; Statistisches Bundesamt 2018a: 88; eig. Berechnung).

Geschlecht und Ausbildung

Auch in der beruflichen Ausbildung haben bei den formalen Abschlüssen die Frauen die Männer überflügelt. Unter den 25- bis 35-Jährigen hatten im Jahr 2017 29 Prozent der Frauen und 31 Prozent der Männer mindestens einen Hochschulabschluss (Bachelor, Master, Diplom, Promotion). 42 Prozent der Frauen bzw. 46 Prozent der Männer haben eine Lehrausbildung absolviert. 19 Prozent der Frauen und 22 Prozent der Männer dieser Altersklasse hatten (noch) keine Ausbildung (vgl. Abb. 5.1; Statistisches Bundesamt 2018a: 90; eig. Berechnungen). Dieser positive Trend für die Frauen ist europaweit deutlich stärker ausgeprägt: Der Anteil der Frauen im Alter von 30 bis 34 Jahren, die einen tertiären Bildungsabschluss (ISCED 5-8) erreicht haben, lag 2017 im europäischen Durchschnitt gar bei 45 Prozent, während für die Männer nur 35 Prozent ausgewiesen wird (Eurostat 2019: Datensatz »edat_lfse_12«).

Dennoch bestehen in Deutschland und international weiterhin gravierende Unterschiede zwischen den Geschlechtern, die eine große Bedeutung für die Einkommens- und Karrierechancen von Frauen und Männern haben. Es gibt einen stark geschlechtsspezifisch segregierten Ausbildungs- und Arbeitsmarkt (→ Kapitel 6.1). Bei der Ausbildung im dualen System (gewerbliche und handwerkliche Lehre) sind Frauen unterrepräsentiert bzw. vornehmlich in traditionell weiblich dominierten Berufen vertreten. In Ausbildungsberufen, die in einer schulischen Vollzeitausbildung erlernt werden (z. B. Erzieher/in, Pflerger/in), sind Frauen dagegen deutlich in der Mehrheit (Corneließen 2005: 58). Entsprechend ist der Arbeitsmarkt geschlechterspezifisch segregiert (Statistisches Bundesamt/WZB 2018: 154).

Neben dieser horizontalen Gliederung der Arbeitswelt in eher frauentypische und eher männertypische Berufe, gibt es nach wie vor eine große

Ungleichheit im beruflichen Erfolg von Frauen und Männern. Europaweit erreichen Frauen im Durchschnitt nicht den gleichen beruflichen Status wie die Männer und sind seltener in Führungspositionen zu finden. 29 Prozent der Führungspositionen (Vorstände, Geschäftsführer/-innen, Führungskräfte in Handel, Produktion und Dienstleistungen) sind laut Eurostat in Deutschland mit Frauen besetzt. Deutschland liegt damit unter dem europäischen Durchschnitt (Statistisches Bundesamt/Eurostat 2018). Das sei auch an einem Beispiel aus der universitären Ausbildungs- und Berufswelt dokumentiert.

Geschlecht und beruflicher Status

Wie Tabelle 5.6 zeigt, gibt es auf der universitären Karriereleiter starke geschlechtsspezifische Unterschiede. Je höher ein Abschluss ist, desto weniger sind die Frauen vertreten. Bei den Studienabschlüssen entspricht der Anteil der Frauen in etwa der Geschlechterproportion in der Bevölkerung der jeweiligen Altersgruppe. Dies gilt aber nicht mehr für die Promotionen, wo er im Jahr 2016 bei 45 Prozent lag. Bei den Professuren geht ihr Anteil noch weiter zurück, 2016 betrug er etwa 24 Prozent. Frauen sind auch in anderen Berufssparten im Hinblick auf ihre Karrierechancen nach wie vor gegenüber den Männern im Nachteil. In einflussreichen beruflichen Positionen sind sie deutlich unterrepräsentiert. Weitere Unterschiede finden sich in der sozialen Anerkennung der typischerweise von Frauen gewählten Berufe bzw. Tätigkeiten (etwa: Haushaltsführung, Pflegeberufe).

Ähnlich verhält es sich mit wohlfahrtsstaatlichen Dimensionen sozialer Ungleichheit. Mütter junger Kinder verzichten oft für längere Zeit auf eine Vollzeittätigkeit und gehen – zum Teil unfreiwillig – Kompromisse bzgl. der Arbeitsbedingungen ein. Per Saldo müssen sie auch trotz der 2014 eingeführten Mütterrente bei der sozialen (Alters-)Absicherung Abstriche hinnehmen (Möhring 2018). Mütter erfahren zudem aufgrund der Mehrfachbelastung durch Beruf, Kind und Haushalt vergleichsweise hohe Einbußen in der Freizeit.

Tab. 5.6

Frauenanteile in verschiedenen Stadien der akademischen Laufbahn in 2016 (in Prozent)

Quelle: Statistisches Bundesamt/ WZB 2018: 118.

Studienanfängerinnen und -anfänger	50,5
Studierende	48,2
Absolventinnen und Absolventen	50,6
Promotionen	45,2
Hochschulpersonal insgesamt	52,6
Hauptberufliches wissenschaftliches und künstlerisches Personal	39,0
Professorinnen und Professoren	23,4
C4/W3-Professorinnen und -Professoren	19,4

Geschlecht und Einkommen

Die Unterschiede zwischen den Bruttomonatsverdiensten von Arbeitnehmerinnen und Arbeitnehmern sind beträchtlich. Laut Tabelle 5.5 verdienten Männer im Jahr 2017 in allen beruflichen Bereichen deutlich mehr als Frauen, allerdings variieren diese Unterschiede: Während die Frauen im produzierenden Gewerbe anteilsmäßig etwa 80 Prozent des Verdienstes der Männer erhalten, sind es im Dienstleistungsbereich 83 Prozent.

Ursachen der Einkommensunterschiede

Die Einkommensunterschiede sind erstens dadurch bedingt, dass erwerbstätige Frauen im Vergleich zu Männern zu einem höheren Anteil in geringer qualifizierten Tätigkeiten arbeiten, die schlechter bezahlt werden. Die Verdienstunterschiede sind zweitens auf die unterschiedliche Berufswahl von Frauen und Männern innerhalb der einzelnen Wirtschaftsbereiche zurückzuführen: In von Frauen dominierten Berufszweigen wird generell weniger verdient. So wird beispielsweise das Personal in Arztpraxen relativ schlecht bezahlt und 84 Prozent der diese Tätigkeit ausübenden Arbeitnehmer sind Frauen. Der Anteil der Frauen an den deutlich besser bezahlten Stellen im Bereich der Energieversorgung beträgt dagegen nur 19 Prozent (vgl. Statistisches Bundesamt 2017b: 63, 74).

Diese Gründe allein sind nicht automatisch als Ausdruck einer Lohndiskriminierung von Frauen zu bewerten, solange der Grundsatz »gleicher Lohn für gleiche Arbeit« eingehalten wird. Einkommensunterschiede wären dann auf (frühere) Benachteiligungen der Frauen im Ausbildungssystem, ein höheres Risiko, unterqualifiziert arbeiten zu müssen, und auf einkommensrelevante Auswirkungen eines geschlechtsspezifisch segregierten Arbeitsmarkts zurückzuführen. Mutterschaft scheint aber nach wie vor ein zentraler Faktor zu sein. Man spricht auch von der »motherhood penalty« oder »child penalty« (Kleven u. a. 2019). Mütter übernehmen bis heute zum Großteil die Betreuung der Kinder. Das wird immer noch kulturell von ihnen erwartet. Eine eingeschränkte Vereinbarkeit von Beruf und Familie beeinträchtigt nicht nur ihre berufliche Karriere insgesamt, sondern auch ihre Verhandlungsmacht bei der Aushandlung von Lohn- und Gehaltsvereinbarungen.

Eine Schätzung der Einkommensdifferenz zwischen den Geschlechtern (Gender Pay Gap) nach Berücksichtigung einkommensrelevanter struktureller Faktoren vermittelt Tabelle 5.7. Der sogenannte bereinigte Gender Pay Gap lag im Jahr 2014 bei 6 Prozent. Das bedeutet, dass der unbereinigte Gender Pay Gap um 15 Prozentpunkte sinkt, wenn man eine vergleichbare Qualifikation, Tätigkeit und Arbeitszeit zugrunde legt. So »lassen sich fast drei Viertel des unbereinigten Gender Pay Gap auf strukturelle Unterschiede zurückführen: Die wichtigsten Gründe für die Differenzen der durchschnittlichen Bruttostundenverdienste waren Unterschiede in den Branchen und Berufen, in denen Frauen und Männer tätig sind, sowie ungleich verteilte Arbeitsplatzanforderungen hinsichtlich Führung und

Tab. 5.7 *Unbereinigter und bereinigter Gender Pay Gap (GPG) nach Gebietsstand in den Jahren 2006, 2010 und 2014*

Quelle: Statistisches Bundesamt: https://www.destatis.de/DE/ZahlenFakten/GesamtwirtschaftUmwelt/VerdiensteArbeitskosten/VerdiensteVerdienstunterschiede/Tabellen/BGPG_01_Gebietsstand.html, Stand 20.3.2019.

Gebietsstand	2006		2010		2014	
	Unbereinigter GPG	Bereinigter GPG	Unbereinigter GPG	Bereinigter GPG	Unbereinigter GPG	Bereinigter GPG
	in %					
Deutschland	23	8	22	7	22	6
Früheres Bundesgebiet (inkl. Berlin)	24	8	24	7	24	–
Neue Länder	6	12	7	9	7	–

Qualifikation. Darüber hinaus sind Frauen häufiger als Männer teilzeit- oder geringfügig beschäftigt« (Statistisches Bundesamt 2017c). Welche strukturellen Unterschiede wie stark zum Gender Pay Gap beitragen, ist in einer Veröffentlichung des Statistischen Bundesamtes aufgeschlüsselt (Statistisches Bundesamt 2017d: 19). Den größten Anteil macht die Art des Berufes bzw. die Branche aus gefolgt von den Arbeitsplatzanforderungen hinsichtlich Führung und Qualifikation. Einen Vergleich des bereinigten Gender Pay Gap im Jahr 2014 zwischen den Bundesländern zeigt Beck (2018).

Deutschland liegt bei den unbereinigten Einkommensunterschieden zwischen den Geschlechtern mit an der Spitze in Europa. Das EU-Mittel liegt bei 16,2 (Eurostat 2019: Datensatz »earn_gr_gpgr2«). Sehr viel kleiner ist der unbereinigte Verdienstunterschied zum Beispiel in Belgien, Italien, Polen, Rumänien und Slowenien, wo für das Jahr 2016 Werte unter 10 Prozent geschätzt worden sind. Die Daten von Eurostat zeigen auch, dass der GPG sich zwischen den Branchen deutlich unterscheidet und mit zunehmendem Alter steigt (vgl. auch Statistisches Bundesamt 2017d: .21). Damit wären wir bei der nächsten Determinante sozialer Ungleichheit.

5.3.1.3 Alter

Mit dem Alter ändert sich die Lebenslage von Individuen. Während typischerweise zunächst Bildung, Berufserfahrung und finanzielle Möglichkeiten mit zunehmendem Alter steigen, verringert sich das Einkommen mit dem Übergang ins Rentenalter und das akkumulierte Humankapital wird entwertet. Mit zunehmendem Alter nimmt in der Tendenz die Abhängigkeit von wohlfahrtsstaatlichen Sicherungssystemen zu, gleichzeitig steigen die gesundheitlichen Risiken. Allerdings sind Veränderungen im Alter bezogen auf alle Dimensionen sozialer Ungleichheit äußerst vielfältig und hängen stark vom bisherigen Lebenslauf des Individuums ab. Dass mit zunehmendem Alter das Risiko von Benachteiligungen wächst, kann pauschal jedoch nicht bestätigt werden (Tesch-Römer/Engstler/Wurm 2006).

Altersgruppen	Durchschnittliches Jahresnettoäquivalenzeinkommen (in Euro)		
	insgesamt	Männer	Frauen
18 bis 24	21 873	22 510	21 158
25 bis 49	24 807	25 457	24 206
50 bis 64	25 125	25 870	24 455
65 und älter	21 222	22 347	20 194
75 und älter	21 077	22 410	19 768

Tab. 5.8

Durchschnittliches Jahresnettoäquivalenzeinkommen in Deutschland nach Altersgruppen 2015

Quelle: Statistisches Bundesamt 2017a: 20.

Alter und Einkommen

Es ist belegt, dass das Armutsrisiko mit dem Alter variiert. Kinder und junge Erwachsene sind stärker von Armut betroffen als Personen in mittlerem und hohem Alter. Laut Tabelle 5.8 stieg im Jahr 2015 das jährliche Nettoäquivalenzeinkommen mit zunehmendem Alter zunächst an, um dann wieder – hauptsächlich aufgrund des Ruhestands – zu sinken (vgl. für das Jahr 2014 auch Statistisches Bundesamt 2017d: 21). Das durchschnittliche jährliche Nettoäquivalenzeinkommen im Rentenalter liegt nur wenig unter dem Einkommen in der Erwerbsphase. Daher konnte bisher auch keine höhere Armut bei Menschen im Rentenalter beobachtet werden (vgl. Tab. 5.2). Allerdings ist zu erkennen, dass Frauen vom Rückgang deutlich stärker betroffen sind.

Alter und Arbeitslosigkeit

Der alleinige Blick auf die Einkommenssituation liefert nur ein unvollständiges Bild der altersspezifischen Ungleichheit auf dem Arbeitsmarkt. Die Arbeitslosenquote der 50- bis unter 65-Jährigen lag im Januar 2017 um 0,9 Prozent über der Quote aller zivilen Erwerbspersonen (Bundesagentur für Arbeit 2017: 24). Zudem zeigen die Zahlen der Bundesagentur für Arbeit, dass mit dem Alter der Anteil an den Langzeitarbeitslosen steigt. Während die älteren Arbeitslosen (55 Jahre und älter), die im Januar 2017 eine Stelle fanden, durchschnittlich 62 Wochen arbeitslos waren, gelang es allen Arbeitslosen im Mittel, in »nur« 31 Wochen die Arbeitslosigkeit zu beenden. Über 46 Prozent der im Januar 2017 älteren Arbeitslosen waren länger als ein Jahr, über die Hälfte davon länger als zwei Jahre arbeitslos (Bundesagentur für Arbeit 2017: 83).

5.3.1.4 Wohnregion

Spätestens seit der Wiedervereinigung stößt die regional bedingte Ungleichheit wieder auf ein verstärktes Interesse in der Sozialstrukturforschung. Neben Ost-West-Unterschieden findet sich soziale Ungleichheit auch zwischen der Stadt- und der Landbevölkerung sowie im Vergleich der Bundesländer und im internationalen Vergleich (Statistisches Bundesamt/WZB 2018, Kap 11). Regional bedingte soziale Ungleichheit reflektiert unter anderem Standortvorteile bzw. -nachteile von Regionen; diese können sich in

Regional bedingte Ungleichheit

einer unterschiedlichen Infrastruktur im Bildungs-, Erwerbs- und Freizeitbereich oder in unterschiedlich vorteilhaften Lebensbedingungen für Familien mit Kindern äußern. Die regionalspezifischen Disparitäten schlagen sich vor allem in den ökonomischen und wohlfahrtsstaatlichen, aber auch in den sozialen Dimensionen sozialer Ungleichheit nieder.

Soziale Ungleichheit zwischen Ost- und Westdeutschland ist bezogen auf nahezu alle Dimensionen sozialer Ungleichheit auch 30 Jahre nach der Vereinigung noch präsent. Betrachten wir als Beispiel die Einkommensver-

Tab. 5.9

Durchschnittliche Bruttomonatsverdienste vollzeitbeschäftigter Arbeitnehmer in Ost und Westdeutschland nach Wirtschaftsabschnitten 2017

Quelle: Statistisches Bundesamt 2018d: 15, 24.

Wirtschaftsabschnitt	Bruttoverdienst (in Euro)	
	Westdeutschland (einschl. Berlin)	Ostdeutschland
Produzierendes Gewerbe und Dienstleistungsbereich	4 293	3 247
Privatwirtschaft (Produzierendes Gewerbe und wirtschaftliche Dienstleistungen)	4 361	3 026
Produzierendes Gewerbe	4 565	3 180
Bergbau und Gewinnung von Steinen und Erden	4 622	4 247
Verarbeitendes Gewerbe	4 748	3 212
Energieversorgung	5 760	4 696
Wasserversorgung	3 774	3 120
Baugewerbe	3 604	2 850
Dienstleistungsbereich	4 142	3 286
Wirtschaftliche Dienstleistungen	4 181	2 860
Handel	3 969	2 780
Verkehr und Lagerei	3 363	2 684
Gastgewerbe	2 478	2 071
Information und Kommunikation	5 565	4 248
Erbringung von Finanz- und	6 266	4 810
Versicherungsleistungen	4 797	3 475
Grundstücks- und Wohnungswesen		
Erbringung von freiberuflichen, wissenschaftlichen und technischen Dienstleistungen	5 431	3 735
Erbringung von sonstigen wirtschaftlichen Dienstleistungen	2 749	2 212
Öffentliche und persönliche Dienstleistungen	4 077	3 795
Öffentliche Verwaltung, Verteidigung, Sozialversicherung	3 932	3 834
Erziehung und Unterricht	4 375	4 300
Gesundheits- und Sozialwesen	4 047	3 620
Kunst, Unterhaltung und Erholung	4 204	3 587
Erbringung von sonstigen Dienstleistungen	3 988	2 975
Investitionsgüterproduzenten	5 283	3 513

hältnisse. Tabelle 5.9 vergleicht für das Jahr 2017 den durchschnittlichen Bruttomonatsverdienst von Arbeitnehmern und Arbeitnehmerinnen aus Ost- und Westdeutschland. Dabei wird nach denselben Wirtschaftsbereichen differenziert (wie in Tabelle 5.5). Im Ergebnis zeigt sich, dass im Jahr 2017 der Verdienst in den ostdeutschen Bundesländern im produzierenden Gewerbe etwa 69 Prozent und im Dienstleistungsbereich etwa 79 Prozent des Niveaus in Westdeutschland (inkl. Berlin) erreichte. Deutlich sind auch immer noch die regionalen Unterschiede in der Arbeitslosenquote, die 2017 in Ostdeutschland je nach Land zwischen 6 und 9 Prozent lag, in den westdeutschen Flächenländern und Hamburg hingegen zwischen 3 und 7,5 Prozent lag. Am höchsten war sie in Bremen (10 Prozent) und Berlin (9 Prozent).

Einkommen in Ost- und Westdeutschland

Lebensform

5.3.1.5

Die Lebensform eines Individuums hat einen gewichtigen Einfluss auf seine Lebens- und Handlungsbedingungen. Dabei sind typischerweise Vor- und Nachteile im Hinblick auf verschiedene Wohlfahrtsdimensionen miteinander verbunden (Huinink/Konietzka 2007: 138 ff.). Eine enge Partnerschaft bietet einen besonderen Raum für Intimität und emotionale Befriedigung, persönliche Anerkennung und Möglichkeiten der gemeinsamen Freizeitgestaltung. Sie bringt aber auch soziale Kontrolle bzw. Hindernisse für eine autonome Lebensgestaltung mit sich.

Partnerschaft

Noch stärker sind die widersprüchlichen Effekte von Elternschaft in unserer Gesellschaft. Die Familie bietet Eltern und Kindern eine geschützte Umwelt, in der sie sozialen Zusammenhalt und persönliche emotionale Zuwendung erfahren können. Sie impliziert aber gleichzeitig hohe zeitliche und psychische Anforderungen und steht zum Engagement in anderen Lebensbereichen in harter Konkurrenz. Wie schon gezeigt, bedeutet es für Frauen in Deutschland immer noch ein gravierendes Hemmnis für die beruflichen Chancen, wenn sie Kinder haben. Mutterschaft geht mit einer zeitweiligen oder teilweisen Aufgabe der Erwerbstätigkeit einher, der nicht nur die wirtschaftliche Unabhängigkeit von Frauen gefährdet, sondern sie auch im Alter finanziell schlechter stellt (→ Kapitel 6.1.2.1).

Familie

Wirtschaftliche Konsequenzen einzelner familialer Lebensformen haben wir schon bei der Betrachtung der Armutsrisikoquoten kennengelernt (vgl. Tab. 5.2). Familien mit vielen Kindern und Alleinerziehende unterliegen in Deutschland einem vergleichsweise hohen Armutsrisiko. Aber auch Single-Haushalte liegen über dem Durchschnitt bei den Armutsrisikoquoten. Hier sind vor allem alleinstehende Männer hervorzuheben. Dass sie höhere Armutsquoten aufweisen, ist allerdings weniger Folge ihres Single-Daseins als dessen Ursache (Buhr/Huinink 2011).

5.3.1.6 Staatsangehörigkeit und Migrationshintergrund

Schließlich ist die Staatsangehörigkeit und der Migrationshintergrund von Personen eine relevante Determinante der Lebenslage von Individuen in Deutschland. Dabei haben wir zwischen Personen, die selbst nach Deutschland zugewandert sind (»erste Generation«), und den Kindern oder Kindeskindern von Zuwanderern (»zweite« und »dritte Generation«) unterschieden (→ Kapitel 4.2.3). Auch ist zu beachten, dass der Zuwandererstatus oder die Tatsache, dass jemand Kind von Zuwanderern ist einerseits, und die Staatsangehörigkeit von Personen andererseits, zweierlei Dinge sind. Spätaussiedler aus Osteuropa bekommen unmittelbar nach der Zuwanderung die deutsche Staatsbürgerschaft und Zugewanderte sowie deren Kinder können diese erwerben. Im Jahr 2016 haben laut Statistischem Bundesamt immerhin 112 843 Personen davon Gebrauch gemacht (Statistisches Bundesamt 2018a: 51).

Die Zugehörigkeit zu der Gruppe der Zugewanderten oder zu der von Personen mit Migrationshintergrund hat Effekte auf alle Dimensionen sozialer Ungleichheit; sie hier sämtlich vorzustellen, ist nicht möglich (vgl. Kley 2004; Statistisches Bundesamt/WZB 2018, Kap 7.3). Unter Anderem sind die ungleichheitsrelevanten Effekte auch davon abhängig, aus welchem Herkunftsland die Zugewanderten bzw. die Eltern der zweiten Generation stammen.

Asyl

Besonders betroffen sind Schutzsuchende und Antragssteller auf Asyl. Ihre Zahl ist zwischen 2006 und 2016 kontinuierlich angestiegen, um danach wieder stark zurück zu gehen. Während beispielsweise im Jahr 2006 noch 21 029 Asyl-Erstanträge gestellt wurden, stieg ihre Zahl 2013 erstmals über die 100 Tausender Marke. Sie erreichte 2016 mit 722 370 Anträgen einen Höchststand (Statistisches Bundesamt 2018a: 51). Viele von Ihnen verfügen nur über geringe Sprachkenntnisse und finanzielle Ressourcen. Sie sind von den Benachteiligungen besonders betroffen.

Bildungsbenachteiligung

Zahlreiche Studien belegen die Benachteiligung von Kindern mit Migrationshintergrund im Bildungssystem. In Tabelle 5.10 ist die Verteilung der Schulabschlüsse unter jungen Erwachsenen im Alter von 25 bis 35 Jahren mit und ohne Migrationshintergrund für das Jahr 2017 dargestellt. Grundlage ist der Mikrozensus. Die Zahlen beziehen sich dabei auf die Personen, die eine Angabe zu ihrem Schulabschuss gemacht haben. Bei den Zahlen zur Bevölkerung mit Migrationshintergrund ist zu berücksichtigen, dass auch Kinder aus den europäischen Nachbarländern oder den USA erfasst sind, die über gute Bildungschancen verfügen.

Auch wenn insgesamt ein positiver Trend im Bildungsstatus zu verzeichnen ist, haben junge Erwachsene mit Migrationshintergrund die Schule zu einem größeren Anteil ohne Abschluss oder mit einem Hauptschulabschluss verlassen. Dabei sei noch einmal darauf hingewiesen, dass es große

Schulabschlüsse 25- bis unter 35-Jähriger nach Migrationshintergrund 2017 (in %) | **Tab. 5.10**

Noch in schulischer Ausbildung	Haupt(Volks-) schulabschluss	Realschul- oder gleichwertiger Abschluss	Fachhochschul- oder Hochschulreife	Ohne Angabe zur Art des Abschlusses	Ohne Allgemeinen Schulabschluss	Insgesamt
Bevölkerung ohne Migrationshintergrund						
0,4	17,1	28,6	49,8	0,2	4,3	100
Bevölkerung mit Migrationshintergrund						
0,8	21,2	20,4	48,0	0,5	9,9	100

Quelle: Statistisches Bundesamt 2018a: 88; eigene Berechnungen.

Unterschiede innerhalb der Gruppe der Personen mit Migrationshintergrund gibt (Stürzer u. a. 2012: 26f).

Erwerbsstatus

Personen mit und ohne Migrationshintergrund unterscheiden sich auch im Hinblick auf ihre Erwerbsbeteiligung. Dazu gibt es Schätzungen mit Daten des Sozio-ökonomischen Panels. Personen im Alter von 17 bis 64 Jahren mit Migrationshintergrund sind danach etwas wenig häufiger erwerbstätig oder von Arbeitslosigkeit betroffen als Personen ohne Migrationshintergrund. Auch im Hinblick auf die berufliche Stellung, die als einfacher Indikator für den Berufsstatus verwendet werden kann, unterscheiden sich Personen mit und ohne Migrationshintergrund in charakteristischer Weise, wie Tabelle 5.11 zeigt, die ebenfalls auf Daten des Sozio-ökonomischen Panels beruht.

Der Anteil der als Arbeiter erwerbstätigen Personen ist unter den Migranten deutlich höher als unter den Personen ohne Migrationshintergrund (21 Prozent zu 11 Prozent). Auch unter den einfachen Angestellten ist ihr Anteil größer. In den beruflichen Stellungen mit höherem Status sind sie hingegen unterrepräsentiert. Beamte gibt es unter den Migranten nur wenige, der Anteil der Selbstständigen ist hingegen gleich groß.

Berufliche Stellung	Personen ohne Migrationshintergrund	Personen mit Migrationshintergrund
	in %	
Arbeiter	11	21
Einfache Angestellte	15	22
Mittlere Angestellte	28	21
Höhere Angestellte	17	15
Facharbeiter/Meister	13	11
Beamte	8	2
Selbstständige	8	8

Tab. 5.11

Berufliche Stellung erwerbstätiger Personen (17–64 Jahre alt) mit und ohne Migrationshintergrund im Jahr 2016

Quelle: Statistisches Bundesamt/WZB 2018: 277.

Die soziale Ungleichheit bezogen im Bildungs- und Berufserfolg zwischen Personen mit und ohne Migrationshintergrund ist in Deutschland im Vergleich zu vielen anderen europäischen Ländern relativ groß (Stanat/Rauch/Segeritz 2010, Steuerwald 2016: 178).

5.3.1.7 | Weitere Determinanten sozialer Ungleichheit

Die klassische Sozialstrukturforschung geht davon aus, dass soziale Ungleichheiten vor allem durch Chancen und Einschränkungen bestimmt werden, die auf die berufliche Position zurückzuführen sind. Gegenwärtig scheinen sich die strukturellen Ursachen sozialer Ungleichheit jedoch zu verändern und vielfältiger zu werden. So haben nach Hradil die Institutionen des Wohlfahrtsstaats in modernen Wohlstandsgesellschaften an Einfluss gewonnen (Hradil 1987: 47 f.). Ein anderer Ursachenkomplex, der zunehmend in den Fokus gerät, steht mit der fortschreitenden Globalisierung im Zusammenhang. Deren Folgen verändern die Gewichtung bzw. Bedeutung einzelner Determinanten sozialer Ungleichheit und tragen, so die verbreitete These, zu einer Vergrößerung von Unsicherheiten in der Lebensplanung, einem höheren Risiko von diskontinuierlichen Erwerbsverläufen und erhöhten Flexibilitätsanforderungen bei (Blossfeld u.a. 2005). Erwähnt sei auch, dass sich *Lebensrisiken* selbst »globalisieren«. So sind beispielsweise die Auswirkungen eines GAUs in einem Atomkraftwerk nicht lokal begrenzt. Solchen Risiken ausgesetzt zu sein, ist immer weniger eine Frage der Zugehörigkeit zu bestimmten, beruflich geprägten sozialen Statusgruppen (Beck 1986).

5.3.2 | Die Eigendynamik sozialer Ungleichheit

Wenn wir die Ursachen und Dynamik sozialer Ungleichheit untersuchen, sind nicht nur deren Determinanten als Bestimmungsfaktoren zu beachten. Ein einmal erreichtes Niveau bezüglich einer Dimension sozialer Ungleichheit kann auf die weitere Entwicklung dieser oder anderer Dimensionen – wir werden diesbezüglich in Kapitel 5.5 von *sozialer Mobilität* sprechen – einen gewichtigen Einfluss haben.

Wechselwirkungen zwischen den Dimensionen

Wir haben bereits in Kapitel 5.1 angemerkt, dass die einzelnen Dimensionen sozialer Ungleichheit mehr oder weniger stark zusammenhängen können: Während im Fall einer Statuskonsistenz die Statuspositionen in den Dimensionen sozialer Ungleichheit ähnlich sind, korrelieren sie im Fall der Statusinkonsistenz nicht oder nur schwach miteinander. Im Folgenden werden einige typische Wirkungszusammenhänge zwischen verschiedenen Dimensionen sozialer Ungleichheit eingehender dargestellt (vgl. Hradil 1987: 148 ff.).

1. Nach dem *Komplementaritäts-* oder *Matthäus-Prinzip* fördern die Vorteile bzw. behindern die Nachteile in Bezug auf eine Ungleichheitsdimension die Verbesserung von Statuspositionen in Bezug auf diese und andere Ungleichheitsdimensionen. Die Ungleichheitsdimensionen werden dann als komplementär bezeichnet. Es gilt, was im Matthäus-Evangelium, Kapitel 25, Vers 29 (im Gleichnis vom anvertrauten Geld) steht: »Denn wer hat, dem wird gegeben, und er wird im Überfluss haben; wer aber nicht hat, dem wird auch noch weggenommen, was er hat.« Wenn das Komplementaritäts- oder Matthäus-Prinzip wirksam ist, werden die Reichen immer reicher und auch in Bezug auf andere Dimensionen sozialer Ungleichheit privilegierter. Die Armen werden immer ärmer und bezogen auf andere Dimensionen sozialer Ungleichheit zunehmend deprivierter – man kann bei Geltung dieses Prinzips also Statuskonsistenz erwarten.

Komplementaritäts- oder Matthäus-Prinzip

2. Beim *Dominanzprinzip* wird angenommen, dass die Statuspositionen aller Dimensionen sozialer Ungleichheit durch den Status in einer Dimension bestimmt werden. So kann man etwa annehmen, dass Bildung und Wissen heute immer entscheidender dafür ist, welche Handlungschancen man bezogen auf die wohlfahrtsstaatlichen, sozialen und emanzipatorischen Lebensziele erreichen kann. Der Spruch »Geld regiert die Welt« drückt dagegen aus, dass letztendlich die finanzielle Ausstattung für alle anderen Statuspositionen entscheidend ist.

Sonderfall: Dominanzprinzip

3. Nach dem *Kompensations-* oder *Substitutionsprinzip* können Beschränkungen im Hinblick auf eine Ungleichheitsdimension durch Vorteile in einer anderen Dimension kompensiert werden. Fehlende Mittel, die für die Realisierung bestimmter Lebensziele notwendig sind, werden durch andere ersetzt. Eine hohe Arbeitsplatzunsicherheit oder schlechte Arbeitsbedingungen können zum Beispiel durch eine gute Bezahlung erträglich gemacht werden. Das hohe Einkommen würde dann etwa die gesundheitsbedrohlichen Folgen der Arbeitssituation in gewissem Sinne kompensieren oder die Folgen eines Arbeitsplatzverlustes abfedern. Gerade in modernen Gesellschaften können die kulturellen Ziele auf sehr unterschiedliche Weise realisiert werden; so lässt sich soziale Anerkennung beispielsweise durch hohes Einkommen, Wissen und Kompetenz, Hilfsbereitschaft oder soziales Engagement erreichen. Individuen können also – wenn dies schon nicht in allen Dimensionen gelingt – gezielt versuchen, bei bestimmten Zielen erfolgreich zu sein, und dafür Nachteile bei der Realisierung anderer Ziele in Kauf nehmen. Man denke an die schon erwähnten Künstler. Dort, wo das Kompensations- oder Substitutionsprinzip gilt, ist Statusinkonsistenz durchaus normal und dem Erfolg im Hinblick darauf, sich Lebensziele zu erfüllen, nicht unbedingt abträglich.

Kompensations- oder Substitutions-Prinzip

Zusammenfassung

Wirkungszusammenhänge zwischen den Dimensionen sozialer Ungleichheit

Die verschiedenen Handlungsbedingungen sozialer Ungleichheit können sich gegenseitig auf unterschiedliche Weise beeinflussen:

- Verschiedene Ungleichheitsdimensionen verstärken sich gegenseitig (Komplementaritäts- oder Matthäus-Prinzip).
- Eine Ungleichheitsdimension beeinflusst alle anderen Dimensionen (Dominanzprinzip).
- Nachteile in einer Ungleichheitsdimension werden durch Vorteile in anderen Dimensionen ausgeglichen (Kompensations- oder Substitutionsprinzip).

Innerhalb der Dimensionen sozialer Ungleichheit kann sich also aufgrund von Wechselwirkungen eine Eigendynamik entfalten, die Ungleichheit verstärkt oder Kompensationseffekte zeitigt. Im Folgenden soll die Komplexität dieser Wechselwirkungen am Beispiel einiger Dimensionen sozialer Ungleichheit veranschaulicht werden.

Bildung als zentrale Ressource

Ein hohes Ausbildungsniveau fördert nicht nur die Realisierung erstrebenswerter Lebensziele, sondern bestimmt entscheidend mit, welche beruflichen Karrierechancen man hat. Bildung und Weiterbildung sind auch Bestimmungsfaktoren für weitere Dimensionen sozialer Ungleichheit, etwa die Möglichkeiten der Freizeitgestaltung, die Gestaltung sozialer Beziehungen und die Wahrnehmung von Partizipationsrechten. Sie stellen also eine wichtige *Ressource* dar, die über die im Lebenslauf erreichbaren sozialen Statuspositionen mitentscheidet.

Man könnte die These formulieren, dass Bildung in der heutigen Wissensgesellschaft sogar eine dominante Funktion für die Entwicklung der Lebenslage von Menschen insgesamt zukommt. Bildung schafft Einkommen sowie – vermittelt über den Beruf – weitere Bildungs- bzw. Weiterbildungschancen. Sie verbessert die Möglichkeiten der sozialen Sicherung, geht mit sozialer Anerkennung einher und fördert soziale Kontakte und Chancen zu gesellschaftlicher Teilhabe und Mitbestimmung.

Soziale Herkunft

Die Lebenslage des Elternhauses, wir sprechen abkürzend von der »*sozialen Herkunft*«, ist ebenfalls von besonderer Bedeutung. Das Elternhaus erleichtert und fördert, je nach Ressourcenlage der Eltern, den Zugang zu mehr oder weniger attraktiven sozialen Statuspositionen. Der Zusammenhang zwischen der Lebenslage der Eltern und den Chancen der Kinder, vor allem im Hinblick auf deren Ausbildungs- und Berufsstatus, ist Gegenstand der intergenerationalen Mobilitätsforschung, auf die wir in Kapitel 5.5 zurückkommen.

In vormodernen Gesellschaften war der soziale Status einer Person durch die soziale Herkunft weitgehend festgelegt. In modernen Industrie- und Dienstleistungsgesellschaften wird das Ausmaß der Ungleichheit in Statuspositionen zunehmend durch die erworbene berufliche Position und den zuvor erreichten Ausbildungsstatus bestimmt. In dem Maße, wie in den modernen Gesellschaften der selbst gewählte Beruf das Vehikel ist, eine bestimmte Lebenslage bzw. Statusgruppe zu erreichen, werden die entsprechenden Statuspositionen weniger qua reiner Zuschreibung (durch Herkunft) zugewiesen, sondern immer mehr qua (Eigen-)Leistung und Qualifikation erreicht. Das ist das Kennzeichen eines meritokratisch geprägten Systems der Statuszuweisung bzw. des Statuserwerbs (→ Kapitel 5.1 und 5.4).

Einkommen und weitere Dimensionen

Auch andere Dimensionen sozialer Ungleichheit, wie sozialer Einfluss und Autorität, materielles Vermögen und soziales Kapital sind potenzielle Bestimmungsfaktoren für eine weitere Verbesserung der Lebenslage von Individuen. Darüber sind wichtige Ressourcen und nutzbare Handlungsrechte mobilisierbar. Umgekehrt kann ein niedriger sozialer Status das Risiko eines weiteren sozialen Abstiegs vergrößern, wie das Matthäus-Prinzip besagt. Geld schafft mehr Geld – das ist das Prinzip kapitalistischen, insbesondere finanzkapitalistischen Wirtschaftens. Ein großes Vermögen verbessert die Möglichkeiten, sich weitere Quellen des Einkommenserwerbs, etwa in Form von Zinserträgen, zu erschließen. Umgekehrt kann materielle Armut in einen Teufelskreis von Benachteiligung und sozialem Abstieg führen, wie wir ihn bei sozialen Randgruppen erleben.

Erweiterungen und kritische Diskussion

Es ist in der Sozialstrukturforschung umstritten, in welchem Ausmaß sich ungleiche Lebensbedingungen von Menschen reproduzieren oder gegenseitig verstärken. Theoretiker, die eher von kompensatorischen Effekten zwischen den Dimensionen ausgehen, weisen auf die Bedeutung immer vielfältigerer Chancen, Lebensziele zu realisieren, hin (Beck 1986: 121 f.). Andere Autoren argumentieren, dass nach wie vor das Matthäus-Prinzip oder das Dominanzprinzip Gültigkeit besitzen, und wenden ein, dass trotz aller Vielfalt soziale Ungleichheit in wesentlichen Aspekten immer noch durch den Beruf und das davon abhängende Einkommen bestimmt ist (vgl. Geißler 2014).

Die verschiedenen Sichtweisen stützen sich – neben Hinweisen auf eine empirische Evidenz – auf unterschiedliche theoretische Erklärungen sozialer Ungleichheit, mit denen die Determinanten sozialer Ungleichheit und unterschiedliche Annahmen über die Wechselwirkungen zwischen Dimensionen sozialer Ungleichheit begründet werden.

5.3.3 Theorien sozialer Ungleichheit

Theorien sozialer Ungleichheit versuchen, diese oder bestimmte Erscheinungsformen davon zu erklären, indem sie Mechanismen postulieren, die soziale Ungleichheit hervorbringen und stabilisieren. Die Ansätze variieren dabei durchaus beträchtlich. Im Folgenden werden wir fünf Theorietraditionen, die soziale Ungleichheit als universelles Phänomen in Gesellschaften begründen, kurz vorstellen (vgl. Burzan 2011, Groß 2008, vgl. auch Solga/Powell/Berger 2009). Wir unterscheiden:

- konflikttheoretische Ansätze,
- funktionalistische Ansätze,
- markttheoretische Ansätze,
- austausch- und machttheoretische Ansätze,
- milieu- und lebensstiltheoretische Ansätze.

Auch wenn die hier ausgewählten Theorien nur einen Ausschnitt gegenwärtiger Erklärungskonzepte sozialer Ungleichheit darstellen, so können sie doch als exemplarisch für die wichtigsten derzeit gebräuchlichen Theorievarianten gelten. Bevor wir uns den verschiedenen Theorien zuwenden, stellen wir die Frage, warum es sinnvoll ist, bei der Erklärung sozialer Ungleichheit verschiedene Theorien einzubeziehen, statt sich auf eine »beste« Theorie zu beschränken.

5.3.3.1 Warum Theorienvielfalt?

Im Verlauf der wissenschaftlichen Beschäftigung mit dem Strukturphänomen der sozialen Ungleichheit wurden diverse Theorien zur Erklärung vorgeschlagen, die nicht nur unterschiedliche Begründungszusammenhänge postulieren, sondern soziale Ungleichheit auch in unterschiedlicher Weise definieren. Theorien sind immer als modellhafte Vereinfachungen komplexer Realität zu verstehen – daher kann soziale Ungleichheit inhaltlich unter sehr verschieden Aspekten vereinfacht, betrachtet und erklärt werden. So lässt sich der Fokus etwa auf (für die Gesellschaft) funktionale Vorteile oder auf soziale Konflikte richten, die mit sozialer Ungleichheit einhergehen. Mit der jeweiligen Fragestellung variiert auch der Begründungszusammenhang: Für die Analyse des Verhältnisses von Arbeitgeber- und Arbeitnehmerschaft ist sowohl die konflikttheoretische als auch die funktionalistische Perspektive sinnvoll. Dabei wird ein konflikttheoretisch argumentierender Ansatz andere Aspekte in den Vordergrund stellen und andere Erklärungen anbieten als ein funktionalistischer Ansatz.

Theoriespezifisch unterschiedliche Themenschwerpunkte

Theoriespezifisch unterschiedliche Geltungsbereiche

Unterschiede bestehen auch im Geltungsbereich der einzelnen Theorien: Während einige einen generellen Geltungsanspruch erheben (also alle Arten sozialer Ungleichheit zu allen Zeiten für alle Gesellschaften erklären wollen), betrachten andere lediglich einen bestimmten Zeitraum oder beschäftigen sich nur mit bestimmten Arten sozialer Ungleichheit oder einem bestimmten Gesellschaftstyp. Die Theorie kann dabei das Schwergewicht auf eine Erklärung makroanalytischer Prozesse legen oder aber sich mit den subjektiv wahrgenommenen Aspekten sozialer Ungleichheit und deren ständiger Reproduktion beschäftigen.

Wir können also festhalten, dass die Brauchbarkeit einer Theorie immer vor dem Hintergrund der jeweils interessierenden Fragestellung beurteilt werden muss. Stellt man die makro- und mikrotheoretischen Betrachtungsebenen zur sozialen Ungleichheit in Form einander umschließender Kreise dar, bei welchen der äußere Ring die Makroebene und der innere die Mikroebene sozialen Handelns repräsentiert, lassen sich die theoriespezifischen »Antworten« – man spricht auch vom *Objektbereich* einer Theorie – als Tortenstücke veranschaulichen, die unterschiedlich »tief« in Kreise hinein- bzw. aus ihnen herausreichen, die sich zum Teil aber auch selbst überschneiden können. Die Systematik der entsprechenden Zusammenhänge ist für die genannten Theorien in Abbildung 5.9 grafisch veranschaulicht. Dabei sind die Reichweiten der einzelnen Theorien und die bestehenden Überschneidungen zum Zwecke der Illustration vereinfacht wiedergegeben.

Theoriespezifischer Objektbereich

Aus den Theorien lassen sich unterschiedliche Antworten über akteurs- oder strukturbezogene Aspekte sozialer Ungleichheit ableiten. So thematisieren funktionalistische Ansätze hauptsächlich Phänomene auf der Mak-

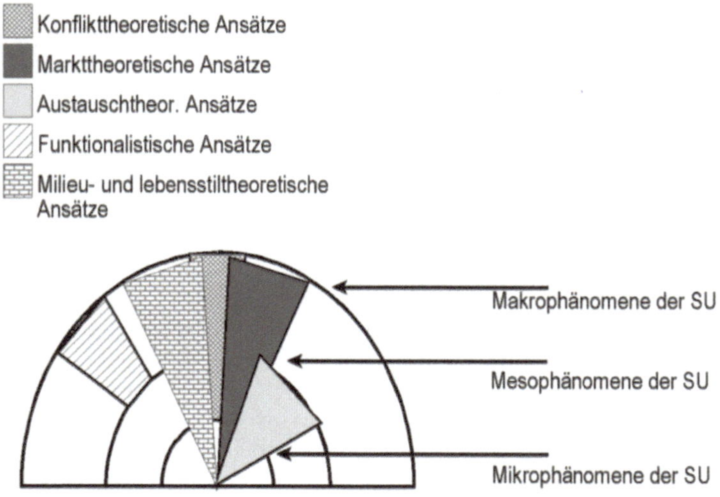

Abb. 5.9

Reichweiten und Überschneidungen von Theorien sozialer Ungleichheit

roebene, während die Aussagen austausch- und machttheoretischer Modelle eher die Mikro- bzw. Meso-Ebene betreffen. Die ebenfalls erkennbaren Überlappungen im Objektbereich deuten an, dass die betroffenen Theorien zum selben Thema ähnliche, ergänzende oder auch einander widersprechende Aussagen machen können. Während konflikttheoretische Ansätze soziale Ungleichheit auf die Besitzverhältnisse (insbesondere bezogen auf die Produktionsmittel) und auf Interessensgegensätze zurückführen, machen austauschtheoretische Modelle die asymmetrische Verteilung von Macht dafür verantwortlich.

Die Theorien unterscheiden sich also in ihrem Anwendungs- und in ihrem Geltungsbereich – gerade die Einzigartigkeit in der inhaltlichen Schwerpunktsetzung macht dabei die verschiedenen Theorien für die jeweils »passenden« Fragestellungen wertvoll.

5.3.3.2 Ein konflikttheoretischer Ansatz: die marxistische Theorie

Eigentumsverhältnisse als Ursache sozialer Ungleichheit

Karl Marx und Friedrich Engels haben das Faktum der Ausbeutung des Menschen (Proletariat) durch Menschen (Bourgeoisie) zur Grundlage der Erklärung sozialer Ungleichheit in einer Gesellschaft gemacht. Sie sehen die historischen gesellschaftlichen Verhältnisse und damit auch das menschliche Dasein als Ausdruck der materiellen und ökonomischen Verhältnisse an, unter denen die Menschen arbeiten und leben. In der Auseinandersetzung mit der Natur und durch deren Bearbeitung, also durch Arbeit, produzieren die Menschen Güter und Leistungen, um ihre Bedürfnisse zu befriedigen. Der Umgang mit der Natur verändert sich mit den ständig steigenden Möglichkeiten der Nutzung ihrer Ressourcen, d.h. dem Entwicklungsstand der *Produktivkräfte*. Hierzu zählen die (menschliche) Arbeitskraft und die *Produktionsmittel* (Ressourcen und Produktionstechnologie).

Bei der gesellschaftlichen Produktion der Güter gehen die Menschen in einer Gesellschaft bestimmte, dem Entwicklungsstand der Produktivkraftentwicklung entsprechende *Produktionsverhältnisse* ein.

> *»Die Gesamtheit dieser Produktionsverhältnisse bildet die ökonomische Struktur der Gesellschaft, die reale Basis, worauf sich ein juristischer und politischer Überbau erhebt und welcher bestimmte gesellschaftliche Bewusstseinsformen entsprechen«* (Marx 1971: 8).

Die Produktionsverhältnisse sind wesentlich durch die Eigentumsverhältnisse an den Produktionsmitteln charakterisiert und bestimmen über die Verteilung und Aneignung der produzierten Güter und Leistungen in einer Gesellschaft. Sie prägen die Sozialstruktur in all ihren Dimensionen, darunter die politischen Macht- und Herrschaftsverhältnisse und die geltenden Ideen sowie ihre kulturellen Manifestationen. Auch das Bewusstsein der

Menschen ist durch ihre ökonomisch bestimmte Position in dieser sozialen Struktur geformt.

Es wird also ein Grundprinzip (→ Kapitel 5.3.2) als Ursache sozialer Ungleichheit unterstellt, nach dem in der kapitalistischen Produktionsweise das Eigentum an Produktionsmitteln die dominante Dimension ist, aus der alle anderen Aspekte sozialer Ungleichheit abgeleitet sind. In der kapitalistischen Gesellschaft stehen sich die *Bourgeoisie* oder Klasse der Kapitalisten, die im Besitz der Produktionsmittel ist, und die *Arbeiterklasse* gegenüber.

Die Arbeiterklasse produziert durch die »Veredelung« von Gütern und Leistungen einen *Mehrwert*, welcher jedoch einseitig vom privilegierten Teil der Bevölkerung, in dessen Privatbesitz sich das notwendige Kapital und die technischen Mittel für die wirtschaftliche Produktion befinden, einbehalten wird (*Grundwiderspruch*). Die Kapitalisten können ihren Vorteil des Produktionsmittelbesitzes und die damit einhergehende Macht zur *Ausbeutung* der Arbeitskraft, die die Arbeiter als Ware in einem Arbeitsmarkt verkaufen müssen, nutzen; d. h., sie geben nur einen Teil der von den Arbeitern mit Hilfe der Produktionsmittel produzierten Werte an diese zurück. Die wahren Produzenten werden nicht nur eines Teils des ihnen zustehenden Entgelts, sondern auch ihres unmittelbaren Verhältnisses zu von ihnen geschaffenen Produkten beraubt, Diese treten ihnen in Warenform als etwas Fremdes gegenüber.

Grundwiderspruch der kapitalistischen Gesellschaft

Der grundsätzliche Interessenwiderspruch beherrscht die gesamte gesellschaftliche Struktur und Entwicklung (*Klassenantagonismus*). Die Kapitalisten kontrollieren zur Sicherung ihrer privilegierten Stellung alle Schaltstellen in der Gesellschaft, darunter das Recht, den Staat und die Kultur, und unterwerfen sie ihren Verwertungsinteressen. Die soziale Ungleichheit in einer Gesellschaft endet demnach erst, wenn die ungleiche Verteilung privaten Eigentums (etwa durch Verstaatlichung) beseitigt wird.

Zusammenfassung

Argumentation der Theorie von Marx und Engels

- Soziale Ungleichheit beruht auf ungleichen Eigentumsverhältnissen an Produktionsmitteln, die mit ungleichen Machtverhältnissen einhergehen (Produktionsverhältnisse).
- Entsprechend stehen sich zwei Klassen gegenüber: die Besitzer der Produktionsmittel (Kapitalisten oder Bourgeoisie) und die Besitzlosen (Proletarier), die gezwungen sind, ihre Arbeitskraft an die Kapitalisten zu verkaufen.
- Zwischen den beiden Klassen besteht ein grundlegender Interessenswiderspruch (Klassenantagonismus), da die Kapitalisten den Arbeitern einen Teil der von ihnen durch Güterveredelung produzierten Werte, den sogenannten Mehrwert, vorenthalten (Ausbeutungsprinzp).

- Die Klasse der Kapitalisten kontrolliert alle Schaltstellen in der Gesellschaft, darunter das Recht, den Staat und die Kultur, und unterwirft sie ihren Verwertungsinteressen.

Kritische Diskussion

Schon früh zeigte sich, dass die Unterscheidung nach Besitz bzw. Nichtbesitz von Produktionsmittel sowie die daran gekoppelten Machtverhältnisse zu grob ist. Sie kann die im Zuge der Industrialisierung entstandenen. geschweige denn die in heutigen Gesellschaften wie der Bundesrepublik Deutschland vorhandenen Klassenverhältnisse nicht hinreichend gut erfassen. Beispielsweise ließ Marx die sich entwickelnde »Klasse« der Angestellten ebenso unberücksichtigt wie eine qualifikationsabhängige innere Strukturierung innerhalb der arbeitenden Klasse. Daher können Ungleichheitsstrukturen, die weitgehend unabhängig vom Produktionsmittelbesitz sind, theoretisch nur sehr ungenügend erfasst werden. Neuere marxistische Theorien ersetzen daher das einfache Zwei-Klassen-Schema durch eine differenziertere Klassenstruktur, ohne die grundlegende Idee des klassenspezifischen Grundkonflikts in einer Gesellschaft – also die durch die bestehenden Besitzverhältnisse verursachte Ausbeutung – als zentrales Erklärungsmoment für soziale Ungleichheit und ihren konflikthaften Charakter aufzugeben. Solche differenzierteren Klassenkonzepte werden in der zeitgenössischen Sozialstrukturanalyse noch genutzt, um die Ursachen sozialer Ungleichheit in der Gesellschaft herauszuarbeiten (→ Kapitel 5.4).

5.3.3.3 | Funktionalistische Theorien

Soziale Ungleichheit als funktionale Notwendigkeit

Funktionalistische Ansätze erklären Strukturen sozialer Ungleichheit ganz anders. Soziale Ungleichheit bedeutet nicht Konflikt und muss deshalb nicht überwunden werden, sondern sie erfüllt im Gegenteil eine unverzichtbare Funktion für den Erhalt der Gesellschaft. Die funktionalistische Sicht steht in der Tradition einer soziologischen Theorie, die als *Strukturfunktionalismus* bezeichnet wird und von dem amerikanischen Soziologen Talcott Parsons als umfassende Theorie der Gesellschaft und ihrer Anpassungs- wie Stabilitätsgrundlagen ausformuliert wurde. Kingsley Davis und Wilbert Moore (1973: 396 ff.) versuchen daran anknüpfend die funktionale Notwendigkeit sozialer Ungleichheit (sozialer Schichtung) in einer arbeitsteiligen Gesellschaft zu belegen. Dazu ein längeres Zitat der beiden Autoren, in dem die Idee des Ansatzes sehr gut zusammengefasst ist:

> *»Seltsamerweise liegt die funktionale Erklärung für die Allgegenwart der sozialen Schichtung genau darin, daß jede Gesellschaft die Individuen in ihre Sozialstruktur einordnen und sie mit Motivationen versorgen muß. Als funktionieren-*

> *der Mechanismus muß eine Gesellschaft ihre Mitglieder irgendwie auf soziale Positionen verteilen und sie veranlassen, die damit verbundenen Pflichten zu erfüllen. Sie muß sich also auf zwei verschiedenen Ebenen um Motivierung kümmern. [...] In Wirklichkeit ist es natürlich nicht einerlei, wer welche Position erhält; nicht nur weil manche Positionen an sich angenehmer sind als andere, sondern auch, weil einige spezielle Begabung und Ausbildung erfordern und einige größere funktionale Bedeutung als andere haben. [...] So erweist es sich als unumgänglich, daß eine Gesellschaft erstens eine Art von Belohnung haben muß, die sie als Anreiz verwenden kann, zweitens einen Modus braucht, um die Belohnungen unterschiedlich nach Positionen zu verteilen. Belohnungen und ihre Verteilung werden Bestandteil der sozialen Ordnung und verursachen so eine Schichtung«* (Davis/Moore 1973: 397).

Soziale Ungleichheit als Folge unterschiedlich hoher Belohnungen für Tätigkeiten erfüllt also eine wichtige Anreiz- und Verteilungsfunktion. Solche Belohnungen können Einkommen und soziales Ansehen sein. Sie entsprechen gemäß dem Leistungsprinzip den Leistungen, die in einer sozialen Position für die Gesellschaft erbracht werden, und dem Ausmaß der dafür erforderlichen Qualifikationen. Sie folgen damit dem sogenannten meritokratischen Prinzip: Jeder bekommt das, was er verdient. Funktionalistische Ansätze unterstellen eher eine komplementäre Beziehung zwischen Dimensionen sozialer Ungleichheit.

Zusammenfassung

Argumentation der funktionalistischen Ansätze

- Soziale Schichtung bzw. Ungleichheit ist ein funktional notwendiges Strukturmerkmal für die Stabilität von Gesellschaften.
- Soziale Ungleichheit schafft eine Anreizstruktur für Leistung und stellt sicher, dass alle Positionen mit den dafür geeigneten Personen besetzt sind.
- In der Gesellschaft ist eine Rangordnung sozialer Positionen danach festgelegt, wie zentral diese für die arbeitsteilig organisierte Wohlfahrtsproduktion und -reproduktion in der Gesellschaft sind und wie hoch die Aufwendungen sind, die der Erwerb der positionsspezifischen Qualifikation erfordert. Am Rang einer sozialen Position orientiert sich die Höhe der Belohnung für den Inhaber.
- Das Verteilungsprinzip von Belohnungen ist durch die Leistungen bestimmt, die in verschiedenen sozialen Positionen für die Gesellschaft erbracht werden (meritokratisches Prinzip).

Kritik

Die funktionalistische Betrachtung sozialer Ungleichheit ist verschiedentlich kritisiert worden. Wichtige Kritikpunkte seien kurz genannt:

- Rein methodologisch ließe sich einwenden, dass eine »funktionale Erklärung« gar keine Erklärung ist (Esser 1993: 371 ff.). Man kann nicht von der möglichen Funktionalität sozialer Ungleichheit für die gesellschaftliche Arbeitsteilung darauf schließen, dass sie die einzige Lösung des Allokationsproblems darstellt.
- Die Annahme der meritokratischen Struktur des Entlohnungssystems ist problematisch. Sie kann signifikante Abweichungen vom Prinzip leistungsbezogener Statuszuweisung in unserer Gesellschaft nicht erklären. Es besteht daher die Gefahr, soziale Ungleichheit in einer Gesellschaft »unbesehen« zu legitimieren.
- Es ist auch nicht richtig anzunehmen, dass in einer Gesellschaft in der Regel Einigkeit über die gesellschaftliche Bedeutung sozialer Positionen und die damit verbundene Entlohnung herrscht. Individuen können sich aufgrund einer privilegierten Machtposition durchaus ungebührlich hohe Belohnungen verschaffen. Die Diskussion um die Rechtmäßigkeit der Höhe von Managergehältern zeigt, dass dies in der Öffentlichkeit auch wahrgenommen wird.
- Die These, dass die funktional bedeutsamsten Positionen mit den höchsten Privilegien einhergehen, ist ebenfalls widerlegbar.
- Die Annahme, dass im Allgemeinen eine Knappheit an Talenten und geeigneten Personen herrscht, kann nicht bestätigt werden. Sie unterstellt, wie Hradil in seiner Kritik hervorhebt, dass es gleichsam eine fixe Verteilung von Fähigkeiten gibt, die sich durch Training oder Erziehung nur begrenzt verändern lässt (Hradil 2001: 63).
- Eine Theorie, die soziale Ungleichheit als notwendigen – funktionalen – Bestandteil für eine stabile Gesellschaft betrachtet, hat Schwierigkeiten, die sich im historischen Verlauf stark wandelnden Ausdrucksformen sozialer Ungleichheit zu erklären.

5.3.3.4 Markttheoretische Ansätze

Angebot von und Nachfrage nach sozialen Positionen

Diese Ansätze gehen davon aus, dass soziale Ungleichheit das Ergebnis von Marktprozessen ist – eine Annahme, die auf den schottischen Moralphilosophen Adam Smith zurückgeht (Smith 1978). Die soziale Positionierung in einer arbeitsteiligen Gesellschaft unterliegt dem Prinzip von Angebot und Nachfrage nach den verschiedenen Leistungen bzw. Tätigkeiten: Je größer die Nachfrage nach einer Tätigkeit ist und je weniger Menschen an der Ausübung dieser Tätigkeit interessiert sind, je geringer also das Arbeitskraftangebot für diese Tätigkeit ist, desto höher muss die dafür gebotene Belohnung sein – und umgekehrt. Je höher eine Belohnung für eine Tätigkeit ausfällt, desto attraktiver wird die entsprechende Position und desto mehr

Bewerber wird es (zukünftig) geben. Dabei muss jedoch bedacht werden, dass mit den Anforderungen, die mit einer Tätigkeit verbundenen sind, die Kosten der dafür notwendigen Qualifikation steigen. Diese wiederum korrelieren mit der Höhe der beanspruchten Belohnung (vgl. den ökonomischen Humankapitalansatz; Becker 1964). Nach diesen Überlegungen richtet sich die Höhe der Belohnung für eine bestimmte Tätigkeit also nach der Höhe der dafür notwendigen Qualifikation *und* nach dem Angebot an qualifizierten Bewerbern. Auch für Tätigkeiten, die nur geringe Qualifikation erfordern, können hohe Belohnungen gezahlt werden, wenn die Zahl der Bewerber niedrig ist – umgekehrt sind auch niedrige Belohnungen für hoch qualifizierte Tätigkeiten möglich, wenn das Angebot an Bewerbern die Nachfrage übersteigt.

Schlussendlich stellt sich ein Gleichgewicht ein, in dem sich Angebot und Nachfrage nach sozialen Positionen die Waage halten. Zentral ist Smiths These von den Mechanismen der ordnenden »unsichtbaren Hand« eines freien Marktes: Dadurch, dass jeder Akteur seinen persönlichen Vorteil verfolgt, trägt er zum Gemeinwohl einer Gesellschaft bei. Gleichzeitig, so können wir schließen, wird damit aber auch – ebenfalls weitgehend unintendiert – soziale Ungleichheit in der Gesellschaft erzeugt. Die Besonderheit von markttheoretischen Ansätzen im Vergleich zu den anderen Theorien liegt in der starken Betonung der individuellen – bzw. mikrotheoretischen – Komponente: Sozialstrukturelle Phänomene stellen die beschränkenden Rahmenbedingungen individuellen Handelns dar, werden aber gleichzeitig durch die Summe der individuell-eigennützigen Entscheidungen reproduziert (→ Kapitel 3.1). Die Höhe der Belohnung, die ein Akteur erreichen kann, richtet sich nach seiner Leistungsbereitschaft bzw. nach seinen Ausbildungsentscheidungen, aber auch danach, mit wie vielen anderen Akteuren er um eine soziale Position auf dem Markt der Tätigkeiten (Arbeitsmarkt) konkurriert.

Soziale Ungleichheit aus Akteursperspektive

Exkurs

Exkurs zu Belohnung

Die Belohnung einer Tätigkeit in einer sozialen Position kann materieller und immaterieller bzw. symbolischer Art sein. Die Zusammensetzung der Belohnung nach materiellen und symbolischen Anteilen ist von weiteren, durch die gesellschaftlichen Rahmenbedingungen strukturierten Bedingungen abhängig. Ist eine materielle Entlohnung nicht angemessen möglich, kann das Defizit durch symbolische Entlohnungen, wie sozialer Einfluss oder soziales Prestige, kompensiert werden (Adam Smiths Theorem des Ausgleichs der Nettovorteile; Smith 1978; vgl. Preisendörfer 2002). Da neben materiellen Vorteilen soziales Ansehen ein wichtiges Ziel im eigennützigen Streben individueller Akteure ist, stellen solche immateriellen Belohnungen auch tatsächlich erstrebenswerte Nutzengrößen dar. Adam Smith verglich zum Beispiel Bergarbeiter und Soldaten seiner Zeit miteinander. Er nahm an, dass sie bezüglich der Risiken und der qualifikatorischen Anforderungen relativ gleichgestellt waren. Während Soldaten aber nicht nur materiell, sondern auch symbolisch (Ruhm, Ehre) entlohnt wurden, wurden die Bergarbeiter eher nur materiell entlohnt: Ihr Lohn sollte daher höher sein als jener der Soldaten.

Unterschiede zum funktionalistischen Ansatz

Anders als funktionalistische Ansätze, welche die Höhe der Belohnung vornehmlich durch den »funktionalen Nutzen« einer Tätigkeit für die Gesellschaft bestimmt sehen, berücksichtigen markttheoretische Modelle das Verhältnis von Angebot und Nachfrage für eine Tätigkeit. Im Hinblick auf eine empirisch zutreffende Erklärung sozialer Ungleichheit, sind sie damit den funktionalistischen Ansätzen überlegen. Die Bewertung von Tätigkeiten ist nicht gesellschaftlich vorgegeben, sondern das Ergebnis eines ökonomischen Aushandlungsprozesses.

Zusammenfassung

Argumentation der markttheoretischen Ansätze

- Soziale Ungleichheit ergibt sich aus dem »Marktwert« angebotener und nachgefragter Tätigkeiten und der Belohnung dafür, die auf der Basis dieses Marktwerts ausgehandelt wird. Die Belohnung richtet sich also nach der Höhe der tätigkeitsspezifischen Qualifikation sowie dem Verhältnis von Angebot an und der Nachfrage nach entsprechenden Bewerbern.
- Die Belohnung kann materieller, immaterieller bzw. symbolischer Natur sein.
- Institutionelle Regelungen und Festlegungen sozialer Ungleichheitsverhältnisse strukturieren zwar die Aushandlungs- bzw. Marktbedingungen, spielen für die geschilderten Marktmechanismen aber nur eine untergeordnete Rolle.

Kritik

Von Seiten der Sozialwissenschaften wird kritisiert, dass bei den markttheoretischen Modellen wegen der starken Fokussierung auf die individuellen Aushandlungsprozesse die Rolle gesellschaftlicher Strukturen und deren funktionale Aspekte zu sehr aus dem Blick geraten. So werden Phänomene wie Marktversagen und in der Marktlogik angelegte Wettbewerbsverzerrungen vernachlässigt. Es bedürfte einer genaueren Analyse nicht monetärer Aspekte bei den Aushandlungen – d. h. neben soziokulturellen Aspekten auch Macht und Prestige –, da sie sich nicht einfach im Sinne einer exakten Aufrechnung mit finanziellen oder zeitlichen Anreizen vergleichen lassen.

Klassische Ursachen sozialer Ungleichheit, wie die soziale Vererbung ungleichheitsrelevanter Merkmale von Eltern auf die Kinder, werden unterbewertet. Das Gleiche gilt für andere den Wettbewerb verzerrende Effekte, etwa Monopolbildung und eine ungleich verteilte Marktmacht, die einseitige Vorteile in Aushandlungsprozessen sichert und daher auch bewusst angestrebt wird. Insgesamt werden die Auswirkungen ungleich verteilter persönlicher bzw. sozialer Ressourcen (etwa auch soziale Beziehungen oder persönlicher Charme) zu wenig mitbedacht, und das Konzept der »Rationalität« in der Entscheidungsfindung wird in den Modellen unrealistisch überbetont. Schließlich bleibt unberücksichtigt, dass institutionelle Regelungen die unbegrenzte Anpassung von Belohnungen an die Verhältnisse des Arbeitsmarkts nicht zulassen (→ Kapitel 6.1)

5.3.3.5 Austausch- und machttheoretische Ansätze

Macht ist eine wichtige und eigenständige Dimension sozialer Ungleichheit. Einige Theoretiker behaupten, dass Macht die entscheidende – also dominierende – Dimension sozialer Ungleichheit sei, von der sich alles andere ableite (Lenski 1973). Gerhard Lenski geht davon aus, dass die Machtposition eines Akteurs in der Gesellschaft darüber entscheidet, wie viele von den Gütern, die nicht zur Existenzsicherung erforderlich sind, er sich aneignen kann. Er begründet seine These im Wesentlichen damit, dass es in jeder Gesellschaft eine Konkurrenz um die Erträge gibt, in der sich Akteure, die sich in Machtpositionen befinden, Vorteile verschaffen können. Die Mächtigen eignen sich die Überschüsse der gesellschaftlichen Produktion an. Das würde bedeuten, dass soziale Ungleichheit zunimmt, wenn die Produktivität der Wirtschaft in einer Gesellschaft steigt.

Macht als Ursache sozialer Ungleichheit

Peter M. Blau hat eine umfassendere Erklärung der Genese von Machtbeziehungen vorgelegt (Blau 1994), indem er sie als Folge von Asymmetrien in sozialen (Austausch-)Beziehungen begreift. Macht – und damit soziale Ungleichheit – entsteht nach Blau in den Austauschprozessen zwischen Akteuren und kann dann im Laufe ihrer Entwicklung institutionell verankert und festgeschrieben werden.

Sozialer und ökonomischer Tausch

Die Genese von Machtbeziehungen erklärt Blau folgendermaßen: Die arbeitsteilige Reproduktion der gesellschaftlichen Strukturen, ob es sich um die Wirksamkeit von Institutionen oder die Relevanz von Ungleichheitsmerkmalen handelt, basiert auf sozialer Interaktion zwischen den Akteuren einer Gesellschaft. Sie kann als Austausch von materiellen und nicht materiellen Gütern, Leistungen und Belohnungen verstanden werden. Man unterscheidet zwischen zwei Formen des Tauschs:

- Beim *ökonomischen Tausch* geht es um einen meist klar geregelten, unmittelbar zu vollziehenden Tausch von materiellen Äquivalenten in einer Marktsituation. Das Ziel ist die effiziente Beschaffung von Gütern.
- Beim *sozialen Tausch* lassen sich Individuen gegenseitig materielle, vor allem aber auch nicht materielle Belohnungen wie Informationen, Zuneigung, soziale Anerkennung oder andere immaterielle Hilfen zukommen, ohne dass diese direkt entgolten werden müssen. Die wichtigste Belohnungsart bei dieser Form der sozialen Interaktionen ist nach Blau soziale Anerkennung.

Reziprozität von Austauschbeziehungen

Es wird angenommen, dass zwei Akteure Tauschbeziehungen aufnehmen, wenn sie beide davon ausgehen, durch den Tausch in den Genuss erstrebenswerter Güter und Leistungen zu kommen, die sie auf andere Weise nicht oder nur unter Inkaufnahme höherer Kosten erreichen könnten. Während beim ökonomischen Tausch unmittelbar eine Leistung und eine wertäquivalente Gegenleistung – meist auf Grundlage eines expliziten Vertrags – getauscht werden, existieren beim sozialen Tausch keine entsprechenden Regelungen. Im Allgemeinen wird aber auch hier eine symmetrische Tauschbeziehung geführt, d.h. ein Ausgleich der Leistungen erwartet. Man folgt dem Prinzip der Gegenseitigkeit – und spricht auch vom *Reziprozitätprinzip*. Hiernach wiegen sich die Leistungen, die sich die Beteiligten gegenseitig gewähren, im Zeitverlauf auf. Das Reziprozitätprinzip dient vor allem der Etablierung und Aufrechterhaltung dauerhafter Beziehungen des sozialen Tauschs; im Unterschied zum ökonomischen ist beim sozialen Tausch aber weder ein direkter Austausch von äquivalenten Belohnungen zwingend noch gibt es klare formale Regelungen.

Einseitiger Tausch

In sozialen Tauschbeziehungen kann es daher zeitweilig zu Ungleichgewichten kommen. Liegt eine Tauschbeziehung vor, in der, aus welchen Gründen auch immer, regelmäßig ein Tauschpartner Leistungen eines anderen Tauschpartners in Anspruch nimmt, ohne entsprechend »zurückzuzahlen«, spricht Blau von einem *einseitigen Tausch*. Vor dem Hintergrund einer geltenden Reziprozitätsnorm erwächst den Gebenden aus dieser Situation eine relative Machtposition gegenüber dem Nehmenden: Es entsteht eine Asymmetrie an sozialem Einfluss, d.h. soziale Ungleichheit, da sich der Nehmende zur »Rückzahlung« der empfangenden Leistungen verpflichtet sieht. Solche »Rückzahlungen« können in der Gewährung sozialer Anerkennung bestehen oder auch darin, dass sich der Nehmende bestimmten Anforderungen des Gebenden beugt.

Die Genese von Machtbeziehungen

Blau zeigt am Beispiel bürokratischer Organisationen, wie aus dauerhaft einseitigen Tauschbeziehungen institutionell abgesicherte Machtpositionen entstehen und sich verfestigen. Sie werden nicht mehr nur in persönlichen Austauschbeziehungen geltend gemacht, sondern sind über rechtliche Regelungen generalisiert und als Herrschaftsverhältnis auf Dauer gestellt (indirekte Tauschbeziehungen). Eine auf diese Weise legitimierte und privilegierte Stellung eines Akteurs kann zur Umsetzung und Durchsetzung eigener Interessen genutzt werden (vgl. auch Müller 1993: 87 f.). Machtbeziehungen in sozialen Interaktionen können sich also durch die Genese entsprechender institutioneller Strukturen als stabile Machtkonstellationen – Blau belegt sie mit dem Begriff der *impersonal power* (Blau 1994: 163) – etablieren und Ursache einer Ungleichheitsstruktur in einer Gesellschaft sein.

Zusammenfassung

Argumentation der macht- und austauschtheoretischen Ansätze

- Soziale Ungleichheit entsteht durch ungleich verteilte Machtverhältnisse, welche aus dauerhaft asymmetrischen Tauschbeziehungen resultieren.
- Die Machtausübung wird vom »Unterworfenen« im Tausch für die vom »Mächtigen« erhaltenen Leistungen zugelassen, d. h. legitimiert.
- Dauerhaft asymmetrische Tauschbeziehungen werden durch Institutionalisierung in stabile Herrschaftsverhältnisse überführt, die auf indirekten Tauschbeziehungen beruhen.

Kritische Diskussion

Das Verhältnis von Besitz (bzw. Einkommen) und Macht, das im marxistischen Ansatz eine zentrale Rolle spielt, und seine Auswirkungen auf soziale Ungleichheit bleiben in diesem Ansatz unklar. Generell werden im Ansatz von Blau die über den Austausch hinausgehenden Einflüsse unterschiedlicher Ressourcenausstattungen in ihren Effekten auf die Ausstattung mit oder Zuschreibung von Macht bzw. sozialer Ungleichheit zu wenig berücksichtigt. Auch sind die Wechselwirkungen zwischen Macht und anderen Handlungsbedingungen (bzw. Dimensionen) sozialer Ungleichheit nicht ausreichend integriert; so kann sich beispielsweise das Ansehen einer Person auch unabhängig von der Macht – etwa in Abhängigkeit vom Besitz – verändern. Ähnlich den konflikttheoretischen Modellen ist ein einseitig auf die Machtverteilung abhebendes Verständnis sozialer Ungleichheit zu undifferenziert. So hat sich auch die makroanalytische Machttheorie sozialer Ungleichheit, wie sie Gerhard Lenski (1973) vorgeschlagen hat, empirisch als nicht haltbar erwiesen.

5.3.3.6 | Milieu- und lebensstiltheoretische Ansätze

Bourdieus Klassentheorie

Ein einflussreicher theoretischer Ansatz, der zur Grundlage *milieu- und lebensstiltheoretischer Ansätze* geworden ist, ist die Klassentheorie des französischen Soziologen Pierre Bourdieu (Bourdieu 1982, Vester u.a. 2001). Seine Theorie lässt sich als eine Weiterentwicklung des klassentheoretischen Konzepts sozialer Ungleichheit verstehen (vgl. Überblick bei Müller 1993). Bourdieu ergänzt die ökonomische Ungleichheitsdimension der Klassentheorien marxistischer Provenienz um die kulturellen und sozialen Dimensionen sozialer Ungleichheit (*kulturelles und soziales Kapital*, → Kapitel 5.2). Er nimmt an, dass das kulturelle und das soziale Kapital zwar relativ unabhängig vom ökonomischen Kapital sind, dass sich die Kapitalsorten aber grundsätzlich ineinander überführen lassen. Beispielsweise kann ökonomisches Kapital (Geld) in den Ausbau des kulturellen Kapitals (etwa durch Opernbesuche oder Bucherwerb) investiert werden. Ebenso können Kenntnisse der Opernszene über eine journalistische Tätigkeit in ökonomisches Kapital umgewandelt werden (vgl. Bourdieu 1983: 185).

Sozialer Raum und Raum sozialer Positionen

Konfigurationen ökonomischen und kulturellen Kapitals (Kapitalstruktur) und der Umfang verfügbaren Kapitals (Kapitalvolumen) spannen einen von Bourdieu so genannten *sozialen Raum* auf. Man kann Individuen darin gemäß ihrer individuellen Lebenslage, wie wir sie definiert haben (→ Kapitel 5.1.2), verorten. Sie gibt darüber Auskunft, über wie viel ökonomisches und kulturelles Kapital sie verfügen und welche Kapitalsorte wie stark bei ihnen überwiegt (*Raum sozialer Positionen*). So werden typische Klassenlagen identifiziert, in denen sich spezifische Möglichkeiten und Praktiken der Lebensgestaltung niederschlagen.

Habitus und Raum der Lebensstile

Ganz wesentlich ist, dass nach Bourdieu mit der Klassenzugehörigkeit auch eine bestimmte Art des Denkens und Handelns einhergeht, welche die Klassen voneinander nicht nur materiell, sondern auch kulturell distinguiert. Bourdieu verbindet das so erweiterte Klassenkonzept mit seinem Begriff des *Habitus*. Der Habitus korrespondiert mit der zu der Kapitalausstattung gehörenden sozialen Position (Klassenzugehörigkeit) und drückt sich in sozial vorkonstruierten psychosozialen Dispositionen der Akteure aus, die ihre Handlungsmöglichkeiten und -grenzen subjektiv strukturieren: Der Habitus ist die Grundlage der individuellen Handlungspraxis und steuert gleichzeitig die Wahrnehmung und Bewertung von Mitmenschen und Umwelt (Müller 1993: 255). Unterschiedliche Vorlieben und entsprechend ausgeprägte Lebensstile von Individuen, damit auch soziale Distinktion wie etwa eine umweltbewusste Lebensweise, sind dann als Ausdruck des Habitus anzusehen (vgl. Bourdieu 1982). Der Raum sozialer Positionen lässt sich um einen damit korrespondierenden *Raum der Lebensstile* ergänzen.

Der Habitus ist stark durch die Erfahrungen des Aufwachsens in einem Klassenmilieu geprägt. Der Erwerb kulturellen Kapitals in der Herkunftsfamilie spielt eine große Rolle für die zukünftigen Lebenschancen der Kinder. Daher ist ein signifikanter Wechsel zwischen Klassen schwer möglich. Wer als Kind nicht gelernt hat, Kunst von Picasso oder moderne Musik zu verstehen und sich darüber auszutauschen, wird auch später diesen Werken gegenüber eher desinteressiert bleiben.

Obschon Pierre Bourdieu weiterhin von Klassen spricht, ist seine Theorie doch zu einer wichtigen Grundlage *milieu- und lebensstiltheoretischer Ansätze* geworden. Sie greifen die von ihm eingeführten neuen Dimensionen sozialer Ungleichheit auf und versuchen, die Existenz verschiedener Milieus und Lebensstile empirisch zu belegen (Vester u. a. 2001; → Kapitel 5.4.3.2)

Zusammenfassung

Argumentation der milieu- und lebensstiltheoretischen Ansätze

- Soziale Ungleichheit ergibt sich aus der ungleichen Ausstattung nicht nur mit ökonomischem, sondern auch mit kulturellem und sozialem Kapital.
- Das marxistische Klassenkonzept wird zum Konzept des »Raums sozialer Positionen« erweitert, in dem auch soziokulturelles Kapital für die Unterscheidung von Klassenpositionen eine wichtige Rolle spielt. Im Raum sozialer Positionen lassen sich typische Klassenlagen identifizieren, die sich beispielsweise in ihrer ökonomischen Position ähneln, aber gravierend in Wertehaltung und Lebensstil voneinander unterscheiden können.
- Korrespondierend dazu besteht der Habitus aus sich wechselseitig bedingenden, sozial vorkonstruierten Dispositionen und Denkmustern sowie Handlungspraktiken der Mitglieder einer Klasse, die ihre Vorlieben und Lebensstile bestimmen. Der Raum sozialer Positionen wird daher um einen damit korrespondierenden Raum der Lebensstile ergänzt.
- Weitreichende Veränderungen in der ökonomisch und kulturell bestimmten Klassenzugehörigkeit im Lebenslauf und von einer Generation zur nächsten sind wenig wahrscheinlich.

Kritische Diskussion

Die Kritik an Bourdieus Theorie hebt hervor, dass diese einen eher beschreibenden Charakter habe und die theoretische Herleitung der konkret verwendeten (nicht ökonomischen) Klassifizierungsmerkmale (bzw. der verwendeten Kapitalien) zu kurz komme. Dabei bleibe oftmals unklar, inwieweit die verwendeten Merkmale tatsächlich für soziale Ungleichheit relevant sind oder ob sie lediglich – letztlich austauschbare – Unterschiede zwischen verschiedenen Gruppen bezeichnen (vgl. Geißler 1996). Auch die Annahme, dass die Individuen ihrer Herkunftsklasse relativ stark verhaftet bleiben, ist vielfach Gegenstand von Kritik gewesen.

5.3.3.7 Fazit

Die knappe Darstellung unterschiedlicher theoretischer Ansätze hat deutlich gemacht, dass man unterschiedliche Prinzipien einer Erklärung sozialer Ungleichheit hervorheben kann. Die französischen Soziologen Raymond Boudon und François Bourricaud (1992) postulieren denn auch, dass es keine allgemein gültige Theorie sozialer Ungleichheit oder Schichtung geben kann. Die Prinzipien der Genese und Reproduktion sozialer Ungleichheit können sehr unterschiedlich sein und von Gesellschaft zu Gesellschaft variieren. Zwar halten die beiden Autoren das Marktmodell für den fruchtbarsten Ansatz, da hierbei das soziale Schichtungssystem als nicht beabsichtigtes Ergebnis gezielten Handelns eigeninteressierter, individueller Akteure verstanden wird – und damit auf einen mikrofundierten theoretischen Kern zurückgegriffen werden kann. Allerdings hat auch dieses Modell Grenzen, wenn es um institutionelle und wirtschaftliche Aspekte der sozialen Ungleichheit geht, welche nicht oder nur schwer mit der Marktlogik von Angebot und Nachfrage vereinbar sind.

Lernkontrollfragen

1 Wie unterscheiden sich Determinanten von den Dimensionen sozialer Ungleichheit?
2 Nach welchen Prinzipien können Dimensionen sozialer Ungleichheit aufeinander einwirken?
3 Was sind grundlegende Unterschiede zwischen unterschiedlichen Erklärungsversuchen sozialer Ungleichheit?
4 Was ist der Unterschied zwischen dem sozialen und dem ökonomischen Tausch?

Infoteil

Zu einzelnen Determinanten sozialer Ungleichheit finden sich ausführliche empirische Darstellungen in Geißler (2014), Steuerwald (2016) und in Publikationen des Statistischen Bundesamts, darunter vor allem den Datenreports (Statistisches Bundesamt/WZB 2011, 2013, 2018). Außerdem existieren zahlreiche Berichte öffentlicher Institutionen, wie der Gender Report der Bundesregierung zur Gleichstellung der Geschlechter oder verschiedene Publikationen des Bundesamts für Migration und Flüchtlinge (BAMF) zu Integration von Migranten (Integrationsreport). Zu den im Text genannten Datenquellen verweisen wir auf den Anhang (→ Kapitel 8).

Strukturen sozialer Ungleichheit | 5.4

Strukturen sozialer Ungleichheit lassen sich beschreiben, indem man die Bevölkerung in relativ homogene Teilgruppen gliedert, deren Mitglieder sich ähnlichen Handlungs- und Lebensbedingungen gegenübersehen, sich also in einer ähnlichen Lebenslage befinden. Dabei wird in den meisten der im Folgenden vorgestellten Modelle von Strukturen sozialer Ungleichheit zusätzlich angenommen, dass sich die ähnlichen Lebenslagen auf der subjektiven Ebene auch in ähnlichen Orientierungen und Einstellungen (»psychosoziale Dispositionen« bzw. »Mentalitäten«) äußern, die mit der jeweiligen Lebenslage korrespondieren. Auch wird oft davon ausgegangen, dass Akteure vergleichsweise selten zwischen solchen sozialstrukturellen Gruppen wechseln – nicht nur im Verlauf ihres Lebens, auch im Vergleich mit ihren Eltern. Diese sozialstrukturellen Gruppen haben danach im Sinne Blaus eine hohe »salience« (→ Kapitel 3.1).

Die Teilgruppen der Bevölkerung können in einer hierarchischen Beziehung zueinanderstehen, wenn die Mitglieder einer Gruppe jeweils durchgängig höhere oder niedrigere Statuspositionen einnehmen als die Mitglieder einer anderen Gruppe. Wir werden solche Teilgruppen im Folgenden ganz allgemein *soziale Schichten* nennen. Der »Gegenbegriff« zur Schichtung ist das *Milieu*, bei dem nicht mehr eine statuskonsistente Zuordnung von Individuen zu sozialen Schichten unterstellt wird.

Schichtungskriterien sozialer Ungleichheit | 5.4.1

Ausgehend vom Prinzip der Wechselwirkung zwischen den Dimensionen sozialer Ungleichheit haben wir in Übersicht 5.8 eine Systematik verschiedener Prinzipien erstellt, nach denen eine ungleichheitsrelevante sozialstrukturelle Gliederung der Bevölkerung erfolgen kann. Hierbei lassen sich zum Teil auch Bezüge zu den in Kapitel 5.3.3 erläuterten Theorien herstellen.

Übersicht 5.8

Systematik zu Prinzipien der Strukturierung sozialer Ungleichheit

- **Prinzip der stratifikatorischen Differenzierung**
  Es begründet eine Gliederung der Bevölkerung in vertikal übereinander gelagerte Schichten aufgrund durch Tradition festgelegter Regeln sozialer Ordnung.
- **Dominanzprinzip sozialer Ungleichheit**
  Es begründet eine Gliederung der Bevölkerung in vertikal übereinander gelagerte Schichten bei Geltung des Dominanzprinzips

- **Kongruenzprinzip sozialer Ungleichheit**
  Es begründet eine Gliederung der Bevölkerung in vertikal übereinander gelagerte Schichten gemäß statuskonsistenten Lebenslagen, bei Geltung des Komplementaritäts- oder Matthäus-Prinzips.
- **Milieuprinzip sozialer Ungleichheit**
  Es begründet eine Gliederung der Bevölkerung in Teilgruppen mit typischen Profilen von Statuspositionen und subjektiven Mentalitäten, bei Geltung des Komplementaritäts- oder Matthäus-Prinzips sowie des Kompensations- bzw. Substitutionsprinzips.

Prinzip der stratifikatorischen Differenzierung

Nach dem *Prinzip der stratifikatorischen Differenzierung* ist die Gesellschaft gemäß einer durch Tradition begründeten, von allen Gesellschaftsmitgliedern akzeptierten sozialen Ordnung in voneinander streng abgeschlossene soziale Schichten gegliedert. Diese stehen in der Regel in einer hierarchischen Beziehung zueinander. Die Mitglieder der einzelnen Schichten sind qua Geburt mit einem unterschiedlichen Maß an Machtbefugnissen, Ressourcen und sozialer Wertschätzung ausgestattet, die von einer Generation an die nächste weitergeben werden. Wechsel zwischen den Schichten sind nahezu ausgeschlossen. Beispiele dafür sind die Ständeordnung der mittelalterlichen Feudalgesellschaft oder die indische Kastenordnung.

Dominanzprinzip sozialer Ungleichheit

Nach dem *Prinzip eines dominanten Kriteriums* wird die Schichtung der Bevölkerung durch eine bestimmte (theoretisch begründete) Dimension sozialer Ungleichheit determiniert. Der Status in Bezug auf alle anderen ungleichheitsrelevanten Merkmale ist durch den Status in dieser dominanten Dimension zwingend bestimmt. Diesem Prinzip entspricht der Marx'sche Klassenbegriff. Hier entscheidet ein sozioökonomisches Kriterium über die Lebenslage von Menschen, und zwar der Besitz oder Nichtbesitz an Produktionsmitteln oder das Ausmaß der Verfügungsgewalt über sie.

Kongruenzprinzip sozialer Ungleichheit

In Abschwächung des Dominanzprinzips konstituiert sich eine soziale Schichtung gemäß dem *Kongruenzprinzip sozialer Ungleichheit* nur noch durch beobachtbare statuskonsistente Lebenslagen, also dadurch, dass in der Bevölkerung ein hoher Zusammenhang zwischen den Statuspositionen in den einzelnen Dimensionen sozialer Ungleichheit gegeben ist. Nach Blau herrscht demnach eine starke Kongruenz der sozialstrukturellen Gruppen im Hinblick auf die ungleichheitsrelevanten Merkmale vor. Akteure sind in ähnlicher Weise mit einem bestimmten Niveau an Macht, Ressourcen, sozialem Ansehen oder anderen Dimensionen sozialer Ungleichheit ausgestattet. Soziale Beziehungen über die Grenzen dieser »Blöcke«, wie Hans P. Bahrdt es ausdrückt (Bahrdt 1994: 133), kommen selten vor, obwohl sie nicht institutionell unterbunden sind. Die modernen Konzepte der sozialen Schicht folgen in der Regel diesem Prinzip, wenn auch die Abgrenzung zum Dominanzprinzip oft nicht eindeutig vorzunehmen ist; denn häufig wird der beruflichen Position, die mit einem unterschiedlich hohen Ausmaß an Machtbefugnissen, unterschiedlichem Einkommen und verschieden hohem sozialen Ansehen verbunden sein kann, eine besondere Bedeutung bei der Schichtbestimmung zugebilligt. Die starke Zentrierung unserer Gesellschaften und der Lebensläufe auf das Erwerbssystem hin bietet dafür den institutionellen Hintergrund.

Milieuprinzip sozialer Ungleichheit

Nach dem *Milieuprinzip sozialer Ungleichheit* werden homogene Teilgruppen mit typischen Profilen von Lebenslagen und Mentalitäten identifiziert. Die Lebenslagen sind grundsätzlich nicht mehr durch das Prinzip der Statuskonsistenz bestimmt. Einzelne Dimensionen sozialer Ungleichheit können in einer Kompensations- oder Substitutionsbeziehung zueinanderstehen. So wird ein niedriger beruflicher Status möglicherweise durch Erfolge oder Anerkennung in anderen Lebensbereichen, etwa der Freizeitgestaltung, kompensiert. Als weitere Gliederungskriterien kommen Mentalitäten bzw. persönliche Werteinstellungen hinzu. Eine bestimmte Lebenslage kann also durchaus mit sehr unterschiedlichen Wertorientierungen einhergehen. Diese Form der Klassifikation wird in unterschiedlicher Weise in neueren Milieumodellen angewandt, die als Alternative zu den bisherigen Schichtungsmodellen angelegt sind. Die Merkmalsprofile einzelner Milieus werden meist explorativ, d. h. durch eine Auswertung empirischer Umfragedaten ermittelt und weniger theoretisch erklärt.

Viele Sozialstrukturforscher sehen dieses Klassifikationsprinzip als das adäquate Konzept zur Charakterisierung der Ungleichheitsstruktur in fortgeschrittenen Industriegesellschaften an (Bolte 1990: 41; Hradil 1987: 158 f., 2018). Bevor wir diesen Standpunkt weiter diskutieren, wollen wir uns zunächst die einzelnen Klassen-, Schicht- und Milieukonzepte genauer ansehen.

5.4.2 Klassen, Stände und Schichten

Klassischer Schichtungsbegriff

Der klassische Schichtungsbegriff, wie wir ihn heute kennen, ist vor allem von dem deutschen Soziologen Theodor Geiger (1891–1952) geprägt worden (Geiger 1967 [1932], 1963). Er betrachtet ihn als Oberbegriff für Gliederungskonzepte der Struktur sozialer Ungleichheit (Klassen, Kasten, soziale Schichten etc.) und lässt ihn in verschiedenen historischen Phasen als Strukturprinzip sozialer Ungleichheit zum Einsatz kommen.

Definition

Der Schichtungsbegriff von Geiger

Er ist durch drei Aspekte bestimmt:

- *Soziale Lagerung:* Schichtmitglieder befinden sich objektiv in einer ähnlichen »sozialen Lagerung« und unterscheiden sich dadurch von anderen Schichten in der Bevölkerung. Kriterien sind Lebensstandard, Chancen und Risiken, Glücksmöglichkeiten, Privilegien und Diskriminierung, Rang und öffentliches Ansehen (Geiger 1963: 186).
- *Schichtdeterminanten:* Sie sind ablesbar an der beruflichen Stellung, dem Verhältnis zu den Produktionsmitteln und der Ausbildung; hier geht es um die Position im Gefüge sozialer Einflussstrukturen sowie um die Verfügbarkeit von Ressourcen, die den Zugang zu bestimmten sozialstrukturellen Positionen erlauben.
- *Schichtmentalitäten:* Dazu zählen schichtspezifische Ausprägungen des Denkens, der Mentalitäten, Werte, Interessen und Handlungsmuster.

Wie man erkennt, entsprechen die ersten beiden Aspekte nur bedingt den in diesem Band eingeführten Dimensionen und Determinanten sozialer Ungleichheit; dies hat seinen Grund darin, dass Geigers Differenzierung weniger systematisch begründet ist.

Schicht als sozialer Binnenraum

In Erweiterung des Geiger'schen Schichtungsbegriffs versteht Bahrdt die soziale Schicht als einen *sozialen Binnenraum.* Er begründet das damit, dass unter den Mitgliedern einer Teilgesamtheit, die als soziale Schicht verstanden werden soll, die Dichte der sozialen Beziehungen größer ist als zwischen Mitgliedern verschiedener sozialer Schichten. Mehr noch:

> *»Es entsteht unter den Ranggleichen ein sozialer Binnenraum. In ihre Handlungsmuster geht ein, daß es ein begrenztes Feld gibt, innerhalb dessen das Handeln nach anderen Regeln verläuft als beim Interagieren mit Partnern, die jenseits dieses Feldes angesiedelt sind«* (Bahrdt 1994: 134).

Mehrdimensionale Schichtungsstruktur oder Dominanzprinzip?

Im Zusammenhang mit den vorgeschlagenen Schichtungskriterien ist sich Geiger bewusst, dass man je nach Auswahl der Kriterien unterschiedliche Schichtungsmodelle aufstellen kann, die zu nicht übereinstimmenden Gliederungen der Gesellschaft in Schichten führen können. Geiger konzediert damit einerseits eine mehrdimensionale Schichtungsstruktur, andererseits nimmt er jedoch an, dass es immer eine dominante Schichtungsdimension gibt; er präferiert also das Dominanzmodell. Die Frage ist allerdings, nach welchem inhaltlichen Kriterium eine Schichtungsdimension als dominant angesehen wird.

Wenden wir uns nun einigen zentralen, klassischen Schichtungskonzepten und ihrem Umgang mit dem Phänomen der Statusinkonsistenz zu.

Klassen und Klassenlage

5.4.2.1

Eine erste wichtige Version des allgemeinen Schichtungskonzepts ist das *Klassenmodell*. Die *Klassenlage* ist zwar verschieden bestimmt worden, alle Definitionen gehen aber davon aus, dass soziale Ungleichheit auf einer unterschiedlich starken wirtschaftlichen Macht der Gesellschaftsmitglieder beruht, die diese aufgrund ihres Vermögens oder des Besitzes marktrelevanter ökonomischer Ressourcen innehaben. Bevor wir auf spezifischere Klassenmodelle eingehen, sei eine allgemeine Definition für den Begriff der Klassenlage vorausgeschickt.

Definition

Klassenlage

Die Klassenlage meint die Positionierung eines Individuums in einer Klassengesellschaft. Sie ergibt sich aus dem Ausmaß und der Art der Verfügungsgewalt über wirtschaftliche Güter und Produktionsmittel sowie weiteren Kriterien, wie etwa dem Ausmaß und der Art der Berufsqualifikation, sofern diese in der jeweiligen Wirtschaftsordnung für die Erzielung von Einkommen verwertbar ist.

Produktionsmittelbesitz als dominierendes Schichtungskriterium bei Marx

Nach Karl Marx besteht eine Klasse aus Individuen, die eine Beziehung zu den Produktionsmitteln, und damit zur politischen Machtstruktur sowie den herrschenden Ideen, gemeinsam haben (»Klasse an sich«). Wie gesehen (→ Kapitel 5.3.3.2) liefert Marx eine Theorie, welche die Ursachen sozialer Ungleichheit in der Gesellschaft erklären soll. Wesentlich – im Sinne einer dominierenden Schichtungsdimension – ist die Beziehung zu den Produktionsmitteln.

Klassenbewusstsein

Der Schichtmentalität entspricht das Klassenbewusstsein, das sich durch die Erfahrung der gemeinsamen Klassenlage entwickelt und womöglich die Klassen zu kollektiven Akteuren gesellschaftlicher Entwicklung werden lässt (»Klasse für sich«). Die Arbeiterklasse wird zu einer revolutionären Kraft, die die Transformation der Gesellschaft hin zu einer neuen, gerechteren Ordnung vorantreibt.

Klassenkriterien bei Wright

Wie in Kapitel 5.3.3.2 schon erwähnt, wurde dieses einfache Klassenkonzept in neo-marxistischen Konzepten modifiziert und ausdifferenziert, um den zunehmend komplexer werdenden Strukturen moderner Gesellschaften besser gerecht zu werden. Ein prominentes Beispiel ist das Modell des amerikanischen marxistischen Sozialstrukturforschers Erik Olin Wright (1985). Dieser schlägt ein erweitertes zwölfstufiges Klassenschema vor. Wright argumentiert, dass die Klassenstruktur neben dem Produktionsmittelbesitz durch weitere Merkmale geprägt wird. Insgesamt nennt er drei Arten von »Ausbeutungsmitteln«:

1. Besitz an Produktionsmitteln;
2. Organisationsmacht; sie kann auch als Ausmaß der Verfügungsgewalt über nicht im Eigentum der Betreffenden befindliche Produktionsmittel verstanden werden;
3. Qualifikation der Akteure.

Danach gibt es in modernen Gesellschaften neben den Ausbeuter- und den ausgebeuteten Klassen »neue« Klassen, die Merkmale sowohl der ausbeutenden als auch der ausgebeuteten Klassen tragen. Zusätzlich zu den von Marx beschriebenen Klassen der Bourgeoisie und der Proletarier findet Wright mithilfe seiner drei Differenzierungskriterien zehn weitere Klassen, welche in unterschiedlichem Ausmaß über »Ausbeutungsmittel« verfügen. Nach diesem Schema sind Schlüsselstellungen in der Wirtschaft ebenso wichtig wie der Besitz an Produktionsmitteln. Das leuchtet durchaus ein, wenn wir zum Beispiel an die mächtigen Manager in Konzernen und Aktiengesellschaften denken. Sie haben eine hohe Verfügungsmacht über Produktionsmittel, ohne sie zu besitzen. Tabelle 5.12 stellt Wrights Klassenmodell im Einzelnen dar.

Die Tabelle veranschaulicht, wie das klassentheoretische Modell von Marx durch entsprechende Erweiterungen genutzt werden kann, um die in modernen ausdifferenzierten Gesellschaften herrschenden Ausbeutungsprozesse – und die daran gekoppelten Konflikte – sichtbar zu machen und zu analysieren. Wrights »mehrdimensionales« Klassenkonzept berücksichtigt neben den Handlungsbedingungen der in Kapitel 5.2 vorgestellten »ökonomischen« Dimension sozialer Ungleichheit (Güterbesitz und Qualifikation) mit der Organisationsmacht auch eine zentrale Handlungsbedingung der »sozialen« Dimension sozialer Ungleichheit.

Probleme mehrdimensionaler Klassenmodelle

Werden – wie von Wright vorgeschlagen – neben den Eigentumsverhältnissen weitere Klassifizierungskriterien verwendet, steigt die Zahl der möglichen Klassen. Hradil kritisiert, dass Wright eine theoretische Begründung der zwischen den nunmehr zwölf Klassen herrschenden Ausbeutungsprozesse schuldig bleibt und die mit diesen Ausbeutungsverhältnissen einhergehenden gesellschaftlichen Konsequenzen nicht ausführt. Er werde damit der theoretischen Tiefe des ursprünglichen Ansatzes von Marx nicht gerecht (Hradil 2001: 67). Hier stellen sich eine Reihe von Fragen: Beispielsweise wäre zu klären, in welchem Verhältnis die verwendeten Klassifizierungskriterien zueinanderstehen und inwieweit sie für die Machtverhält-

Tab. 5.12 *Erik Olin Wrights Klassenmodell*

Besitz an Produktionsmitteln	**Nichtbesitz an Produktionsmitteln (Lohnarbeit)**			
1) Bürgertum (Bourgeoisie): Diese haben genügend Kapital, um Arbeitnehmer zu beschäftigen und nicht selbst arbeiten zu müssen.	4) Fachlich qualifizierte Manager	7) Fachlich teilweise qualifizierte Manager	10) Fachlich nicht qualifizierte Manager	
2) Kleine Arbeitgeber: Diese haben genügend Kapital, um Arbeitnehmer zu beschäftigen, müssen aber selbst mitarbeiten.	5) Fachlich qualifizierte Aufsichtspersonen	8) Fachlich teilweise qualifizierte Aufsichtspersonen	11) Fachlich nicht qualifizierte Aufsichtspersonen	**Ausstattung mit Organisationsmacht**
3) Kleinbürger: Diese haben genügend Kapital zur Selbstständigkeit, aber nicht zur Beschäftigung von Arbeitnehmern.	6) Fachlich qualifizierte Nichtmanager	9) Fachlich teilweise qualifizierte Arbeiter	12) «Proletarier» (Arbeiterklassen)	
	Ausstattung mit Qualifikation			

Quelle: Wright 1985; nach Übersetzung in Hradil 2001: 66.

nisse zwischen den durch sie generierten Klassen relevant sind. Außerdem stellt sich die Frage der Durchlässigkeit zwischen den Klassen (Klassenmobilität) in Abhängigkeit von der verwendeten Klassifizierungstypologie neu. Weiter ist zu fragen, ob ein Kriterium (etwa Qualifikation) ein anderes oder alle anderen dominiert oder ob die Kriterien unabhängig voneinander sind.

Klassenlage und Klassen bei Weber

Max Weber hält in seiner Definition der *Klassenlage* an der Idee des ökonomisch begründeten Unterscheidungsprinzips von Marx fest, differenziert es aber aus und relativiert die alleinige Relevanz der Eigentumsverhältnisse. Weber geht es um eine Klassifikation von Individuen nach identischen Lebenschancen oder präziser »Marktchancen«, wie sie sich aus Eigentum oder der wirtschaftlichen Verfügungsmacht – die nicht unbedingt über Eigentum vermittelt sein muss – ableiten lassen. Daneben berücksichtigt er Privilegien anderer Art. Weber definiert:

»Klassenlage soll die typische Chance 1. der Güterversorgung, 2. der äußeren Lebensstellung, 3. des Lebensschicksals heißen, welche aus Maß und Art der Verfügungsgewalt (oder des Fehlens solcher) über Güter oder Leistungsqualifikation und aus der gegebenen Art ihrer Verwertbarkeit für die Erzielung von Einkommen und Einkünften innerhalb einer gegebenen Wirtschaftsordnung folgt. ›Klasse‹ soll jede in einer gleichen Klassenlage befindliche Gruppe von Menschen heißen« (Weber 1972: 177).

Besitz- und Erwerbsklassen

Die Klassenlage kann durch Besitz (*Besitzklassen*) oder die Art der Position im Erwerbssystem und der Chancen zur »Marktverwertung von Gütern oder Leistungen« (*Erwerbsklassen*) begründet sein (Weber 1972: 177). Letzteres geht über das Marx'sche Klassenkonzept und auch den von Wright vorgelegten, ausschließlich ökonomische Aspekte berücksichtigen Erweiterungsvorschlag hinaus, ohne dabei jedoch die Grundidee einer eindimensionalen Klassenstruktur aufzugeben. Mehr noch gilt das für *soziale Klassen*, die wir in der Übersicht 5.9 vorstellen.

Übersicht 5.9

Soziale Klassen bei Max Weber

Als *soziale Klassen* fasst Weber Gruppen von Klassenlagen zusammen, zwischen denen ein Wechsel im Verlauf des Lebens oder in der Generationenfolge vergleichsweise leicht möglich ist. Er postuliert vier soziale Klassen:

- Arbeiterschaft,
- Kleinbürgertum,
- besitzlose Intelligenz und Fachgeschultheit,
- Besitzende und durch Bildung Privilegierte.

Zwischen diesen sozialen Klassen bzw. den ihnen zugehörigen Klassenlagen gibt es nach Weber kaum Mobilität (→ Kapitel 5.5), d.h., soziale Klassen sind sozial relativ stark voneinander abgegrenzt.

Mit diesem Konzept kann Weber die Idee einer hierarchisch geordneten Klassenstruktur beibehalten und gleichzeitig Annahmen über soziale Mobilität zwischen Klassenlagen formulieren.

Auf der Grundlage des Weber'schen Klassenbegriffs haben die Sozialstrukturforscher Robert Erikson, John H. Goldthorpe und Lucienne Portocarero (1979) ein bekanntes und bis heute häufig verwendetes Klassenschema (Übersicht 5.10) entwickelt:

Übersicht 5.10

Das Klassenschema von Erikson, Goldthorpe und Portocarero (1979)
In diesem Klassenschema werden berufliche Positionen nach der Art des Beschäftigungsverhältnisses differenziert. Das Schema sieht unter anderem eine Dreiteilung zwischen Selbstständigen mit Beschäftigten, Selbstständigen ohne Beschäftigte und abhängig Beschäftigten vor. Letztere werden weiter nach Art der abhängigen Beschäftigung ausdifferenziert. Darin spiegelt sich wider, dass Privatunternehmen gegenüber korporativen Formen von Konzernen, Aktiengesellschaften etc. an Bedeutung verloren haben und zu hierarchisch stratifizierten, großen Arbeitsorganisationen geworden sind. Da also nur noch wenige Privatbesitzer sehr großer Unternehmen existieren, werden diese unter der Klasse I subsumiert:

	Klasse
I	Professional, administrative and managerial, higher (Obere Dienstklasse)
II	Professional, administrative and managerial, lower (Untere Dienstklasse)
III	Routine nonmanual (Nicht manuell Ausführende)
IVa	Proprietors and self-employed with employees (Selbstständige mit Beschäftigten)
IVb	Proprietors and self-employed without employees (Selbstständige ohne Beschäftigte)
IVc	Farmers and smallholders (Landwirte)
V	Lower technical and supervisory (Arbeiterelite)
VI	Skilled manual (Facharbeiter)
VIIa	Semi-skilled and unskilled manual (Un- und Angelernte)
VIIb	Agricultural workers (Landarbeiter)

Stände

5.4.2.2

Bei Weber ist die Klassenlage nicht das einzige wichtige Konstrukt sozialer Gruppierungen. Er führt auch den Begriff des *Standes* ein, der stark mit der Ungleichheitsdimension des »Prestige« korrespondiert.

Ständische Lage

> *»›Ständische Lage‹ soll heißen eine typisch wirksam in Anspruch genommene positive oder negative Privilegierung in der sozialen Schätzung begründet auf:*
> *a) Lebensführungsart [...],*
> *b) formale Erziehungsweise [...],*
> *c) Abstammungsprestige oder Berufsprestige [...],*
> *d) ständischen Konventionen (›Traditionen‹) anderer Art«* (Weber 1972: 179 f.).

Weber bezeichnet mit der ständischen Lage die Zugehörigkeit zu einer relativ exklusiven Gruppe, die durch gegenseitige Hochachtung und Wertschätzung, die ständische Ehre der »Mitglieder«, begründet ist. Durch die Einführung des Ständekonzepts werden die verschiedenen Klassenlagen also in sich noch einmal aufgegliedert und gleichzeitig voneinander abgegrenzt.

Nach Weber kann die ständische Lage auf einer Klassenlage bestimmter oder mehrdeutiger Art beruhen, sie ist aber nicht durch sie alleine bestimmt. Sein Beispiel:

> *»Die Klassenlage eines Offiziers, Beamten, Studenten, bestimmt durch sein Vermögen, kann ungemein verschieden sein, ohne die ständische Lage zu differenzieren, da die Art der durch Erziehung geschaffenen Lebensführung in den ständisch entscheidenden Punkten die gleiche ist«* (Weber 1972: 226).

Definition

Stand
Soziale Gruppierung, die durch gegenseitige Hochachtung, Wertschätzung und Privilegierung ihrer Mitglieder untereinander gekennzeichnet ist.

Ständische Lebensführung

Stände pflegen nach Weber in der Regel eine eigene ständische Lebensführung , wobei er die Art des Berufs hervorhebt (Berufsstände). Hier denkt man vielleicht an die »Wanderjahre« verschiedener Zimmermannszünfte, die sich bis in die heutige Zeit erhalten haben. Mit ihnen gehen eine bestimmte Kleiderordnung und Lebensweise einher. Stände können aber auch auf erfolgreichen Prestigeansprüchen kraft ständischer Abstammung beruhen (Geburtsstände) und auf ständischer Aneignung von politischen oder priesterlichen Herrschaftsgewalten (Weber 1972: 180). Weber versteht Stände also als Gruppierungen von Menschen, »die auf Grund gemeinsamer Eigenschaften sowie charakteristischer Gemeinsamkeiten des Denkens und Handelns eine spezifische positive oder negative Einschätzung erfahren« (Bolte/Hradil 1988: 44). Mit der Idee, dass den Mitgliedern eines Standes ein »typischer« Lebensstil gemeinsam ist, nimmt Weber gewissermaßen eine lebensstiltheoretische Ergänzung (→ Kapitel 5.4.3) des Klassenbegriffs vorweg. Diese wird von ihm jedoch nicht explizit ausgeführt und weiterentwickelt.

5.4.2.3 | Soziale Schicht

Der Schichtungsbegriff wurde als Oberbegriff für die vertikale Gliederung einer Bevölkerung in soziale Teilgesamtheiten verwendet. Als *soziale Schichten* bezeichnen wir im Folgenden Formen vertikaler und hierarchischer Strukturierung, die nicht allein auf ökonomischen Faktoren beruhen. Anders als beim Konzept der Klasse sind die Kriterien breiter angelegt.

Abgehoben wird auf die Lebenslage, in der alle Dimensionen sozialer Ungleichheit berücksichtigt sind – auch wenn faktisch wie beim Klassenkonzept berufliche Aspekte immer eine besondere Rolle spielen. Dabei wird dem Kongruenzprinzip gefolgt, demgemäß der soziale Status von Individuen in der Regel durch Statuskonsistenz gekennzeichnet ist.

Voraussetzungen für soziale Schichtung

Die Rechtfertigung eines Schichtungsmodells ergibt sich also aus der Annahme einer hohen Korrelation der Ungleichheitsmerkmale, die erst eine hierarchische Gliederung von Gruppen ermöglicht. Nur wenn ein bestimmter beruflicher Status mit entsprechendem Einkommen, Ansehen

Übersicht 5.11

Klasse und Schicht – Der Vergleich zweier Begriffe bei Stefan Hradil

Mit der zunehmenden Industrialisierung einer Gesellschaft eignete sich das Klassenkonzept immer weniger, um die zunehmende Vielfalt sozialer Ungleichheit zu beschreiben. Innerhalb der arbeitenden Klasse differenzierten sich immer mehr Berufsstellungen heraus, die an bestimmte Qualifikationen gekoppelt und mit einer bestimmten Organisationsmacht, einem bestimmten Einkommen und Prestige verbunden waren; d. h., innerhalb der Arbeiterklasse bedurfte es eines Gliederungskonzepts, um die dort entstandene Ungleichheit adäquat zu erfassen.

Mit dem Schichtkonzept wurde ein Gliederungskonzept verwendet, welches den Status von Menschen entlang einer oder mehrerer berufsnaher Ungleichheitsdimensionen beschreibt, dabei aber gleichzeitig einige charakteristische Unterschiede zum Klassenkonzept aufweist. Einen Vorschlag von Hradil (2001: 42) aufgreifend, lassen sich die Unterschiede zwischen beiden Gliederungskonzepten im Groben wie folgt beschreiben:

Klasse	Schicht
Ist erklärender Bestandteil einer Theorie sozialer Ungleichheit	Beschreibt soziale Ungleichheit und wird durch eine erklärende Theorie ergänzt
Konflikttheoretisch unterlegt; d. h., verschiedene Klassen haben zumeist gegensätzliche Interessen	Integrationstheoretisch unterlegt; Schichten kommen durch legitime, gesellschaftliche Belohnungsprozesse zustande
Klassenunterschiede sind qualitativer Natur	Schichtunterschiede sind gradueller Natur
Klassengrenzen sind »undurchlässig«; kaum soziale Mobilität	Schichtgrenzen sind »durchlässig«, soziale Mobilität möglich
Relationales, auf Beziehungen zwischen Gruppierungen verweisendes Merkmal	Attributives, sich auf die individuelle Ausstattung beziehendes Merkmal
Bezeichnet potenziell kollektive Akteure mit gemeinsamen Interessen	Bestehen aus individuellen Akteuren, denen bestimmte Lebensbedingungen gemeinsam sind

Abb. 5.10

Schema sozialer Lagerungen von Theodor Geiger (1932)

Quelle: Geiger 1967 [1932]: 24.

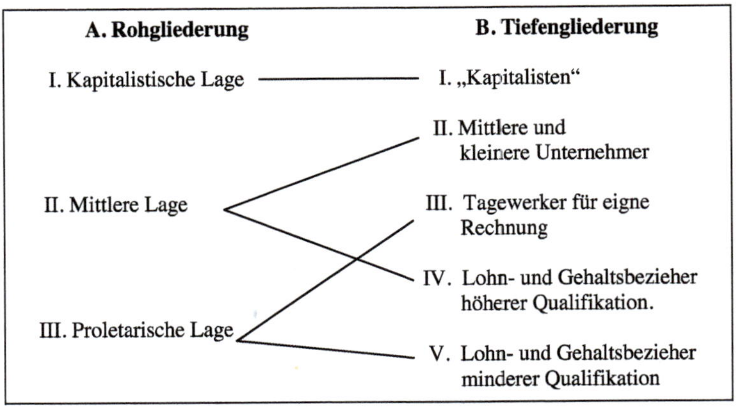

und sozialem Einfluss einhergehen, ist eine hierarchische Schichtung möglich. Aufgrund dieser – empirisch oft falschen – Vorannahme eignen sich Schichtungsmodelle eher zur Beschreibung als zur Erklärung sozialer Ungleichheit (Hradil 2001: 42). Die Übersicht 5.11 präsentiert die wichtigsten Unterschiede zwischen dem Klassen- und Schichtkonzept.

Geigers Modell der sozialen Lagerung

Theodor Geiger hat ein *Modell sozialer Schichten* vorgelegt, das von der späteren Schichtungsforschung oft als Ausgangspunkt gewählt worden ist (vgl. Abb. 5.10). Im engeren Sinne unterscheidet es sich noch nicht substanziell von einem Klassenschema, erhebt allerdings nicht dessen theoretischen Anspruch. Geiger geht in seiner Rohgliederung von der Marx'schen Klassenkonstruktion aus, fügt aber eine mittlere Lage hinzu. Sie beinhaltet Mittel- und Kleinunternehmer sowie abhängig Beschäftigte in höheren Positionen.

In der Zeit nach dem Zweiten Weltkrieg gab es verschiedene Versuche, die Schichtstruktur der Bundesrepublik Deutschland zu bestimmen und die Verteilung der Bevölkerung in den Schichten anteilsmäßig zu beschreiben. Die vorgeschlagenen Modelle unterscheiden sich in den Merkmalen, welche zur Beschreibung der sozialen Lage berücksichtigt wurden, sowie in der Zahl der unterschiedlichen Schichten.

Bolte-Zwiebel

Eine frühe, empirisch begründete Darstellung einer Schichtungsstruktur der deutschen Bevölkerung ist das von dem deutschen Soziologen Karl Martin Bolte und seinen Mitarbeitern für die bundesdeutsche Gesellschaft der 1960er-Jahre entworfene »Zwiebel-Modell« (vgl. Abb. 5.11). Sie weist einen großen Anteil der Mittelschicht an der Bevölkerung aus und unterstreicht die Notwendigkeit, nach einer oberen, mittleren und unteren Mittelschicht zu unterscheiden. Auch dieser Schichtungsvorschlag orientiert sich an der beruflichen Stellung sowie an daran gekoppelten Ungleichheitsmerkmalen.

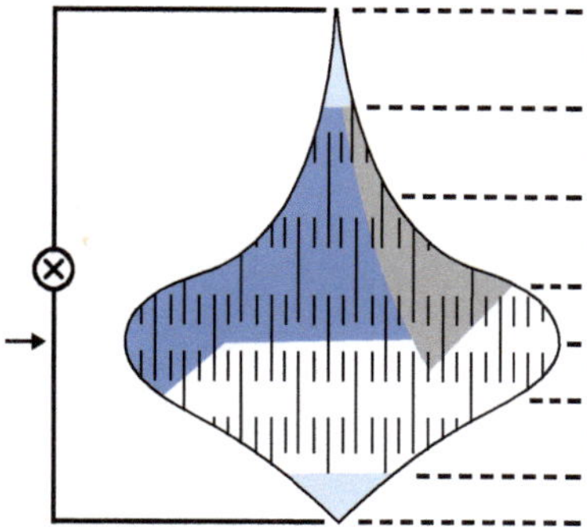

Bezeichnung der Statuszone	Anteil	
Oberschicht	ca. 2 v. H.	
obere Mitte	ca. 5 v. H.	
mittlere Mitteca. 14 v. H.	ca. 14 v. H.	
untere Mitte	ca. (29)	58 v. H.
unterste Mitte/oberes Unten	ca. (29)	
Unten	1ca. 7 v. H.	
Sozialer Bodensatz	ca. 4 v. H.	

Die Markierungen in der breiten Mitte bedeuten:

- ■ Angehörige des sogenannten neuen Mittelstands
- ■ Angehörige des sogenannten alten Mittelstands
- □ Angehörige der Arbeiterschaft

Punkte zeigen an, dass ein bestimmter gesellschaftlicher Status fixiert werden kann

Senkrechte Striche weisen darauf hin, dass nur eine Zone bezeichnet werden kann, innerhalb derer jemand etwa im Statusaufbau liegt

⊗ Mittlere Mitte nach den Vorstellungen der Bevölkerung

→ Mitte nach der Verteilung der Bevölkerung 50 v. H. liegen oberhalb bzw. unterhalb im Statusaufbau

Abb. 5.11

Die Bolte-Zwiebel: Statusaufbau und Schichtung der westdeutschen Bevölkerung (1960er-Jahre)

Quelle: Bolte/Kappe/Neidhart 1967: 316.

Zur Oberschicht gehört die Spitze der politischen und ökonomischen Elite. Zur oberen Mittelschicht gehören die nachrangigen Positionen aus Politik und Wirtschaft, etwa Angehörige von Familien, deren Hauptverdiener große und mittlere Selbstständige, freiberuflich tätige Akademiker, höhere Beamte und leitende Angestellte und Inhaber landwirtschaftlicher Großbetriebe sind. Die mittlere und untere Mittelschicht setzt sich wie folgt zusammen: Angehörige aus Familien, deren Hauptverdiener kleine Selbstständige (Handwerksbetrieb), qualifizierte Angestellte, gehobene und mittlere Beamte oder große und mittlere Landwirte sind. Zur oberen Unterschicht zählen Angehörige aus Familien, deren Hauptverdiener ausführende Angestellte, Facharbeiter, einfache Beamte oder kleine Landwirte sind. Die untere Unterschicht besteht aus Angehörigen aus Familien, deren Hauptverdiener un- und angelernte Arbeiter sind.

Das »Hausmodell« sozialer Schichtung von Dahrendorf

Ein anderes bekanntes Modell wurde 1960 von dem deutschen Soziologen Ralf Dahrendorf vorgelegt (»Hausmodell«). In Anlehnung an Geiger sieht sein Modell eine Einteilung der Bevölkerung in sieben Schichten vor

(Dahrendorf 1965): die Elite (oberste Machtpositionen), die Dienstklasse (Verwaltungsangestellte), der alte Mittelstand (Selbstständige), die Arbeiterelite (Meister etc.), die Arbeiterschicht, der falsche Mittelstand (einfache Dienstleistungsberufe) und die Unterschicht (Geißler 2014: 100).

Die »Geißler-Residenz«

Als Anpassung des Hausmodells von Dahrendorf an die jüngeren Verhältnisse hat Rainer Geißler ein inzwischen mehrfach überarbeitetes Modell (vgl. Abb. 5.12) entwickelt, dessen Einteilung folgende Kriterien zugrunde liegen (Geißler 2014: 102):

- der Beruf; er bündelt verschiedene Faktoren wie Funktion in der gesellschaftlichen Arbeitsteilung, Qualifikation, Einkommen, Prestige und Einfluss;
- materielle Lage und ethnische Zugehörigkeit;
- die Position im schichtspezifischen Herrschaftsgefüge bei der Abgrenzung der »typischen« Mentalitäten, Subkulturen und Lebenschancen.

Die prozentuale Verteilung der einzelnen Schichten ist auf der Basis des Mikrozensus 2009 geschätzt worden. Zur ausführlicheren Erläuterung siehe Geißler 2014: 102 f.

Abb. 5.12

Die »Geißler-Residenz«: Soziale Schichtung der westdeutschen Bevölkerung im Jahr 2009

Quelle: Geißler 2014: 101.

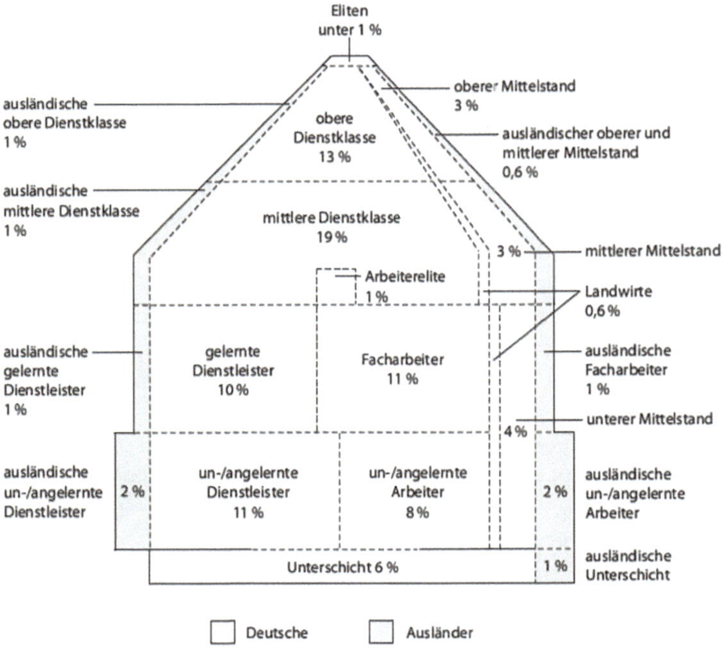

Milieus und Lebensstile

5.4.3

Kritik der klassischen Schichtungsmodelle

5.4.3.1

Es gab einen lang andauernden Streit darüber, ob das Klassen- und Schichtkonzept die fortgeschrittene industrielle Gesellschaft noch angemessen beschreibt. Kritiker betonten, dass die klassischen Schichtmodelle einer vertikalen Gliederung der Sozialstruktur generell die Strukturen sozialer Ungleichheit in unserer Gesellschaft nicht hinreichend gut abbilden könnten. Sie seien zu grob und undifferenziert, betonten die falschen Ungleichheitskriterien und entsprächen nicht mehr den aktuell bestehenden Unterschieden in den Mentalitäten von Individuen (Beck 1986, Hradil 1987, 2001). Soziale Ungleichheit habe sich zwar nicht verringert, doch ihre Strukturen seien vielfältiger geworden. Klassenzugehörigkeit und Klassenbewusstsein fielen nicht mehr zusammen, einfache Korrespondenzen von Schichtzugehörigkeiten und Schichtmentalitäten seien nicht mehr vorhanden.

Kritik am Schichtkonzept

Es wurde weiterhin argumentiert, dass die klassischen Dimensionen sozialer Ungleichheit (Bildung, Geld, Macht, Prestige) relativ an Bedeutung verlören, daher Klassen- und Schichtmodelle zur Charakterisierung der Chancenstrukturen in Gesellschaften hinfällig würden und durch differenziertere Konzepte ersetzt werden müssten. Dabei wurde nicht abgestritten, dass die auf ökonomischen und beruflichen Aspekten beruhenden Ungleichheitsstrukturen weiterhin existieren. Sie bilden aber, so Stefan Hradil, nicht mehr die dominanten, geschweige denn die einzigen Strukturdeterminanten für soziale Ungleichheit in unserer Gesellschaft (Hradil 1987: 39).

Fahrstuhleffekt

Als populärer Beleg für den Bedeutungsverlust klassischer Ungleichheitsdimensionen wird oft auf den von Ulrich Beck als »Fahrstuhleffekt« bezeichneten zunehmenden allgemeinen Wohlstand in modernen Gesellschaften verwiesen, welcher die alten Klassenunterschiede relativiere. Ulrich Beck meint:

> *»Wir leben trotz fortbestehender und neu entstehender Ungleichheiten heute in der Bundesrepublik bereits in Verhältnissen jenseits der Klassengesellschaft, in denen das Bild der Klassengesellschaft nur noch mangels einer besseren Alternative am Leben erhalten wird. Auflösbar wird dieser Gegensatz, wenn man der Frage nachgeht, inwieweit sich in den vergangenen drei Jahrzehnten unterhalb der Aufmerksamkeitsschwelle der Ungleichheitsforschung die soziale Bedeutung von Ungleichheit gewandelt hat. Dies ist meine These: Auf der einen Seite sind die Relationen sozialer Ungleichheit in der Nachkriegsentwicklung weitgehend konstant geblieben. Auf der anderen Seite haben sich die Lebensbedingungen der Bevölkerung radikal verändert. Die Besonderheit der sozialstrukturellen Entwicklung in der Bundesrepublik ist der ›Fahrstuhleffekt‹: die ›Klassengesellschaft‹ wird insgesamt eine Etage höher gefahren. Es gibt – bei allen sich neu einpendelnden*

oder durchgehaltenen Ungleichheiten – ein kollektives Mehr an Einkommen, Bildung, Mobilität, Recht, Wissenschaft, Massenkonsum. In der Konsequenz werden subkulturelle Klassenidentitäten und -bindungen aufgelöst. Gleichzeitig wird ein Prozeß der Individualisierung und Diversifizierung von Lebenslagen und Lebensstilen in Gang gesetzt, der das Hierarchiemodell sozialer Klassen und Schichten unterläuft und in seinem Wirklichkeitsgehalt in Frage stellt« (Beck 1986: 121 f.).

Bedeutungsverlust sozialer Ungleichheitsstrukturen

Mit dem zunehmenden Wohlstand gehen auch nach Beck keine Nivellierungstendenzen sozialer Ungleichheit einher, das Ausmaß ökonomischer sozialer Ungleichheit ist am ehesten durch Stabilität gekennzeichnet. Der allgemeine Einkommenszuwachs hat aber zu einem Bedeutungsverlust ökonomischer Schichtungskriterien geführt, da die grundlegenden materiellen Bedürfnisse befriedigt werden können. Gleichzeitig spielen »neue« Ungleichheitsstrukturen eine Rolle, die geeignet sind, die sich innerhalb einzelner Einkommens- oder Berufsklassen ausdifferenzierenden Lebensstile zu beschreiben (vgl. auch Hradil 1987: 55) Es wird also auf neue Verknüpfungs- und Erlebnisformen verwiesen, wobei Letztere verstärkt die subjektive Dimension sozialer Ungleichheit thematisieren; so gewinnen beispielsweise die Freizeitmöglichkeiten oder das Wohnumfeld für die subjektive Ungleichheitswahrnehmung an Bedeutung.

Neue sozialstrukturelle Gruppierungen

Die Dimensionen sozialer Ungleichheit korrelieren nach dieser Auffassung nicht mehr so stark wie früher. Wohlfahrtsstaatliche, soziale und emanzipatorische Dimensionen sozialer Ungleichheit beinhalteten weniger erworbene Ressourcen zur Sicherung der Handlungsfähigkeit des Einzelnen, sondern spiegelten vielfach auch vorteil- oder unvorteilhafte Lebensverhältnisse wider, denen man sich weniger gut entziehen könne. Die im Zusammenhang mit den genannten Trends entstandenen neuen sozialstrukturellen Gruppierungen ließen sich daher nicht mehr adäquat mit einem eindimensionalen Schichtungsmodell beschreiben, das von einem starken Zusammenhang der berücksichtigten Merkmale ausgehe. Daher, so meinten die Kritiker, müsse man das klassische Schichtkonzept aufgeben.

Bedeutungsverlust klassischer Ungleichheitsmerkmale

Die damit einhergehende Auffassung, dass »klassische« Ungleichheitsmerkmerkmale, wie das Einkommen und die Bildung für die Realisierung allgemein akzeptierter Lebensziele eine weniger entscheidende Rolle spielen und dass Kompensationseffekte durch vorteilhafte Lebensbedingungen anderer Art möglich sind, kann aus heutiger Sicht durchaus hinterfragt werden. Bevor wir auf diese Frage zurückkommen, wollen wir die Bedeutung und Zusammenspiel klassischer und neuer Ungleichheitsmerkmale aus Sicht der neueren Milieu- oder Lebensstilforschung eingehender thematisieren.

Soziale Milieus und Lebensstile

5.4.3.2

Soziale Milieus werden als sozialstrukturelle Gruppen identifiziert, die sich nicht nur in ihren äußeren Lebensbedingungen – etwa dem Einkommen oder dem Wohnumfeld –, sondern auch in mehr oder weniger tief verankerten und stabilen subjektiven Werthaltungen, Motivlagen und Zielen ähnlich sind. Anders als im Konzept der sozialen Schichten angenommen, können Menschen trotz gleicher äußerer Lebensbedingungen sehr unterschiedlichen Wertorientierungen und Lebenszielen anhängen bzw. ihnen eine unterschiedliche Priorität zuweisen; ob sie etwa ihr (ähnlich hohes) Einkommen als »Spargut« ansehen oder es für »Genussmittel« in der Freizeitgestaltung ausgeben, hängt davon ab, ob sie eher sicherheits- oder selbstentfaltungsbezogenen Zielen den Vorzug geben (vgl. Hradil 1987: 161). Die milieu-typischen Werthaltungen äußern sich daher in einer ähnlichen Lebensführung und der Verfolgung ähnlicher Muster im sozialen Handeln.

Definition

Soziales Milieu
Teilgruppe der Bevölkerung, deren Mitglieder bezogen auf ihre Lebenslage (objektive Lebensbedingungen) sowie ihre Werthaltungen und Mentalitäten (subjektive Lebenseinstellungen) ein ähnliches Merkmalsprofil aufweisen.

Soziale Milieus können in unterschiedlicher Differenziertheit und Reichweite konstruiert werden. Hradil (1987: 168) unterscheidet:

Mikromilieus und Makromilieus

- *Mikromilieus*, die den engeren, lokalen (oder) sozialen Kontext von Personen betreffen (etwa die Fans eines bestimmten Fußballvereins), und
- *Makromilieus*, die ähnlich wie soziale Schichten große Teilgruppen der Gesellschaft beinhalten und sich durch ähnliche Werthaltungen und Mentalitäten sowie oftmals ähnliche Lebensstile auszeichnen.

Sinus-Milieus als Beispiel einer kommerziellen Anwendung

Erkenntnisse zum Zusammenhang zwischen der sozialen Lage, der Wertehaltung und damit einhergehender Lebens- oder Konsumstile (vgl. obiges Beispiel) sind auch kommerziell nutzbar und haben das Interesse verschiedener Unternehmen geweckt. Die sogenannten Sinus-Milieus sind ein Beispiel dafür. Sie sind auf Basis von Umfragedaten mit der Absicht ermittelt worden, Wirtschaftsunternehmen Informationen über den soziokulturellen Wandel in unserer Gesellschaft zur Verfügung zu stellen, die diese für eine zielgruppengerechte Marketingstrategie nutzen können.

In Abbildung 5.13 werden die Milieus visualisiert, indem ihre Verbreitung angegeben und ihre Beziehung zum klassischen Konstrukt der sozialen Schicht (vertikale Achse – auf Grundlage von Bildung, Beruf und Einkommen) und zur wertbezogenen Grundorientierung der Menschen (horizontale Achse – von traditionellen Werten bis zu solchen der Neuorientierung) veranschaulicht wird. Die Abbildung zeigt auch, dass dieselbe Schicht (z.B. Mittelschicht) aufgrund unterschiedlicher wertbezogener Grundorientierungen in verschiedene Milieus (traditionelles Milieu, bürgerliche Mitte, adaptiv-pragmatisches Milieu und hedonistisches Milieu) aufgeteilt werden kann – die jeweils mit spezifischen Grundorientierungen einhergehen. Auf der Sinus-Internetseite (https://www.sinus-institut.de/sinus-loesungen/sinus-milieus-deutschland) kann eine Charakterisierung der jeweiligen Milieus nachgeschlagen werden.

Abb. 5.13 | *Die Sinus-Milieus® in Deutschland 2018*

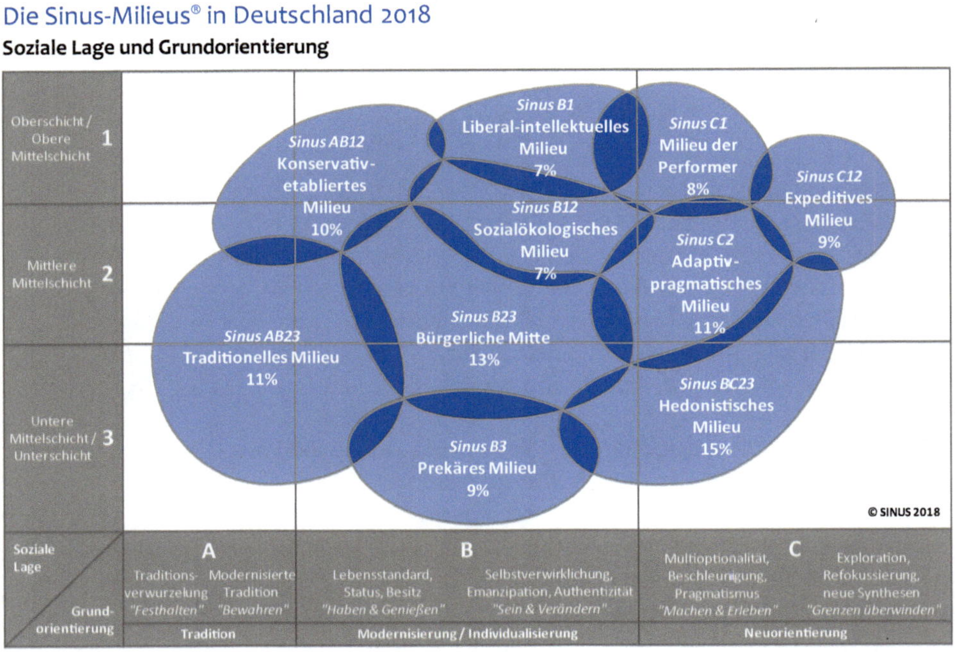

Quelle: Sinus-Institut 2019: Sinus-Institut 2019: https://www.sinus-institut.de/sinus-loesungen/sinus-milieus-deutschland/; Stand 1.2.2019.

Ein weniger deskriptiver, auf die Theorie von Bourdieu rekurrierender Ansatz zur Milieudifferenzierung wurde vom Milieuforscher Michael Vester und seinen Mitarbeitern vorgelegt (Vester u. a. 2001: 24 ff.). Sie verstehen Milieus als »Gruppen mit ähnlichem Habitus, die durch Verwandtschaft oder Nachbarschaft, Arbeit und Lernen zusammenkommen und eine ähnliche Alltagskultur entwickeln«. Milieus werden als Orte im sozialen Raum und insofern als »Nachfahren der sozialen Klassen, Stände und Schichten verstanden« und nach zwei Dimensionen differenziert. Auf der vertikalen »Herrschaftsachse« werden drei Milieus durch »Trennlinien der Distinktion und Respektabilität« unterschieden: führende gesellschaftliche Milieus (Bildung, Macht, Besitz), mittlere Volksmilieus (Arbeiter, Angestellte und Dienstleistende, kleine Selbstständige) und unterprivilegierte Volksmilieus (gering Qualifizierte). Diese Unterteilung erinnert an die soziale Schichtung. Auf der horizontalen Differenzierungsachse unterteilt Vester die ersten beiden Milieus weiter nach »Traditionslinien der Autoritätsbindung und der Eigenverantwortung«, womit die Einstellung zu Autorität ausgedrückt wird. Auf der einen Seite steht eine Avantgarde, auf der anderen befinden sich die Hierarchiegebundenen und Autoritären. Es erfolgt schließlich eine weitere Unterteilung in Submilieus, die aus historisch gewachsenen Strukturen erwachsen sind. Auf diese Weise ergibt sich eine recht komplexe Konstruktion von Milieus und Submilieus. So plausibel diese Untergliederung auch erscheinen mag, sie ist letztlich rein explorativ und nicht theoretisch abgeleitet. Daran ändert auch der Bezug auf die Bourdieu'sche Terminologie nichts. Ein weiteres, theoretisch besser begründetes und viel diskutiertes Milieumodell hat der deutsche Soziologe Gerhard Schulze in seinem Buch zur Erlebnisgesellschaft vorgelegt (Schulze 1992).

Ein zusätzliches Analysekonzept, das die expressionistischen Elemente der Lebensführung, d. h. Verhaltensweisen und Gewohnheiten von individuellen Akteuren, erfassen soll, ist der Begriff des Lebensstils. Der Grundgedanke ist, dass die vom Milieukonzept identifizierten ähnlichen Lebensbedingungen und -einstellungen sich in ähnlichem Geschmack, vergleichbaren Konsumgewohnheiten oder gleichartigem Freizeitverhalten niederschlagen. Bei Hradil (2001: 46) ist der Lebensstil der »regelmäßig wiederkehrende Gesamtzusammenhang der Verhaltensweisen, Interaktionen, Meinungen, Wissensbestände und bewertenden Einstellungen eines Menschen«. Auch zu dieser Charakterisierung gibt es zahlreiche Alternativen. Dennoch scheint ein gemeinsamer Kern erkennbar, der ihn von den Begriffen der Lebensführung und Lebensweise, auf die wir hier nicht eingehen, absetzt und die Aspekte der Identifizierbarkeit und Stilisierung hervorhebt (vgl. Hartmann 1999; Müller 1989; Rössel/Otte 2011).

Definition

Lebensstil
Spezifisches und als solches identifizierbares Muster alltäglich wiederkehrender Verhaltens-, Äußerungs- und Interaktionsweisen von Akteuren, in denen sich – bewusst oder unbewusst stilisiert – bestimmte, milieu- oder lebensphasentypische Formen des Denkens, Wissens und Beurteilens ausdrücken.

Lebensstile sind im Rahmen des Modells eines Systems sozialer Ungleichheit von Esser Teil der kulturellen Struktur einer Gesellschaft (Esser 1993). Sie können als Instrument der (Selbst-)Stilisierung und Vehikel sozialer Distinktion verstanden werden, das neben Merkmalen der Lebenslage und Wertorientierung auch Verhaltenskomponenten umfasst und dazu dienen kann, eine bestimmte Gruppenzugehörigkeit zu signalisieren. Beispielsweise gehört es zum Lebensstil eines Fußballfans, sich zumindest die Heimspiele des Lieblingsvereins im Stadion anzuschauen und Kleidungsstücke mit den Vereinsfarben als Zeichen der Zugehörigkeit zu tragen.

Unterschiede zwischen Milieu und Lebensstil

Im Unterschied zu den stabilen, ein bestimmtes Milieu prägenden Wertehaltungen (z.B. eine materialistische oder eher postmaterialistische Orientierung) ist der Lebensstil der Menschen stärker von den sich im Lebenslauf ändernden Lebenszielen, dem Zeitgeist, Modeerscheinungen oder der sich ändernden Ressourcenausstattung abhängig, d.h.: Lebensstile verändern sich im Lebenslauf stärker als die in den Milieus verorteten Wertehaltungen (Hradil 2001: 46).

Ähnlich den Milieutypologien wurden Lebensstiltypologien auf Grundlage von Umfragedaten erstellt, die neben Informationen zu Lebensbedingungen und -einstellungen auch Angaben zu Geschmäckern und Verhaltensweisen enthalten. Dazu gibt es wiederum zahlreiche Ansätze, die wir hier nicht detailliert vorstellen wollen (Georg 1998; Konietzka 1994; Otte 2004; Spellerberg 2010).

Das Milieu- und Lebensstilkonzept sozialstruktureller Gruppierung greift einige der gegenüber dem vertikal ausgerichteten Schichtkonzept geäußerten Kritikpunkte auf, bringt aber auch eine Reihe neuer Probleme mit sich: Zum einen wird das Verständnis sozialer Ungleichheit durch die Aufwertung der nicht ökonomischen Dimensionen sozialer Ungleichheit wesentlich erweitert. Dabei wird die subjektive Komponente, die dem klassischen Schichtkonzept mit dem Begriff der Schichtmentalitäten schon inhärent war, deutlicher von den objektiven Lebensbedingungen abgesetzt. Das bedeutet, es sind verschiedene Milieus oder Lebensstile denkbar, deren Mitglieder sich in ähnlichen sozialen Lagen befinden. Milieus und Lebens-

Diskussion des Milieu- und Lebensstilkonzeptes

stile lassen sich zwar bestimmten Lebenslagen oder gar sozialen Schichten zuordnen, sie sind damit aber nicht deckungsgleich. Der Lebensstilbegriff ermöglicht auch eine stärkere Berücksichtigung der Handlungs- und Erlebnisebene der einzelnen Akteure.

Zum anderen sind sowohl das Milieu- als auch das Lebensstilkonzept zumeist eher induktiv angelegt. Sie werden in der Regel theoretisch nicht gründlich hergeleitet, auch wenn es Versuche gibt, etwa unter Bezugnahme auf den Ansatz von Bourdieu, ihnen eine eigene theoretische Grundlage zu geben (Müller 1993: 259ff, Vester u.a. 2001).

Insgesamt ist die mit den neuen Konzepten einhergehende Begriffsvielfalt analytisch vielleicht gerechtfertigt, praktisch wird sie fast nie konsequent durchgehalten; so gibt es zum Beispiel in der Literatur selten eine Unterscheidung zwischen Lebensstil und Milieu.

Gegenkritik

Die Kritik, die die Milieutheoretiker am klassischen Sozialstrukturkonzept geübt haben, ist nicht ohne Gegenkritik geblieben. Rainer Geißler kann anhand empirischer Daten zeigen, dass die Thesen zum Bedeutungsverlust der klassischen Dimensionen sozialer Ungleichheit teilweise überzogen und nicht gerechtfertigt sind. Die traditionell bedeutsamen Dimensionen und Determinanten sozialer Ungleichheit haben eine zentrale Bedeutung für die Lebensverhältnisse der Menschen und damit für ihre Chancen, allgemein anerkannte Lebensziele zu verwirklichen, behalten. Geißler belegt, dass Lebenschancen und -risiken nach wie vor stark von sozialer Herkunft, Bildung und Beruf abhängen. Immer noch lassen sich Verteilungen von schichttypischen Orientierungen und Verhaltensweisen nachweisen. Milieus sind schichttypisch ausgeprägt, ihre Vielfalt ist schichtbezogen unterschiedlich, die Alltagpräsenz von Schichten ist nicht verschwunden und soziale Konflikte werden nach wie vor entlang klassischer Dimensionen sozialer Ungleichheit (arm – reich) wahrgenommen. Die neuen Ungleichheitsdimensionen korrelieren also durchaus deutlich mit den »klassischen« (Geißler 2014: 121ff.).

Die Kritik, die die Milieutheoretiker am klassischen Sozialstrukturkonzept geübt haben, muss auch durch die Verschärfung sozialer Ungleichheit in den klassischen Dimensionen hinterfragt werden. So schrieben der mehrfach zitierte Sozialstrukturforscher Stefan Hradil und die Lebensstilforscherin Annette Spellerberg schon im Jahr 2011: »Es liegt nahe zu vermuten, dass die wachsende soziale Ungleichheit auch Auswirkungen auf die Herausbildung von Lebensstilen bei den Einzelnen und auf das Gefüge der Lebensstilgruppierungen insgesamt hat. In den unteren Bereichen der Sozialstruktur lassen sich eine rückläufige Vielfalt von Lebensstilen und mehr Einflüsse der Klassenlage als von Individualisierungsprozessen erwarten« (Hradil/Spellerberg 2011: 56). Sie verweisen zurecht auf die empirisch nachweisbaren, stark eingeschränkten Freiheiten und Stilisierungsmöglichkeiten in Armut lebender sozialstruktureller Gruppen. Sie finden aber dennoch auch dort noch eine Pluralität von Lebensstilen vor.

Lernkontrollfragen

1. Skizzieren Sie die grundlegenden Kriterien von Schichtungsmodellen.
2. Beschreiben Sie Gemeinsamkeiten und Unterschiede zwischen den Konzepten der Klasse, der sozialen Schicht und des Milieus.
3. Wie unterscheiden sich Milieu und Lebensstil voneinander und welche Gemeinsamkeiten haben sie?
4. Aus welchen Gründen ist die Beschreibung von Strukturen sozialer Ungleichheit auf der Basis rein vertikaler Schichtungskonzepte der Gesellschaft unzureichend?

Infoteil

Die Begriffsvielfalt bei der Darstellung von Strukturen sozialer Ungleichheit ist groß. Dennoch führt Hradil zwei weitere Begriffe ein, die in seiner Abhandlung zur sozialen Ungleichheit aus dem Jahr 2001 eine Rolle spielen: *Lebensweise* und *Lebensführung*. Er definiert die Lebensweise als »gesellschaftliche typische Denk- und Verhaltensweisen«, in die Werthaltungen, Einstellungen, Meinungen und Verhaltensmuster eingehen«. Menschen, die sich in ihrer Lebensweise ähneln, bilden Milieus und verfolgen gemeinsame Lebensstile. Wir haben diesen Begriff nicht aufgegriffen. Wichtiger ist da schon der Begriff der Lebensführung. Darunter versteht Hradil die »typische Gestaltung des Alltags, insbesondere die Ausrichtung des Lebenswegs« (Hradil 2001: 147 f.).

5.5 | Soziale Ungleichheit und Lebenslauf

Sozialstrukturelle Positionen oder Zugehörigkeiten zu sozialstrukturellen Gruppen können sich im Verlauf des Lebens mehrfach verändern. In Kapitel 4 sind wir an verschiedenen Stellen auf Dynamiken von sozialstrukturellen Zugehörigkeiten und sozialen Positionen eingegangen, als wir die Komponenten der Bevölkerungsbewegung vorgestellt haben und auf Veränderungen bei den Formen privaten Zusammenlebens eingegangen sind. Dazu gehörten die Etablierung einer nicht ehelichen Lebensgemeinschaft,

Eheschließungen, die Auflösung einer Paarbeziehung oder Scheidung, die Geburt von Kindern oder ein Wohnortwechsel.

Im Folgenden konzentrieren wir uns auf Veränderungen im Lebenslauf, die sich auf Ungleichheitsmerkmale, also Dimensionen sozialer Ungleichheit beziehen. Es geht um die Veränderung von Statuspositionen oder Schicht- und Klassenzugehörigkeiten.

Grundbegriffe der sozialen Mobilität | 5.5.1

Verändert ein Individuum seine Position bezogen auf ein sozialstrukturelles Merkmal, kann man allgemein davon sprechen, dass es *sozial mobil* ist – mobil im »Raum« der sozialstrukturellen Positionen einer Gesellschaft. *Sozial immobil* zu sein, bedeutet, die Position bezogen auf ein sozialstrukturelles Merkmal nicht zu verändern.

Definition

Soziale Mobilität
Veränderungen in der Ausprägung von sozialstrukturellen Merkmalen, also von sozialstrukturellen Positionen von Individuen. Dazu gehören Veränderungen des Wohnorts, der Lebensform, des Bildungsniveaus, des Berufs oder des Einkommens.

Diese allgemeine Definition gilt es, mit Leben zu füllen. Dazu unterscheiden wir in Übersicht 5.12 mehrere Formen sozialer Mobilität (vgl. Geißler 2014: 311 f.). Vorgestellt werden die derzeit gebräuchlichsten Mobilitätstypen. Sie betonen jeweils unterschiedliche Aspekte von Mobilität, auch wenn sie sich bezüglich der darunter gefassten Mobilitätsphänomene gelegentlich überschneiden.

Übersicht 5.12

Typen sozialer Mobilität

1. **Vertikale und horizontale Mobilität** (Sorokin 1927):
   - *Vertikale Mobilität:* soziale Mobilität bezüglich eines *Ungleichheitsmerkmals*, also die Veränderung einer Statusposition; die Verbesserung eines Status (z. B. höheres Qualifikationsniveau, höherer beruflicher Status, höheres Prestige) heißt *Aufstiegsmobilität*, eine Statusverschlechterung (z. B. Einkommens- oder Prestigeverlust) heißt *Abstiegsmobilität*.

- *Horizontale Mobilität*: soziale Mobilität bezüglich eines *Klassifikationsmerkmals*; sie geht mit der Veränderung einer Zugehörigkeit zu einem nicht direkt ungleichheitsrelevanten Merkmal einher – allerdings kann vertikale Mobilität als Folge horizontaler Mobilität auftreten (etwa ein Berufs- oder Wohnortwechsel).

2. **Intragenerationale und intergenerationale Mobilität** (Weber 1972):
   - *Intragenerationale Mobilität*: soziale Mobilität im Lebenslauf; unter Bezug auf berufliche Statusveränderungen sprechen wir auch von *Karrieremobilität* (z.B. der Aufstieg vom Hotelpagen zum Manager der Hotels).
   - *Intergenerationale Mobilität*: soziale Mobilität in der Generationenfolge; dazu gehören Veränderungen von Statuspositionen im Vergleich zwischen Eltern und ihren Kindern (auch: *Generationenmobilität*). Hier wird vor allem Bildungs- und Berufsstatusmobilität betrachtet (z.B. ein Kind, dessen Eltern einen beruflichen Lehrabschluss haben, erreicht einen Hochschulabschluss)
3. **Individuelle und kollektive soziale Mobilität** (Geiger 1963, Bahrdt 1994)
   - *Individuelle soziale Mobilität*: soziale Mobilität von Individuen, die auf ihrer individuellen Lebens*planung* und *-gestaltung* beruht (z.B. ein aus individuellem Interesse vollzogener Berufswechsel).
   - *Kollektive soziale Mobilität*: soziale Mobilität, die ganze sozialstrukturelle Gruppen, insbesondere Statusgruppen, etwa aufgrund wirtschaftlichen oder institutionellen Wandels *erfahren* (z.B. der Prestigeverlust eines ganzen Berufsstands, wie er etwa den Politikern nachgesagt wird).
4. **Strukturmobilität und Zirkulationsmobilität** (Yasuda 1964):
   - *Strukturmobilität*: soziale Mobilität, die durch die Veränderung der Zahl besetzbarer sozialer bzw. sozialstruktureller Positionen einer bestimmten Art (z.B. durch Strukturwandel im Arbeitsmarkt) oder durch die Veränderung der Zahl der Individuen, die soziale bzw. sozialstrukturelle Positionen einer bestimmten Art nachfragen (z.B. wegen schwankender Absolventenzahlen in einem Ausbildungsberuf oder Studienfach), hervorgerufen wird.
   - *Zirkulationsmobilität*: soziale Mobilität, die nicht strukturell erzwungen ist, sondern eine Umgruppierung von Akteuren in einem vorhandenen Pool von Positionen bedeutet und daher mit einem Austauschprozess einhergeht (z.B. die Stellenmobilität von Politikern oder Managern, die zum Teil Rotationscharakter zu haben scheint).

Vertikale Mobilität, Klassen- und Schichtmobilität

Im Folgenden konzentrieren wir uns auf Formen vertikaler sozialer Mobilität und die Mobilität bzw. Immobilität zwischen sozialen Klassen bzw. Schichten. Wir werden uns also mit Veränderungen bzw. Stabilitäten in Bezug auf bestimmte Statusdimensionen im Lebenslauf beschäftigen und insbesondere Bildungs-, Berufs- und Klassenmobilität untersuchen. Berufliche Mobilität ist als horizontale Mobilität zu verstehen, bezogen auf den reinen Wechsel von Berufen oder auf Stellen- und Tätigkeitswechsel. Sie geht mit vertikaler Mobilität einher, wenn sich als Folge des Berufswechsels gleichzeitig ungleichheitsrelevante Merkmale wie das Einkommen, die Klassenzugehörigkeit oder das mit dem Beruf verbundene Prestige ändern.

Grundsätzlich kann vertikale Mobilität für alle Dimensionen der Lebenslage von Individuen betrachtet werden, so etwa auch bezogen auf Arbeitsbedingungen in der Berufswelt. Technische Innovationen in der industriellen Produktion haben zum Beispiel für viele Erwerbstätige zu kollektiver Mobilität im Hinblick auf eine Verbesserung der Arbeitsbedingungen – etwa durch das Zurückdrängen einseitig belastender Fließbandarbeit – geführt. Technischer Fortschritt geht allerdings oft auch mit Rationalisierungsmaßnahmen in Produktionsprozessen einher, die zu einem Stellenabbau im Bereich der industriellen Produktion geführt und damit intra- und/oder intergenerationale Strukturmobilität hervorgerufen haben (→ Kapitel 6.1.2.2).

Ursachen sozialer Mobilität

Phänomene sozialer Mobilität werden durch zahlreiche Faktoren bestimmt und sind in der Regel keiner einfachen Erklärung zugänglich. Allgemein kann man mindestens vier Faktorenbündel nennen, die immer zu beachten sind. Sie sind in Übersicht 5.13 zusammengefasst und werden im Folgenden ausführlicher dargestellt.

Übersicht 5.13

Bestimmungsfaktoren sozialer Mobilität

1. Die soziale Lage individueller Akteure (sozialstrukturelles Profil bzgl. der Determinanten und Dimensionen sozialer Ungleichheit).
2. Die institutionelle Struktur, insbesondere die Kontrollstruktur, einer Gesellschaft.
3. Quantitative und qualitative Veränderungen des Gefüges sozialer Positionen in einer Gesellschaft, insbesondere im Bildungssystem oder im Arbeitsmarkt.
4. Veränderungen der Nachfrage nach Statuspositionen.

Das erste Faktorenbündel bezieht sich auf die Mikroebene der individuellen Lebensläufe. Die weiteren drei Faktorenbündel nehmen Bezug auf Aspekte der strukturgegebenen Handlungsbedingungen von Akteuren (also auf die Opportunitäten und Restriktionen auf der Makroebene).

Soziale Lage und Lebenslage

Die soziale Lage individueller Akteure hat eine große Bedeutung für das Ausmaß und die Richtung sozialer Mobilität. Aus den Ausführungen in Kapitel 5.3 leitet sich unmittelbar ab, dass Determinanten sozialer Ungleichheit Chancen zu vertikaler sozialer Mobilität nach oben wie nach unten beeinflussen. Mit dem Verweis auf das Matthäus-Prinzip (→ Kapitel 5.3.2) lässt sich Gleiches auch für den schon erreichten Status bezogen auf einzelne Dimensionen sozialer Ungleichheit (Lebenslage) sagen, da zwischen ihnen Wechselwirkungen bestehen können.

Vertikale soziale Mobilität und ihre Richtung (aufwärts oder abwärts) ist also potenziell von erworbenen und zugeschriebenen sozialstrukturellen Positionen von Akteuren abhängig, so im Hinblick auf persönliche Eigenschaften, Besitz investitionsfähiger Ressourcen und Handlungsrechte oder die soziale Herkunft. Diese erlauben Akteuren in unterschiedlichem Maße, einen einmal erreichten Status zu verbessern und beeinflussen das Risiko, Statusverluste zu erleiden. Durch die Umverteilung von individuellen Ressourcen verändern sich die Chancen von Akteuren im Wettbewerb um erstrebenswerte Positionen und die Risiken, aus solchen Positionen verdrängt zu werden: Angehörige unterschiedlicher Statusgruppen können sich unterschiedlich gut in Mobilitätsprozessen, die durch Strukturwandel erzeugt werden, behaupten oder sie sind unterschiedlich erfolgreich darin, Zirkulationsmobilität in Gang zu setzen.

Beispiel Bildungsungleichheit in der DDR

Ein historisches Beispiel aus den frühen 1970er-Jahren in der DDR mag Letzteres illustrieren. In dieser Zeit wurden auf Beschluss der Staatsmacht die Zugangsquoten zu einem Direktstudium drastisch gesenkt. Sie gingen von 11 Prozent pro Jahrgang im Jahr 1971 auf 8,3 Prozent im Jahr 1980 zurück (Solga 1995: 117 f.). Von dieser strukturell erzwungenen, zunehmenden Konkurrenz um Studienplätze waren vor allem die Jahrgänge, die 1955 und später geboren wurden, betroffen. Unter ihnen setzten sich die Kinder aus der gesellschaftlich privilegierten Gruppe der sozialistischen Eliten und Kader durch. Das führte in der DDR zu einer steigenden Abhängigkeit der Bildungs- und Karrierechancen von der sozialen Herkunft der Kinder (vgl. auch Geißler 2014: 327).

Institutionelle Rahmenbedingungen

Die institutionelle Struktur, insbesondere die Kontrollstruktur, einer Gesellschaft beeinflusst die Rigidität und die Art von Statuszuweisungsprozessen, etwa in der Ausbildungs- und Berufsstruktur eines Landes. Damit gehen unterschiedlich hohe Mobilitätsbarrieren einher. Diese hängen davon ab, wie stark Bildungs- und Karrierechancen auf sozial offenen, meritokratischen Statuszuweisungsmechanismen beruhen. Dabei spielt es auch eine Rolle, welche Wirkung status-, klassen-, stand- oder schichtbezogen privilegierte Zugangsmöglichkeiten zu Statuspositionen noch entfalten können.

In Deutschland entscheidet sich beispielsweise im dreigliedrigen (und in einigen Bundesländern zweigliedrigen) Schulsystem frühzeitig, d. h. ab dem

10. oder 12. Lebensjahr, welche weiterführende Schule die Kinder besuchen. Damit ist weitgehend festgelegt, welchen Schulabschluss sie erreichen, da ein Wechsel zwischen den Schulformen mit Schwierigkeiten verbunden und ein Nachholen höherer Bildungsabschlüsse in der Regel immer noch aufwändig ist.

Ein Beispiel aus dem Erwerbsbereich sind die in Kapitel 6.1 noch ausführlicher dargelegten Mobilitätsbarrieren zwischen unterschiedlichen Segmenten des Arbeitsmarkts. Man kann auch auf die institutionell begründete Privilegierung hinweisen, die unbefristete berufliche Positionen im öffentlichen Dienst bieten. Inhaber solcher Stellen sind nicht nur im Hinblick auf das Arbeitslosigkeitsrisiko besonders geschützt, sondern genießen auch in einem gewissen Rahmen senioritätsbedingte Einkommensmobilität. Das bedeutet, dass die Höhe ihres Gehalts mit der Beschäftigungsdauer steigt.

Veränderungen im Angebot an Statuspositionen

Quantitative und qualitative Veränderungen des Gefüges sozialer Positionen in einer Gesellschaft, insbesondere im Bildungssystem oder im Arbeitsmarkt sind ebenfalls bedeutsam. Durch ökonomischen und sozialstrukturellen Wandel hervorgerufen können sie die Möglichkeiten für den Zugang zu bestimmten Statuspositionen erweitern oder verengen. So kann Strukturwandel in einem Sektor des Arbeitsmarkts zu einer Vergrößerung oder Verminderung des Angebots an Stellen auf verschiedenen Statusniveaus führen. Damit geht eine Veränderung der Zugangs- sowie Aufstiegs- und Abstiegschancen in dem betroffenen Sektor einher.

Beispiel Bildungsexpansion

Nach einer öffentlichen Diskussion um die deutsche »Bildungskatastrophe« (Picht 1964) in der zweiten Hälfte der 1960er-Jahre wurde der Zugang zu höheren Schul- und Ausbildungsabschlüssen ausgebaut. Die sogenannte Bildungsexpansion hat für Kinder aus allen sozialen Schichten deutlich verbesserte Chancen geschaffen, einen höheren Bildungsabschluss zu erreichen, weil mehr Plätze an höheren Schulen eingerichtet wurden. Auch bezogen auf den Arbeitsmarkt gibt es zahlreiche Beispiele. Die Ausweitung des Dienstleistungs- oder des staatlichen Sektors (z. B.: Stellenausweitung im öffentlichen Dienst während der 1970er-Jahre) führte zu einem steigenden Bedarf an Arbeitskräften in diesem Bereich. Neue Ausbildungsberufe wurden geschaffen. Damit ging gleichzeitig ein Stellenabbau im produzierenden Gewerbe einher. Solche Veränderungen im Arbeitsmarkt können Push- oder Pull-Effekte hervorrufen und sowohl vertikale als auch horizontale Mobilität zur Folge haben.

Definition

Push- und Pull-Effekte

Pull-Effekte: Sie treten auf, wenn sich in einem Bereich des Arbeitsmarkts die Erwerbschancen von Individuen verbessern, weil die Zahl der zu besetzenden Positionen zunimmt. In der Folge werden zusätzliche Arbeitskräfte »angezogen« und strömen in diesen Bereich hinein; Beispiel: Dienstleistungsbereich, Informationstechnologie.

Push-Effekte: Sie treten auf, wenn ein wirtschaftlicher Sektor schrumpft. Da die Zahl der besetzbaren Positionen zurückgeht, verringern sich die Erwerbs- und Karrierechancen. Immer weniger Personen finden in diesem Sektor Beschäftigung und werden aus ihn herausgedrängt; Beispiel: Landwirtschaft, industrielle Produktion.

Nachfrage nach Statuspositionen

Veränderungen der Nachfrage nach Statuspositionen beeinflussen ebenfalls Mobilitätschancen von Personen. Ein wesentlicher Faktor ist hier die Größe der nachwachsenden Generationen. Mitglieder größerer Geburtsjahrgänge konkurrieren stärker um eine vorhandene Zahl sozialer Positionen, die mit einem mehr oder weniger hohen sozialen Status verbunden sind. Die zahlenmäßig großen Geburtsjahrgänge haben daher mit Nachteilen zu rechnen.

Beispiel Bildungsinflation

Auch die Größe von Absolventenkohorten für unterschiedliche schulische und berufliche Ausbildungsabschlüsse muss beachtet werden. Ein Beispiel dafür verbindet sich mit dem Begriff der *Bildungsinflation* (Boudon 1974). Im Zuge der Verbesserung der allgemeinen Bildungschancen nimmt die Zahl der Individuen zu, die einen hohen Bildungsabschluss erreichen. Die Konkurrenz um berufliche Positionen, die eine hohe Qualifikation erfordern, wächst daher – vorausgesetzt die Anzahl solcher Positionen vergrößert sich nicht oder nur geringfügig. Das hat einen paradoxen Effekt. Auf der einen Seite bietet ein höherer Bildungsabschluss immer weniger die Garantie dafür, eine entsprechend statusträchtige berufliche Position zu erreichen. Auf der anderen Seite wird aus dem gleichen Grund ein höherer Bildungsabschluss aber immer unerlässlicher für den angestrebten beruflichen Erfolg, da man nur so in der Konkurrenz bestehen kann.

Ein Verhalten, das für den Einzelnen aus dem individuellen Eigeninteresse heraus naheliegt (Mikroebene), führt in der Gesellschaft (Makroebene) zu einer zunehmenden relativen Knappheit höherer Positionen im Berufssystem. Mehr und mehr Menschen wollen mit ihrem Bildungsabschluss einen optimalen Einstieg in eine berufliche Karriere erreichen. Indem dies eine wachsende Zahl von Personen versucht, vermindern sich aber deren Chancen, ihn zu realisieren.

Beispiel »Lehrerschwemme«

Es gibt typische zyklische Dynamiken von Ungleichgewichten zwischen der Nachfrage nach Stellen und dem Angebot an Bewerbern um diese Stellen. Das hat etwas mit der Trägheit in der Reaktion auf Ungleichgewichte zu tun. Eine »Lehrerschwemme« etwa führt dazu, dass immer weniger Frauen und Männern den Lehrerberuf noch erlernen wollen, da sie sich schlechte

Erwerbschancen ausrechnen. Dies hat zur Folge, dass zu wenig Lehrer ausgebildet werden. Die anschließende Lehrerknappheit motiviert wiederum viele zu einem Lehramtsstudium, was eine neue Lehrerschwemme auslösen kann. Und der Zyklus beginnt von vorn.

Intragenerationale Mobilität: Bildungs- und Erwerbsverläufe | 5.5.2

Die Lebenslaufforschung hat sich umfassend mit Prozessen intragenerationaler sozialer Mobilität beschäftigt. Seit Langem gibt es eine Auseinandersetzung darüber, ob die gesteigerte Dynamik sozialstruktureller Zugehörigkeiten und Statuspositionen im Verlauf des Lebens heute (noch) mit der Vorstellung standardisierter, in abgrenzbare Phasen strukturierter Lebensläufe (Normalbiografien) zu vereinbaren ist. Zum einen wird behauptet, dass man eine »neue« Vielfalt von Verläufen beobachten kann, die durch ungeregelte, wechselhafte, institutionell weniger streng regulierte Biografien gekennzeichnet ist. Diese Vielfalt kann danach als ein charakteristisches Moment aktuellen Wandels in unserer Gesellschaft gelten. Zum anderen sind jedoch weiterhin bemerkenswerte Stabilitäten auszumachen (Kohli 2007, Brückner/Mayer 2005).

Abschied von der Normalbiografie?

Man ist sich darüber einig, dass der moderne Lebenslauf – für Frauen und Männer in unterschiedlicher Weise – durch institutionell geregelte, sich am Alter orientierende, Übergänge und Abfolgen biografischer Zustände im privaten und beruflichen Bereich charakterisiert war (Kohli 1985, Mayer/Müller 1986). Das wurde auch empirisch bestätigt. Während sich männliche Lebensläufe grob in drei Phasen rund um ihre Erwerbstätigkeit (Vorerwerbsphase, Erwerbsphase, Nacherwerbsphase) gliedern ließen, waren die Lebensläufe der Frauen durch ihre Zuständigkeit für Kinder und Familie bestimmt. Die soziale Herkunft, d.h. die Lebensbedingungen, unter denen die jungen Menschen aufwuchsen, hatte einen wesentlichen Einfluss darauf, wo sie ihre ersten vom Elternhaus unabhängigen sozialen Beziehungen eingingen und welche Statuspositionen sie in den unterschiedlichen Dimensionen sozialer Ungleichheit erreichten (Mayer/Blossfeld 1990). Das wog umso schwerer, als in Deutschland der Ausbildungs- und Einstiegsberuf für die weitere berufliche Karriere sehr wichtig war und immer noch ist. Umorientierungen waren und sind sowohl in der Ausbildung als auch in der beruflichen Karriere nur schwer möglich (Blossfeld 1989).

De-Institutionalisierung und De-Standardisierung von Lebensläufen

Es gibt viele Belege dafür, dass die Phase der Institutionalisierung von einer Phase der De-Institutionalisierung und De-Standardisierung von Ausbildungs-, Berufs- und Familienverläufen abgelöst worden ist (Brückner/Mayer 2005, Konietzka 2010; Scherger 2008). Vor allem die weibliche »Normalbiografie« hat sich demnach stark gewandelt; die Familienzentrierung von Frauen gehört immer mehr der Vergangenheit an. Nicht mehr so sehr institutionelle Regeln, sondern individuelle Motive, die sich mehr oder weniger stark an Autonomie, Emanzipation und persönlicher Identität orientieren, steuern nunmehr den Lebenslauf.

Globalisierung und Krise des Wohlfahrtsstaats

Darüber hinaus wird geltend gemacht, dass wichtige Bereiche gesellschaftlicher Strukturen, wie der Arbeitsmarkt und wohlfahrtsstaatliche Institutionen, angesichts ihrer Krisenhaftigkeit in Zeiten der Globalisierung zu Verwerfungen in individuellen Lebensläufen führen, die durch »Fluktuationen«, Instabilitäten und den Zwang, einen eingeschlagenen Lebensweg noch einmal zu überdenken, gekennzeichnet sind. Als Resultat dieser Veränderungen prägen biografische »Brüche« und Kehrtwendungen – einhergehend mit einer vergrößerten Flexibilität und Unsicherheit in der Lebensplanung – zunehmend die soziale Mobilität von Individuen in unserer Gesellschaft (Mayer 2004).

Alles in allem ist also eher mit einer Zunahme als mit einer Abnahme sozialer Mobilität im Lebenslauf zu rechnen. Vor dem Hintergrund dieser Thesen zum Wandel von individuellen Lebensläufen haben Analysen intragenerationaler sozialer Mobilität, die sich vor allem mit individuellen Erwerbsverläufen und Arbeitsmarkt- oder Karrieremobilität beschäftigen, an Bedeutung gewonnen. Inzwischen ist auch das »lebenslange Lernen« in aller Munde und wird als notwendige Antwort auf die Herausforderungen der demografischen Entwicklung und des sich wandelnden Arbeitsmarktes angesehen (→ Kapitel 6.1.2). In den Empfehlungen des Initiativkreises Weiterbildung aus dem Jahr 2008 zum Beispiel finden wir dazu folgende Aussage:

> *»Die Globalisierung und die Wissensgesellschaft stellen die Menschen vor große Herausforderungen, die durch den demografischen Wandel noch erheblich verstärkt werden: Wissen sowie die Fähigkeit, das erworbene Wissen anzuwenden, müssen durch Lernen im Lebenslauf ständig angepasst und erweitert werden. Nur so können persönliche Orientierung, gesellschaftliche Teilhabe und Beschäftigungsfähigkeit erhalten und verbessert werden«* (BMBF 2008: 7).

Intragenerationale berufliche Mobilität

Die zahlreichen Untersuchungen zur beruflichen Mobilität beschäftigen sich mit den Ursachen beruflicher Auf- und Abstiegsmobilität (Groß 2008). In Deutschland wird ein im internationalen Vergleich geringes Ausmaß an intragenerationaler Mobilität beobachtet. Sie nahm in den jüngeren Jahrgängen aber beständig zu. Dabei überwiegt die Aufstiegsmobilität. Die vergleichsweise geringe Karrieremobilität in Deutschland wird dem relativ starren Berufssystem und der engen Kopplung zwischen Berufs- und Ausbildungssystem zugeschrieben (Berger 1996; Stawartz 2015).

Berufliche Mobilität in Ostdeutschland

Einen erheblichen Anstieg intragenerationaler Mobilität konnte man erwartungsgemäß in Ostdeutschland im Zuge der Wende und der Wiedervereinigung beobachten. Sie hat zu einem schnellen Wandel der Strukturen des Arbeitsmarkts und damit zu einem starken Anstieg struktureller Mobilität unter der ostdeutschen Erwerbsbevölkerung beigetragen (Diewald/Sørensen 1996). Man kann sie daher gleichsam als anschauliches Lehrbeispiel für den Effekt der Strukturmobilität verwenden.

Tabelle 5.13 zeigt, in welchen beruflichen Statusgruppen sich Mitte 1993 ostdeutsche Frauen und Männer aus verschiedenen Geburtsjahrgängen befanden, die Ende 1989 den in der linken Spalte angegeben Statusgruppen angehört hatten. Die Zeilenprozente beziehen sich auf Befragte, die im Jahr

Tab. 5.13

Berufliche Mobilität 1989 bis 1993 bei ostdeutschen Frauen und Männern der Jahrgänge 1939–41, 1951–53 und 1959–61

Beruflicher Status 1989	Beruflicher Status 1993 (Prozentanteile an den 1993 Erwerbstätigen)							Nichterwerbstätige 1993 (in Prozent)		
	Leitungsposition	Professionen*	Semiprofessionen**	Qualifizierte Angestellte	Qualifizierte Arbeiter	Selbstständige	Un-/Angelernte	Arbeitslos	Sonstige Nichterwerbstätige	Fallzahl
Leitungsposition	37	17	28	11	2	3	3	9	5	71
Professionen*	7	72	6	6	1	9	0	5	1	92
Semiprofessionen**	8	1	75	10	1	2	3	11	6	164
Qualifizierte Angestellte	1	0	4	77	3	4	11	10	12	135
Qualifizierte Arbeiter	2	0	2	5	76	6	9	12	10	222
Bauern	0	10	0	0	60	0	30	13	20	15
Selbstständige	0	0	5	16	5	68	5	5	10	20
Un-/Angelernte	0	0	3	8	18	5	65	34	12	109
Fallzahl	44	72	133	124	156	41	75	111	72	828

* Professionen umfassen Angestelltenpositionen und freie Berufe mit akademischer Qualifikation (z. B. Ärzte, Rechtsanwälte, Richter);
** Semiprofessionen umfassen Angestelltenpositionen und freie Berufe mit einer Qualifikation auf Fachschulniveau (z. B. Pflegekräfte, Kinderbetreuungspersonal).

Quelle: Lebensverlaufsstudie-Ost des Max-Planck-Instituts für Bildungsforschung; Diewald/Sørensen 1996: 83.

1993 einer Erwerbstätigkeit nachgingen. Außerdem ist in den vorletzten beiden Spalten der Tabelle der Anteil der Befragten der verschiedenen Statusgruppen aus dem Jahr 1989 angegeben, die 1993 arbeitslos oder aus dem Arbeitsmarkt ausgeschieden waren. Landwirte waren bei der Befragung 1993 nicht mehr in der Stichprobe.

Die geringsten berufsgruppenspezifischen Verbleibequoten (Prozente in der Diagonalen im vorderen Teil der Tabelle) sind bei den oberen Leitungspositionen zu vermerken (37 Prozent). Bei allen anderen, die 1993 noch erwerbstätig waren, ist demgegenüber eine bemerkenswerte Stabilität im Hinblick auf den beruflichen Status festzustellen. Man kann diesen auf den ersten Blick überraschenden Befund des hohen Anteils von Personen, die ihren beruflichen Status beibehalten, dem DDR-Beschäftigungssystem zurechnen. Viele Berufsgruppen sind über die Systemgrenzen hinweg kompatibel bzw. anschlussfähig (Diewald/Sørensen 1996: 72). Damit bestätigt sich die Mobilität mindernde Wirkung des (gesamt-)deutschen Ausbildungs- und Berufssystems, das sich aufgrund seiner starken Berufsorientierung als ein Stabilitätsfaktor erweist.

Ein großer Anteil der Befragten war 1993 aus dem Erwerbsprozess ausgeschieden. Das galt vor allem für die unteren Statusgruppen (insgesamt 46 Prozent) und die Bauern (33 Prozent). Man kann auch zeigen, dass die Stabilität bei denjenigen besonders hoch ist, die eine Ausbildung haben und in ihrem Ausbildungsberuf erwerbstätig sind.

Die Tabelle zeigt nicht das ganze Ausmaß der Stellenwechsel zwischen 1989 und 1993. Ergänzende Auswertungen belegen, dass zwei Drittel aller Männer und Frauen der untersuchten Kohorten zwischen 1989 und 1993 eine Veränderung ihrer beruflichen Situation erfahren haben (Diewald/Sørensen 1996: 83). Damit war aber nicht immer auch eine Veränderung des beruflichen Status – also vertikale Mobilität – verbunden.

5.5.3 | Intergenerationale Mobilität

In unserer Gesellschaft ist das Elternhaus nach wie vor für die Platzierung der Kinder im sozialstrukturellen Positionsgefüge von großer – wenn auch nicht ausschließlicher – Bedeutung. Dies gilt insbesondere für das Ausbildungs- und Erwerbssystem. Wir stellen fest, dass Kinder aus Familien mit unterschiedlichem sozioökonomischem Status oder sozialem Prestige unterschiedliche Chancen in der Bildungsbeteiligung und beim Zugang zu begehrten sozialen bzw. beruflichen Positionen haben.

Auch wenn wohlfahrtsstaatliche Regelungen zu einer größeren Unabhängigkeit der Ausbildungs- und Erwerbschancen der Kinder vom sozialen Status der Eltern beitragen sollen (kostenloser Schulbesuch, finanzielle

Unterstützung von Studenten in Abhängigkeit vom Einkommen der Eltern etc.), bleiben soziale Disparitäten bestehen (Becker/Lauterbach 2016). Ursachen dafür fasst die Übersicht 5.14 zusammen.

Übersicht 5.14

Soziale Vererbung von Bildung

Die Bedeutung des Elternhauses für den Bildungserfolg der Kinder begründet sich durch:

- die Möglichkeiten bei der Bereitstellung von materiellen und zeitlichen Ressourcen zur Unterstützung des Statuserwerbs der Kinder;
- die Wissens- und Bildungskompetenzen der Eltern (kulturelles Kapital) und den Grad, zu dem im Elternhaus ein intellektuell anregendes Klima ermöglicht wird. Damit wiederum hängt der Grad der Kompatibilität des familiären und des schulischen sozialen Klimas zusammen, der als bedeutsam angesehen wird;
- die sozialen Beziehungen der Eltern (soziales Kapital), die den Kindern Tür und Tor für eine erfolgreiche berufliche Karriere öffnen können;
- die Diskriminierung von Eltern und Kindern, welche die gleichberechtigte Teilhabe an Bildungs- und Erwerbsmöglichkeiten aufgrund von bestimmten sozialstrukturellen Merkmalen beeinträchtigt und die durch Determinanten sozialer Ungleichheit ausgelöst wird. Zu nennen wären etwa das Geschlecht der Kinder oder ethnische Zugehörigkeit der Familie;
- unterschiedliche Bildungs- und Berufsziele, die Eltern aus unterschiedlichen sozialen Schichten für ihre Kinder haben.

Bildungsziele der Eltern für ihre Kinder

Der letzte Punkt in Übersicht 5.14, die Bildungsaspiration der Eltern, ist durch verschiedene Ursachen bedingt (Esser 1999, Becker 2000).

- Eltern mit einem hohen sozialen Status wollen einen Statusverlust für ihre Kinder vermeiden. Für Eltern aus statusniedrigen Schichten gilt das nicht – gleichzeitig bewerten sie den Statusgewinn durch einen höheren Bildungsabschluss der Kinder oft weniger hoch.
- Der Einkommensanteil, den statushöhere Familien langfristig für die Bildung und berufliche Zukunft ihrer Kinder aufwenden, ist geringer als in statusniedrigeren Familien. Letztere müssen relativ zu ihrer Wohlfahrtsposition auf mehr verzichten und streben eher nach einer Entlastung.
- In statusniedrigeren Familien werden die Risiken einer langen Ausbildung höher eingeschätzt und ihre Risikoaversität ist größer. Die Kinder müssen etwa vergleichsweise mehr leisten, damit ihre Eltern ihnen eine längere Ausbildung mit dem Ziel eines akademischen Abschlusses zugestehen.

- Es kann eine Tendenz zur »Vererbung« des eigenen Bildungs- und Berufsstatus, ja der Ausrichtung der Berufstätigkeit geben, welche dadurch motiviert ist, dass man die *soziale Distanz*, d. h. das Ausmaß sozialstruktureller Ungleichheit, zu den Kindern nicht zu groß werden lassen möchte (Boudon 1974: 29 f.).

Somit ist soziale Mobilität der Kinder möglicherweise nicht oder nur begrenzt erwünscht, auch und gerade weil die Eltern für ihre Kinder (und für sich) das aus ihrer Sicht Optimale wünschen. Ohne diese Sachverhalte in Rechnung zu stellen, würde man die schichtspezifische Benachteiligung der Kinder überschätzen.

Soziale Selektivität als soziale Vererbung

Diese elternhausspezifischen Faktoren führen zu einer *sozialen Selektivität* der Bildungsbeteiligung, des Bildungs- und Berufserfolgs und damit der weiteren Lebenschancen der nachwachsenden Generation, soweit sie durch das Elternhaus vermittelt sind. Soziale Selektivität meint, dass der Bildungs- und Berufserfolg der nachwachsenden Generation nicht allein durch die Leistungsfähigkeit der Kinder bestimmt ist. Wir sprechen von *sozialer Vererbung* des Bildungs- oder Berufsstatus, wenn dieser von einer Generation an die nächste weitergeben wird.

Struktureller Wandel und intergenerationale Mobilität

Neben dem Elternhaus ist auch struktureller Wandel für das Ausmaß intergenerationaler Mobilität verantwortlich, wie wir am Beispiel der Kinder von Landwirten erkennen werden (→ Kapitel 5.5.3.2). Die quantitative und qualitative Veränderung des Gefüges sozialer Positionen in einer Gesellschaft kann den nachwachsenden Generationen völlig andere Chancen zum Statuserwerb bieten als der Elterngeneration.

5.5.3.1 Bildungsmobilität

Die Analyse der Bildungsmobilität und der Bildungschancen ist ein wichtiges Gebiet der Mobilitätsforschung. Gleiche Bildungschancen würden bedeuten, dass die Wahrscheinlichkeit, einen bestimmten Bildungsabschluss zu erreichen, von der Zugehörigkeit zu einer bestimmten sozialen Herkunftsschicht unabhängig ist. Das hieße, dass aus allen Herkunftsschichten derselbe Anteil von Kindern einen bestimmten Schulabschluss oder Ausbildungsabschluss erreichen würde.

Soziale Herkunft und Schulbesuch

Gleiche Bildungschancen in diesem Sinne hat es in Deutschland nie gegeben – auch nach der sogenannten Bildungsexpansion nicht (Müller 1998). Der Bildungsforscher Bernhard Schimpl-Neimanns (2000) hat den Zugang von Kindern zur Bildung (Schulbesuch) in Abhängigkeit von der beruflichen Stellung des Vaters untersucht. Er zeigt, dass 14- bis 18-jährige Jugendliche aus Familien unterer sozialer Schichten zwischen 1950 und 1989 in der alten Bundesrepublik im Hinblick auf den Zugang zur Realschule stark aufgeholt haben. Die Anteile der Jugendlichen dieser Altersgruppe, die 1989 die Realschule besuchten, lagen zwischen 27 und 37 Prozent. Auch beim Besuch eines Gymnasiums ist überall ein Anstieg der Quoten zu erkennen, der aber mit der Herkunft der Eltern stark variiert. Bei 14- bis 18-jährigen Jugendlichen aus Familien, deren Familienvorstand un- und angelernter Arbeiter war, stieg er von ein auf elf Prozent. Bei Kindern leitender Angestellter und Beamter erhöhte er sich im selben Zeitraum demgegenüber von 38 auf 65 Prozent. Der Abstand zwischen dem Anteil der Arbeiterkinder, die das Gymnasium besuchen, zu dem entsprechenden Anteil der Kinder von leitenden Angestellten und Beamten ist absolut betrachtet also deutlich größer geworden (Schimpl-Neimanns 2000: 653 f.). Die Zuwachsraten sind zwar in der ersten Gruppe größer, das hat aber mit dem äußerst niedrigen Ausgangsniveau bei Kindern un- und angelernter Arbeiter zu tun. Trotzdem hat sich dadurch insgesamt der Chancenunterschied zwischen beiden Gruppen verkleinert.

Die Bildungsexpansion hat in der alten Bundesrepublik also die Bildungsmöglichkeiten für alle sozialen Schichten verbessert, darüber ist man sich mittlerweile einig (Lörz/Schindler 2011). Doch hat sie die soziale Selektivität der Bildungschancen bis heute nicht beseitigt (Tarnai/Hartmann 2019). Die soziale Selektionsschwelle ist nach oben verlagert worden. Auch wenn die Herkunftseffekte beim Zugang zum Abitur zurückgegangen sind, sind die Chancenunterschiede bei Kindern unterschiedlicher sozialer Herkunft im Hinblick auf den Zugang zum Gymnasium und das Studium weiterhin groß (Becker/Lauterbach 2016, Lörz/Schindler 2011). Diese Entwicklung spiegelt sich ebenso im Anteil der Arbeiterkinder an denjenigen wider, die eine Universität besuchen. Sehr anschaulich dokumentiert das Abbildung 5.14, die dem dritten Armuts- und Reichtumsbericht der Bundesregierung entnommen ist (BMAS 2008: 64) und auf Sonderauswertungen des Mikrozensus 2001 und 2005 und der HIS-Studienanfängerbefragung 2005 beruht. Diese Darstellung ist schon etwas alt, doch gilt sie grundsätzlich auch noch für heute.

Soziale Herkunft der Studierenden

Nach diesen Schätzungen studieren 83 Prozent der Kinder von Vätern mit einem Hochschulabschluss, nachdem schon 88 Prozent die Schwelle zu Sekundarstufe II überschritten haben. Kinder von Vätern ohne Hochschulabschluss beginnen dagegen nur zu 23 Prozent ein Studium. Bemerkenswerterweise bleibt eine herkunftsbedingte Diskrepanz zwischen den Zugangsquoten zum Studium auch noch unter denjenigen bestehen, die die Sekundarstufe II erreichen und zum großen Teil das Abitur machen. Die Kinder mit einem Vater ohne Hochschulabschluss beginnen nur zu 50 Prozent ein Universitätsstudium, während Kinder mit einem akademisch ausgebildeten Vater fast alle ein Studium beginnen.

Die Unterschiede in den Bildungschancen nach der sozialen Herkunft sind in Deutschland auch im internationalen Vergleich hoch. Das belegen

Abb. 5.14

Bildungsbeteiligung von Kindern nach akademischem Abschluss des Vaters

Quelle: BMAS 2008: 69.

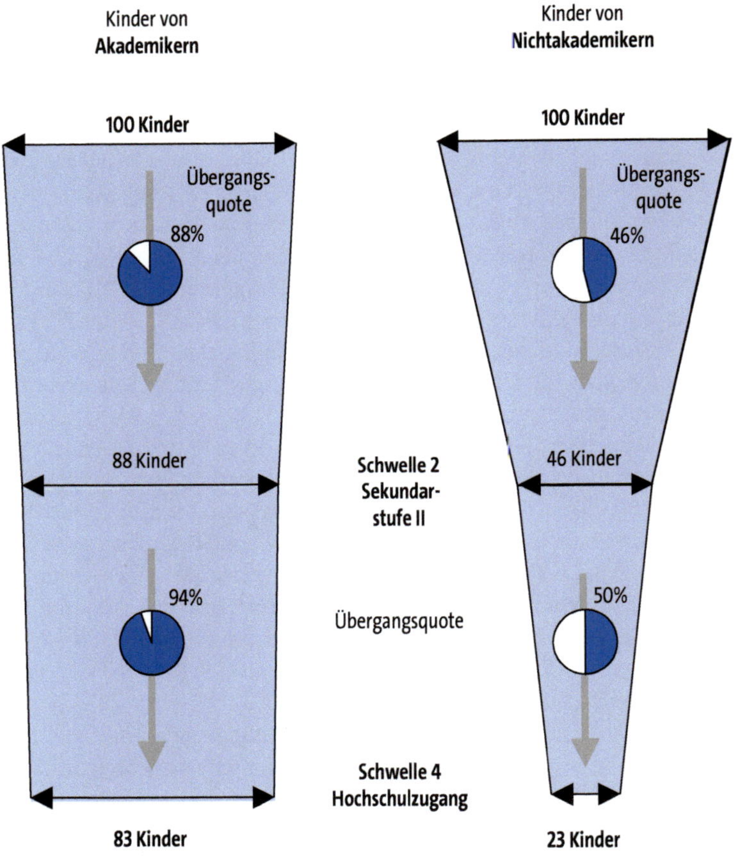

die Ergebnisse der PISA-Studien (Ehmke/Jude 2010). Schätzungen der OECD zeigen ebenfalls, dass die unterschiedlichen Bildungschancen in Deutschland stark von dem Bildungsabschluss der Eltern abhängen. Nur 25 Prozent der Personen im Alter 30 bis unter 45, bei denen kein Elternteil einen Abschluss im tertiären Bereich hat, erreicht diesen Abschluss (Erhebungsjahr 2015). Gleichaltrige Personen, bei denen mindestens ein Elternteil einen Abschluss im tertiären Bereich hat, erreichen ihn zu 60 Prozent. Die Differenz wird also auf 35 Prozentpunkte geschätzt. In Finnland beispielsweise beträgt diese Differenz nur 19 Prozentpunkte, in Ländern wie Italien (54 Prozentpunkte) oder Polen (50 Prozentpunkte) ist sie allerdings noch erheblich größer als in Deutschland. Insgesamt liegt Deutschland diesbezüglich im OECD-Mittel (OECD 2017: 202 f).

Dass, wie schon argumentiert wurde, tatsächlich auch die Bildungsaspirationen der Eltern in Bezug auf ihre Kinder schichtspezifisch unterschiedlich ausgeprägt sind, zeigen Ergebnisse einer Befragung des Instituts für Schulentwicklungsforschung (IFS), die seitdem nicht mehr zu diesem Thema durchgeführt wurde (Holtappels u.a. 2004). Im 13. Band des Jahrbuchs der Schulentwicklung werden für das Jahr 2004 differenzierte Befunde vorgestellt. In Tabelle 5.14 haben wir einige Zahlen dokumentiert.

75 Prozent der selbstständigen Eltern in Westdeutschland wünschten nach dieser Erhebung für ihre Kinder das Abitur. Bei den Beamten war der Anteil ähnlich hoch, bei den Arbeitern betrug er jedoch nur 36 Prozent. Von den Eltern, die selbst das Abitur absolviert haben, wünschten 86 Prozent auch für ihr Kind diesen Abschluss, bei Hauptschulabsolventen waren es dagegen nur 31 Prozent. Die Zahl der ostdeutschen Eltern, die das Abitur für ihre Kinder erstrebten, fiel durchweg geringer aus, aber die bildungs- und berufsstatusspezifischen Unterschiede sind auch hier vorhanden.

Diese Zahlen sind schon älteren Datums. Doch zeigen neue Studien, dass Eltern je nach Bildungs- oder Berufsstatus auch heute deutlich unterschiedliche Bildungsaspirationen bezogen auf ihre Kinder aufweisen (Becker 2018; Kurz/Paulus 2008).

Tab. 5.14

Schulabschlusswunsch der Eltern für ihre Kinder nach Stellung im Beruf und Schulabschluss der Eltern

Quelle: Holtappels u.a. 2004: 19.

	Hauptschule	Realschule	Abitur	N*
	in %			
Schulabschlusswunsch nach Stellung im Beruf der Eltern (Westdeutschland)				
Selbstständige	1	23	75	56
Angestellte	7	39	54	514
Beamte	2	25	72	52
Arbeiter	19	45	36	170
Schulabschlusswunsch nach Schulabschluss der Eltern (Westdeutschland)				
Abitur	1	13	86	151
Mittlere Reife	3	40	57	342
Bis Hauptschule	19	50	31	320
Schulabschlusswunsch nach Stellung im Beruf der Eltern (Ostdeutschland)				
Angestellte	5	47	48	194
Arbeiter	17	62	21	129
Schulabschlusswunsch nach Schulabschluss der Eltern (Ostdeutschland)				
Abitur	5	21	75	40
Mittlere Reife	6	58	36	246
Bis Hauptschule	24	56	20	69

* Anzahl der Fälle.

5.5.3.2 Klassenmobilität

Mobilitätsmatrix

Die Analyse sozialer Mobilität geschieht häufig auch auf der Grundlage von sogenannten *Mobilitätsmatrizen (oder auch Mobilitätstabellen)*. Sie sind für die deskriptive Beschreibung und weitergehende Analyse der inter- aber auch intragenerationalen Mobilität zwischen Statusgruppen, wie Klassen und Schichten, etabliert. Die Mobilitätsmatrizen enthalten die in Übersicht 5.15 erläuterten Zustrom- und Abstromprozente und stellen diese einander gegenüber.

Übersicht 5.15

Intergenerationale soziale Mobilität: Die Mobilitätsmatrix

Intergenerationale Mobilität zwischen Statusgruppen bezogen auf ein Ungleichheitsmerkmal kann aus zwei Perspektiven betrachtet werden:

- *Abstromprozente*: Statusgruppenverteilung der Nachkommen von Eltern, die einer bestimmten Statusgruppe angehören (beispielsweise die auf Klassen bezogene Verteilung der Söhne, deren Väter einer bestimmten Klasse angehören).
  Abstromprozente indizieren den *Vererbungsgrad* von Statuspositionen von einer Generation zu anderen (z.B. Berufsstatus, Klassenstatus): *Wie viel Prozent verlassen die Klasse der Eltern? Wie viel Prozent der Kinder verbleiben in der Klasse der Eltern?*
- *Zustromprozente*: Verteilung der Angehörigen einer bestimmten Statusgruppe nach der Statusgruppe ihrer Eltern (beispielsweise die Verteilung der Söhne in einer Klasse im Hinblick auf die Klassenzugehörigkeit ihrer Väter).
  Zustromprozente indizieren den *Grad der Selbstrekrutierung* bzw. der *Offenheit (Wie viel Prozent der Angehörigen einer bestimmten Statusgruppe entstammen einer anderen Statusgruppe?)* oder *Geschlossenheit* von Statusgruppen (*Wie viel Prozent der Angehörigen einer bestimmten Statusgruppe entstammen derselben Statusgruppe?*).
  Von der *sozialen Schließung* einer Statusgruppe spricht man, wenn diese sich weitgehend aus sich selbst heraus rekrutiert und daher Angehörigen anderer Statusgruppen verschlossen ist: Die Zustromprozente sind dann sehr hoch.
  In dem Maße, wie sie auch Angehörigen anderer Statusgruppen zugänglich wird, lässt sich eine *soziale Öffnung* feststellen.

Intergenerationenmobilität in Deutschland

In Tabelle 5.15 wird exemplarisch eine Mobilitätsmatrix zur intergenerationalen Klassenmobilität von nach 1950 geborenen, mindestens 30 Jahre alten Söhnen im Vergleich zu ihren Vätern in den alten Bundesländern dokumentiert. Datengrundlage ist der kumulierte ALLBUS 1980–2006 (→ Kapitel 8).

Als Statusmerkmal verwenden wir die Zugehörigkeit zu einer der Kategorien des Klassenschemas von Goldthorpe, Erikson und Portocarero (EGP-Klassen, → Kapitel 5.4). Die oberen Prozentzahlen in jeder Zelle geben die Abstromprozente an, die unteren Zahlen die Zustromprozente.

Abstromprozente und Vererbungsquote

Betrachten wir zunächst die Abstromprozente. Die Söhne aus der oberen Dienstklasse (I) haben die besten Chancen, auch ihrerseits wieder darin zu landen. Die *Vererbungsquote* beträgt 47 Prozent. Die *Mobilitätsquote* beträgt

Tab. 5.15

Intergenerationale Klassenmobilität nach 1950 geborener westdeutscher Männer (Obere Prozentangabe: Abstromprozente; Untere Prozentangabe: Zustromprozente)

		EGP-Klasse des Sohnes										Verteilung Väter
		I	II	III	IVa.	IVb.	IVc	V	VI	VIIa	VIIb	
EGP-Klasse des Vaters	**I**	47,1 % 26,9 %	19,9 % 8,7 %	4,4 % 10,7 %	5,8 % 12,0 %	5,8 % 13,2 %		4,9 % 3,5 %	8,3 % 3,2 %	3,4 % 3,2 %	0,5 % 4,2 %	**9,2 %**
	II	32,2 % 22,8 %	32,9 % 17,9 %	5,5 % 16,7 %	2,7 % 7,0 %	3,9 % 11,0 %		7,8 % 7,0 %	10,2 % 4,8 %	3,9 % 4,6 %	0,8 % 8,3 %	**11,4 %**
	III	25,4 % 5,0 %	36,6 % 5,5 %	7,0 % 6,0 %	1,4 % 1,0 %	5,6 % 4,4 %		8,5 % 2,1 %	11,3 % 1,5 %	4,2 % 1,4 %		**3,2 %**
	IVa.	22,7 % 7,5 %	26,9 % 6,8 %	2,5 % 3,6 %	21,0 % 25,0 %	7,6 % 9,9 %		3,4 % 1,4 %	8,4 % 1,9 %	7,6 % 4,1 %		**5,3 %**
	IVb.	6,3 % 1,1 %	28,6 % 3,8 %	1,6 % 1,2 %	12,7 % 8,0 %	17,5 % 12,1 %	1,6 % 1,7 %	14,3 % 3,2 %	11,1 % 1,3 %	6,3 % 1,8 %		**2,8 %**
	IVc	10,4 % 6,4 %	11,3 % 5,3 %	2,7 % 7,1 %	3,6 % 8,0 %	3,6 % 8,8 %	25,8 % 96,6 %	11,3 % 8,8 %	22,6 % 9,3 %	5,9 % 5,9 %	2,7 % 25,0 %	**9,9 %**
	V	12,2 % 10,0 %	27,1 % 17,0 %	3,1 % 10,7 %	5,4 % 16,0 %	3,4 % 11,0 %		19,0 % 19,6 %	20,3 % 11,1 %	9,2 % 12,3 %	0,3 % 4,2 %	**13,2 %**
	VI	8,2 % 14,7 %	16,7 % 23,0 %	3,9 % 29,8 %	2,6 % 17,0 %	2,9 % 20,9 %		15,3 % 34,7 %	37,4 % 44,9 %	11,6 % 34,2 %	1,4 % 37,5 %	**29,0 %**
	VIIa	5,1 % 4,4 %	16,0 % 10,6 %	3,8 % 14,3 %	1,9 % 6,0 %	2,6 % 8,8 %	,3 % 1,7 %	14,1 % 15,4 %	34,8 % 20,2 %	19,8 % 28,3 %	1,6 % 20,8 %	**14,0 %**
	VIIb	9,8 % 1,1 %	14,6 % 1,3 %					29,3 % 4,2 %	24,4 % 1,9 %	22,0 % 4,1 %		**1,8 %**
Verteilung Söhne		**16,1 %**	**21,1 %**	**3,8 %**	**4,5 %**	**4,1 %**	**2,6 %**	**12,8 %**	**24,2 %**	**9,8 %**	**1,1 %**	

Die EGP-Klassen: I Professional, administrative and managerial, higher (Obere Dienstklasse), II Professional, administrative and managerial, lower (Untere Dienstklasse), III Routine non-manual (Nicht-manuell Ausführende), IVa Proprietors and self-employed with employees (Selbstständige mit Beschäftigten), IVb Proprietors and self-employed without employees (Selbstständige ohne Beschäftigte), IVc Farmers and smallholders (Landwirte), V Lower technical and supervisory (Arbeiterelite), VI Skilled manual (Facharbeiter), VIIa Semi-skilled and unskilled manual (Un- und Angelernte), VIIb Agricultural workers (Landarbeiter).

Quelle: Kumulierter ALLBUS 1980–2006; daraus: alle 1950 und später geborenen Männer, die zum Zeitpunkt der Befragung mindestens 30 Jahre alt waren; eigene Berechnungen.

demnach 53 Prozent. Auch die Söhne aus den anderen Dienstklassen haben gute Chancen, die obere Dienstklasse zu erreichen (32 Prozent). Diejenigen, deren Vater zur »Arbeitselite« (V) gehört, landen vergleichsweise häufig in der unteren Dienstklasse (II). Die Söhne aus Arbeiter- und Bauernfamilien (IVc bis VIb) haben dagegen geringe Chancen, die Dienstklassen (I und II) zu erreichen. Bei einigen Klassen ist der Anteil der Söhne, die in der Herkunftsklasse verbleiben, besonders hoch, die Mobilitätsquote also klein (I, VI). Das Ausmaß sozialer Vererbung ist groß. Das Gegenteil gilt für Söhne von »Nicht-manuell-Ausführenden« (III) oder der Arbeiterelite (V), Söhne von Landwirten – hier sind starke Zugänge zur Facharbeiter-Klasse (VI) zu verzeichnen – und für Söhne von Landarbeitern (VIIb), von denen viele den Aufstieg zum Facharbeiter schaffen.

Zustromprozente und Selbstrekrutierungsquoten

Die Zustromprozente (zweite Prozentangabe) zeigen, dass selbstständige Landwirte (IVc) eine weitgehend geschlossene Klasse darstellen. Diese rekrutiert sich zu einem Anteil von 97 Prozent aus sich selbst (d.h. aus der jeweiligen Kindergeneration), weil sie im Verlauf der Jahrzehnte zahlenmäßig stark geschrumpft und die Zahl der Landwirte zurückgegangen ist. Das hat zum einen dazu geführt, dass Kinder aus nicht landwirtschaftlichen Elternhäusern sehr schlechte Chancen hatten, in diesen Berufssektor zu gelangen. Da aus den nachfolgenden Generationen auch immer weniger Söhne von Landwirten als selbstständige Landwirte tätig sein konnten, war zum anderen strukturell induzierte soziale Mobilität von Bauernsöhnen die Folge (siehe unten). Bei den Facharbeitern (VI) ist ebenfalls noch eine relativ hohe Selbstrekrutierungsquote zu erkennen (45 Prozent). Aber auch andere Klassen »bedienen« sich aus dieser Berufsgruppe (V, VIIa, VIIb). In den Dienstklassen ist die Selbstrekrutierungsquote relativ niedrig – es gibt einen entsprechend hohen Zustrom aus anderen Klassen. Das ist ein Ausdruck der starken Expansion dieser Klasse, also auch eine Folge struktureller Mobilität.

Vergleich der Verteilungen von Vätern und Söhnen nach EGP-Klasse

Aufschlussreich ist es, die Verteilung der Väter und der Söhne in den verschiedenen EGP-Klassen miteinander zu vergleichen. Man setzt die Prozentangaben in der letzten Spalte der Tabelle 5.15 (Verteilung der Väter auf die EGP-Klassen) mit den Angaben in der letzten Zeile (Verteilung der Söhne auf die EGP-Klassen) in Beziehung. Dieser Vergleich belegt den schon erwähnten strukturellen Wandel zugunsten der Dienstklassen. Während von den Vätern nur ca. 21 Prozent zu den Klassen I und II gehörten, sind es bei den Söhnen gut 37 Prozent. Bei den Landwirten (IVc) dagegen ist der Anteil von zehn auf knapp drei Prozent gesunken.

Statistische Analysen von Mobilitätstabellen

Mit Hilfe geeigneter statistischer Auswertungsverfahren können diese Mobilitätstabellen auf eine Vielzahl unterschiedlicher Fragestellungen hin untersucht werden. Insbesondere kann analysiert werden, ob sich der Vererbungsgrad oder die Geschlossenheit der Klassenstruktur über die Zeit hin verändern oder zwischen verschiedenen Ländern unterscheiden.

Auf der Basis von Daten des Sozio-ökonomischen Panels hat Geißler ebenfalls die intergenerationale Klassenmobilität in Form von Mobilitätsmatrizen analysiert (Geißler 2014: 316 ff.). Neuere Untersuchen zur sozialen Mobilität im Berufsstatus für Männer und für Frauen haben Nicolas Legewie und Sandra Bohmann (2018) durchführt. Das Ausmaß intergenerationaler Mobilität im Hinblick auf den beruflichen Status hat sich in Deutschland in den letzten 30 Jahren nicht bedeutsam verändert. Die Aufstiegsmobilität überwiegt. Die Muster der Auf- und Abstiege bei Männern und Frauen haben sich angeglichen. Bei Frauen ist mit der Zeit eine Zunahme der Aufstiegsmobilität auf Kosten der Abstiegsmobilität zu beachten gewesen, bei den Männern war es umgekehrt.

Robert Erikson und John H. Goldthorpe (1992) haben in einer historisch und international vergleichenden Studie für zahlreiche Länder gezeigt, dass sich entgegen theoretisch begründeter Erwartungen die Mobilitätsquoten bei Männern, die in der ersten Hälfte des 20. Jahrhundert geboren wurden (gemessen anhand ihres eigenen EGP-Klassenschemas), nicht vergrößert hatten. Erst in jüngerer Zeit dürften sich in einigen europäischen Ländern die intergenerationalen Mobilitätsbarrieren etwas abgeschwächt haben und damit die Offenheit der Berufsklassen gestiegen sein (Breen 2004; Groß 2008).

Status-attainment-Modelle

Vor der auf Mobilitätsmatrizen basierenden Analyse sozialer Mobilität war eine andere Form der Mobilitätsanalyse etabliert. Gemeint sind die sogenannten Statuszuweisungsmodelle (*Status-attainment*-Modelle), die auf dem statistischen Analyse-Verfahren der linearen Regression bzw. der Pfadanalyse basieren, die beispielsweise den kausalen Zusammenhang zwischen dem Status des Vaters und des Sohnes beschreiben sollen. Der Klassiker dieses Ansatzes ist die Studie von Blau und Duncan *American Occupational Structure* (1967). Wir wollen ihn am folgenden Beispiel illustrieren, das einem Beitrag der deutschen Soziologen und Lebenslaufforscher Karl U. Mayer und Hans P. Blossfeld (1990) entnommen wurde (vgl. Abb. 5.15).

In dem Modell werden die standardisierten Effekte (kausale Zusammenhänge) des väterlichen Berufsstatus – gemessen über das Berufsprestige – auf den Status des ersten Berufs sowie des Berufs im Alter von 30 Jahren ausgewiesen. Auch der Zusammenhang mit dem Ausbildungsniveau ist angegeben. Aus dem Modell geht hervor, dass das Berufsprestige des Vaters stark mit dem Ausbildungsniveau des Sohnes korreliert und dass es darüber hinaus positiv auf den Berufsstatus des Sohnes »wirkt«. Erstaunlich ist, dass dies nicht nur für den ersten Beruf gilt, sondern ebenso noch für den Beruf im Alter von 30 Jahren. Das bedeutet, dass die berufliche Statusposition des Vaters auch für die Erwerbslaufbahn des Sohnes bedeutsam ist. Auf der Basis der einbezogenen Merkmale des Vaters kann man also mit einer recht hohen Treffsicherheit das Berufsprestige der Söhne im Alter von 30 Jahren

Abb. 5.15

Status-attainment-Modell: Effekte der sozialen Herkunft auf den Berufsstatus von Männern der Kohorte 1949–1951

Quelle: Deutsche Lebensverlaufsstudie; Mayer/Blossfeld 1990: 309.

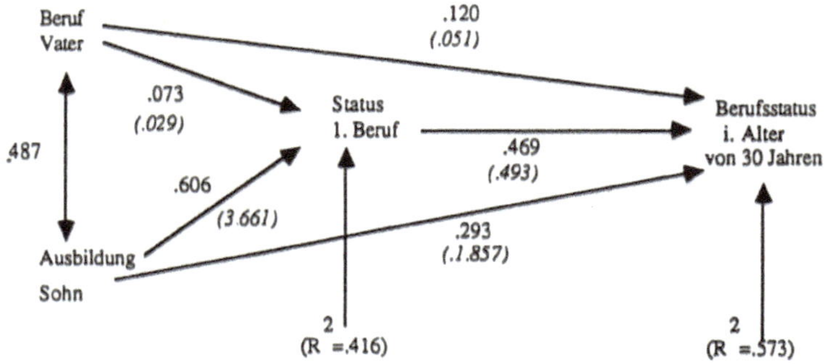

vorhersagen. 57 Prozent der Varianz im Berufsprestige der Söhne wird statistisch erklärt.

Auch die intergenerationale Bildungsmobilität wurde mit ähnlichen Modellen untersucht (educational achievement-Modelle). Mittlerweile sind sie durch methodisch überlegene Ansätze abgelöst worden, in denen geschätzt wird, welchen Effekt die soziale Herkunft auf die Chancen hat, den Schritt von einem Bildungsabschluss zum nächsthöheren zu tun (Mare 1981, Müller/Pollack 2004, Winkler 2016).

Lernkontrollfragen

1. Was sind die unterschiedlichen Typen sozialer Mobilität und welche Beispiele dafür kann man angeben?
2. Wie hat sich die Bildungsexpansion auf die Entwicklung der Schichtabhängigkeit des Bildungserfolgs ausgewirkt?
3. Was ist das Prinzip der Mobilitätsmatrix? Was lässt sich damit beschreiben?
4. Berechnen Sie mit neueren Daten des ALLBUS die Mobilitätsmatrix für Frauen und Männern geeigneten Alters!

Infoteil

Die Mobilitätsforschung ist einer der methodisch anspruchsvollsten Bereiche der Sozialstrukturanalyse. Darin wird eine Vielzahl zum Teil recht fortgeschrittener statistischer Verfahren angewendet, zu denen es kein einheitliches Lehrbuch gibt. Wir empfehlen einschlägige Statistik-Lehrbücher der kategorialen Regressionsanalyse, der Ereignisdatenanalyse oder der Strukturgleichungsmodelle als Ausgangslektüre, wie zum Beispiel Blossfeld/Rohwer 2002, Reinecke 2014.

Literatur

Amtliche Sozialberichterstattung (2019): Mindestsicherung. http://www.amtliche-sozial berichterstattung.de, Stand 17.1.2018.

Bahrdt, Hans P. (1994): Schlüsselbegriffe der Soziologie, München.

Bartels, Charlotte (2018): Einkommensverteilung in Deutschland von 1871 bis 2013: Erneut steigende Polarisierung seit der Wiedervereinigung. DIW Wochenbericht Nr. 3/2018, Berlin.

Beck, Martin (2018): Verdienstunterschiede zwischen Männern und Frauen nach Bundesländern, in: Wirtschaft und Statistik, Heft 4/2018, S. 26–36.

Beck, Ulrich (1986): Die Risikogesellschaft, Frankfurt/M.

Becker, Birgit (2018): Bildungsaspirationen von Eltern mit 3- bis 6-jährigen Kindern: Sind die Wünsche und Erwartungen zur Schulkarriere der Kinder von Anfang an sozial stratifiziert? in: Zeitschrift für Soziologie der Erziehung und Sozialisation, Jg. 38, Heft 3, S. 284–301.

Becker, Gary S. (1964): Human Capital, Chicago.

Becker, Rolf (2000): Klassenlage und Bildungsentscheidungen. Eine empirische Anwendung der Wert-Erwartungstheorie, in: Kölner Zeitschrift für Soziologie und Sozialpsychologie, Jg. 52, Heft 2,, S. 450–475.

Becker, Rolf/Lauterbach, Wolfgang (Hg.) (2016): Bildung als Privileg? Erklärungen und Befunde zu den Ursachen der Bildungsungleichheit, 5. Auflage, Wiesbaden.

Berger, Peter A. (1996): Individualisierung: Statusunsicherheit und Erfahrungsvielfalt, Opladen.

Blau, Peter M. (1994): Structural Contexts of Opportunities, Chicago/London.

Blossfeld, Hans-Peter (1989): Kohortendifferenzierung und Karriereprozeß, Frankfurt/M.

Blossfeld, Hans-Peter/Klijzing, Erik/Mills, Melinda/Kurz, Karin (Hg.) (2005): Globalization, Uncertainty and Youth in Society, London.

Blossfeld, Hans-Peter/Rohwer, Götz (2002): Techniques of Event History Modeling. New Approaches to Causal Analysis, Mahwah.

BMAS (Hg.) (2005): Lebenslagen in Deutschland. Zweiter Armuts- und Reichtumsbericht der Bundesregierung, Bonn.

BMAS (Hg.) (2008): Lebenslagen in Deutschland. Dritter Armuts- und Reichtumsbericht der Bundesregierung, Bonn.

BMAS (Hg.) (2013): Lebenslagen in Deutschland. Vierter Armuts- und Reichtumsbericht der Bundesregierung, Bonn.

BMAS (Hg.) (2015): Projektbericht an das Bundesministerium für Arbeit und Soziales. Analyse der Verteilung von Einkommen und Vermögen in Deutschland, Berlin.

BMAS (Hg.) (2017): Lebenslagen in Deutschland. Fünfter Armuts- und Reichtumsbericht der Bundesregierung, Bonn.

BMBF (Hg.) (2008): Empfehlungen des Innovationskreises Weiterbildung für eine Strategie zur Gestaltung des Lernens im Lebenslauf, Berlin.

BMWI (Hg.): Bericht der Bundesregierung zur Lebensqualität in Deutschland, Berlin.

Böhnke, Petra (2011): Ungleiche Verteilung politischer und zivilgesellschaftlicher Partizipation, in: Aus Politik uund Zeitgeschichte, Heft 1-2/2011, S. 18–25.

Böhnke, Petra/Dittmann, Jörg/Goebel, Jan (Hg.) (2018): Handbuch Armut, Stuttgart.

Bolte, Karl M. (1990): Strukturtypen sozialer Ungleichheit. Soziale Ungleichheit in der Bundesrepublik Deutschland im historischen Vergleich, in: Berger, Peter A./Hradil, Stefan (Hg.): Lebenslagen, Lebensläufe, Lebensstile (Sonderband 7 der Sozialen Welt), Göttingen, S. 27–50.

Bolte, Karl M./Hradil, Stefan (1988): Soziale Ungleichheit in der Bundesrepublik Deutschland, Opladen.

Bolte, Karl M./Kappe, Dieter/Neidhardt, Friedhelm (1967): Soziale Schichtung der Bundesrepublik Deutschland, in: Bolte, Karl M. (Hg.), Deutsche Gesellschaft im Wandel, 2. Auflage, Opladen, S. 233–343.

Boudon, Raymond (1974): Education, Opportunity, and Social Inequality, New York.

Boudon, Raymond/Bouricaud, Francois (1992): Soziologische Stichworte, Opladen.

Bourdieu, Pierre (1982): Die feinen Unterschiede. Kritik der gesellschaftlichen Urteilskraft, Frankfurt/M.

Bourdieu, Pierre (1983): Ökonomisches Kapital, kulturelles Kapital, soziales Kapital, in: Kreckel, Reinhard (Hg.): Zur Theorie sozialer Ungleichheiten (Sonderband 2 der Sozialen Welt), Göttingen, S. 183–198.

Breen, Richard (Hg.) (2004): Social Mobility in Europe, Oxford.

Brückner, Hannah/Mayer, Karl U. (2005): De-Standardization of the Life Course: What it might Mean? And if it Means Anything, whether it Actually Took Place?, in: Macmillan, Ross (Hg.): The Structure of the Life Course: Standardized? Individualized? Differentiated?, Amsterdam, S. 27–33.

Büschges, Günter/Abraham, Martin/Funk, Walter (1995): Grundzüge der Soziologie, München.

Buhr, Petra/Huinink, Johannes (2011): Armut im Kontext von Partnerschaft und Familie, in: Berger, Peter A./Hank, Karsten/Tölke, Angelika S. (Hg.): Reproduktion von Ungleichheit durch Arbeit und Familie, Wiesbaden, S. 201–233.

Bundesagentur für Arbeit (2017): Analytikreport der Statistik. Analyse des Arbeitsmarktes für Ältere, Januar 2017, Nürnberg.

Burzan, Nicole (2011): Soziale Ungleichheit. Eine Einführung in die zentralen Theorien, 4. Auflage, Wiesbaden.

Coleman, James S. (1991): Grundlagen der Sozialtheorie, Band 1, München.

Cornelißen, Waltraut (Hg.) (2005): Gender-Datenreport. 1. Datenreport zur Gleichstellung von Frauen und Männern in der Bundesrepublik Deutschland, München.

Dahrendorf, Ralf (1965): Gesellschaft und Demokratie in Deutschland, Stuttgart/Hamburg.

Davis Kingley/Moore Wilbert (1973): Einige Prinzipien der Sozialen Schichtung, in: Hartmann Heinz (Hg.): Moderne amerikanische Soziologie, Stuttgart, S. 396–410.

DGB (Hg.) (2012): Vollzeitbeschäftigte mit Niedriglohn, arbeitsmarkt aktuell Nr. 6/ September 2012, Berlin.

Diez, Susana Garcia (2015): Indikatoren zur Lebensqualität. Vorschläge der europäisichen Expertengruppe und ausgewählte nationale Initiativen, in: Wirtschaft und Statistik, Heft 6/2015, S. 11–21.

Diewald, Martin/Sørensen, Annemette (1996): Erwerbsverläufe und soziale Mobilität von Frauen und Männern in Ostdeutschland: Makrostrukturelle Umbrüche und Kontinuitäten im Lebensverlauf, in: Diewald, Martin/Mayer, Karl U. (Hg.): Zwischenbilanz der Wiedervereinigung, Opladen, S. 63–88.

Ehmke, Timo/Jude, Nina (2010): Soziale Herkunft und Kompetenzerwerb, in: Klieme, Eckhard u. a. (Hg.): PISA 2009. Bilanz nach einem Jahrzehnt, Münster, 231–254.

Erikson, Robert/Goldthorpe, John H./Portocarero, Lucienne (1979): Intergenerational Class Mobility in Three Western European Societies, in: British Journal of Sociology, Jg. 30, H. 4, S. 415–441.

Erikson, Robert/Goldthorpe, John H. (1992): The Constant Flux, Oxford.

Esser, Hartmut (1993): Soziologie. Allgemeine Grundlagen, Frankfurt/M.

Esser, Hartmut (1999): Soziologie. Spezielle Grundlagen, Band 1: Situationslogik und Handeln, Frankfurt/M.

Eurostat (2019): eurostat. Your key to European Statistics. https://ec.europa.eu/eurostat/data/database, Stand 3.1.2019.

EWSA (Europäischer Wirtschafts- und Sozialausschuss) (2017): Ungleichmäßige Verteilung des Vermögens in Europa: Diskrepanz zwischen den Mitgliedstaaten im Hinblick auf Gewinn und Arbeit, Brüssel.

Ganzeboom, Harry B. G./De Graaf, Paul M./Treiman, Donald J. (1992): A Standard International Socio-Economic Index of Occupational Status, in: Social Science Research, 21, Heft 1, S. 1–56.

Geiger, Theodor (1963): Schichtung, in: Geiger, Theodor: Arbeiten zur Soziologie, hg. von P. Trappe, Neuwied/Berlin, S. 186–205.

Geiger, Theodor (1967 [1932]): Die soziale Schichtung des deutschen Volkes, Stuttgart.

Geißler, Rainer (1996): Kein Abschied von Klasse und Schicht, in: Kölner Zeitschrift für Soziologie und Sozialpsychologie, Jg. 48, Heft 2, S. 319–338.

Geißler, Rainer (2014): Die Sozialstruktur Deutschlands, 7. grundlegend überarbeitete Aufl., Wiesbaden.

Georg, Werner (1998): Soziale Lage und Lebensstil. Eine Typologie, Opladen.

Gottschall, Karin/Voß, Günther (Hg.) (2005): Entgrenzung von Arbeit und Leben: Zum Wandel der Beziehung von Erwerbstätigkeit und Privatsphäre im Alltag, München.

Grabka, Markus M./Westermeier, Christian (2014): Anhaltend hohe Vermögensungleichheit in Deutschland. DIW Wochenbericht 9.2014, Berlin.

Grabka, Markus M./Goebel, Jan (2018): Einkommensverteilung in Deutschland: Realeinkommen sind seit 1991 gestiegen, aber mehr Menschen beziehen Niedrigeinkommen, DIW Wochenbericht, Nr. 21.2018, Berlin.

Grabka, Markus M./Schröder, Carsten (2018): Ungleichheit in Deutschland geht bei Stundenlöhnen seit 2014 zurück, stagniert aber bei Monats- und Jahreslöhnen. DIW-Wochenbericht Nr. 09/2018, Berlin.

Groh-Samberg, Olaf (2009): Armut, soziale Ausgrenzung und Klassenstruktur. Zur Integration multidimensionaler und längsschnittlicher Perspektiven, Wiesbaden.

Groh-Samberg, Olaf (2019): Ökonomische Ungleichheiten: Armut und Reichtum, in: Obinger, Herbert/Schmidt, Manfred G. (Hg.), Handbuch Sozialpolitik, Wiesbaden, S. 833–862.

Groß, Martin (2008): Klassen, Schichten, Mobilität, Wiesbaden.

Handl, Johann (1977): Sozio-ökonomischer Status und der Prozeß der Statuszuweisung. Entwicklung und Anwendung einer Skala, in: Handl, Johann/Mayer, Karl U./Müller, Walter: Klassenlagen und Sozialstruktur. Empirische Untersuchungen für die Bundesrepublik Deutschland, Frankfurt/M., S. 101–153.

Hartmann, Peter H. (1999): Lebensstilforschung. Darstellung, Kritik und Weiterentwicklung, Opladen.

Hartmann, Peter (2008): Elitesoziologie. Eine Einführung. 2. Auflage, Frankfurt/M.

Hochschild, Arlie R. (1990): Das gekaufte Herz. Zur Kommerzialisierung der Gefühle, Frankfurt/M.

Hochschild, Arlie R. (2006): Keine Zeit: Wenn die Firma zum Zuhause wird und zu Hause nur Arbeit wartet, 2. Aufl., Wiesbaden.

Hoffmeyer-Zlotnik, Jürgen H. P/Geis, Alfons (2003) Berufsklassifikation und Messung des beruflichen Status/Prestige, ZUMA-Nachrichten, Nr. 52, S. 125–138.

Hradil, Stefan (1987): Sozialstrukturanalyse in einer fortgeschrittenen Gesellschaft, Opladen.

Hradil, Stefan (2001): Soziale Ungleichheit, 8. Aufl., Opladen.

Hradil. Stefan (2018): Milieu, soziales, in: Kopp, Johannes/Steinbach, Anja (Hg.), Grundbegriffe der Soziologie, Wiesbaden, S. 319–322.

Hradil, Stefan/Spellerberg, Annette (2011): Lebensstile und soziale Ungleichheit, in: Gesellschaft-Wirtschaft-Politik, Heft 1/2011, S. 51–62.

Holtappels, Heinz G. u. a. (Hg.) (2004): Jahrbuch der Schulentwicklung, Band 13, Weinheim/München.

Huinink, Johannes (1995): Warum noch Familie? Zur Attraktivität von Partnerschaft und Elternschaft in unserer Gesellschaft, Frankfurt/M.

Huinink, Johannes (2019): Messung von sozialer Ungleichheit, in: Baur, Nina/Blasius, Jörg (Hg.), Handbuch Methoden der empirischen Sozialforschung. 2. Auflage, Wiesbaden, S. 1423–1436.

Huinink, Johannes/Konietzka, Dirk (2007): Familiensoziologie. Ein Lehrbuch, Frankfurt/M.

Huinink, Johannes/Mayer, Karl U./Trappe, Heike (1995): Staatliche Lenkung und Karrierechancen: Bildungs- und Berufsverläufe, in: Huinink, Johannes/Mayer, Karl U. u. a.: Kollektiv und Eigensinn. Lebensverläufe in der DDR und danach, Berlin, S. 89–143.

Huinink, Johannes/Röhler, K. Alexander (2005): Liebe und Arbeit in Paarbeziehungen. Zur Erklärung geschlechtstypischer Arbeitsteilung in nichtehelichen und ehelichen Lebensgemeinschaften, Würzburg.

IfD (Institut für Demoskopie Allensbach) (Hg.) (2013): Allensbacher Kurzbericht – 20. August 2012[1], https://www.ifd-allensbach.de/uploads/txreportsndocs/PD201305.pdf.

Kleven, Henrik/Landais/Camille/Posch, Johanna/Steinhauer, Andreas/Zweimüller, Josef (2019): Child penalties acress countries: Evidence and explanations. https://www.henrikkleven.com/uploads/3/7/3/1/37310663/klevenetal_aea-pp_2019.pdf, Stand 15.1.2019.

Kley, Stefanie (2004): Migration und Sozialstruktur. EU-Bürger, Drittstaater und Eingebürgerte in Deutschland, Berlin.

Knecht, Alban (2010): Lebensqualität produzieren. Ressourcentheorie und Machtanalyse des Wohlfahrtsstaats, Wiesbaden.

Kohli, Martin (1985): Institutionalisierung des Lebenslaufs. Historische Befunde und theoretische Argumente, in: Kölner Zeitschrift für Soziologie und Sozialpsychologie, Jg. 37, Heft 1, S. 1–29.

Kohli, Martin (2007): The Institutionalization of the Life Course: Looking Back to Look Ahead, in: Research in Human Development, Jg. 4, Heft 3-4, S. 253–271.

Konietzka, Dirk (1994): Lebensstile und sozialstruktureller Kontext, Opladen.

Konietzka Dirk (2010): Zeiten des Übergangs. Sozialer Wandel des Übergangs in das Erwachsenenalter, Wiesbaden.

Kurz, Karin/Paulus, Wiebke (2008): Übergänge im Grundschulalter: die Formation elterlicher Bildungsaspirationen, in: Rehberg, Karl-Siegbert/ Deutsche Gesellschaft für Soziologie (DGS) (Hg.): Die Natur der Gesellschaft: Verhandlungen des 33. Kongresses der Deutschen Gesellschaft für Soziologie in Kassel 2006. Teilbd. 1 u. 2, Frankfurt am Main, S. 5489–5503.

Kreckel, Reinhard (1997): Politische Soziologie der sozialen Ungleichheit, Frankfurt/M.

Lampert, Thomas/Richter, Matthias/Schneider, Sven/Spallek, Jacon/Dragano, Nico (2016): Soziale Ungleichheit und Gesundheit. Stand und Perspektiven der sozialepidemiologischen Forschung in Deutschland, in: Bundesgesundheitsblatt, Heft 59, S. 153–165.

Legewie, Nicolas/Bohmann, Sandra (2018): Sozialer Auf- und Abstieg: Angleichung bei Männern und Frauen, DIW-Wochenbericht Nr. 20.2018, Berlin.

Lenski, Gerhard (1973): Macht und Privileg. Eine Theorie der sozialen Schichtung, Frankfurt/M.

Leßmann, Ortrud (2006): Lebenslagen und Verwirklichungschancen (capability) – Verschiedene Wurzeln, ähnliche Konzepte, in: Vierteljahrshefte zur Wirtschaftsforschung, Jg. 75, Heft 1, S. 30–42.

Lörz, Markus/ Schindler, Steffen (2011): Bildungsexpansion und soziale Ungleichheit. Zunahme, Abnahme oder Persistenz ungleicher Chancenverhältnisse – eine Frage der Perspektive?, in: Zeitschrift für Soziologie, Jg. 40, Heft 6, S. 458–477.

Mare, Robert D. (1981): Change and Stability in Educational Stratification, in: American Sociological Review, Jg. 46, Heft 1, S. 72–87.

Marx, Karl (1971 [1859]): Vorwort zu Kritik der Politischen Ökonomie, in: Marx, Karl/Engels, Friedrich, Werke, Band 13, 7. Aufl., Berlin.

Maslow, Abraham (1954): Motivation and Psychology, New York.

Mau, Steffen/Verwiebe, Roland (2009): Die Sozialstruktur Europas, Konstanz.

Mayer, Karl U. 2004: Whose Lives? How History, Societies, and Institutions Define and Shape Life Courses, in: Research in Human Development, Jg. 1, Heft 3, S. 161–187.

Mayer, Karl U./Blossfeld, Hans-Peter 1990: Die gesellschaftliche Konstruktion sozialer Ungleichheit, in: Berger, Peter A./Hradil, Stefan (Hg.): Lebenslagen, Lebensläufe, Lebensstile (Sonderband 7 der Sozialen Welt), Göttingen, S. 297–318.

Mayer, Karl U./Müller, Walter (1986): The State and the Structure of the Life Course, in: Sørensen, Aage B./Weinert, Franz E./Sherrod, Lonnie R. (Hg.): Human Development and the Life Course, Hillsdale, NJ, S. 219–245.

Merton, Robert K. (1995): Soziologische Theorie und soziale Struktur, Berlin.

Möhring, Katja (2018): Is there a motherhood penalty in retirement income in Europe? The role of lifecourse and institutional characteristics, in: Aging&Society, Jg. 38, Heft 12, S. 2560–2589.

Müller, Hans-Peter (1989): Lebensstile. Ein neues Paradigma der Differenzierungs- und Ungleichheitsforschung?, in: Kölner Zeitschrift für Soziologie und Sozialpsychologie, Jg. 41, Heft 1, S. 53–71.

Müller, Hans-Peter (1993): Sozialstruktur und Lebensstile, 2. Aufl., Frankfurt/M.

Müller, Walter (1998): Erwartete und unerwartete Folgen der Bildungsexpansion, in: Friedrichs, Jürgen/Lepsius, M. Rainer/Mayer, Karl U. (Hg.): Die Diagnosefähigkeit der Soziologie. Sonderheft Nr. 38 der Kölner Zeitschrift für Soziologie und Sozialpsychologie, Wiesbaden, S. 82–112.

Müller, Walter/Pollack, Reinhard (2004): Weshalb gibt es so wenig Arbeiterkinder in Deutschlands Universitäten? in: Becker, Rolf/Lauterbach, Wolfgang (Hg.), Bildung als Privileg? Wiesbaden, S. 311–352.

OECD (Hg.) (2014): How's Life in Your Region?: Measuring Regional and Local Well-being for Policy Making; OECD Publishing, Paris.

OECD (Hg.) (2017): Bildung auf einen Blikh 2017. OECD Indikatoren, Bielefeld.

OECD (Hg.) (2018): Bildung auf einen Blick 2018. OECD Indikatoren, Bielefeld.

OECD (Hg.) (2019): QECD Date. Income Inequality. https://data.oecd.org/inequality/income-inequality.htm; Stand 8.3.2019.

Otte, Gunnar (2004): Sozialstrukturanalysen mit Lebensstilen. Eine Studie zur theoretischen und methodischen Neuorientierung der Lebensstilforschung. Wiesbaden:

Picht, Georg (1964): Die deutsche Bildungskatastrophe, Olten.

Piketty, Thomas (2016): Das Kapital im 21. Jahrhundert, München.

Preisendörfer, Peter (2002): Kompensation statt Kumulation? Soziale Ungleichheit aus der Sicht des Theorems des Ausgleichs der Nettovorteile, in: Zeitschrift für Soziologie, 31, Heft 1, S. 93–105.

Reinecke, Jost (2014): Strukturgleichungsmodelle in den Sozialwissenschaften, 2., aktualisierte und erweiterte Auflage, München.

Richter, Matthias/Hurrelmann, Klaus (2007): Warum die gesellschaftlichen Verhältnisse krank machen, in: Aus Politik und Zeitgeschichte, Heft 42, S. 3–10.

Rössel, Jörg/Otte, Gunnar (Hg.) (2011): Lebensstilforschung. Sonderheft 51/2011 der Kölner Zeitschrift für Soziologie und Sozialpsychologie, Wiesbaden.

Royal Government of Bhutan (2005): Bhutan National Development Report.

Scherger, Simone (2008): Destandardisierung, Differenzierung, Individualisierung. Westdeutsche Lebensläufe im Wandel, Wiebaden.
Scheuch, Erwin K./Daheim, Hansjürgen (1961): Sozialprestige und soziale Schichtung, in Glass, D./König, R., (Hg.): Soziale Schichtung und soziale Mobilität, Opladen, S. 65–103.
Schimpl-Neimanns, Bernhard (2000): Soziale Herkunft und Bildungsbeteiligung, in: Kölner Zeitschrift für Soziologie und Sozialpsychologie, Jg. 52, Heft 4, S. 636–669.
Schulze, Gerhard (1992): Die Erlebnisgesellschaft. Kultursoziologie der Gegenwart, Frankfurt/M.
Schwenk, Otto G. (1999): Soziale Lagen in der Bundesrepublik, Opladen.
Sen, Amartya (1999): Development as Freedom, New York.
Smith, Adam (1978 [1789]): Der Wohlstand der Nationen. Eine Untersuchung seiner Natur und seiner Ursachen, München.
Solga, Heike (1995): Auf dem Weg in die klassenlose Gesellschaft? Klassenlagen und Mobilität zwischen den Generationen in der DDR, Berlin.
Solga, Heike/Powell, Justin/Berger, Peter A. (Hg.) (2009): Soziale Ungleichheit. Klassisches Texte zur Sozialstrukturanalyse, Frankfurt.
Sorokin, Pitirim A. (1927): Social Mobility, New York/London.
Spellerberg, Annette (2010): Soziale Lage prägender für Lebensstile als regionale Zugehörigkeit: raumstrukturelle Analysen zu Mustern der Lebensführung in Deutschland, in: Informationsdienst Soziale Indikatoren, Heft 43, S. 9–12.
Stanat, Petra/Rauch, Dominique/Segeritz, Michael (2010): Schülerinnen und Schüler mit Migrationshintergrund, in: Klieme, Eckhard u. a. (Hg.): PISA 2009. Bilanz nach einem Jahrzehnt, Münster, S. 200–230.
Statistisches Bundesamt (Hg.) (2006): Datenreport 2002. Zahlen und Fakten über die Bundesrepublik Deutschland, Bonn.
Statistisches Bundesamt (2012): Wirtschaftsrechnungen. Einkommens- und Verbrauchsstichprobe. Einkommensverteilung in Deutschland, Fachserie 15, Heft 6, Wiesbaden.
Statistisches Bundesamt (2013a): Wirtschaftsrechnungen. Einkommens- und Verbrauchsstichprobe. Geld- und Immobilienvermögen sowie Schulden privater Haushalte, Fachserie 15, Heft 2, Wiesbaden.
Statistisches Bundesamt (2013b): Wirtschaftsrechnungen. Einkommens- und Verbrauchsstichprobe. Wohnverhältnisse privater Haushalte, Fachserie 15, Sonderheft 1, Wiesbaden.
Statistisches Bundesamt (2017a): Wirtschaftsrechnungen. Leben in Europa (EU-SILC). Einkommen und Lebensbedingungen in Deutschland und der Europäischen Union, Fachserie 15, Reihe 3, Wiesbaden.
Statistisches Bundesamt (2017b): Verdienste und Arbeitskosten Arbeitnehmerverdienste, Fachserie 16, Reihe 2.3, Wiesbaden.
Statistisches Bundesamt (2017c): Pressemitteilung Nr. 094 vom 14. 3 2017. Drei Viertel des Gender Pay Gap lassen sich mit Strukturunterschieden erklären, Wiesbaden.
Statistisches Bundesamt (2017d): Verdienste auf einen Blick, Wiesbaden.
Statistisches Bundesamt (2018a): Statistisches Jahrbuch 2018 der Bundesrepublik Deutschland, Wiesbaden.
Statistisches Bundesamt (2018b): Wirtschaftsrechnungen. Laufende Wirtschaftsrechnungen. Einnahmen und Ausgaben privater Haushalte, Fachserie 15, Reihe 1, Wiesbaden.
Statistisches Bundesamt (2018c): Wirtschaftsrechnungen. Einkommens- und Verbrauchsstichprobe 2013. Einkommensverteilung in Deutschland, Fachserie 15, Heft 6, Wiesbaden.
Statistisches Bundesamt (2018d): Verdienste und Arbeitskosten. Arbeitnehmerverdienste. Fachserie 16 Reihe 2.3, Wiesbaden.
Statistisches Bundesamt/Eurostat (2018): Das Leben von Frauen und Männern in Europa. Ein statistisches Portrait. https://service.destatis.de/DE/FrauenMaennerEuropa/DEDEwomenmencore.
Statistisches Bundesamt/WZB (Wissenschaftszentrum Berlin für Sozialforschung) (Hg.) (2011): Datenreport 2011. Ein Sozialbericht für die Bundesrepublik Deutschland, Bonn.
Statistisches Bundesamt/WZB (Wissenschaftszentrum Berlin für Sozialforschung) (Hg.) (2013): Datenreport 2013. Ein Sozialbericht für die Bundesrepublik Deutschland, Bonn.
Statistisches Bundesamt/WZB (Wissenschaftszentrum Berlin für Sozialforschung) (Hg.) (2018): Datenreport 2018, Ein Sozialbericht für die Bundesrepublik Deutschland, Bonn.
Stawartz, Nico (2015): Soziale Mobilität in Deutschland revisited. Die Entwicklung der Karrieremobilität in den letzten 80 Jahren, in: Kölner Zeitschrift für Soziologie und Sozialpsychologie, Jg. 67, Heft 2, S. 269–291.
Steuerwald, Christian (2016): Die Sozialstruktur Deutschlands im internationalen Vergleich, Wiesbaden.

Stürzer, Monika/Täubig, Vicki/Uchronski, Mirjam/Bruhns, Kirsten (2012): Schulische und außerschulische Bildungssituation von Jugendlichen mit Migrationshintergrund, München.

Tarnai, Christian/Hartmann, Florian G. (2019): Intergenerationale Bildungsmobilität im Übergang vom geteilten zum wiedervereinigten Deutschland, in: Siegers, Pascal/Schulz, Sonja/Hochmann, Oshrat (Hg.), Einstellungen und Verhalten der deutschen Bevölkerung. Analysen mit dem Allbus, Wiesbaden, S. 229–268.

Tesch-Römer, Clemens/Engstler, Heribert/Wurm, Susanne 2006: Altwerden in Deutschland. Sozialer Wandel und individuelle Entwicklung in der zweiten Lebenshälfte, Wiesbaden.

Trappe, Heike (1995): Emanzipation oder Zwang? Frauen in der DDR zwischen Beruf, Familie und Sozialpolitik, Berlin.

Treiman, Donald (1977): Occupational Prestige in Comparative Perspective, New York.

UNDP (2011): Bericht über die menschliche Entwicklung 2011. Nachhaltigkeit und Gerechtigkeit: Eine bessere Zukunft für alle, New York/Berlin.

Vester, Michael/von Oertzen, Peter/Gelling, Heiko/Hermann, Thomas/Müller, Dagmar (2001): Soziale Milieus im gesellschaftlichen Strukturwandel, Frankfurt/M.

Voges, Wolfgang (2002): Perspektiven des Lebenslagenkonzepts in: Zeitschrift für Sozialreform, Jg. 48, Heft 3, S. 262–278.

Volkert, Jürgen (Hg.) (2005): Armut und Reichtum an Verwirklichungschancen: Amartya Sens Capability Konzept als Grundlage der Armuts- und Reichtumsberichterstattung, Wiesbaden.

Weber, Max (1972 [1921]): Wirtschaft und Gesellschaft, Tübingen.

Wegener, Bernd (1985): Gibt es Sozialprestige?, in: Zeitschrift für Soziologie, Jg. 14, Heft 3, S. 209–235.

Winkler, Oliver (2016): Aufstiege und Abstiege im Bildungsverlauf. Eine empirische Untersuchung zur Öffnung von Bildungswegen, Wiesbaden.

World Bank (2019): Sex ratio at birth (male births per female births) https://data.worldbank.or, Stand 4.1.2019.

Wright, Erik Olin (1985): Classes, London.

Yasuda, S. (1964): A Methodological Inquiry into Social Mobility, in: American Sociological Review, Jg. 29, Heft 1, S. 16–23.

Sozialstruktur und gesellschaftliche Institutionen | 6

Inhalt

In diesem Kapitel beschäftigen wir uns mit den Einflüssen des Arbeitsmarkts, der Familie und staatlicher Institutionen auf die Sozialstruktur – insbesondere auf die Strukturen sozialer Ungleichheit. Wir zeigen, wie die durch diese Institutionen strukturierten Rahmenbedingungen zahlreiche Aspekte der Lebenslage von Menschen, wie Erwerbs- und Konsummöglichkeiten, Arbeitsplatzsicherheit oder auch die Gelegenheit zu gesellschaftlicher Partizipation, berühren und damit direkt oder indirekt Einfluss auf das Ausmaß und die Struktur sozialer Ungleichheit haben.

Gesellschaftliche Institutionen nehmen auf vielerlei Weise Einfluss auf die Strukturen des sozialen Miteinanders (soziale Beziehungsstruktur) und auf die Strukturen sozialer Ungleichheit. Ein besonderes Augenmerk gilt dabei ihrer Bedeutung für die Lebenslage der Menschen – und hier insbesondere für ihre sozioökonomische Sicherheit. Neben Wirtschaft und Arbeitsmarkt sowie der Familie spielen staatliche Institutionen eine herausragende Rolle. Sie beeinflussen die soziale Ungleichheit zum einen direkt, indem sie die Entfaltung der *individuellen* Fähigkeiten der Menschen durch die Leistungen des Bildungssystems sowie die Bereitstellung von Infrastruktur und zahlreicher weiterer Dienstleistungen unterschiedlichster Art fördern. Zum anderen beeinflussen sie das Ausmaß sozialer Ungleichheit auch indirekt, indem sie in den Arbeitsmarkt hineinwirken (etwa durch Weiterbildungsmaßnahmen oder die Einführung eines Mindestlohns), familiäre Unterstützungsleistungen gewähren (etwa durch Betreuungseinrichtungen und das Kindergeld) oder eine *institutionelle* Absicherung der Menschen bei Arbeitslosigkeit, Krankheit und im Alter bereitstellen.

In seinen stark beachteten Arbeiten unterscheidet der dänische Soziologe Gøsta Esping-Andersen (1990, 1999) verschiedene *Typen von Wohlfahrtsstaaten*. Diese unterscheiden sich darin, in welchem Ausmaß und mit welchen Mitteln die genannten Institutionen – Staat, Markt und Familie – dazu beitragen, die Wohlfahrt der Menschen in einem Land zu sichern und zu vermehren und wie sie damit auf soziale Beziehungsstrukturen und das Gefüge sozialer Ungleichheit in Gesellschaften Einfluss nehmen. Esping-Andersen verwendet dabei drei Unterscheidungskriterien.

Esping-Andersens Typen von Wohlfahrtsstaaten

Das erste Kriterium besagt, wie stark die Wohlfahrt der Bürger von ihrem individuellen Erfolg im Arbeitsmarkt und Einkommenserwerb abhängig ist oder inwieweit diese durch Unterstützungsleistungen, Anrechte und Regelungen staatlicher Sozialpolitik gewährleistet wird. Esping-Andersen spricht diesbezüglich von dem Grad der »Dekommodifizierung«. So tragen in einigen Ländern familiale Unterhaltsverpflichtungen oder sozialpolitische Leistungen, wie eine Arbeitslosen- und Krankenversicherung oder eine Rentenversicherung, stark zur arbeitsmarktunabhängigen Sicherung der materiellen Lebensgrundlagen der Akteure bei, während in anderen Ländern eine private (Alters-)vorsorge dominiert. Ein zweites Kriterium beinhaltet den Einfluss der wohlfahrtsstaatlichen Sozialpolitik auf die soziale Ungleichheit unter den Bürgern eines Landes – in den Worten Esping Andersens das Ausmaß der sozialen Stratifizierung der Bevölkerung. Die Verbesserung der Bildungschancen der Menschen unabhängig von Geschlecht und Herkunft oder Maßnahmen zur Verminderung von Einkommensunterschieden durch eine entsprechende Steuergesetzgebung, können die soziale Ungleichheit in der Bevölkerung verringern. Allerdings mildern Sozialleistungen des Staates bestehende Ungleichheiten nicht immer ab. Sie können sie auch, je nach Ausgestaltung, erhalten oder gar vergrößern. Das dritte und letzte Kriterium nach Esping-Andersen besagt, wie groß die relative Bedeutung der drei Basisinstitutionen Staat, Markt und Familie für die Herstellung und Sicherung der Wohlfahrt der Bürger ist. So kann die soziale Sicherung der Bürger vor allem als eine Angelegenheit der Familie betrachtet oder als vorrangig staatliche Aufgabe gesehen werden.

Drei Unterscheidungskriterien

Deutschland als »konservativer« Wohlfahrtsstaat

Deutschland zählt nach dieser Typologie zu den sogenannten *korporatistisch-konservativen Wohlfahrtsstaaten*. Diese sind durch ein ausgebautes System eines staatlich organisierten Sozialversicherungswesens charakterisiert (Bismarck-Modell), das durch Zwangsmitgliedschaft gekennzeichnet und in verschiedene Zweige gegliedert ist. Versorgungsansprüche an die Versicherung werden grundsätzlich durch Erwerbsarbeit erworben, was eine Markt- und Statusabhängigkeit sozialer Sicherung impliziert. Gleichzeitig bleibt die Familie eine wichtige soziale Sicherungsinstanz. Der Staat greift in der Regel erst dann mit seinen Leistungen ein, wenn das Selbsthilfepotenzial der Familien oder Haushaltsgemeinschaften nicht ausreicht (Subsidiaritätsprinzip). Durch die starke Ankopplung an den mehr oder weniger großen Erfolg der Menschen im Arbeitsmarkt und die Bedeutung der Leistungsfähigkeit der Familien bleiben die Strukturen sozialer Ungleichheit relativ stabil, Umverteilungsprozesse sind eher gering ausgeprägt.

Weitere Wohlfahrtsstaatstypen

Esping-Andersen nennt zwei weitere Typen von Wohlfahrtsstaaten: In liberalen wohlfahrtsstaatlichen Regimen – dazu gehören etwa die USA oder England – wird eine Risikoabsicherung durch steuerlich finanzierte Sozialleistungen in Sinne einer Fürsorge auf der Grundlage strenger Bedürftigkeitsprüfungen gewährt (Beveridge-Modell). Die von den Bürgern zu tragende Steuerlast bleibt moderat, da die sozialpolitischen Leistungen eher niedrig ausfallen. Die soziale Sicherung ist daher auch stark an familiäre Unterstützungsleistungen sowie an den individuellen Erfolg im Arbeitsmarkt gekoppelt, ohne dass sich daraus staatlich geregelte Ansprüche auf spätere Leistungen in Zeiten der Bedürftigkeit und im Alter ableiten würden. Statussicherung und Vorsorge sind vor allem eine private Angelegenheit. Es herrscht daher eine relativ hohe soziale Ungleichheit.

In sozialdemokratischen wohlfahrtsstaatlichen Regimen wie in Schweden oder Norwegen ist eine durch Steuern finanzierte, universelle soziale Sicherung der Staatsbürger die Grundlage des sozialpolitischen Systems. Es gibt weitreichende Regelungen zum Schutz der Arbeitnehmer, zur Herstellung von Bildungsgerechtigkeit und zur Sicherung der gesundheitlichen Versorgung. Soziale Absicherung und das Ziel der Chancengleichheit – unabhängig von Familie und Markt – genießen einen hohen Stellenwert. Die Dekommodifizierung und der soziale Ausgleich sind hier also weit vorangeschritten. Das wird allerdings auf Kosten hoher Steuern erreicht.

Die Typologie von Esping-Andersen ist von unterschiedlicher Seite kritisiert worden (Ulrich 2005: 48f). Beispielsweise wird argumentiert, dass ein Typ eines wohlfahrtsstaatlichen Regimes fehlt, der als »rudimentärer Wohlfahrtsstaat« bezeichnet wird (Leibfried 1990: 301). Die sozioökonomische Absicherung ist in Ländern dieses Typs – man zählt Italien und Portugal dazu – weitgehend durch die Familie garantiert, da der Staat nur in einem verhältnismäßig geringen Umfang wohlfahrtsstaatliche Aufgaben übernimmt. Auch die postsozialistischen Staaten lassen sich nicht einfach in die von Esping-Andersen vorgeschlagene Typologie einordnen. Hier ist die Aus- und Umgestaltung der alten Strukturen wohlfahrtsstaatlicher Institutionen vielfach noch im Gange.

Kräftefeldmodell von Kreckel

Ein anschauliches Modell, das eher die Beziehung gesellschaftlicher Institutionen zueinander und Ihre Einflussmöglichkeiten auf soziale Ungleichheit illustriert, präsentiert Reinhard Kreckel. In seiner Theorie skizziert er ein Ungleichheit begründendes »Kräftefeld«, das durch verschiedene Typen

Abb. 6.1

Kreckels Modell des Ungleichheit begründenden Kräftefelds

Quelle: Kreckel 1997: 164.

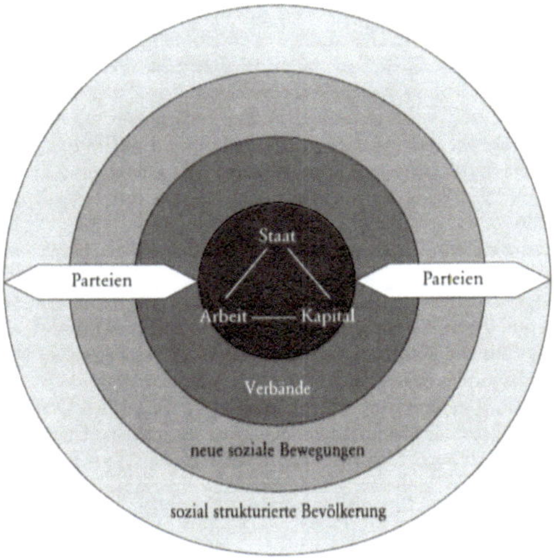

von Akteuren bestimmt ist, die in unterschiedlichem Maße Einfluss auf die Ungleichheitsstrukturen der Gesellschaft haben bzw. unterschiedlich stark in den Kampf um die Verteilung von Mitteln zur Realisierung von Lebenszielen eingreifen können (vgl. Abb. 6.1). Die Hierarchie der Kreise entspricht dem unterschiedlichen Grad der »Konfliktfähigkeit« der jeweils beteiligten Akteure, womit unterschiedlich weitreichendes Einfluss- und Durchsetzungspotenzial verbunden ist.

Im Zentrum des Kräftefelds sieht Kreckel die korporativen Akteure, die den Faktoren Lohnarbeit und Kapital sowie dem Staat zuzuordnen sind (»korporatistisches Dreieck«, Kreckel 1997: 161 ff.). Dazu gehören die Gewerkschaften, die Arbeitgeberverbände und Großunternehmen, denen eine zentrale Machtposition im ungleichheitsrelevanten Konflikt zwischen Kapital und Arbeit zukommt, sowie die staatlichen Regulierungs- und Kontrollinstitutionen in der Legislative, Exekutive und Judikative. Direkt um das Zentrum herum gruppieren sich weitere, »spezialisierte Interessenorganisationen, die von Fall zu Fall aktiv werden« (Verbände, Lobbyisten), die Belange bestimmter Bevölkerungsgruppen wahrnehmen und, zum Teil auch gesetzlich garantiert, indirekt auf Entscheidungen der Institutionen des »korporatistisches Dreiecks« einwirken können (z.B. Kinderschutzbund, Verbraucherverbände, ADAC u.a.). Um diese Akteure wiederum gruppieren sich »soziale Bewegungen«, die sich interessen- und themenspezifisch gesellschaftlich engagieren (etwa der WWF). Den äußeren Kreis des Kräftefelds bildet die »sozial strukturierte« Bevölkerung, die in der einen oder anderen Form – zumeist nur indirekt über die korporativen Akteure, in denen sie organisiert ist – mit ihren Anliegen und Interessen in die inneren Kreise des Kräftefelds hineinwirken kann (z. B. Bürgerinitiativen). Die quer zu den konzentrischen Kreisen liegenden politischen Parteien fungieren als »institutionelle Vermittlungsinstanzen«. Sie sind im Zentrum des Kräftefeldes Träger von Entscheidungsmacht, zum anderen gewinnen sie ihre Legitimationsbasis durch eine möglichst gute Verankerung in der Bevölkerung und der in ihr gegeben, ungleichheitsrelevanten Interessenstruktur (Kreckel 1997: 162; (→ Kapitel 5.1.1).

Die Hierarchie der Kreise entspricht dem unterschiedlichen Grad der »Konfliktfähigkeit« der jeweils beteiligten Akteure, womit ein unterschiedlich weitreichendes Einfluss- und Durchsetzungspotenzial verbunden ist. Durch die Thematisierung der typischen Verteilung von Kontrolle verschiedener kollektiver und korporativer Akteure (→ Kapitel 2.1, Übersicht 2.2) über die Mittel, mit denen erstrebenswerte Lebensziele erreicht werden, stellt Kreckels Modell eine wertvolle inhaltliche Ergänzung zu dem eher deskriptiv angelegten Ansatz von Esping-Andersen dar. Es zeigt, wie sehr soziale Ungleichheit – in den sie betreffenden Strukturen – zwischen den verschiedenen Akteuren immer wieder neu ausgehandelt und gestaltet wird. Wirtschaft und Staat spielen eine zentrale Rolle, die Kreckel auch im Einzelnen weiter untersucht.

Die Familie fehlt

Kreckels Modell ist allerdings nicht vollständig. Im Unterschied zum Konzept von Esping-Andersen etwa, in dem die Familie, neben Markt und Staat, als wichtiger Wohlfahrtsproduzent eine besondere Beachtung findet, bleibt die ungleichheitsbezogene Relevanz der Familie bei Kreckel unterbelichtet. Sie taucht in seinem Schema als eigenständige Institution bezeichnenderweise gar nicht erst auf. Esping-Andersen hat sich – auch in Reaktion auf die Kritik an seinem Konzept – in späteren Publikationen explizit mit der Frage der Beziehung von Familie und Markt und dem Wandel der Geschlechterrollen auseinandergesetzt (Esping-Andersen 1999, 2009). Wir können an dieser Stelle die beiden Ansätze nicht vertiefend ausarbeiten, sondern nutzen die Systematisierungen und empirischen Implikationen als Orientierung, um im Folgenden für Deutschland einige Befunde zum Einfluss von Wirtschaft und Arbeitsmarkt, den Institutionen des Wohlfahrtsstaats sowie der Familie auf Aspekte sozialer Ungleichheit vorzustellen.

6.1 Sozialstruktur, Arbeitsmarkt und Wirtschaft

Die Wirtschaftsordnung eines Landes und die mit ihr verbundenen Bereiche der gesellschaftlichen Wohlfahrtsproduktion haben, das sollte nach den Ausführungen in Kapitel 5 unmittelbar einleuchten, eine große Bedeutung für die Strukturen sozialer Ungleichheit.

Übersicht 6.1

Wirtschaftsordnung und Wirtschaftssystem (vgl. Gäfgen 1972: 59 ff.)
Die *Wirtschaftsordnung* beinhaltet die Gesetze, Normen und Institutionen, denen das wirtschaftliche Handeln in einer Gesellschaft unterworfen ist. Sie stellt einen wichtigen Teil der gesellschaftlichen Ordnung insgesamt dar und regelt die Herstellung, Verteilung und den Konsum von (knappen) Gütern und Dienstleistungen sowie die Formen wirtschaftspolitischer Intervention und Steuerung.

Wirtschaftssystem wird ein durch charakteristische Merkmale bestimmter Idealtyp einer Wirtschaftsordnung genannt. Beispiele dafür sind die »Marktwirtschaft« und – als Gegenpol – die »Zentralverwaltungswirtschaft« oder Planwirtschaft.

Die Wirtschaft spielt für alle anderen Teilbereiche einer Gesellschaft eine hervorgehobene Rolle und ist eng mit ihnen verwoben (vgl. Schäfers 2012: 177). Die wesentlichen Strukturelemente der Wirtschaftsordnung der Bundesrepublik sind, wie Bernhard Schäfers zusammenfasst:

Strukturelemente der Wirtschaftsordnung

1. Eigentum, Wettbewerb und Marktordnung;
2. Arbeit und Arbeitsteilung.

Eigentum

Eigentum, Wettbewerb und Marktordnung: In der Bundesrepublik stellt das Privateigentum eine wesentliche Grundlage der marktwirtschaftlich organisierten Wirtschaft dar. Es repräsentiert bekanntermaßen zugleich eine zentrale Dimension sozialer Ungleichheit (→ Kapitel 5.2) und ist für die Spezifikation des Klassenbegriffs konstitutiv (→ Kapitel 5.4).

Wettbewerb und Marktordnung

Der kapitalistischen Marktordnung liegt das Prinzip des Wettbewerbs zugrunde. Die Wettbewerbs- und Marktordnung verlangt ein auf den eigenen Vorteil bedachtes und dabei effizientes Wirtschaften seitens der beteiligten Akteure, d. h. zweckrationales Handeln und einen möglichst effektiven Umgang mit Ressourcen, um nicht vom Markt verdrängt zu werden. Aufgrund der Konkurrenz um Marktanteile oder attraktive berufliche Positionen herrscht daher sowohl aufseiten der Arbeitgeber als auch aufseiten der Arbeitnehmer die Logik nutzenorientierten Handelns vor; denn die auf einem freien Markt zu erzielenden Warenpreise und Entlohnungen richten sich nach dem Verhältnis von Angebot und Nachfrage von Gütern und Dienstleistungen.

Leistungsprinzip

Um im marktwirtschaftlichen Wettbewerb bestehen zu können, ist eine hohe Leistungsbereitschaft der Akteure notwendig. Wettbewerb und Leistung werden als die »Motoren« der Wirtschaft angesehen (Schäfers 2012: 178). Das Leistungsprinzip ist in der bundesrepublikanischen Gesellschaft als legitimes Prinzip der Zuweisung von Mitteln zur Verfolgung allgemein akzeptierter Lebensziele verankert. Statuszuweisung soll grundsätzlich meritokratisch und nach dem Grundsatz der Chancengleichheit erfolgen: wie die Leistung, so der Ertrag.

Arbeitsteilung und Arbeitsmarkt

Arbeit und Arbeitsteilung: Die arbeitsteilige Organisation des Wirtschaftens wird als Ausdruck und Ergebnis eines fortschreitenden Prozesses funktionaler und sozialer Differenzierung verstanden. Man sieht diese als grundlegendes Struktur- und Entwicklungsprinzip moderner Gesellschaften an, da man annimmt, dass Arbeitsteilung eine effizientere und leistungsfähigere Produktion von Gütern und Dienstleistungen ermöglicht. So soll sie zur Steigerung gesellschaftlichen Wohlstands und zur Befriedigung der wachsenden Ansprüche der Menschen an ihre Lebensführung beitragen. Mit ihr geht eine zunehmende Ausdifferenzierung der Arbeitswelt und der durch die Berufsstruktur immer noch stark geprägten sozialen Schichten einher (vgl. Schäfers 2012: 180). Die arbeitsteilige Wirtschaft generiert berufliche Positionen und Tätigkeiten, die jeweils spezifische und unterschiedlich hohe Qualifikationen erfordern. Die Art und Ausgestaltung der Arbeitsteilung und deren beständiger Wandel haben unmittelbaren Einfluss auf Arbeitsbedingungen und Erwerbsrisiken sowie auf inter- und intragenerationale Mobilitätschancen und -erfordernisse (→ Kapitel 5.5). Die Arbeitsteilung trägt somit zu sozialer Ungleichheit bei: Im Arbeitsmarkt, so Reinhard Kreckel, fallen, bezogen auf die Lebenschancen der Menschen, die entscheidenden Würfel (Kreckel 1997: 185).

Rolle von Macht und Prestige

Eine zunehmende Arbeitsteilung führt darüber hinaus zur Etablierung und Stabilisierung sozialer Austauschbeziehungen. Diese bilden einerseits einen wesentlichen Teil der sozialen Beziehungsstrukturen in der modernen Gesellschaft, andererseits hat ihre inhaltliche Ausgestaltung einen großen Einfluss auf die Verteilung ungleichheitsrelevanter Merkmale – insbesondere der sozialen Ungleichheitsdimensionen Macht und Prestige. Diese beiden Dimensionen tragen zusammen mit ungleichen Eigentumsverhältnissen wesentlich dazu bei, dass auf Dauer kein »freies Spiel der Kräfte« im Markt gesichert bleibt, da sie Akteuren erlauben, sich einseitig Vorteile im Marktgeschehen zu verschaffen.

Im Folgenden gehen wir auf einige für die soziale Ungleichheit relevante Strukturmerkmale der Wirtschaft der Bundesrepublik noch etwas detaillierter ein.

6.1.1 Eigentum, Wettbewerb und Marktordnung

Soziale Marktwirtschaft

Die Wirtschaftsordnung in der Bundesrepublik wird als eine Form kapitalistischer Marktwirtschaft verstanden. Sie war und ist von einem ideal funktionierenden Marktgeschehen aber weit entfernt. Das hat im Nachkriegsdeutschland bekanntlich dazu geführt, dass der Staat zahlreiche Regelungen und Mechanismen institutionalisiert hat, die es ihm erlauben, ordnend in Marktprozesse einzugreifen – weshalb die bundesdeutsche Marktwirtschaft (zumindest in der Politik immer noch) auch als *soziale Marktwirtschaft* bezeichnet wird. Die Kontrolle des Marktes soll eine widerrechtliche Nutzung wirtschaftlicher Macht verhindern, damit Marktverwerfungen entgegenwirken. Das geschieht etwa durch die Subventionierung von Wirtschaftsbereichen, wie etwa der Landwirtschaft. Dazu gehören Regelungen zum Arbeitsschutz oder die tarifrechtliche Bindung der Arbeitslöhne. Staatlichen Maßnahmen sollen auch dazu beizutragen, möglichst faire Aufstiegsmöglichkeiten, einen fairen Leistungswettbewerb, d.h. einen fairen Zugang zu Lebenschancen, sicherzustellen. Neben Steuergesetzen zum Schutz von Firmeneigentum zählen hierzu beispielsweise das Tarifrecht, das den Konflikt zwischen Kapital und Arbeit bei der Aushandlung von Entlohnungen reguliert. Auch gesetzliche Regelungen zur Chancengleichheit bei der Berufswahl und der beruflichen Karriere oder zur Gleichstellung von Mann und Frau sind hervorzuheben. Jüngere Beispiele für diese Form der staatlichen Regulierung sind etwa die Vorschriften zum Schutz der Umwelt, das Antidiskriminierungsgesetz von 2006 oder das Mindestlohngesetz von 2015. Staatliche Regelungen sollen also verhindern helfen, dass eigennutzorientierte ökonomische Akteure durch ihr Handeln Individualrechte missachten oder dem Allgemeinwohl schaden.

Marktmacht

Wie schon erwähnt, spielt eine durch das Privateigentum oder andere Faktoren bestimmte Marktmacht von Marktteilnehmern eine wichtige Rolle für den ökonomischen Erfolg und soziale Ungleichheit. Dies gilt umso mehr, als die Globalisierung eine zunehmende internationale Öffnung der Märkte mit sich bringt. Potente Unternehmen haben die Möglichkeit, ihre Produktion bzw. ihr Kapital ins Ausland zu verlegen und sich somit der heimischen staatlichen Kontrolle und den steuerrechtlichen Verpflichtungen zu entziehen. Im heimischen Markt wiederum konkurrieren die Produzenten mit global agierenden Anbietern, die günstiger im Ausland produzieren können.

Wir haben schon gezeigt (→ Kapitel 5.3 und 5.5), dass das meritokratische Prinzip der Statuszuweisung in unserer Gesellschaft nicht durchgesetzt ist. Unterschiedlich gute Zugangschancen zu den für die verschiedenen beruflichen Positionen und Tätigkeiten erforderlichen Qualifikationen beeinflussen die inter- und intragenerationale Mobilität. Merkmale wie das Geschlecht, die soziale Herkunft oder der Migrationshintergrund entscheiden immer noch darüber, in welchem Ausmaß bestimmte berufliche Positionen erreichbar sind. Es zeigt sich, dass das Ungleichheitsgefüge in der Bundesrepublik nur begrenzt »durchlässig« ist (→ Kapitel 5.5). Immer noch werden ökonomische und soziale Privilegien direkt durch Zuschreibung oder indirekt durch Vorgänge erreicht, in denen diese askriptiven Merkmale von Akteuren eine wesentliche Rolle spielen. Das Matthäus-Prinzip ist also immer noch wirksam.

In Ergänzung der Darstellungen in Kapitel 5 weisen wir auf zwei Entwicklungen hin, die zeigen, wie das bundesrepublikanische Marktsystem in den letzten Jahren soziale Ungleichheit nicht nur nicht abgebaut, sondern sogar verschärft hat.

Vermögen und Einkommen aus abhängiger und selbstständiger Beschäftigung | 6.1.1.1

Einkommen aus abhängiger Arbeit ist nach wie vor die wichtigste Quelle des Lebensunterhalts der Menschen. Gleichzeitig stellt das Einkommen aus Unternehmertätigkeit und Vermögen einen erheblichen Teil am Volkseinkommen dar.

Vermögensungleichheit

Die Privatvermögen selbst sind in Deutschland deutlich ungleicher verteilt als die Einkommen (→ Kapitel 5.2.2.2). Wie Tabelle 5.3 zeigt, hat sich die Ungleichverteilung im ersten Jahrzehnt des neuen Jahrhunderts noch vergrößert. Die schon genannte Zusatzstudie zum Armuts- und Reichtumsbericht der Bundesregierung aus dem Jahr 2015 gewährt auf Basis der Auswertung von Daten des Sozio-ökonomischen Panels für das Jahr 2012 differenzierte Einblicke (BMAS 2015). Danach verfügte im Jahr 2007 das vermögensstärkste Zehntel der bundesrepublikanischen Bevölkerung über 61 Prozent des gesamten Vermögens der Bundesrepublik Deutschland. Umgekehrt besaß etwa jede vierte erwachsene Person entweder gar kein Vermögen oder war verschuldet. Legt man das auf Basis dieser Daten hochgerechnete Gesamtvermögen in Deutschland auf die Bevölkerung um, hätte jeder Erwachsene (Alter ab 17 Jahren) im Durchschnitt ein Nettovermögen von 85 226 Euro zur Verfügung. Aufgrund der Ungleichverteilung lag der Median der Vermögensverteilung aber nur bei 17 181 Euro.

Da hohe private Vermögen in Befragungen nur lückenhaft erfasst werden, ist davon auszugehen, dass damit die Vermögensungleichheit deutlich unterschätzt wird. Eine neue Auswertung von Daten des Sozio-ökonomischen Panels bis zum Jahre 2012 unternimmt den Versuch, dieses Problem zu beheben, indem externe Daten einbezogen werden, die erlauben Top-Vermögende besser zu berücksichtigen. Nach einer so korrigierten Schätzung verfügte im Jahr 2012 das vermögensstärkste Zehntel der bundesrepublikanischen Bevölkerung sogar über 74 Prozent des gesamten Vermögens der Bevölkerung der Bundesrepublik Deutschland (Westermeier/Grabka 2015: 131).

Interessant ist auch eine Aufschlüsselung des Nettovermögens nach der beruflichen Stellung. Selbstständige mit zehn oder mehr Mitarbeitern verfügten nach Schätzungen mit dem Sozio-ökonomischen Panel im Jahr 2012 über ein Nettovermögen von durchschnittlich rund 952 000 Euro, Selbstständige mit weniger Mitarbeitern noch über rund 329 000 Euro und Selbstständige ohne Mitarbeiter über immerhin noch 172 000 Euro. Das höchste Nettovermögen unter den Nichtselbstständigen hatten Angestellte mit umfassenden Führungsaufgaben. Es betrug durchschnittlich 209 000 Euro (Grabka/Westermeier 2014: 161). Bei diesen Schätzungen muss man allerdings wieder bedenken, dass im Sozio-ökonomischen Panel sehr hohe Vermögen unterrepräsentiert sind. Die Zahlen müssen daher mit einer gewissen Vorsicht betrachtet werden.

Entwicklung von Unternehmensgewinnen und Bruttolöhnen

Das meritokratische Prinzip ist die legitimatorische Grundlage der sozialen Ungleichheit in Deutschland. Im Falle einer leistungsgerechten Entlohnung sollte man daher zumindest erwarten, dass sich in den letzten Jahren die Einkommen aus abhängiger Beschäftigung und Unternehmensgewinne in etwa gleich entwickelt haben. Wie Abbildung 6.2 zu entnehmen ist, war das aber nicht der Fall.

Beginnend vom Ausgangsjahr 1991 (Index=100) entwickelten sich die Bruttolöhne und -gehälter sowie die Unternehmens- und Vermögenseinkommen zunächst recht ähnlich. Ab 2003 wuchsen Letztere jedoch überproportional an, während die Arbeitnehmereinkommen deutlich zurückblie-

Abb. 6.2 | *Entwicklung der Bruttolöhne und der Unternehmens- und Vermögenseinkommen 1991–2018*

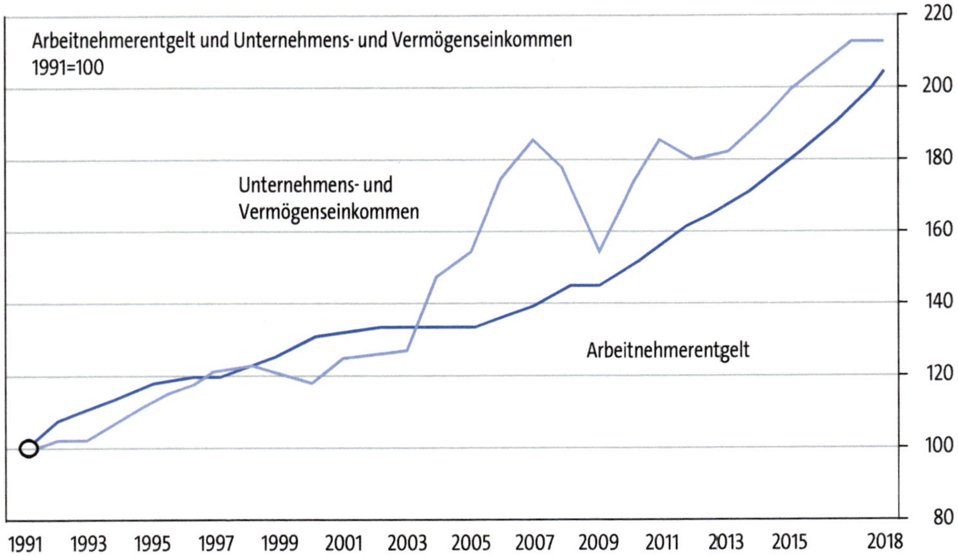

Quelle: Statistisches Bundesamt 2019: 13.

ben. Der Einbruch der Unternehmens- und Vermögenseinkommen beim Jahr 2008 ist auf die weltweite Finanzkrise in dieser Zeit zurückzuführen.

Betrachtet man statt der absoluten die inflationsbereinigten Einkommenszuwächse, reduziert sich der Lohnzuwachs zwischen 2003 und 2016 auf lediglich 5,1 Prozent (Grabka/Schröder 2018). Zu erwarten ist außerdem, dass nicht alle Einkommensgruppen in gleichem Maße von den realen Lohnzuwächsen profitieren, und untere Lohnsegmente durch die Einführung des Mindestlohns zu den mittleren Segmenten aufschließen. Untersuchungen dazu bestätigen zwar, dass mit Einführung des Mindestlohns die realen Bruttostundenlöhne von Geringverdienern im Vergleich zu den anderen Lohnsegmenten seit 2015 gestiegen sind. Der Anstieg der Bruttomonats- oder Bruttojahreslöhne fällt aber deutlich geringer aus (Grabka/ Schröder 2018: 160, 162, 164).

Wie Abbildung 6.3 zeigt, haben sich in den letzten 25 Jahren die Bruttomonatslöhne stark aufgefächert. Der Lohnzuwachs ist am höchsten bei Löhnen, die auch schon vor 25 Jahren zum oberen Lohnsegment gehörten, während die realen Bruttomonatslöhne in den unteren Lohnsegmenten

Entwicklung des realen Bruttomonatslohns[1] nach Dezilen 1992–2016 (Mittelwert je Dezil in Euro (normiert auf 1992=100)) | **Abb. 6.3**

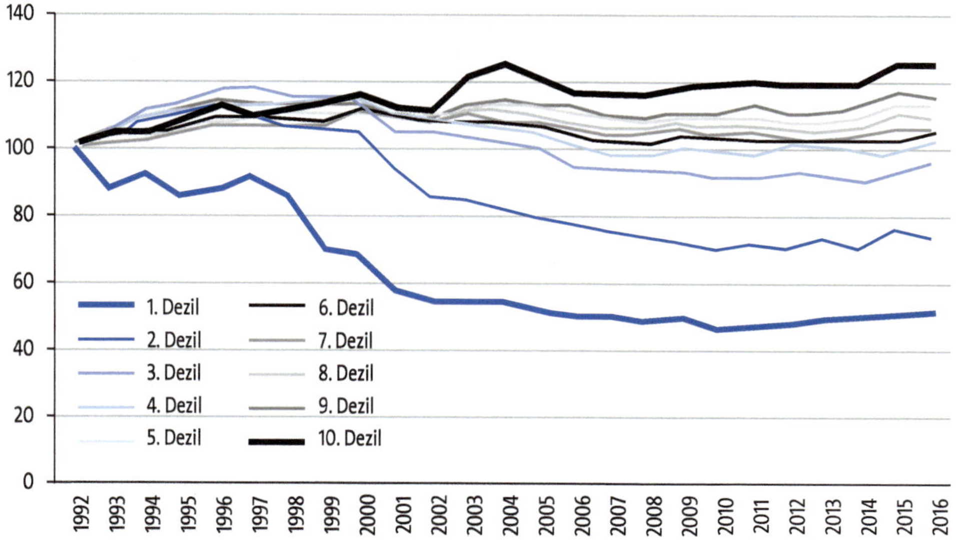

[1] In Preisen von 2010. Daten: SOEP v33, abhängig Beschäftigte in Privathaushalten, ohne Auszubildende, Praktikanten, Selbständige.

Quelle: Grabka/Schröder 2018: 162.

zunächst (bis 2010) erheblich sanken. Der Rückgang konnte auch durch gegensteuernde Maßnahmen, wie den 2015 eingeführten Mindestlohn, nicht aufgeholt werden. Ein Grund dieser ungleichen Lohnentwicklung ist die kontinuierliche Ausweitung des Niedriglohnsektors. Markus Grabka und Carsten Schröder zeigen, dass sich die durchschnittlich geleistete Arbeitszeit in den unteren Lohnsegmenten zwischen 1992 und 2016 um bis zu einem Viertel verringert hat. Parallel dazu ist die Zahl der Minijobs von rund drei Millionen Anfang der 1990er Jahre bis 2010 auf etwa 7,5 Millionen angestiegen und stagniert seitdem (Grabka/Schröder 2018: 163).

6.1.1.2 | Der Niedriglohnsektor

Das Auseinanderdriften der Einkommen ist eine Folge der Arbeitsmarktreformen, die in der Öffentlichkeit als Hartz-Reformen bekannt sind. Sie wurden als Reaktion auf die seit 2000 deutlich steigenden Arbeitslosenzahlen beschlossen. Die hohen Arbeitslosenzahlen schwächten zudem die Position der Gewerkschaften als Partner bei den Tarifverhandlungen. Das hat zu einer Deregulierung und Flexibilisierung des Arbeitsmarktes und einem beschleunigten Ausbau des Niedriglohnsektors beigetragen. Aufgrund verbesserter Möglichkeiten, hohe Kapitalgewinne auf den Finanzmärkten zu realisieren, wurde zudem eine unternehmensinterne Reinvestition des Kapitals – und damit die Schaffung neuer Arbeitsplätze – unattraktiver. Hinzu kommt, dass die zunehmende globale Vernetzung des Arbeitsmarktes eine Verlagerung teurer Lohnarbeit ins Ausland attraktiver werden lässt. Die Unternehmer besaßen bei den Lohnverhandlungen damit einen weiteren Vorteil. Zudem hat sich seit Anfang der 90er Jahre auch die Bedeutung jener Wirtschaftsbereiche erhöht, in denen überdurchschnittlich oft Niedriglöhne gezahlt werden (→ Kap. 6.1.2.2). All dies begünstigte eine unterdurchschnittliche Lohnentwicklung und eine Ausweitung des Niedriglohnsektors.

Niedriglöhne

Übersicht 6.2

Niedriglohn

Das Arbeitsentgelt für eine Vollzeitbeschäftigung, das sich in der Nähe der Armutsgrenze bewegt und dem Lohnempfänger keine angemessene Existenzsicherung gewährleistet, wird Niedriglohn genannt. Auch tariflich geregelte Löhne können so niedrig sein, dass sie in den Niedriglohnsektor fallen.

Nach der Definition der Organisation für wirtschaftliche Zusammenarbeit und Entwicklung (OECD) und der Internationalen Arbeitsorganisation (ILO) sind im Niedriglohnsegment einer Beschäftigtengruppe jene Personen tätig, die weniger als zwei Drittel des Medians der statistischen Verteilung der Verdienste in der betrachteten Beschäftigtengruppe erreichen. (Statistisches Bundesamt 2017: 8).

Nach der obigen Definition lag die Grenze für den Niedriglohn (Niedriglohnschwelle) im Jahr 2016 bei 10,44 Euro (Kalina/Weinkopf, 2018: 5). In den letzten Jahren vor der Einführung des Mindestlohns Anfang 2015 war eine kontinuierliche Ausweitung des Niedriglohnsektors in Deutschland zu beobachten. 2014 arbeiteten ca. 21 Prozent aller Arbeitnehmerinnen und Arbeitnehmer für einen Niedriglohn. Seitdem sind die Zahlen weitgehend konstant. Allerdings sind gegenläufige Entwicklungen in den neuen und den alten Bundesländern zu beobachten. Während in Ostdeutschland der Niedriglohnsektor schon seit 1995 einen konstant hohen Anteil von rund 38 Prozent hatte und seit 2013 leicht geschrumpft ist, konnte man in Westdeutschland eine kontinuierliche Vergrößerung von 11,8 Prozent (1995) auf 20,8 Prozent (2010) beobachten. Die Ausweitung des Niedriglohnsektors ist also vor allem auf eine Zunahme in den alten Bundesländern zurückzuführen – auch wenn der Anteil dort immer noch deutlich niedriger ist, als in den neuen Bundesländern (Kalina/Weinkopf 2018: 4).

Tabelle 6.1 zeigt, dass der Anteil von Beschäftigten mit Niedriglohn je nach Erwerbsform (siehe dazu die Übersicht 6.5, → Kap. 6.1.2.1) beträchtlich schwankt. Unter den weiblichen Beschäftigten lag der Anteil mit 26,4 Prozent deutlich höher als unter den männlichen Beschäftigten (14,8 Prozent). Der Anteil unter den atypisch Beschäftigten ist mit insgesamt 41,1 Prozent

Beschäftigte mit Niedriglohn 2014 – in Prozent | **Tab. 6.1**

Gegenstand der Nachweisung	Insgesamt	Normal-arbeit-nehmer/-innen	Atypisch Beschäftigte	Davon[1]			
				Teilzeit-beschäftigte[2]	Befristet Beschäftigte	Geringfügig Beschäftigte	Zeitarbeit-nehmer/-innen
Insgesamt	20,5	9,6	41,1	47,4	33,3	65,5	39,5
Frauen	26,4	13,6	42,3	45,5	38,4	66,7	50,4
Männer	14,8	6,9	39,0	52,2	27,6	63,1	35,5
Früheres Bundesgebiet einschl. Berlin	18,4	6,8	39,5	45,8	31,3	63,9	36,3
Neue Bundesländer	33,7	25,8	55,3	64,8	46,8	81,6	53,5

[1] Merkmale sind nicht summierbar, Mehrfachnennungen möglich.
[2] Mit 20 oder weniger Arbeitsstunden pro Woche.

Quelle: Statistisches Bundesamt/WZB 2018: 175.

erheblich höher als bei den Normalarbeitnehmern (9,6 Prozent), wobei Niedriglöhne bei geringfügiger Beschäftigung (65,6 Prozent) eher die Regel sind. Auffällig sind auch im Jahr 2014 die Unterschiede zwischen Ost- und Westdeutschland. In Ostdeutschland beträgt der Anteil der Beschäftigten mit Niedriglohn insgesamt 33,7 Prozent. Unter den atypisch Beschäftigten liegt der Anteil hier sogar bei 55,3 Prozent. Auch die Branche (nicht in Tabelle 6.1 abgebildet) spielt eine Rolle: Im Gastgewerbe »bezog die Hälfte der Normalbeschäftigten einen Niedriglohn« (Statistisches Bundesamt 2017: 10).

Mindestlohn

Kurz nach Einführung des Mindestlohns im Jahr 2015 erhielten »1,9 Millionen Arbeitnehmerinnen und Arbeitnehmer einen gesetzlichen Mindestlohn von 8,50 Euro je Arbeitsstunde. 1,0 Millionen Beschäftigte hatten weiterhin einen Stundenlohn von weniger als 8,50 Euro (ohne Auszubildende, Praktikanten und Personen jünger als 18 Jahre). Vor Einführung des gesetzlichen Mindestlohns waren es noch 4,0 Millionen Beschäftigte« (Statistisches Bundesamt 2017: 14). Laut entsprechender Statistik der Bundesagentur für Arbeit hat die Einführung des Mindestlohns kaum zu einer Verkleinerung des Niedriglohnsektors beigetragen (Bundesagentur für Arbeit 2018a: Tab 15.1.1). Zwar zeigen jüngere Untersuchungen, dass zumindest der Anteil der

Abb. 6.4 | *Erwerbstätige ALG IEmpfänger 2007–2017*[1]
(in Mio. und in Prozent aller erwerbsfähigen Leistungsberechtigten)

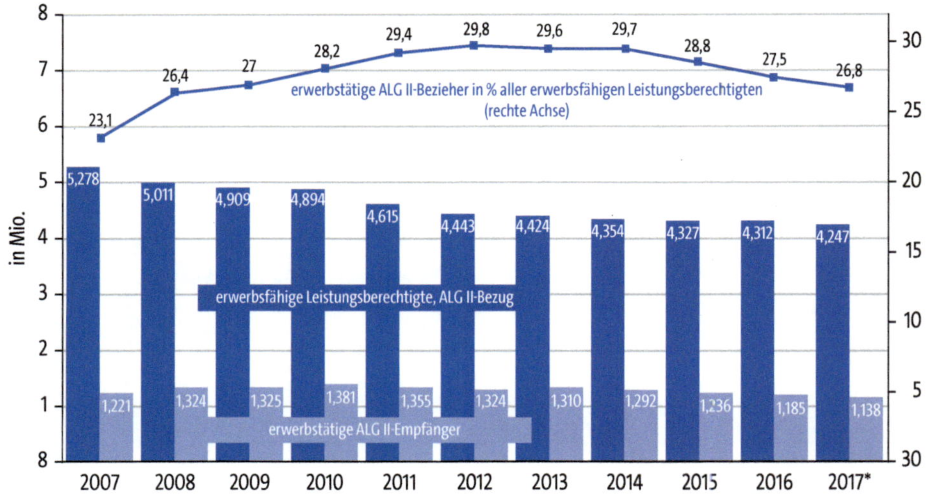

*12/2917
[1] Daten der Statistik der Bundesagentur für Arbeit (2017): Analyse der Grundsicherung für Arbeitssuchende.

Quelle: Institut Arbeit und Qualifikation (IAQ), Duisburg.
http://www.sozialpolitik-aktuell.de/arbeitsmarkt-datensammlung.html, Stand 5.3.2019.

Beschäftigten unterhalb der Mindestlohnschwelle deutlich zurück gegangen ist (Kalina/Weinkopf 2017: 8 f., Statistisches Bundesamt/WZB 2018: 177 ff.). Genauere Analysen deuten jedoch darauf hin, dass der positive Effekt für Vollbeschäftigte durch eine Arbeitszeitverkürzung um 10 Prozent egalisiert wurde (Grabka/Schröder 2018: 163 f.).

Ab 2019 beträgt der Mindestlohn in Deutschland 9,19 Euro, das sind 42,5 Prozent des Durchschnittslohns (Schulten/Lübker 2019: 7). Im westeuropäischen Vergleich ist der Betrag niedrig und wird nur in Großbritannien unterschritten (Schulten/Lübker 2019: 4). In Süd- und Osteuropa wird dagegen ein erheblich geringerer Mindestlohn gezahlt.

Die Entwicklung im Niedriglohnbereich hat erhebliche Folgen für die soziale Ungleichheit in unserer Gesellschaft. Aus sozialstruktureller Sicht kann man argumentieren, dass sich Niedriglöhne in der Regel nur schwer mit dem meritokratischen Prinzip einer leistungsgerechten Entlohnung vereinbaren lassen. Niedriglöhne verstärken das Ausmaß sozialer Ungleichheit und gehen meist mit schlechten Arbeitsbedingungen und schlechter sozialer Absicherung im Falle von Arbeitslosigkeit und Krankheit einher. Sie tragen auch zu mangelhafter Alterssicherung bei. Weiterhin besteht im Allgemeinen kein Anspruch auf Weiterbildungsmaßnahmen. Schließlich ist das Risiko, trotz einer Erwerbsbeteiligung unterhalb der Armutsgrenze zu bleiben und/oder auf den Bezug von Arbeitslosengeld II nach dem SGB II (»Hartz IV«) angewiesen zu sein, groß. Der Anteil dieser sogenannten Aufstocker an den erwerbsfähigen Leistungsbeziehern (eLb) stieg bis 2012 stetig an, wie Abbildung 6.4 zeigt. Danach ging er, wegen der positiven Entwicklung auf dem Arbeitsmarkt und zum Teil auch wohl aufgrund der Einführung des Mindestlohns, wieder zurück – allerdings nur recht moderat. Die absolute Zahl aller erwerbsfähigen SGB II Empfänger ist von 5,2 Millionen (2007) auf 4,2 Millionen (2017) zurückgegangen. Gleichzeitig ist die Zahl der »Aufstocker«, also jener Leistungsempfänger, die trotz Erwerbstätigkeit (aufgrund eines zu niedrigen Arbeitsentgelts) einen Anspruch auf eine aufstockende Grundsicherung haben, fast konstant bei rund 1,2 Millionen geblieben. Prozentual ist ihr Anteil an allen erwerbsfähigen Leistungsberechtigten also von 23,1 Prozent (2007) auf 26,8 Prozent (2017) gestiegen.

6.1.1.3 Zugang zum Güter- und Dienstleistungsmarkt

Der Zugang zum Güter- und Dienstleistungsmarkt wird über materielle Ressourcen als klassische Dimensionen sozialer Ungleichheit geregelt. Konsumchancen hängen demnach vom sozioökonomischen Status der Akteure ab und sind ein zentraler Ausdruck sozialer Ungleichheit. Konsumverhalten dient auch der Distinktion zwischen sozialstrukturellen Gruppen bzw. der Stilisierung individueller Lebensweisen (→ Kapitel 5.2 und 5.4). Der Erwerb von Luxusgütern etwa, deren Preis durch ihren praktischen Nutzen kaum

Konsumverhalten als Ungleichheitsindiz

gerechtfertigt ist und deren Distinktionskraft mit dem Preis steigt, spielt dabei eine große Rolle. Die Bedeutung von Markenprodukten wird daher – unabhängig von der Produktqualität – zunehmend über den Preis geregelt. Mit dem so bezeichneten »demonstrativen Konsum« ist der Bezug zum Prestige als Dimension sozialer Ungleichheit hergestellt (Veblen 1997). Er verweist auch auf die steigende Bedeutung der öffentlichen Demonstration individueller Orientierungen, Geschmäcker usw. durch Konsumverhalten, die im Lebensstilkonzept besonders thematisiert wird (→ Kapitel 5.4.3.2).

Das zunehmende Konsumgüterangebot hat eine sich ausdifferenzierende Bedürfnisstruktur zur Folge. Diese Bedürfnisstruktur wird durch Entwicklungen und Merkmale der Wirtschaftsordnung bzw. des Arbeitsmarkts beeinflusst. Während vor wenigen Jahrzehnten beispielsweise lediglich einige Tageszeitungen und Magazine das Bedürfnis nach Information befriedigten, existiert mittlerweile ein fast unüberschaubares Angebot, das ebenfalls unterschiedliche »Lebensstile« bedient. Diese und vergleichbare Entwicklungen auf dem Konsumgütermarkt gehen mit folgenden Konsequenzen einher:

- *Erstens* tragen der zunehmende Wohlstand und das differenzierte Angebot günstiger Konsumgüter dazu bei, dass neue Bedürfnisse und damit neue sozialstrukturelle Unterschiede entstehen. Da die individuellen Wahlmöglichkeiten auch an die Preise gekoppelt sind, entstehen neue Gelegenheiten zur Distinktion. Dabei fallen zwar die Vermögens- und Einkommensunterschiede immer noch stark ins Gewicht, sie dürften aber relativ an Relevanz verlieren.
- *Zweitens* kann der allgemeine Anstieg des Wohlstands der Bevölkerung soziale Unterschiede einebnen, da sich eine zunehmende Zahl von Menschen im mittleren oder unteren Einkommenssegment Luxusgüter wie ein teures Auto oder eine bestimmte Kleidermarke leisten kann. Darüber hinaus wird postuliert, dass die Rationalisierung der Güterproduktion und damit einhergehende Veränderungen der Angebotsstruktur im Konsumgütermarkt eher einen nivellierenden Effekt auf die Preise und die Qualität der produzierten Konsumgüter haben.

Lebensstandardansatz

Eine gute Ausstattung mit Gütern des alltäglichen Bedarfs gehört zu den allgemein anerkannten Lebenszielen. Welche Ausstattung die Menschen als angemessen ansehen und wie gut sie diesbezüglich versorgt sind, wird im Rahmen *Lebensstandardansatzes* theoretisch begründet und empirisch erfasst (Andreß 2008; Böhnke/Delhey 2013). Übersicht 6.3 zeigt beispielhaft ein Erhebungsinstrument, das die individuellen Vorstellungen zur Ausstattung erfasst.

Übersicht 6.3

Der Lebensstandardansatz von Andreß (2003: 17 ff.)

1. Schritt: Bestimmung der »Bestandteile des notwendigen Lebensstandards durch Befragung«.

In der folgenden Tabelle ist eine Frage dokumentiert, die diesen Zweck erfüllen soll:

Im Folgenden lese ich Ihnen verschiedene Dinge vor, die gelegentlich erwähnt werden, wenn man vom Lebensstandard in Deutschland spricht. Wenn man in Deutschland für alle Menschen und Haushalte einen normalen, ausreichend guten Lebensstandard erreichen bzw. sicherstellen wollte, was wäre dann dazu: unbedingt notwendig, eher notwendig, eher nicht notwendig oder überhaupt nicht notwendig?

Bitte nennen Sie jeweils die Kennziffer Ihrer Antwort.

INT.: Vorgaben vorlesen, zu jeder Vorgabe eine Antwortziffer einkreisen		unbedingt notwendig	eher notwendig	eher nicht notwendig	überhaupt nicht notwendig
A	Im Durchschnitt eine warme Mahlzeit pro Tag	1	2	3	4
B	Mindestens alle zwei Tage eine warme Mahlzeit mit Fleisch, Geflügel oder Fisch	1	2	3	4
C	Abgenutzte, aber noch funktionsfähige Möbel durch neue ersetzen	1	2	3	4
D	Neue Kleidung kaufen, auch wenn die alte noch nicht abgetragen ist	1	2	3	4
E	Eine Waschmaschine	1	2	3	4
F	Ein Telefon	1	2	3	4
G	Ein Auto	1	2	3	4
H	Generell mehr auf die Qualität anstatt auf den Preis der Produkte achten können	1	2	3	4
I	Mindestens ein einwöchiger Urlaub weg von zu Hause pro Jahr	1	2	3	4
J	In einem Haus wohnen, das in einem guten baulichen Zustand ist	1	2	3	4

2. Schritt: Für alle Merkmale prüfen, »wer über die dort genannten Items aus finanziellen Gründen nicht verfügen kann«. Auch das wird erfragt.

3. Schritt: Unterversorgung bestimmen, indem die Anzahl der aus finanziellen Gründen fehlenden Items pro Haushalt bestimmt wird. Diese kann dann als zusätzlicher Indikator für relative Armut (→ Übersicht 5.5) verwendet werden.

Informationen über die tatsächliche Ausstattung von Haushalten mit Gütern, die in diesem Konzept berücksichtigt sind, findet man im Datenreport 2018 (Statistisches Bundesamt/WZB 2018: 206 ff.) und Veröffentlichungen des Statistischen Bundesamt (2018b, 2018c). Im Rahmen dieses Konzepts werden auch die Determinanten einer auf den Lebensstandard bezogenen Deprivation oder Armut, im Sinne einer Unterversorgung mit einzelnen Gütergruppen nach definierten Standards, untersucht (Böhnke/Delhey 1999, Andreß 2008). Der Lebensstandardansatz ist daher eng verknüpft mit einem mehrdimensionalen Armutskonzept.

6.1.2 Arbeitsmarkt und Arbeitsteilung

Im Folgenden gehen wir auf Strukturen des Arbeitsmarkts und ihre Bedeutung für Strukturen sozialer Ungleichheit ein und erläutern zu diesem Zweck zunächst einige Grundbegriffe der Arbeitsmarkt- und Erwerbstätigenstatistik.

6.1.2.1 Erwerbsbeteiligung

Grundbegriffe der Arbeitsmarktstatistik und Erwerbsbeteiligung

Die Erwerbstätigkeit ist für die überwiegende Mehrheit der Bevölkerung die wichtigste Quelle des Lebensunterhalts. In Übersicht 6.4 sind Definitionen zum Bereich der Erwerbstätigenstatistik zusammengefasst.

Übersicht 6.4

Konzepte der Erwerbstätigenstatistik (vgl. Statistisches Bundesamt 2018a, 2018d)

Basis der Erwerbsstatistiken in Deutschland sind die monatlichen Meldungen der regionalen Arbeitsagenturen der Bundesagentur für Arbeit. Hinzu kommen der Mikrozensus, eine jährlich vom Statistischen Bundesamt und den Statistischen Landesämtern durchgeführte Haushaltsbefragung (→ Kapitel 8), sowie eine gemäß den Vorgaben der International Labour Organisation (ILO) durchgeführte telefonische Bevölkerungsbefragung. Folgende Begriffe werden den Erfassungen zu einem Berichtszeitraum zugrunde gelegt:

- *Erwerbstätige*: Personen im erwerbsfähigen Alter (ab 15 Jahren), die gegen Entgelt oder im Rahmen einer selbstständigen Tätigkeit gearbeitet haben – unabhängig vom zeitlichen Umfang. Hierzu werden auch Personen gezählt, die ihre Erwerbstätigkeit vorübergehend nicht ausgeübt haben oder in einem Familienbetrieb mithelfend tätig gewesen sind (entsprechend ILO).

- *Erwerbslose*: Personen im Alter von 15 bis 74 Jahren, die keiner Beschäftigung nachgegangen sind und in den letzten vier Wochen vor der Befragung aktiv eine Tätigkeit gesucht haben. Sie müssen ggf. innerhalb von zwei Wochen eine Tätigkeit aufnehmen können (entsprechend ILO).
- *Arbeitslose*: Personen, die nach sozialgesetzlichen Vorgaben amtlich als solche gemeldet sind und der Arbeitsvermittlung zur Verfügung stehen (Bundesagentur für Arbeit). Arbeitslose können geringfügig beschäftigt sein (weniger als 15 Stunden pro Woche).
- *Erwerbspersonen*: alle Erwerbstätigen und Erwerbslosen; sie sind Grundlage für die Berechnung der Erwerbsquoten.
- *Nichterwerbspersonen* sind entsprechend alle, die nicht erwerbstätig sind und nicht zu den Erwerbslosen zählen. Dazu gehören zum Beispiel noch in Schulausbildung oder Studium befindliche Personen oder auch Rentner.
- *Stille Reserve*: Nichterwerbspersonen, die grundsätzlich bereit und in der Lage sind, eine Erwerbstätigkeit auszuüben, unter den gegebenen Lebensbedingungen aber nicht aktiv eine Beschäftigung suchen. Ein Beispiel sind Mütter, die zweitweise die Erwerbstätigkeit aufgegeben haben und dem Arbeitsmarkt erst wieder zu Verfügung stehen, wenn sie die Fürsorge für ihr Kind bzw. ihre Kinder mit einer Berufstätigkeit in befriedigender Weise vereinbaren können.
- *Erwerbsquote*: der prozentuale Anteil der Zahl der *Erwerbspersonen* in der Bevölkerung eines Landes oder in einem Teil dieser Bevölkerung (etwa unter den Männern) an der Zahl aller Mitglieder der Bevölkerung oder des Bevölkerungsteils.
- *Erwerbstätigenquote*: der prozentuale Anteil der Zahl der *Erwerbstätigen* in der Bevölkerung eines Landes oder in einem Teil dieser Bevölkerung an der Zahl aller Mitglieder der Bevölkerung oder des Bevölkerungsteils.

Im Folgenden stellen wir einige relevante statische Informationen zum Ausmaß der Erwerbsbeteiligung und der Verteilung der Erwerbstätigen nach relevanten sozialstrukturellen Merkmalen vor.

Ausmaß der Erwerbsbeteiligung

Die Zahl der Erwerbstätigen betrug im Jahr 2017 im jährlichen Mittel ca. 44,2 Millionen Personen, die Zahl der Erwerbspersonen war mit 45,8 Millionen höher. Sie schloss um die 1,6 Millionen Erwerbslose ein. Einen Überblick darüber, wie sich die Zahlen zwischen 1991 und 2017 entwickelt haben, gibt Tabelle 6.2 (Spalten 2 bis 4). Man erkennt, dass sich die Zahl der Erwerbslosen (nach der Definition der ILO; siehe Überblick 6.4) nicht parallel zur Zahl der Erwerbstätigen verändert. Zunächst steigt die Zahl der Erwerbslosen von

Tab. 6.2

Erwerbsbeteiligung in Deutschland 1991-2017[1]

Quelle: Statistisches Jahrbuch 2018a:355, 360, Statistisches Bundesamt 2018f: 57.

Jahr	Erwerbspersonen	Erwerbstätige	Erwerbslose[2]	Geleistete Arbeitsstunden im Inland	Arbeitsstunden pro Erwerbstätigen
	in Millionen			in Mill. Stunden	in Std.
1991	41,02	38,85	2,17	60 261	1 550
1995	41,09	37,88	3,20	57 999	1 530
2000	42,91	39,79	3,11	57 960	1 460
2005	43,73	39,22	4,51	55 500	1 410
2010	43,80	40,98	2,82	57 013	1 390
2015	44,93	42,98	1,95	58 923	1 368
2017	45,79	44,17	1,62	60 044	1 356

[1] Datenbasis: Statistisches Bundesamt, Institut für Arbeitsmarkt- und Berufsforschung (IAB) der Bundesagentur für Arbeit (BA).

[2] Erwerbslose: Abgrenzung der Erwerbslosen gemäß Definition der ILO; Angaben zwischen 1991 und 2004 geschätzte Jahresdurchschnittswerte auf Basis des Mikrozensus. Ab 2005 Jahresdurchschnittswerte aus dem unterjährig erhobenen Mikrozensus. Personen in Privathaushalten im Alter von 15 bis 74 Jahren.

2,2 Millionen (1991) auf über 4,5 Millionen in 2005 an, um dann auf 1,6 Millionen im Jahr 2017 zu sinken.

Die Abbildung 6.5 vermittelt noch einmal einen Gesamteindruck vom Zusammenhang zwischen der Erwerbsbeteiligung und den geleisteten Arbeitsstunden sowie deren prozentualer Veränderung seit der Wiedervereinigung (1991=100) in Deutschland. Die Zahl der Erwerbstätigen hat sich danach im Vergleich 1991 um fast 15 Prozent vergrößert.

Arbeitszeit

Ein oftmals vernachlässigtes Strukturmerkmal des Arbeitsmarkts sind die ebenfalls in Tabelle 6.2. und Abbildung 6.5 dokumentierten durchschnittlich geleisteten Arbeitsstunden. Die Arbeitszeit bestimmt nicht nur, wie viel (Frei-)Zeit und finanzielle Mittel die Menschen für die Verfolgung nicht berufsspezifischer Lebensziele zur Verfügung haben, sondern liefert auch Hinweise darauf, welche Art von Beschäftigungsverhältnissen in einem Arbeitsmarkt vorherrschen. In der Zeit zwischen 1991 und 2017 ist die Zahl der jährlich durchschnittlich geleisteten Arbeitsstunden je Erwerbstätigen von 1550 auf 1356 gesunden. In Abbildung 6.5 ist bis 2017 im Vergleich zu 1991 ein kontinuierlicher Rückgang der durchschnittlichen Arbeitszeit pro Jahr von mehr als 12 Prozent zu erkennen.

Dieser Sachverhalt deutet auf einen stetig zunehmenden Anteil von Teilzeitbeschäftigten und geringfügig Beschäftigten hin. Damit sind wir bei den Erwerbsformen, in denen Erwerbstätige beschäftigt sein können (vgl. Übersicht 6.5). Zur Sicherung einer durchschnittlichen Lebensqualität reicht es nicht, überhaupt Arbeit zu haben. Dieser Umstand sichert nicht mehr automatisch ein angemessenes Einkommen, wie man Abbildung 6.4 entnehmen kann. So sind atypische Beschäftigungen im Vergleich zu Vollzeitbe-

Erwerbsformen

Entwicklung der Erwerbstätigen und geleisteten Arbeitsstunden 1991–2017 (1991=100) | **Abb. 6.5**

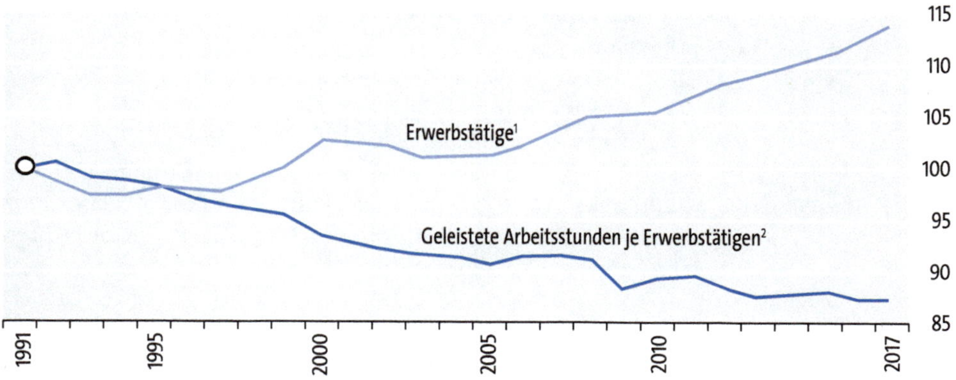

[1] Erwerbstätige mit Arbeitsort in Deutschland.- Ergebnisse der Erwerbstätigenrechnung.
[2] Quelle für geleistete Arbeitsstunden: Institut für Arbeitsmarkt- und Berufsforschung (IAB) der Bundesagentur für Arbeit (BA).

Quelle: Statistisches Bundesamt 2018a: 355.

schäftigungen mit einer deutlich geringeren Entlohnung verbunden (vgl. Tabelle 6.1). Sie bieten zudem ungünstigere Arbeitsbedingungen und eine schlechtere soziale Absicherung inklusive der Versicherungsleistungen für die Rente oder den Krankheitsfall. Aus sozialstruktureller Sicht geht damit ein deutlich niedrigerer sozioökonomischer Status einher.

Übersicht 6.5 Erwerbsformen

Normalarbeitsverhältnis und atypische Beschäftigung (Statistisches Bundesamt 2018a: 362, 378)

Ein *Normalarbeitsverhältnis* ist durch folgende Merkmale gekennzeichnet:

- eine Vollzeit- oder Teilzeittätigkeit mit einer Wochenarbeitszeit von mehr als 20 Stunden;
- ein unbefristetes Beschäftigungsverhältnis;
- die Integration in soziale Sicherungssysteme;
- die Identität von Arbeits- und Beschäftigungsverhältnis (also keine Leiharbeit).

Ein *atypisches Arbeitsverhältnis* ist vom Normalarbeitsverhältnis durch mindestens eines der folgenden Merkmale abgrenzbar:

- Befristung;
- Teilzeitbeschäftigung mit 20 oder weniger Stunden;
- Zeitarbeitsverhältnis;
- geringfügige Beschäftigung (laut SGB IV eine geringfügig entlohnte Beschäftigung mit einem Entgelt von höchstens 450 Euro – bis zum 1.1.2013 galten 400 Euro – oder eine kurzfristige Beschäftigung, deren Dauer zwei Monate oder 50 Arbeitstage im Kalenderjahr nicht überschreitet).

Tabelle 6.3 zeigt, dass der Anteil der Normalerwerbstätigen von 1991 bis 2017 bei Männern von 83 auf 76 Prozent und bei den Frauen von 72 auf 62 Prozent zurückgegangen ist. 1991 hatte der Anteil der atypisch Beschäftigten bei den Männern lediglich 6 Prozent und bei den Frauen »nur« 23 Prozent betragen. Unter den erwerbstätigen Frauen ging 2017 fast jede Dritte einer atypischen Beschäftigung nach, während der Anteil unter den Männern bei nur 12 Pro-

Tab. 6.3 | *Erwerbstätige nach Erwerbsform und Geschlecht 1991 und 2017 (in Prozent)*

					Atypisch Beschäftigte				
							Davon[3]		
Jahr	Geschlecht	Insgesamt[1]	Selbstständige	Normalarbeitnehmer/-innen	Zusammen[2]	Befristet	Teilzeit	Geringfügig	Zeitarbeit
1991	Männer	100	11	83	6	85	13	8	–
	Frauen	100	5	72	23	29	75	17	–
2017	Männer	100	12	76	12	53	29	22	26
	Frauen	100	7	62	31	24	77	31	6

Ergebnisse des Mikrozensus. – Personen im Alter von 15 bis 64 Jahren, nicht in Bildung oder Ausbildung, ohne Wehr-/Zivil- oder Freiwilligendienstleistende. – Bis 2004 Ergebnisse einer Berichtswoche im Frühjahr, ab 2005 Jahresdurchschnittswerte sowie geänderte Erhebungs- und Hochrechnungsverfahren, ab 2011 geänderte Erfassung des Erwerbsstatus; Hochrechnung anhand der Bevölkerungsfortschreibung auf Basis des Zensus 2011, ab 2017 Bevölkerung in Privathaushalten (ohne Gemeinschaftsunterkünfte), Erfassung der Zeitarbeit mit Auskunftspflicht.

[1] Einschl. mithelfender Familienangehöriger.
[2] Vor 2006 ohne Zeitarbeitnehmer/-innen.
[3] Angaben lassen sich nicht aufsummieren, da sich die Gruppen überschneiden.

Quelle: Statistisches Bundesamt 2018a: 362; https://www.destatis.de/DE/Themen/Arbeit/Arbeitsmarkt/Erwerbstaetigkeit/Tabellen/atyp-kernerwerb-erwerbsform-zr.html; Stand 16.5.2019; eigene Berechnungen.

zent lag. Auffällig ist außerdem, dass 2017 der überwiegende Teil dieser Frauen in Teilzeit arbeitete (1991: 75 Prozent, 2017: 77 Prozent). Das traf nur für 13 Prozent (1991) und im Jahr 2017 für immerhin 29 Prozent der Männer zu. Letztere waren hauptsächlich befristet beschäftigt.

Trotz politischer Maßnahmen, wie etwa der Einführung des Mindestlohns, und der verbesserten konjunkturellen Lage, die sich auch einem steigenden Angebot offener Stellen geäußert hat, ist der Anteil atypisch Beschäftigter kaum zurückgegangen (Statistisches Bundesamt 2018a: 362).

Altersspezifische Erwerbsquoten

Um die Veränderung der Erwerbsbeteiligung von Frauen und Männern im Lebenslauf zu ermitteln, betrachten wir die altersspezifischen Erwerbsquoten von Frauen und Männern für verschiedene Geburtsjahrgänge. In Abbildung 6.6 sind sie für die alten Bundesländer und die Geburtsjahrgänge 1941 bis 1945 und 1961 bis 1965 dokumentiert.

Die altersspezifischen Erwerbsquoten unterscheiden sich sowohl nach Geschlecht als auch nach Geburtsjahrgang erheblich voneinander. Betrachten wir zunächst die 15- bis 19-jährigen Frauen und Männer. Die Erwerbsquote der 1941 bis 1945 Geborenen lag deutlich höher (ca. 75 Prozent) als bei den Geburtsjahrgängen 1961 bis 1965 (unter 50 Prozent). Ursache dafür ist die mit der Bildungsexpansion einhergehende höhere Bildungsbeteiligung in der jüngeren Kohorte, die einen späteren Berufseinstieg nach sich zog. In

Altersspezifische Erwerbsquoten von Frauen und Männern der Geburtsjahrgänge 1941/45 und 1962/65 in den alten Bundesländern (in Prozent) **Abb. 6.6**

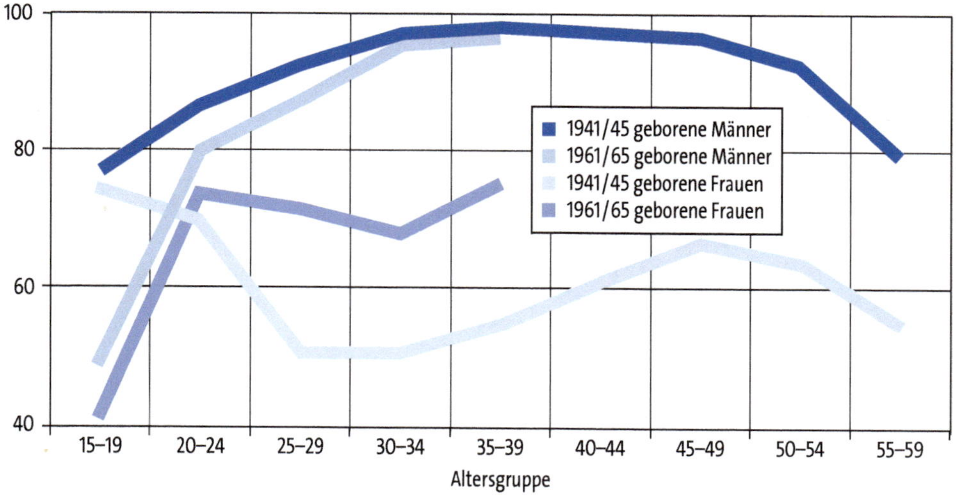

Quelle: Engstler/Menning 2003: 109.

den folgenden Altersgruppen entwickeln sich die Erwerbsquoten der Männer beider Geburtskohorten ähnlich – schon bei den 25- bis 29-Jährigen liegt die Quote bei über 90 Prozent. Bei den 25- bis 29-jährigen Frauen der älteren Kohorte ist ein deutlicher Rückgang der Erwerbsquote auf 50 Prozent festzustellen. In späterem Alter steigt die Quote wieder. Das reflektiert das sogenannte Drei-Phasen-Modell einer durch die Kindererziehung unterbrochenen Erwerbsbeteiligung im Lebenslauf. Im altersspezifischen Verlauf der Erwerbsquote der 1961 bis 1965 geborenen Frauen lässt sich kaum noch ein Rückgang ausmachen, auch wenn ihre Erwerbsquoten unter denen der Männer liegen. Sie bekommen weniger Kinder und unterbrechen weniger lange familienbedingt die Erwerbstätigkeit. Sie sind dafür aber auch sehr häufig nur in Teilzeit erwerbstätig. Für ostdeutsche Frauen ist das Drei-Phasen-Modell schon lange nicht mehr gültig. Sie weisen einen kaum von den Männern abweichenden Verlauf der Erwerbsbeteiligung auf (Cornelißen 2005: 113).

Die Erwerbsbeteiligung von Frauen und Männern im höheren Alter hat sich in den letzten Jahren stark vergrößert. Insgesamt stiegen die die Erwerbstätigenquoten für die 55 bis unter 60-Jährigen von 63,3 Prozent im Jahr 2005 auf 80,1 Prozent im Jahr 2017, für die 60 bis unter 65-Jährigen erfolgte ein Anstieg von 28,1 Prozent auf 58,1 Prozent. Sogar bei den über 65 bis unter 70-Jährigen stieg die Quote von 7,1 auf 16,1 Prozent (Statistisches Bundesamt 2018a: 364). Dieses könnte der mittlerweile vieldiskutierten Knappheit an Facharbeitskräften in Deutschland geschuldet sein (mehr dazu und ein Vergleich mit Europa: Statistisches Bundesamt 2081e: 66 ff.).

Frauen- und Mütter-Erwerbstätigkeit

Der Rückgang der weiblichen Erwerbsbeteiligung im mittleren Lebensalter, der in Abbildung 6.6 zu erkennen ist, hängt damit zusammen, dass die Kinderbetreuung immer noch hauptsächlich von den Frauen geleistet wird. Dieser Sachverhalt beeinträchtigt die Erwerbsbeteiligung von Müttern. Um den Effekt von Elternschaft auf die Erwerbsbeteiligung von Frauen genauer zu beleuchten, kann man Letztere in Abhängigkeit davon betrachten, ob sich Kinder im Haushalt befinden oder nicht. Dazu werden in Tabelle 6.4 Auswertungen des European Union Labour Force Survey (EU-LFS) präsentiert. Sie zeigen für Deutschland, wie hoch die Erwerbsbeteiligung von Frauen und Männern ohne Kinder und mit Kindern unterschiedlichen Alters ist, wobei zusätzlich nach dem Ausbildungsniveau der Eltern differenziert wird.

Die Auswirkungen der Familiengründung auf die Erwerbsbeteiligung der Frauen sind in beiden Ausbildungsgruppen klar erkennbar: Die aktive Erwerbstätigkeit geht deutlich zurück, wenn ein junges Kind im Haushalt lebt. Die Erwerbsquote der Mütter steigt mit zunehmendem Alter der Kinder wieder an, das Niveau der Kinderlosen wird mit einer Ausnahme fast wieder erreicht. Der Rückgang der Erwerbsbeteiligung dürfte bei ostdeut-

	Frauen	Männer
Ausbildungsniveau niedrig: ISCED 0-2[1]		
Ohne Kinder	65	67
Ein Kind, Alter < 6 Jahre	39	78
Ein Kind, Alter > 12 Jahre	67	81
Drei und mehr Kinder, Alter jüngstes Kind < 6 Jahre	21	61
Drei und mehr Kinder, Alter jüngstes Kind > 11 Jahre	45	75
Ausbildungsniveau hoch: ISCED 5-8[1]		
Ohne Kinder	91	92
Ein Kind, Alter < 6 Jahre	76	96
Ein Kind, Alter > 12 Jahre	90	94
Drei und mehr Kinder, Alter jüngstes Kind < 6 Jahre	66	95
Drei und mehr Kinder, Alter jüngstes Kind > 11 Jahre	89	94

[1] Zur Erläuterung des ISCED siehe Tabelle 5.2.

Tab. 6.4

Erwerbstätigenquoten deutscher Frauen und Männer im Alter von 25 bis unter 50 Jahren ohne Kinder und mit Kindern nach Ausbildungsniveau sowie Alter des jüngsten Kindes im Jahr 2017 (in Prozent)

Quelle : European Union Labour Force Survey (EU-LFS) (Eurostat 2019).

schen Müttern immer noch geringer sein, da hier Kinderbetreuung und Erwerbstätigkeit aufgrund der günstigeren Rahmenbedingungen einfacher zu vereinbaren sind (vgl. BMFSJ 2012a). Zu erkennen ist in Tabelle 6.4 außerdem, dass Frauen mit einem hohen Ausbildungsstatus (tertiärer Bereich) zu einem deutlich größeren Teil erwerbstätig bleiben als Frauen aus der niedrigeren Ausbildungsgruppe. Hier liegt die Vermutung nahe, dass höher qualifizierte Frauen weniger bereit sind, den Beruf aufzugeben und gleichzeitig mehr Mittel und Möglichkeiten haben, Betreuung für die Kinder zu gewährleisten. Allerdings sind auch hoch qualifizierte Mütter jüngerer Kinder im Vergleich zu den kinderlosen Frauen deutlich seltener erwerbstätig.

Wir haben darauf hingewiesen, dass Frauen in atypischen Beschäftigungen sehr häufig Teilzeittätigkeiten ausüben. Das ist darauf zurückzuführen, dass vor allem Mütter teilzeitbeschäftigt sind, was in dieser Tabelle nicht eigens ausgewiesen ist (BMFSJ 2012: 40). Es gibt dabei Ost-Westunterschiede: In Ostdeutschland bilden die Teilzeitbeschäftigten in jeder Familiensituation noch die Minderheit (Kreyenfeld/Geisler 2006, BMFSJ 2012: 43).

Erwerbs- und Arbeitslosigkeit

Zum Schluss dieses Abschnitts gehen wir auf die Gruppe derjenigen Erwerbspersonen ein, die aktuell nicht erwerbstätig sind. In der Tabelle 6.2 ist die Entwicklung der Zahl der nach der Definition der International Labor Organisation (ILO) als erwerbslos geltenden Personen in Deutschland dargestellt. Ihre Zahl ist nach einem vorherigen Anstieg seit dem Jahr 2005 deutlich zurückgegangen. Für das Jahr 2017 werden 1,62 Millionen Erwerbslose gezählt. Auch die Zahl der Arbeitslosen, also derjenigen, die nach sozialgesetzlichen Vorgaben amtlich als solche gemeldet sind und der Arbeitsvermittlung zur Verfügung stehen (vgl. Übersicht 6.4), ist in den letzten Jahren deutlich gesunken. Ihre Zahl ist interessanter Weise deutlich höher als die Zahl der Personen, die laut ILO-Definition als erwerbslos gelten.

Im Jahr 2018 wurden im Jahresdurchschnitt 2,34 Millionen Arbeitslose gezählt, von denen 45,0 Prozent weiblich und 55,0 Prozent männlich waren. Bezogen auf alle zivilen Erwerbspersonen lag Arbeitslosenquote im Dezember 2018 bei 4,9 Prozent. Im internationalen Vergleich ist die Arbeitslosigkeit in Deutschland niedrig (Bundesagentur für Arbeit 2019). Abbildung 6.7 zeigt die Veränderung der Arbeitslosenquote in West- und Ostdeutschland von 1950 bis 2017 und ordnet die Schwankungen verschiedenen Ereignissen zu.

Danach unterlag die Arbeitslosenquote in den letzten 65 Jahren beträchtlichen Schwankungen, die mit den wirtschaftlichen Boom- und Rezessionsbewegungen einhergingen. Die Ölpreiskrise Mitte der 1970er-Jahre etwa führte in der Bundesrepublik zu einem ersten, starken Anstieg der Zahl der Arbeitslosen, dem in den weiteren Jahrzehnten beträchtliche Zuwächse folgten.

Abb. 6.7 | *Arbeitslosenquoten auf Basis abhängiger ziviler Erwerbspersonen (in Prozent) Deutschland, West- und Ostdeutschland; Zeitreihen*

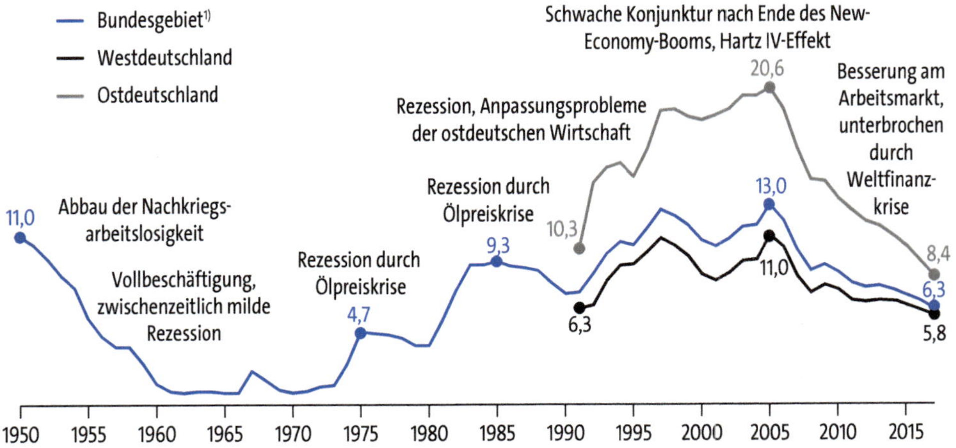

[1] Bundesgebiet: bis 1949 ohne Berlin (West) und Saarland, bis 1958 ohne Saarland, bis 1990 Bundesgebiet West (ohne das Gebiet der ehemaligen DDR). Seit dem Jahr 2000 wird die Zahl der geringfügig Beschäftigten als Teil der Bezugsgröße für die Berechnung der Arbeitslosenquoten aus der Beschäftigtenstatistik der Bundesagentur für Arbeit gewonnen. Dies führt rein rechnerisch zu verringerten Arbeitslosenquoten; damit ist die Vergleichbarkeit mit den Jahren zuvor eingeschränkt

Quelle: Bundesagentur für Arbeit 2018b: 59.

Seit 2005 ist der Zusammenhang zwischen der sich allmählich verbessernden wirtschaftlichen Situation und einem Rückgang der Arbeitslosenquoten in Deutschland deutlich sichtbar. Dieser Rückgang hat sich bis 2018 stetig fortgesetzt.

Dass die strukturellen Rahmenbedingungen des Arbeitsmarkts nicht nur geschlechts- und altersspezifische Auswirkungen haben, sondern sich auch regional unterscheiden, wurde bereits in Kapitel 5.3.1 thematisiert. Das lässt sich auch an den regionalen Arbeitslosenquoten ablesen. Die Arbeitslosigkeit in den neuen Bundesländern ist deutlich höher als in den alten Bundesländern (vgl. Abbildung 6.7). Das wird mit der anhaltend schlechteren wirtschaftlichen Lage dort erklärt. Zwar ist zu erkennen, dass sich die Arbeitslosenquoten in Ost- und Westdeutschland allmählich angleichen. Allerdings lässt Tab. 6.1 vermuten, dass zum Rückgang der Arbeitslosigkeit in Ostdeutschland in überproportionalem Maße atypische Beschäftigungsverhältnisse beigetragen haben.

Strukturen des Arbeitsmarkts

6.1.2.2

Die individuellen Möglichkeiten beim Einstieg in den Arbeitsmarkt und für einen beruflichen Aufstieg sind nicht nur von den individuellen Qualifikationen und verschiedenen zugeschriebenen Merkmalen (z. B. Alter, Geschlecht, Region) abhängig. Auch die Strukturen des Arbeitsmarkts selbst (Arbeitsmarktsektoren, Branchen und Arbeitsmarktsegmente) haben einen unmittelbaren Effekt auf die soziale Ungleichheit. Dabei wird der Arbeitsmarkt seinerseits von der ständig sich vor allem globalisierungsbedingt wandelnden, marktökonomischen Struktur und gesellschaftlichen (bzw. staatlichen) Institutionen beeinflusst.

Zugangs- und Mobilitätschancen

Um die Effekte des Arbeitsmarkts auf soziale Ungleichheit zu eruieren, muss man die Chancen des Zugangs zu den und die Mobilitätschancen in den verschiedenen Bereichen des Arbeitsmarkts untersuchen. Die unterschiedliche Verortung im Arbeitsmarkt geht nicht nur mit unterschiedlichen Statuspositionen und Einkommenserwartungen einher, sondern auch mit unterschiedlich guten Arbeitsbedingungen und einer unterschiedlich hohen Arbeitsplatzsicherheit.

Sektorspezifische Differenzierung des Arbeitsmarkts

Mit Bezug auf die Einkommensmöglichkeiten haben wir bereits in Kapitel 5.3 darauf verwiesen, dass es erhebliche Unterschiede zwischen den Wirtschaftsbranchen und -sektoren gibt. Die arbeitsteilige Struktur der Wirtschaft (Branchen und Sektoren) ist aber auch für andere ungleichheitsrelevante Faktoren relevant. Dazu gehören etwa wieder ungleiche Arbeitsbedingungen und Arbeitsbelastungen, wie die Untersuchungen im Bericht »Sicherheit und Gesundheit bei der Arbeit« zeigen (BMAS 2018a).

Erwerbsverläufe, Einkommens- und Karrierechancen hängen auch stark davon ab, in welchen Sektor des Arbeitsmarkts man zu Beginn der

Erwerbslaufbahn eintritt. Zahlreiche Studien zeigen, dass dem Eintritt ins Erwerbsleben eine wichtige Funktion zukommt, weil damit Weichenstellungen für die zukünftige Erwerbstätigkeit vorgenommen werden. Der Anteil der verschiedenen Sektoren und Branchen am Arbeitsmarkt hat – vermittelt über die Arbeitsmarktchancen – einen direkten Effekt auf die sozialstrukturelle Positionierung der Individuen. Der Wandel der Branchen- und Sektorstruktur ist in der Regel auch eine Ursache für (soziale) Strukturmobilität (→ Kapitel 5.5).

In Theorien gesellschaftlicher Entwicklung wird häufig eine einfache Differenzierung zwischen drei Wirtschaftssektoren gewählt und die Veränderung in deren Gewichtung betrachtet. Man unterscheidet mit dem französischen Ökonom Jean Fourastié (1969):

- den primären Sektor: Land- und Forstwirtschaft, Fischerei;
- den sekundären Sektor: das produzierende Gewerbe;
- den tertiären Sektor: alle Arten von Dienstleistungen mit den Bereichen Handel, Verkehr, Verwaltung.

Wandelnde Bedeutung der Sektoren

Die Bedeutung der drei Sektoren hat sich im Verlauf der letzten zwei Jahrhunderte stark verändert. Als Indikator für den Fortschritt auf dem Weg in die moderne oder fortgeschrittene Industriegesellschaft gilt nach Fourastié der starke Beschäftigungsrückgang im primären Sektor, damit einhergehend eine Ausweitung der Beschäftigungen zunächst im sekundären und dann immer mehr im tertiären Sektor. Während 1882 auf dem Gebiet des Deutschen Reiches noch nahezu jeder Zweite im primären Sektor beschäftigt war, galt dies 2017 im vereinten Deutschland für 1,4 Prozent aller Erwerbstätigen. Gleichzeitig stieg im Zuge der Industrialisierung der Beschäftigtenanteil im produzierenden Gewerbe von 34 Prozent auf einen Höchstwert von fast 47 Prozent in den 1970er-Jahren, um dann kontinuierlich zu sinken. 2017 war nur noch knapp jeder Vierte im sekundären Sektor beschäftigt. Der tertiäre Sektor erlebte seit 1882 einen kontinuierlichen Anstieg von 23 Prozent auf fast 74,5 Prozent im Jahre 2017 (vgl. Statisches Bundesamt/WZB 2018: 153).

Von der Dienstleistungs- zur Informationsgesellschaft

Während sich die Zahl der Erwerbstätigen insgesamt zwischen 1991 und 2016 um 12 Prozent erhöht hat, ist ihre Zahl im primären Sektor (Land- und Forstwirtschaft) um fast 48 Prozent gesunken. Auch der sekundäre Sektor (produzierendes Gewerbe) ist im vereinten Deutschland geschrumpft. Im Dienstleistungsbereich hat seit 1991 die Zahl der Beschäftigten um 36 Prozent zugenommen. Innerhalb des Dienstleistungssektors hat sich aber die Bedeutung einzelner Bereiche erheblich verändert: So sind gegen den Trend die Beschäftigtenzahlen im Bereich der Öffentlichen Verwaltung, Verteidigung und Sozialversicherung bis 2015 um über 22 Prozent zurückgegangen. Deutliche Zuwächse gab es hingegen im Bereich Information und Kommu-

Erwerbstätige nach Wirtschaftssektoren (1991=100) | **Abb. 6.8**

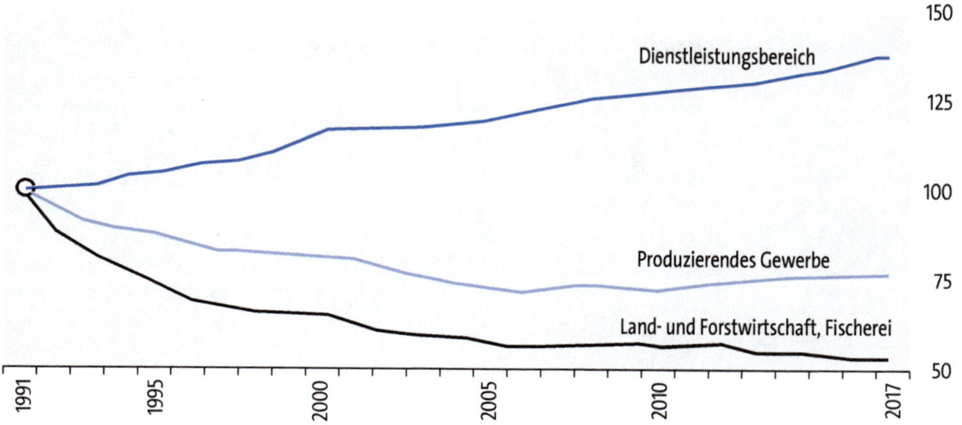

Ergebnisse der Erwerbstätigenrechnung. Jahresschritte.

Quelle: Statistisches Jahrbuch 2018a: 358.

nikation (18 Prozent bis 2015), Erziehung und Unterricht (36 Prozent bis 2015), Gesundheit und Sozialwesen (76 Prozent bis 2015). Im Gastgewerbe und bei den freiberuflichen, wissenschaftlichen und technischen Dienstleistern hat sich die Zahl der Beschäftigten mehr als verdoppelt und bei den sonstigen Unternehmensdienstleistern sogar fast verdreifacht (Statistisches Jahrbuch 2018a: 359). Der deutliche Stellenzuwachs in den beratenden, schulenden und generell serviceorientierten Dienstleistungen illustriert die Umstrukturierung, des Arbeitsmarktes hin zu einer sich globalisierenden Dienstleistungs- und Informationsgesellschaft, welche die Mittel bereitstellen muss, um den immer komplexer werdenden Anforderungen gesellschaftlicher, und insbesondere wirtschaftlicher Entwicklung gerecht zu werden.

Aufgrund der großen Bedeutung des Informationssektors wird von einigen Autoren vorgeschlagen, ihn als vierten Wirtschaftssektor hinzuzufügen (vgl. Geißler 2000: 19). Einen großen Anteil hat dabei ein Prozess, der gemeinhin als Globalisierung bezeichnet wird und der im wirtschaftlichen Bereich zu einer immer engeren internationalen Vernetzung (und Arbeitsteilung) in der Warenproduktion, im Warenverkehr, in der Bereitstellung von Dienstleistungen sowie in transnationalen Finanzströmen führt. Das Globalisierung noch mehr umfasst, wird in Übersicht 6.5 kurz erläutert (vgl. Niederberger/Schink 2011, Beck 2007).

Übersicht 6.5 Globalisierung

Allgemein meint Globalisierung den Prozess der zunehmenden Vernetzung von Staaten in nahezu allen Teilbereichen der Gesellschaft, kurz: »die [immer] engere Verflechtung von Ländern und Völkern der Welt« (Stiglitz 2002: 25; vgl. auch Stiglitz 2008).

- Sie ist umfassend, d.h. neben der oft primär betrachteten Ökonomie (Waren-, Finanz- und Arbeitsmärkte) sind auch die Bereiche der Sozialstruktur, Infrastruktur, Kultur und Politik involviert.
- Sie ist invasiv, d.h. sie verändert bestehende Strukturen und Orientierungen innerhalb einer Gesellschaft.
- Sie ist konfliktbehaftet, d.h. der notwendige Ausgleich zwischen den bestehenden und durch sie bedingten neuen Strukturen bzw. Anpassungserfordernisse verschiedenster Art stellen eine große gesellschaftliche Herausforderung dar.
- Sie ist voraussetzungsvoll, d.h. sie erfordert effiziente und kostengünstige Infrastrukturen (Kommunikations- und Transporttechnologien), politische Kooperation, kulturelle Offenheit und die Einrichtung internationaler Institutionen zur Förderung und Regulierung, aber auch zur Überwachung internationaler Kooperations- und Austauschbeziehungen.

Globalisierung und soziale Ungleichheit

Vielfach wird der Globalisierung eine entscheidende Bedeutung für den Wandel der Arbeitsmärkte und die Entwicklung sozialer Ungleichheit zugebilligt. Blossfeld u.a. (2008) argumentieren, dass es durch die ökonomische Globalisierung zu einer deutlichen Veränderung der Arbeitsmarktstrukturen gekommen ist. Diese erfordern ein zunehmend flexibles Wirtschaften und bieten zunehmend geringere Sicherheiten. Wie die Autoren zeigen können, werden Berufseinsteiger, Arbeitslose und Frauen nach einer Erwerbsunterbrechung besonders benachteiligt. Die Globalisierung trägt insgesamt dazu bei, dass sich soziale Ungleichheit vergrößert (Blossfeld u.a. 2008: 44). Auch neue Ursachen sozialer Ungleichheit entstehen, wie Beck, der in diesem Zusammenhang von einer »Transnationalisierung« sozialer Ungleichheiten spricht, aufzeigt (Beck 2008).

Der Wandel des Arbeitsmarktes erfasst alle entwickelten Volkswirtschaften. Auch wenn sich im internationalen Vergleich das Tempo im Ausbau des Dienstleistungssektors länderspezifisch unterscheidet, handelt sich um einen globalen Prozess (Schwan/Mai/Braig 2018: 26f.). Innerhalb der Europäischen Union war 2016 der Anteil der Erwerbstätigen im tertiären Sektor in den Niederlanden und dem Vereinigten Königreich (83 Prozent) am höchsten, während er in Bulgarien (57 Prozent) und Rumänien (46 Prozent) am niedrigsten war (Schwan/Mai/Braig 2018: 28). Deutschland lag mit 74 Prozent im Durchschnitt der Europäischen Union.

Zusammenfassung

Branchen und Sektoren der Wirtschaft
Die Beschäftigung in den drei (bzw. vier) Wirtschaftssektoren ist jeweils mit spezifisch ausgeprägten Ungleichheitsmerkmalen verbunden (etwa Einkommensmöglichkeiten, Arbeitsbedingungen). Veränderungen bei der Arbeitsproduktivität bzw. den Beschäftigungszahlen in den einzelnen Sektoren haben also einen direkten Effekt auf die Sozialstruktur eines Landes. Nach der »Drei-Sektoren-Hypothese« von Fourastié sollte die zunehmende Bedeutung des tertiären Sektors (»Dienstleistungsgesellschaft«) mit einem umfassenden Wandel der Arbeitsbedingungen und einem Wohlstandsanstieg einhergehen. Diese Erwartung ist zu relativieren. Die zunehmende Globalisierung der Wirtschaft geht mit einem Strukturwandel in den Sektoren einher, der neue Anforderungen an die Beschäftigten mit sich bringt. Diese haben eine große Bedeutung für die Entwicklung der sozialen Ungleichheit.

Aufgrund seiner wachsenden Bedeutung wird der Bereich »Information« inzwischen als eigener Sektor behandelt.

Arbeitsmarktsegmentation

Es gibt die These, dass sich der Arbeitsmarkt in relativ stark voneinander abgeschottete Segmente aufteile, die quer zu der branchenspezifischen und sektoralen Gliederung lägen und zwischen denen kaum berufliche Mobilität stattfinde (Szydlik 1990). Berufliche Positionen und Mobilitätschancen wären damit langfristig auf bestimmte Bereiche des Arbeitsmarkts festgelegt, was etwa die Chancen eines beruflichen Aufstiegs vermindern, aber zugleich die Risiken eines beruflichen Abstiegs verringern könne. Dahinter steht die auch Annahme, dass die Produktivität einer Arbeitskraft nicht allein durch ihre Ausbildung, sondern auch durch die Ausgestaltung des Arbeitsplatzes festgelegt wird (Sengenberger 1987:61f). Die sogenannte Arbeitsmarktsegmentation hätte dann eine große Bedeutung für die Strukturen sozialer Ungleichheit.

Tatsächlich lässt sich anhand empirischer Ergebnisse zeigen, dass der Arbeitsmarkt in der Bundesrepublik in einzelne Segmente untergliedert ist, zwischen denen Mobilität erschwert wird. Entsprechende Konzepte behaupten eine Zwei- bzw. Dreiteilung des Arbeitsmarkts, die durch die Struktur des Gütermarkts bzw. die Produktionsstrukturen in einer Ökonomie bedingt ist (Theorie des dualen Arbeitsmarkts, Piore 1978, Kreckel 1997: 194 ff.). Die zwei bekanntesten sind in Übersicht 6.6 beschrieben.

Übersicht 6.6

Arbeitsmarktsegmentation
Konzept des dualen Arbeitsmarkts von Piore (1978):

- Im *primären Arbeitsmarkt* gibt es Tätigkeiten mit relativ guten Löhnen, guten Arbeitsbedingungen, Aufstiegschancen, Beschäftigungssicherheit, die Arbeitskräfte sind gut ausgebildet. Der primäre Arbeitsmarkt lässt sich grob noch einmal aufteilen:
  - in ein oberes Segment mit relativ hoher beruflicher Mobilität (z.B. Manager);
  - in ein unteres (Facharbeiter-)Segment mit relativ niedriger beruflicher Mobilität.
- Im *sekundären Arbeitsmarkt* sind die Tätigkeiten gering bezahlt, es gibt kaum Aufstiegschancen, die Beschäftigungsverhältnisse sind äußerst instabil, die Arbeitskräfte haben ein niedriges Qualifikationsniveau.

Konzept von Lutz und Sengenberger (Sengenberger 1987)

- Das *unstrukturierte Segment* oder der *»Jedermannsarbeitsmarkt«* entspricht dem sekundären Arbeitsmarkt bei Piore.
- Das *(berufs-)fachliche Segment* beinhaltet Arbeitskräfte, die über eine gute berufsspezifische, aber nicht betriebsspezifische Qualifikationen verfügen und eher zwischenbetrieblich mobil sind. Die Investitionen des Betriebs in die Ausbildung der Beschäftigten sind gering. Die berufsbezogene Mobilität ist eingeschränkt, die qualifikationsspezifische Mobilität ist innerhalb gewisser Grenzen möglich
- Das *betriebsinterne Segment* ist durch Positionen gekennzeichnet, die eng an den Betrieb gebunden sind. Die Qualifikation der Arbeitskräfte ist betriebsbezogen. Die Bindung zwischen Arbeitskräften und Betrieb ist daher hoch. Sie stellen den Prototyp eines *internen Arbeitsmarkts* dar, d.h., die Besetzung von Vakanzen wird eher betriebsintern über Aufstiege realisiert. Einsteiger von außen (externer Arbeitsmarkt) kommen nicht zum Zuge. Neue Arbeitskräfte von außen treten auf den unteren Qualifikationsstufen in den Betrieb ein (*port of entry*) und machen dann innerbetrieblich Karriere.

Wie die Übersicht 6.6 zeigt, postulieren Ansätze der Arbeitsmarktsegmentation eine strukturelle Gliederung des Arbeitsmarkts in Bezug auf Berufsfelder und Qualifikationsstufen, aus der sich Aussagen über unterschiedliche Formen des Zugangs zum Arbeitsmarkt und unterschiedliche Chancen zur beruflichen Mobilität ableiten lassen. Eine möglichst effiziente Bereitstellung von Ausbildungsplätzen und Arbeitskräften hat zum Ziel, den Qualifikations- und Arbeitskräftebedarf in den verschiedenen Wirtschafts-

Ursachen

bereichen in optimaler Weise zu befriedigen. Dies liegt im Interesse von Arbeitgebern wie Arbeitnehmern. Das heißt zum einen, dass für entstehende Vakanzen und – im Fall strukturellen Wandels – für neue Berufsfelder in ausreichendem Maße geeignete Arbeitskräfte bereitstehen müssen. Es bedeutet zum anderen, dass die Ausbildungsinvestitionen angesichts des Arbeitskräftebedarfs und der bestehenden Arbeitskräftestruktur optimal angeboten bzw. nachgefragt werden müssen.

Sind diese Voraussetzungen gegeben, sollte der Einsatz von Arbeitskräften mit einer möglichst geringen Mobilität zwischen verschiedenen Berufsfeldern einhergehen, da die notwendigen Umschulungen einen Effizienzverlust bedeuten. Mobilität sollte nur innerhalb der Berufsfelder mit mittleren Aufstiegsdistanzen auftreten und nicht zu hohe zusätzliche Ausbildungsinvestitionen (Umschulungen) erfordern oder gar zu qualifikatorischen Abstiegen führen. Die beiden ersten Prinzipien gelten allerdings nicht für Positionen, die geringe berufsspezifische Qualifikationen benötigen.

Arbeitsmarktspezifische Merkmale – nämlich die Möglichkeiten des Zugangs zu bestimmten Arbeitssegmenten – sind jedoch eine zentrale Ursache sozialer Ungleichheit. Das ist unter anderem dadurch gegeben, dass die Zugehörigkeit zu einem Arbeitsmarktsegment sich mit den klassischen Dimensionen sozialer Ungleichheit in Verbindung bringen lässt:

Bezug zur Sozialstrukturforschung

- So gehören Menschen, die im Sinne von Piore (1978) im sekundären Segment tätig sind, eher unteren sozialen Schichten an, während im oberen primären Segment die statushöheren Schichten dominieren.
- Auf der anderen Seite begründet die Arbeitsmarktsegmentationstheorie die Bedeutung neuer Determinanten sozialer Ungleichheit. Es hängt also im Hinblick auf Einkommen, aber auch auf Arbeitsbedingungen, Arbeitsplatzsicherheit etc. viel davon ab, in welchem Segment man den Einstieg in eine berufliche Laufbahn vollzieht. Eine differenziertere Analyse und Ableitung typischer »arbeitsmarktstrategischer Lagen« nimmt etwa Kreckel vor (1997: 202).
- Letztlich haben die für sich genommen jeweils recht geschlossenen Arbeitsmarktsegmente selbst viele Eigenschaften, die bisher mit den verschiedenen Klassen- oder Schichten verbunden waren. In diesem Sinne können sie dann auch als ein (weiteres) Argument für die nach wie vor hohe Relevanz vertikaler Gliederungsmerkmale gelesen werden.

Zusammenfassung

Arbeitsmarktsegmentation

Die Segmentierung des Arbeitsmarkts – bzw. der einzelnen Wirtschaftssektoren – trägt zur Verfestigung von Strukturen unterschiedlicher sozialer Positionen oder Karriereverläufe und damit zur Verfestigung sozialer Ungleichheit im Lebenslauf bei. Die verschiedenen Segmente gehen nicht nur mit unterschiedlichen Statuspositionen im Ungleichheitsgefüge (Einkommen, Arbeitsbedingungen) einher, sondern sie sind auch mit unterschiedlichen Aufstiegschancen verknüpft.

Lernkontrollfragen

1. Welche Ungleichheitsdimension wird in Kreckels Kräftefeldmodell thematisiert?
2. Welche für die Sozialstruktur relevanten gesellschaftlichen Institutionen unterscheidet Esping-Andersen in seinem Modell und welche Rolle spielen sie in den von ihm unterschiedenen Wohlfahrtsstaatstypen?
3. Nennen Sie die Grundelemente der Wirtschaftsordnung der Bundesrepublik Deutschland und ihre Bedeutung für Strukturen sozialer Ungleichheit.
4. Wie unterscheiden sich normale von atypischen Arbeitsverhältnissen?
5. Auf welche Weise wird die Sozialstruktur von Arbeitsmarkt und Arbeitsteilung beeinflusst?

Infoteil

Zu diesem Themenkomplex kann man das Lehrbuch des deutschen Soziologen Bernhard Schäfers zur Sozialstruktur und zum sozialen Wandel in Deutschland empfehlen. Es bietet einen systematischen Überblick über die funktional differenzierte Gesellschaft der Bundesrepublik und die damit korrespondierenden Gegebenheiten der Sozialstruktur. Im Jahr 2012 ist die 9. Auflage erschienen.

Sozialstruktur und Familie

6.2

Die Familie ist ein fast universales Merkmal der sozialen Beziehungsstruktur von Gesellschaften. In Kapitel 4.5 haben wir in einem kleinen Exkurs verschiedene Versionen eines Familienbegriffs vorgestellt. Im Folgenden wird – allerdings nur sehr knapp – die Rolle der Familie im wohlfahrtsstaatlichen Gefüge der Bundesrepublik und ihre Bedeutung für soziale Ungleichheit behandelt. Ausführlichere Darstellung dazu gibt es in diversen Einführungen in die Familiensoziologie (z.B. Huinink/Konietzka 2007, Hill/Kopp 2012, Nave-Herz 2013, Schneider 2008).

Die Leistungen der Familie

6.2.1

Die Familie ist eine zentrale Instanz der Vermittlung und Sicherung sozialer Wohlfahrt und des sozialen Status von Menschen. Ein sehr instruktiver Ausgangspunkt für eine Bewertung dieser Bedeutung der Familie in unserer Gesellschaft ist die von Kaufmann vorgelegte systematische Auflistung der Aufgaben und Leistungen der Familie (Kaufmann 1995, Huinink/Konietzka 2007). Dem Mehrebenenmodell der Gesellschaft folgend (→ Kapitel 3), unterscheiden wir zwei Perspektiven der sozialwissenschaftlichen Beschäftigung mit der Familie. Aus der Mikroperspektive betrachten wir die Wohlfahrtseffekte der Familie für ihre Mitglieder, also für die individuellen Akteure, die in einem familialen Beziehungsgeflecht miteinander verbunden sind. Aus der Makroperspektive fokussieren wir auf die Leistungen, die Familien – genauer die in ihnen zusammenwirkenden Akteure – für die Gesellschaft erbringen. Kaufmann spricht auch von den Aufgaben der Familie und verweist damit auf die zum Teil rechtlich geregelten institutionellen Erwartungen und Pflichten, denen Familien und ihre Mitglieder zu genügen haben (Kaufmann 1995: 35).

Leistungen der Familie für die Individuen

Für die Menschen stellen Familienbeziehungen (Eltern-Kind-, Paar- und Geschwisterbeziehungen) eine besonders enge und emotional bedeutsame Form sozialer Beziehungen dar. In ihnen können die Beziehungspartner wie nirgendwo anders intim und vertraut miteinander interagieren, sich dabei gegenseitige, sehr persönliche Zuwendung bieten und ihr Bedürfnis nach Anerkennung als unverwechselbares Individuum befriedigen (vgl. Huinink 1995). Familienbeziehungen tragen allerdings nicht nur in emotionaler Hinsicht zu individuellem Wohlbefinden bei. Sie helfen auch, die Erfordernisse der alltäglichen Lebensführung zu bewältigen. Man erledigt arbeitsteilig Aufgaben miteinander und füreinander und kann in allen Lebensphasen und insbesondere in Notlagen mit der Unterstützung durch Familienmitglieder rechnen. Die Familie ist also auch in »instrumenteller«

Hinsicht für die Individuen bedeutsam. Welche Funktionen Familie dabei in welchem Umfang übernimmt, hängt von der strukturellen Ausgestaltung des Wohlfahrtsstaates ab. Wie geschrieben, bleibt die Familie im deutschen eher konservativ orientierten Wohlfahrtsstaat eine wichtige soziale Sicherungsinstanz, auch wenn schon viele Funktionen, zum Beispiel im Bereich Bildung und Pflege, durch Angebote des Marktes ersetzt oder ergänzt worden sind.

Übersicht 6.7

Leistungen der Familie (Huinink/Konietzka 2007: 72)

Aus der **Mikroperspektive** können als Leistungen (und Aufgaben) der Familie für ihre Mitglieder genannt werden:

- Kohäsion und emotionale Stabilisierung;
- Sozialisations- und Bildungsleistungen und soziale Platzierung der Kinder;
- Haushaltsführung, Pflege, Regeneration und Erholung;
- gegenseitige Hilfe und Unterstützung.

Aus der **Makroperspektive** lassen sich als Leistungen (und Aufgaben) der Familie für die Gesellschaft benennen:

- biologische Reproduktion der Gesellschaft (Nachwuchssicherung);
- Bildung und Erhaltung des gesellschaftlichen Humanvermögens;
- Stabilisierung intergenerationaler Solidarität und Unterstützung.

Für Kinder bieten Familien den (Schutz-)Raum, in dem sie Sicherheit und Identität vermittelt bekommen sowie Pflege, Erziehung und Unterstützung beim Wissens- und Kompetenzerwerb für die Gestaltung ihres zukünftigen Lebenslaufs erfahren. Die Familie erweist sich so als ein entscheidender Einflussfaktor für die zukünftigen Lebenschancen der nachwachsenden Generation. Gleichzeitig ist sie für erwachsene und ältere Menschen zentraler Rückhalt bei der Bewältigung alltäglicher Aufgaben bis hin zur Betreuung und Pflege.

Leistungen der Familie für die Gesellschaft

Als Ort des menschlichen Fortpflanzungsgeschehens leistet die Familie den entscheidenden Beitrag zur Bestandssicherung einer Gesellschaft (→ Kapitel 4.4.1). Aber nicht nur die rein biologische, sondern auch die soziale Reproduktion der Gesellschaft wird zu einem großen Teil von den Familien getragen, da, wie schon erwähnt, in den Familien die Mitglieder der nachwachsenden Generation sozialisiert und zu handlungsfähigen Akteuren erzogen werden. Gleichzeitig ist gelebte innerfamiliale Solidarität eine bedeutsame Basis gesellschaftlicher Solidarität innerhalb und zwischen den Generationen und Altersgruppen der Bevölkerung überhaupt. Die Familie trägt damit zum Erfolg und zur Entlastung wohlfahrtsstaatlicher Politik bei, die darauf angewiesen ist, dass der Leistungstransfer zwischen den Generationen, wie er zum Beispiel durch den Generationenvertrag oder die Regelungen der Pflegeversicherung festgelegt ist, akzeptiert wird.

Bis heute hat sich an diesem Leistungsprofil eher wenig geändert, wobei vermutlich die instrumentellen Leistungen zugunsten der emotionalen Dimensionen an Bedeutung verloren haben. Durch den Abbau sozialstaatlicher Leistungen könnte die Familie aber auch in materieller Hinsicht zukünftig wieder an Bedeutung gewinnen.

Familie und soziale Ungleichheit | 6.2.2

Die Bezüge zwischen der Familie und den beiden Dimensionen der Sozialstruktur, der sozialen Beziehungs- und Verteilungsstruktur, sind also sehr vielfältig. Wie schon erwähnt, ist die Familie ein zentraler Bestandteil der sozialen Beziehungsstruktur der Gesellschaft. Sie kann in sehr unterschiedlichen Formen auftreten. Ihre traditionelle Form der bürgerlichen Familie hat dabei an Bedeutung verloren (→ Kapitel 4.5.4). Doch wirkt die Familie auf verschiedene Weise nach wie vor stabilisierend auf die soziale Ungleichheit in Deutschland.

Familie und soziale Ungleichheit

Im vorherigen Kapitel ist schon gezeigt worden, dass die Lebens- und Familienform als Determinante sozialer Ungleichheit anzusehen ist und dass bestimmte Familienformen ein erhöhtes Armutsrisiko mit sich bringen (→ Tab 5.2 und Kapitel 5.3.1.5, Huinink/Konietzka 2007: 168 ff., Buhr/Huinink 2011). Im Kapitel 5.5.3 ist auch ausführlich dargelegt worden, wie groß der Einfluss der Lebenslage der Eltern auf die Bildungs- und Berufschancen ihrer Kinder sein kann. Man muss von einer immer noch starken Vererbung sozialer Ungleichheit von einer Generation zu nächsten ausgehen. Dafür wurden Gründe genannt, und es wurde empirisch belegt, dass das Elternhaus einen großen Einfluss auf die Bildungschancen und den zukünftigen sozialen Status der Kinder hat und durch die Familie soziale Ungleichheit weitergegeben wird (vgl. Berger/Hank/Tölke 2011).

Allgemeiner betrachtet spielen Familiensolidarität und intergenerationale Unterstützungsbeziehungen in unserer Gesellschaft eine zentrale Rolle. Die Familie leistet – im Rahmen ihrer jeweiligen Möglichkeiten – einen großen Beitrag zur Sicherung des Wohlfahrtsniveaus der Menschen und zur Hilfe in existenziellen Notlagen. Der Austausch von Ressourcen und Hilfeleistungen innerhalb von Familien ist in Deutschland wie in ganz Europa außerordentlich stark ausgeprägt (Albertini/Kohli/Vogel 2007, Hank 2015). Intergenerationenbeziehungen sind nach wie vor eine äußerst bedeutsame Ressource für die individuelle Wohlfahrtsproduktion, und daran wird sich auf absehbare Zeit auch nichts ändern. Typischerweise werden Geld und Sachleistungen überwiegend von den Eltern an die Kinder gegeben: Laut

Intergenerationale Unterstützungsbeziehungen

einer Studie gaben im Jahr 2008 26 Prozent der Eltern, aber nur vier Prozent der Kinder (BMFSFJ 2012b: 48). Kinder leisten hauptsächlich instrumentelle Hilfe: 2008 gaben sie 20 Prozent der Kinder, aber nur sieben Prozent der Eltern. Neuere Studien mit Analysen des Deutschen Alterssurvey am Deutschen Zentrum für Altersfragen zeigen allerdings eine Verschiebung in der Ausgestaltung der intergenerationalen Transfers zwischen 1996 und 2014. Während sich einerseits sowohl die finanzielle Unabhängigkeit der älteren Generationen als auch ihre materiellen Zuwendungen an die jüngeren Generationen vergrößert hat, haben sich die instrumentellen Hilfen, welche die ältere Familiengeneration von den Jüngeren erhält, reduziert (vgl. Mahne u. a. 2016: 257 ff.). Die Autoren weisen des Weiteren darauf hin, dass die zunehmende finanzielle Abhängigkeit der jüngeren von der älteren Generation perspektivisch Probleme birgt, sollte sich die wirtschaftliche Lage der älteren Generation (etwa durch den Renteneintritt) verschlechtern. »Damit würde nicht nur eine wichtige Unterstützungsquelle jüngerer Generationen verloren gehen, zugleich könnte die ältere Generation wieder selbst verstärkt auf die Hilfe ihre erwachsenen Nachkommen angewiesen sein« (Mahne u. a. 2016: 266).

Ein weiterer, wichtiger Bezug von Familie zu sozialer Ungleichheit ergibt sich aus dem Faktum, dass die in der Familie zu leistende Haus- und Betreuungsarbeit immer noch überwiegend zu Lasten der Frauen und Mütter gehen. Sie sind dadurch stärker als die Männer im Hinblick auf ihre berufliche Karriere und Einkommenschancen beeinträchtigt (vgl. Tabelle 6.4, → Kapitel 5.3.1.2). Wollen Frauen Mutterschaft und Familie realisieren, werden ihre beruflichen Ambitionen eingeschränkt und sie begeben sich oft in die ökonomische Abhängigkeit vom Mann. Dieser Umstand verschlechtert nicht nur die Lebenslage der Familie insgesamt, da das mütterliche Einkommen gering bleibt oder ganz ausfällt. Die Möglichkeiten der Mütter, hinreichend hohe eigenständige Ansprüche an das Sozialversicherungssystem zu erwerben, werden zudem beeinträchtigt. Familienarbeit und Elternschaft trägt auf Grund dieser Situation zur sozialen Ungleichheit der Geschlechter bei.

6.2.3 | Familie und wohlfahrtsstaatliche Unterstützung

Um die wirtschaftliche Situation von Familien zu verbessern und die Gleichstellung der Geschlechter zu erreichen, wird in Deutschland versucht, in Politik und Wirtschaft die Bedingungen dafür zu verbessern, dass Eltern ihre familialen und nicht familialen Interessen miteinander vereinbaren zu können. Die Familienmitglieder sollen von Aufgaben in der Familie entlastet werden. Das erfordert eine umfassendere Neuordnung der Beziehung zwischen Familie und Berufswelt, die alle Bereiche der Gesellschaft tangiert. Gewissermaßen im Vorgriff auf das nächste Kapitel 6.3 seien dazu an dieser Stelle nur einige der Sachverhalte dargelegt, die familienpolitische Maßnahmen des Wohlfahrtsstaates betreffen.

Mütter sollen nach der Geburt von Kindern ihre Erwerbstätigkeit besser fortsetzen können, als das bisher der Fall war (vgl. Tabelle 6.4). Um das zu erreichen, wird das Kinderbetreuungssystem für Kinder bis mindestens zum vierzehnten Lebensjahr beständig ausgebaut. Die Zahl der genehmigten Betreuungsplätze für Kinder in Tageseinrichtungen hat sich zwischen 2007 und 2017 um 19,7 Prozent auf 3,6 Millionen erhöht. (Statistisches Bundesamt 2018a: 70). Der bereits seit 1996 geltende Rechtsanspruch auf einen Kindergartenplatz für jedes Kind im Alter vom vollendeten dritten Lebensjahr bis zum Schuleintritt wurde ab dem 1. August 2013 in durch einen Rechtsanspruch auf eine Kindertagesbetreuung ab dem vollendeten ersten Lebensjahr ergänzt.

Kinderbetreuung

2017 waren mehr als 760 000 Kinder unter drei Jahren und weitere 2 Millionen 3 bis 6-Jährige in einer solchen Einrichtung (vgl. Tabelle 6.5). Weitere 860 000 (Schul-)Kinder im Alter von 6 bis 14, die nicht in der Tabelle ausgewiesen sind, kommen hinzu. 33 Prozent der Kinder unter 3 Jahre waren 2017 in Deutschland mit einen Betreuungsplatz versorgt. In den neuen Bundesländern lag die Quote über 50 Prozent. Allerdings waren davon 2017 bundesweit nur 19 Prozent der Kinder auch ganztags betreut. Die Betreuungsquote bei den 3 bis 6-Jährigen war in allen Bundesländern höher als 90 Prozent. Auch hier ist die Ganztagsquote deutlich niedriger. In West-

Kinder unter 6 Jahren in Tageseinrichtungen und öffentlich geförderter Kindertagespflege am 1.3.2017

Tab. 6.5

	Insgesamt	Davon im Alter von ... Jahren					
		Unter 3			3 bis unter 6		
		Anzahl	Betreuungsquote	Ganztagsquote[1]	Anzahl	Betreuungsquote	Ganztagsquote[1]
			in Prozent			in Prozent	
Deutschland	2 781 170	762 361	33,1	18,5	2 018 809	93,4	45,5
Früheres Bundesgebiet (ohne Berlin)	2 150 851	535 267	28,8	13,4	1 615 584	93,0	38,8
Neue Länder und Berlin	630 319	22 094	51,3	39,9	403 225	94,8	73,6

Ergebnisse der Kinder- und Jugendhilfestatistiken.
[1] Anteil der durchgehend mehr als 7 Stunden pro Betreuungstag betreuten Kinder je 100 Kinder derselben Altersgruppe.

Quelle: Statistisches Bundesamt 2018a: 69; Statistisches Bunesamt/WZB 2018: 67.

deutschland ist sie nur halb so hoch wie in den neuen Bundesländern (Statistisches Bundesamt/WZB 2018: 67).

Laut einer Studie des Deutschen Jugendinstituts gibt es aber eine Lücke zwischen Betreuungsquote und Betreuungsbedarf der Eltern (Alt u.a. 2018: 8f). Die Nachfrage nach Betreuungsplätzen für Kinder unter 3 Jahren hat stetig zugenommen. Es ist auch zukünftig von einem Bedarfsanstieg auszugehen (Alt u.a. 2018: 15).

Elterngeld

Die Einführung des am individuellen Einkommen der Eltern orientierten Elterngeldes im Jahr 2007 war eine wichtige Maßnahme, die Frauen und Männern eine zeitweilige Reduzierung der Erwerbstätigkeit für die Kinderbetreuung ermöglichen sollte, ohne dabei größere finanzielle und berufliche Nachteile in Kauf nehmen zu müssen. Während der Elternzeit werden bis zu 65 Prozent des Einkommens vor der Geburt kompensiert, bei Einkommen unter 1000 Euro bis zu 100 Prozent (BMFSJ 2016: 4). Diese Maßnahmen verringern nicht nur die finanziellen Einschnitte, welche mit der Kinderbetreuung in den ersten Lebensjahren verbunden sind. Sie erleichtern auch den beruflichen Wiedereinstieg. Außerdem berücksichtigen sie das steigende Bedürfnis von Männern und Frauen nach einer zunehmend partnerschaftlichen Aufgabenteilung von Haus- und Familienarbeit.

Nach Einführung des Elterngeldes hat sich Beteiligung der Väter bis auf 35,8 Prozent (in 2015) erheblich gesteigert (Statistisches Bundesamt 2019b: 22). 2015 hat also mehr als jeder dritte Vater Elterngeld in Anspruch genommen und seine Erwerbstätigkeit für einen bestimmten Zeitraum reduziert oder sogar unterbrochen. Allerdings entschieden sich 2017 immer noch fast Zweidrittel der Väter dafür, das Elterngeld nicht länger als zwei Monate in Anspruch zu nehmen. Bei den Müttern liegt dieser Anteil lediglich bei 0,5 Prozent; knapp 70 Prozent von ihnen werden das Elterngeld voraussichtlich 10 bis 12 Monate beziehen (vgl. Statistisches Bundesamt 2018g: 9). Die niedrigen Bezugszeiten des Elterngeldes durch die Väter zeigen, dass geschlechtsspezifische Rollenerwartungen, aber wohl besonders auch berufliche Zwänge und finanzielle Anreize, Männer daran hindern, sich stärker an Familienaufgaben zu beteiligen.

Bei Müttern, deren jüngstes Kind zwischen ein und acht Jahre alt ist – also jenen, die von Anfang an vom neuen Elterngeld profitieren konnten – ist die Erwerbstätigenquote seit 2006 immerhin um knapp 10 Prozent auf 55 Prozent (2015) gestiegen. Insgesamt sind die Erwerbsunterbrechungen von Müttern kürzer als vor Einführung des Elterngeldes. Auch zwischen den Geburten ist ihre Erwerbsquote höher. Ohne das Elterngeld läge schließlich das Armutsrisiko von Familien mit Neugeborenen um rund 10 Prozent höher (vgl. BMFSFJ 2016: 5f).

Im Vergleich zu anderen Ländern in Europa hinkt Westdeutschland aber immer noch deutlich hinterher (Oláh/Fratczak 2013). Das traditionelle Familienbild ist hier weiterhin relativ stark vertreten. Für Ostdeutschland trifft das weniger zu (Huinink/Kreyenfeld/Trappe 2012, vgl. Schneider/Diabaté/Ruckdeschel 2015). Eine zu geringe Unterstützung der Familie bei der Pflege und Erziehung der nachwachsenden Generationen durch Institutionen und Arbeitgeber begünstigt das Fortbestehen der traditionellen Arbeitsteilung zwischen den Geschlechtern, d.h. die Frauen sind stärker durch Haushalt- und Familienarbeit gebunden als die Männer, die als Haupternährer fungieren (Burkart 2018: 280ff.). Auch ist zu erwähnen, dass die deutsche Familien-, Steuer- und Sozialgesetzgebung (Ehegattensplitting; keine Einzelbesteuerung) seit jeher stark auf das Haupternährermodell ausgerichtet ist (Bertram 2006: 174).

6.3 Sozialstruktur und Wohlfahrtsstaat

Genese des Wohlfahrtsstaats

Die Genese des Wohlfahrtsstaats hängt mit zwei grundlegenden Entwicklungen seit der Neuzeit zusammen (Flora/Heidenheimer 1981: 23f.):

- Entstehung von Nationalstaaten mit demokratischen Verfassungen; sie begründete den Wohlfahrtsstaat als politische Antwort auf die zunehmenden Forderungen nach sozialer Gleichheit, sozialen Rechten sowie sozialer und existentieller Sicherheit;
- Entwicklung des Kapitalismus; sie forderte den Wohlfahrtsstaat als Regulationsinstanz für gesellschaftliche Interessenkonflikte sowie die Gewährleistung sozialer Sicherheit und Mindeststandards individueller Wohlfahrt, aber auch als wirtschaftspolitischen Akteur.

Wohlfahrtsstaat als Steuerungs- und Regulierungsinstanz

In Deutschland wurden in den letzten Jahrzehnten die wohlfahrtsstaatlichen Funktionen und Steuerungskompetenzen beständig erweitert. Die staatlichen Institutionen regulieren auf vielerlei Art die individuellen Lebensläufe (vgl. Mayer/Müller 1986, Leisering 2003) und nehmen massiv Einfluss auf die sozialen Beziehungsstrukturen und fast alle Dimensionen sozialer Ungleichheit. Wir haben in den vorangegangenen Abschnitten gesehen, dass die Familie und andere Lebensformen staatlichen Regelungen unterworfen sind und dass auch Bildungs- und Ausbildungswege sowie Weiterbildungswege vom Staat mitgestaltet werden. Staatliche Institutionen greifen regulierend in die Strukturen des Arbeitsmarkts und des Erwerbslebens ein. Sie regeln den Einstieg in und den Ausstieg aus dem Erwerbsleben und beeinflussen die Einkommens- und Erwerbschancen sowie die Arbeitsbedingungen der Berufstätigen.

Der Staat organisiert zudem die Absicherung im Krankheitsfall, die Pflege im Alter und die Altersversorgung. Kommunen, Länder und Bund gestalten auf verschiedene Weise Wohn-, Umwelt- und Freizeitbedingungen der Menschen mit. Der Staat ergreift auch Maßnahmen, um die Diskriminierung von Minderheiten und sozial Benachteiligten zu verhindern. Durch seine demokratische Ordnung schließlich gewährt er den Bürgern politische Partizipations- und Mitbestimmungsrechte. Die Rechtsstaatlichkeit sichert die Wahrung der Würde und Entfaltungsmöglichkeiten jedes Einzelnen.

Direkte und indirekte Einflussnahme staatlicher Institutionen

Übersicht 6.8 verdeutlicht noch einmal die Doppelfunktion der staatlichen Institutionen in Bezug auf soziale Ungleichheit: Einerseits nimmt der Staat *direkt* – durch die Bereitstellung von Infrastruktur, Dienstleistungen und sozialen Sicherungsmaßnahmen – auf die Ausgestaltung von Lebensbedingungen Einfluss. Andererseits beeinflusst er diese Merkmale *indirekt*, über Gesetzgebung, Verordnungen und weitere Regulierungsmechanismen.

Übersicht 6.8

Aktivitätsfelder und Funktionen des Wohlfahrtsstaats

- *Kontrollfunktionen und Steuerungsaufgaben*: Beispiele sind die Möglichkeiten, auf den Wirtschaftsprozess einzuwirken, und die Bedeutung des Wohlfahrtsstaats als Globalsteuerungsinstanz der Wirtschaft.
- *Anbieten von Dienstleistungen*: Beispiele sind das Angebot im Bereich der Kinderbetreuung, das Bildungs- und Ausbildungswesen oder die Gewährleistung öffentlicher Sicherheit.
- *Bereitstellung von Infrastruktur*: Hier denke man etwa an die Bereiche Verkehr, Kommunikation und Energiewirtschaft.
- *Maßnahmen zur sozialen Sicherheit*: Zu nennen sind vor allem das Sozialversicherungssystem und das Gesundheitswesen. Auch die Zuständigkeit für die Sicherung vor wachsenden globalen Risiken und das Engagement im ökologischen Bereich und beim Umweltschutz gehören dazu.
- *Regulierung von Interessenkonflikten*: Gesellschaftliche Konflikte, wie der zwischen Kapital und Arbeit, sowie Interessenskonflikte auf lokaler und zwischenmenschlicher Ebene werden durch staatliche Gesetze reguliert.

Auch wenn im Zuge des sogenannten Umbaus des Sozialstaats in Deutschland es zu keiner Ausweitung der Staatsaufgaben gekommen und eher ein Rückzug erfolgt ist, wird sich an der großen Bedeutung staatlichen Handelns für die Sozialstruktur der Gesellschaft kaum Entscheidendes ändern – es ist sogar zu erwarten, dass im Zuge der Globalisierung oder der demografischen Entwicklung neue Aufgaben auf den Staat warten, um soziale Ungleichheiten innerhalb der Bevölkerung zu verhindern oder abzumildern. Betrachten wir anhand von fünf Punkten, wie staatliche Strukturen die Sozialstruktur beeinflussen.

Sozialstruktur und staatliche Handlungsfelder

6.3.1

Der Staat als Arbeitgeber

6.3.1.1

Beschäftigte im öffentlichen Dienst

Etwa 4,7 Millionen Menschen waren im Ende Juni 2017 in Deutschland im öffentlichen Dienst beschäftigt. Diese Zahl sank ab der Wiedervereinigung zunächst stetig, bleibt seit einigen Jahren aber relativ stabil. Die Verteilung der Beschäftigten auf verschiedene Aufgabefelder ist in Abbildung 6.9 dokumentiert.

Der öffentliche Dienst als Teil des Beschäftigungssystems zeichnet sich gegenüber privatwirtschaftlichen Beschäftigungsverhältnissen immer noch durch einige Besonderheiten aus, die ungleichheitsrelevant sind:

- die vertragliche Gestaltung nicht befristeter Arbeitsverträge im öffentlichen Dienst (Arbeitsplatzgarantie, formal geregelte Karriere- und Einkommensentwicklung im Berufsverlauf) und Privilegien für Beamte, die seit den letzten Jahren allerdings sukzessive abgebaut werden (Geißler 2014: 201 f.);
- die Auswirkungen auf den Arbeitsmarkt: Die Erweiterung der wohlfahrtsstaatlichen Funktionen führte zu einem expansiven Ausbau des öffentlichen Dienstes. In der alten Bundesrepublik wirkte sich die Ausweitung des staatlichen Sektors in den 1970er-Jahren nachhaltig auf die gesamte Berufsstruktur aus und beschleunigte das Wachstum des tertiären Sektors. Sie erhöhte insbesondere in starkem Maße die Chancen von

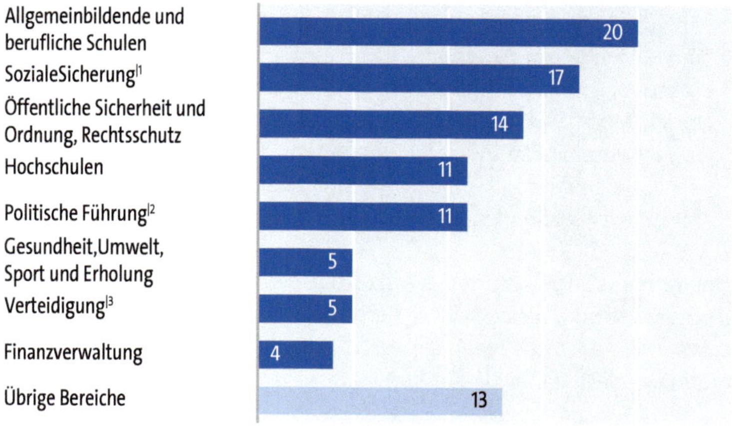

Abb. 6.9

Beschäftigte des öffentlichen Dienstes nach Aufgabenbereichen am 30.6.2017

Quelle: Statistisches Bundesamt 2018a: 369.

Ergebnisse der Personalstandstatistik.

[1] Einschl.gesetzliche Krankenversicherung, Rentenversicherung, Unfallversicherung, Bundesagentur für Arbeit.

[2] Einschl. zentraler Verwaltung und auswärtiger Angelegenheiten.

[3] Einschl. Berufs-/Zeitsoldaten und -soldatinnen, ohne Grundwehrdienstleistende.

Frauen auf eine qualifizierte Erwerbsarbeit. Der Stellenabbau ab Beginn der 1990er-Jahre hat dagegen negative Auswirkungen auf die Karriere- und Mobilitätschancen in der Bevölkerung insgesamt gehabt und zum hohen Niveau der Arbeitslosigkeit beigetragen;
- der gesellschaftliche Einfluss: Positionen auf den mittleren und oberen Entscheidungsebenen in staatlichen Institutionen nehmen Einfluss auf die Gestaltung aller Bereiche allgemein-öffentlichen Interesses, die Top-Positionen zählen zur gesellschaftlichen Elite.

6.3.1.2 | Der Staat als gesellschaftliche Steuerungsinstanz

Der Staat hat einen wesentlichen Anteil an und Einfluss auf die Kontrollstruktur der Gesellschaft (→ Kapitel 5.1). Auch hier lassen sich verschiedene Gesichtspunkte unterscheiden:

Staat und gesellschaftliche Kontrollstruktur

- Der Staat greift in die Mechanismen der Reproduktion und Veränderung sozialer und sozialstruktureller Positionen seiner Bürger ein und bestimmt die Prinzipien der Zuweisung von sozialen Positionen mit. Eine zentrale Rolle spielt dabei das Bildungs- und Ausbildungssystem und dessen strukturelle Anbindung an die Erwerbssphäre. Im modernen Wohlfahrtsstaat soll in diesen Institutionen die Statuszuweisung meritokratisch angelegt sein, d. h., legitime Prinzipien der Verteilung von sozialen Positionen und Belohnungen sollten dem Leistungsgrundsatz verpflichtet sein und eine allein durch Privilegien begründete Statuszuweisung unterbinden. Dies wird beispielsweise durch gesetzliche Regelungen zur Gleichstellung von Mann und Frau unterstützt.
- Der Wohlfahrtsstaat setzt relativ verlässliche, wenn auch zunehmend differenzierte Rahmenbedingungen, innerhalb derer die Individuen ihre Lebensperspektiven entwickeln und die zeitliche Struktur ihres Lebenslaufs organisieren können. Sie müssen sich daran aber auch orientieren (Mayer/Müller 1986). Ein sehr augenfälliges Beispiel sind die Regelungen zum Eintritt in das Bildungssystem, sprich die Schule, und zum Verlauf der Bildungsbeteiligung während der Schulzeit sowie der nachfolgenden Ausbildungsphase.

6.3.1.3 | Der Staat als Regulierungsinstanz für gesellschaftliche und soziale Konflikte

Der Staat nimmt wichtige Aufgaben bei der Schlichtung bzw. Regulierung zentraler gesellschaftlicher Konflikte wahr:

> *»Die Entwicklung der politischen Ordnungen westlicher Industriegesellschaften in den letzten Jahrzehnten läßt sich charakterisieren durch die Ausbildung einer Vielzahl neuer Institutionen zur Bewältigung und Regelung sozialer Konflikte«* (Lepsius 1990, S. 142).

Bezogen auf Klassenkonflikte gehören nach dem deutschen Soziologen M. Rainer Lepsius das Arbeitsrecht, die Sozialversicherungssysteme, die Tarifvertragsfreiheit, die Mitbestimmung auf der Unternehmensebene und das Betriebsverfassungsgesetz zu diesen Institutionen. Ein Effekt dieser Intervention ist die Disaggregierung, d.h. die Zerlegung und Zergliederung des Grundkonflikts zwischen Arbeit und Kapital in einzelne Konfliktlinien oder Konfliktthemen, die jeweils auf sehr konkrete Problemstellungen bezogen sind: Arbeitsbedingungen, Lohnhöhe, Sicherung im Krankheitsfall, Arbeitszeitregelungen. Der Klassenkonflikt hat damit, so Lepsius, seine politische Sprengkraft verloren (Lepsius 1990: 142ff.).

Interessenverbände und Lobbyismus

Dazu gehört auch, dass in einer pluralistischen Wohlstandsgesellschaft Interessengruppen in Verbänden zusammengeschlossen sind, die zum Teil quer zu den Klassengrenzen liegen, zum Teil einzelnen Klassen zurechenbar sind (vom Bauernverband etwa bis zur kassenärztlichen Vereinigung). Wir erinnern in diesem Zusammenhang noch einmal an das Modell von Kreckel (vgl. Abb. 6.1), der in seiner Theorie sozialer Ungleichheit von einem Ungleichheit begründenden Kräftefeld ausging, in dem kollektive und insbesondere korporative Akteure agieren. Sie können in unterschiedlichem Ausmaß in den Kampf um die Verteilung von Lebenschancen eingreifen (Kreckel 1997: 161ff.). In diesem Kräftefeld spielen neben den staatlichen Institutionen und wirtschaftlichen Machtzentren, Gewerkschaften und Unternehmerverbände sowie spezialisierte Interessenorganisationen (Lobbyisten) eine wichtige Rolle. Es gibt weitere Institutionen der gesellschaftlichen Öffentlichkeit, wie etwa kirchliche Verbände, Vereine und Wohlfahrtsorganisationen oder die Medien, die ebenfalls vielfältige Bezüge zu Aspekten der Sozialstruktur einer Gesellschaft aufweisen (intermediäre Instanzen, → Kapitel 6.3.2).

Verbände und Interessenorganisationen sind wichtige korporative Akteure, die sich als Sachwalter der Anliegen bestimmter sozialstruktureller Teilgruppen (Landwirte, Kassenärzte) oder Statusgruppen in der Bevölkerung verstehen. Indem sich diese Gruppen in Verbänden organisieren, vergrößern sie ihren Einfluss auf politische Entscheidungsprozesse und die gesellschaftliche Willensbildung. Das erlaubt ihnen, ihre Belange mit größerer Aussicht auf Erfolg zu vertreten. Dabei spielen ihre Marktmacht und die Größe der von ihnen vertretenen sozialstrukturellen Gruppe eine entscheidende Rolle. Wichtig ist aber auch, wie gut es ihnen gelingt, durch geeignete Aktivitäten einen funktionierenden »Draht« zu staatlichen Institutionen und Entscheidungsträgern aufzubauen (Lobbyismus) oder sich diese sogar zu verpflichten (Leif/Speth 2003). Lobbyismus birgt also die Gefahr der Verstärkung sozialer Ungleichheit, da die einflussreichsten, also schon privilegierten Lobbyverbände in der Regel am erfolgreichsten ihre partikularen Interessen vertreten und sich nicht am Allgemeinwohl orientieren.

6.3.1.4 Der Staat als sozialpolitische Instanz

Sozialpolitik ist ein Instrument zur Bereitstellung von Leistungen, deren Inanspruchnahme oder Nutzung den Bürgern eines Landes nach Maßgabe bestimmter Berechtigungstitel angeboten oder gar vorgeschrieben wird (z.B.: Arbeitslosengeld, Krankenversicherung, Rentenversicherung). Nach dem deutschen Sozialökonom Heinz Lampert hat sie die folgenden expliziten Ziele (Lampert 1994):

Ziele der Sozialpolitik

- die Sicherung der Lebensgrundlagen im Fall des Eintretens vorhersehbarer und unvorhersehbarer, die Existenz gefährdender Risiken der Lebensführung (Arbeitslosigkeit und Einkommensverlust, Unfälle und Krankheiten etc.); das ist der Aspekt *sozialer Sicherheit*;
- die Verbesserung der Lebensgrundlagen wirtschaftlich und sozial benachteiligter Bevölkerungsgruppen – also der Ausgleich bestehender sozialer Ungleichheit: Damit ist der Aspekt *sozialer Gerechtigkeit* angesprochen.

Der Staat setzt dabei grundsätzlich drei verschiedene Interventionsformen ein:

- direkte Transferzahlungen (z.B. Kindergeld, Arbeitslosengeld, Renten);
- die Versorgung mit Dienstleistungen (z.B. Kinderbetreuung, Bildungssystem);
- indirekte Vergünstigungen (Steuerfreibeträge).

Sozialpolitik ist immer auch ein Steuerungsinstrument des Staates (vgl. Übersicht 6.9).

Übersicht 6.9

Soziale Sicherung

Sozialpolitik ist ein Instrument zur Sicherung und Verbesserung der Lebenslage aller Bürger eines Wohlfahrtsstaats (soziale Sicherheit und soziale Gerechtigkeit).

Sie ist ein Steuerungsinstrument des Staates, da ihm die Definitionsmacht über die Kriterien von Bedürftigkeit obliegt und er bestimmt, welches Niveau der Lebensstandard seiner Bürger mindestens haben sollte, damit diese ein menschenwürdiges Leben führen können (soziokulturelles Existenzminimum).

Sozialpolitik zeitigt nicht intendierte Konsequenzen, weil

- sozialpolitische Maßnahmen direkt oder indirekt über den Lebensbereich, auf den sie abzielen, hinaus handlungsrelevante Auswirkungen haben können (Beispiel: Sozialhilfe und Lebensform);
- Akteure sozialpolitische Maßnahmen und Angebote eigensinnig in ihrer Lebensplanung berücksichtigen können und damit nicht den Intentionen der politischen Akteure folgen müssen.

Das Sozialbudget der Bundesregierung listet jährlich die verschiedenen Leistungen des Sicherungssystems auf. Daraus lassen sich die unterschiedlichen Typen und Arten von Sozialleistungen ablesen. Außerdem wird die Art ihrer Finanzierung deutlich, die aus öffentlichen Zuweisungen, den Beiträgen der Versicherten und den Beiträgen der Arbeitgeber erfolgt; sie werden getrennt voneinander ausgewiesen. Die in Abbildung 6.10 gezeigten Leistungen des Sozialbudgets 2017 beliefen sich für Deutschland insgesamt auf 965,5 Milliarden Euro. Die Sozialleistungsquote, also das Verhältnis der Sozialleistungen zum Bruttoinlandsprodukt, betrug 29,6 Prozent (BMAS 2018b: 6). Den Löwenanteil an den Gesamtleistungen stellen die Ausgaben für Krankheit und Invalidität (402,6 Milliarden Euro) für Alter und Hinterbliebene (356,3 Milliarden Euro), sowie für Kinder, Ehegatten und Mutterschaft (106,4 Milliarden Euro). Dazu gehören neben dem Kindergeld und anderen finanziellen Transfers an Familien auch Leistungen für Familien und Kindern, die wir im Kapitel 6.2.3 vorgestellt haben.

Finanzierung der Sozialleistungen

Abb. 6.10

Das Sozialbudget nach Sicherungszweigen im Jahr 2017: Anteile an den Gesamtausgaben einschließlich der Beiträge des Staates

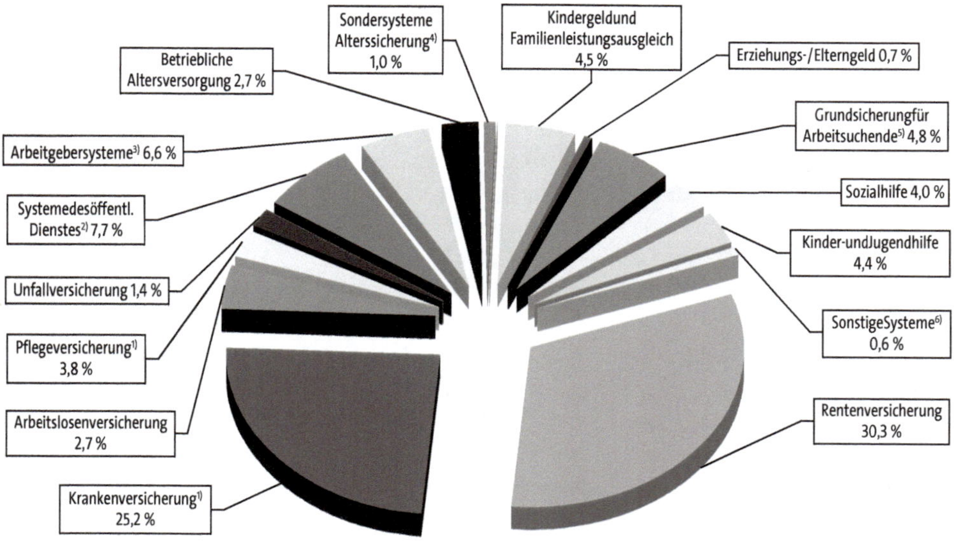

1) Gesetzlich und privat
2) Pensionen,Familienzuschläge,Beihilfen
3) Entgeltfortzahlung,Zusatzversorgungdesöffentl.Dienstesu.a.m.
4) AlterssicherungderLandwirte,Versorgungswerke
5) einschließlichsonstigeArbeitsförderung
6) Ausbildungs-undAufstiegsförderung,WohngeldundEntschädigungssysteme

Quelle: BMAS 2018b: 6.

Soziale Mindestsicherung

Die staatlichen Transferleistungen der sozialen Mindestsicherungssysteme in Deutschland auf Ebene des Bundes und der Länder umfassen folgende Bereiche (vgl. Statistische Ämter des Bundes und der Länder 2019: 8).:

- Gesamtregelleistungen nach dem SGB II (Arbeitslosengeld II und Sozialgeld).
- Mindestsicherungsleistungen im Rahmen der Sozialhilfe nach dem SGB XII (Hilfe zum Lebensunterhalt außerhalb von Einrichtungen, Grundsicherung im Alter und bei Erwerbsminderung).
- Regelleistungen nach dem Asylbewerberleistungsgesetz.

Die Ausgaben für die Mindestsicherung sind also ein Bestandteil der staatlichen Sozialtransfers und dienen der Verminderung sozialer Ungleichheit. Sie machen einen Teil des Sozialbudgets aus. 9,2 Prozent der Gesamtbevölkerung oder 7,6 Millionen Menschen bezogen Ende 2017 Leistungen der Mindestsicherung, darunter 5,9 Millionen Leistungen nach SGB II, 1,2 Millionen Sozialhilfe nach dem SGB XII und 0,5 Millionen Regelleistungen nach dem Asylbewerberleistungsgesetz. Vor allem Menschen in den Stadtstaaten waren auf Leistungen der sozialen Mindestsicherung angewiesen (Bremen 18 Prozent, Berlin 17,7 Prozent), während die niedrigsten Bezugsquoten in Baden-Württemberg (5,6 Prozent) und Bayern (4,9 Prozent) lagen (Statistische Ämter des Bundes und der Länder 2019: 10).

Nach Eurostat lag die Sozialleistungsquote in Deutschland (das Verhältnis der Sozialleistungen zum Bruttoinlandsprodukt) 2014 bei 29,1 Prozent, und damit leicht über dem Durchschnitt der Europäischen Union. Frankreich (34 Prozent), Dänemark (33 Prozent) und Finnland (32 Prozent) haben deutlich höhere Sozialleistungsquoten, während sie in den baltischen Staaten sowie Rumänien sehr viel niedriger sind; Schlusslicht ist Lettland mit einer Quote von 14 Prozent (BMAS 2017: 255f)

Armutsreduktion

Ein Indikator für die ungleichheitsrelevante Wirkung von Sozialpolitik ist das Ausmaß der Armutsreduktion durch staatliche Transferleistungen (Sozialausgaben), wobei man die Renten, die als Einkommen gerechnet werden, hier nicht berücksichtigt. Man vergleicht die Armutsrisikoquote in einer Bevölkerung, die sich ohne die Sozialausgaben ergeben würde, mit der tatsächlichen, unter Berücksichtigung der Sozialausgaben beobachteten Armutsrisikoquote (vgl. Tab. 5.2). Die Armutsrisikoquote wurde in Deutschland durch die Transferleistungen im Jahr 2011 von 25,1 auf 16,7 Prozent gesenkt. Die Sozialleistungen wirkten sich besonders stark bei Alleinerziehenden und bei Familien aus, ohne allerdings die Armut entscheidend beseitigen zu können. Letzteres gelingt noch weniger bei den Arbeitslosen.

Durch Sozialpolitik bereitgestellte Leistungen verändern die Gesamtkonstellation der Rahmenbedingungen für die Lebensgestaltung bzw. die »Wohlfahrtsproduktion« individueller Akteure bzw. sozialer Gruppen von

Akteuren. Mit sozialpolitischen Maßnahmen versucht der Staat, einen abmildernden Einfluss auf das Gefüge sozialer Ungleichheit in einer Gesellschaft auszuüben. Wie der Anstieg der Armutsquoten in den letzten Jahren zeigt (→ Kapitel 5.2), gelingt ihm das jedoch kaum. Es bleibt bei einer Absicherung gegen existentielle Risiken; ihre Ursachen werden nicht erfolgreich bekämpft. Doch sind sozialpolitische Maßnahmen auf der einen Seite durch genau dieses Motiv begründet.

Sozialpolitik als Steuerungsinstrument

Auf der anderen Seite ist die Sozialpolitik als ein wichtiges *Steuerungsinstrument des Staates* anzusehen. Sie soll seine Bürger in die Lage versetzen, so zu handeln, dass die gesellschaftliche Entwicklung und Reproduktion gewährleistet bleibt. Wo ein Interventionsbedarf besteht und wie hoch dieser ist, dies unterliegt wesentlich der Definitionsmacht des Staates. Bedürftigkeit und die Festlegung von Mindeststandards sowie die Etikettierung von Randgruppen der Bevölkerung gehen auf zweifellos oft notwendige staatliche Bestimmungen zurück (vgl. Übersicht 6.10).

Übersicht 6.10

Das soziokulturelle Existenzminimum

Das sogenannte soziokulturelle Existenzminimum ist der Betrag, der zur Sicherung eines minimalen Lebensstandards in der Bundesrepublik Deutschland notwendig ist (Bedarf an Ernährung, Unterkunft, Kleidung, Körperpflege, Hausrat, Heizung und persönliche Bedürfnisse des täglichen Lebens).

Im Unterschied zum physischen Existenzminimum (zu welchem das steuerrechtliche und das schuldrechtliche Existenzminimum gehören) umfasst das soziokulturellen Existenzminimum ausdrücklich (in einem vertretbaren Umfang) auch die Teilhabe am sozialen und kulturellen Leben in der Gemeinschaft; und zwar insbesondere von Kindern und Jugendlichen. Es wird nach dem sogenannten Statistik-Modell berechnet. Der Betrag entspricht den durchschnittlichen Ausgaben des bezogen auf das Nettoeinkommen unteren Quintils der Einpersonenhaushalte (ohne Sozialhilfeempfänger), das auf der Basis der Einkommens- und Verbrauchsstichprobe ermittelt wird. Der Betrag wird jährlich angepasst.

Das soziokulturelle Existenzminimum wurde laut dem 12. Existenzminimumbericht für das Jahr 2019 für eine alleinstehende erwachsene Person auf einen jährlichen Betrag von 9168 Euro und für das Jahr 2020 auf den Betrag von 9408 Euro festgelegt. Auf diesen Betrag ist dann auch der Regelsatz für die Grundsicherungsleistungen der Sozialgesetzgebung (Arbeitslosengeld II, Sozialgeld und Grundsicherung bei Alter und Erwerbsminderung) festgelegt worden (Sozialgesetzbuch II und XII). Für Kinder gelten die Beträge 4788 (2019) und 4788 (2020).

Sozialpolitische Maßnahmen gelten dementsprechend immer auch als Instrument der Regierung, um kulturelle Bestände und Wertesysteme gemäß der eigenen politischen Ziele und Leitbilder durchzusetzen und zu stabilisieren. Umgekehrt wird damit die Legitimationsbasis der jeweiligen Regierung bzw. der Herrschaftsstruktur generell gestärkt.

Unbeabsichtigte Folgen von Sozialpolitik

Doch sind aufgrund der komplexen Struktur sozialer Prozesse die Effekte sozialpolitischer Regelungen nicht vollständig vorhersehbar, geschweige denn kontrollierbar. So kann die Sozialgesetzgebung Auswirkungen auf die Wahl der Lebensform von Akteuren zeitigen, die so gar nicht beabsichtigt sind. Zum Beispiel wird das Einkommen eines Lebenspartners auf den Anspruch auf Arbeitslosengeld II oder Sozialhilfe des anderen Lebenspartners angerechnet, wenn die Partner zusammenleben. Um keine Ansprüche zu verlieren, können Paare also entscheiden, nicht zusammenzuwohnen, sogar auch dann, wenn sie ein gemeinsames Kind haben.

Dieses Beispiel zeigt, dass sozialpolitische Regelungen Teil der Opportunitätsstrukturen individuellen Handelns sind, im Rahmen derer Individuen eigensinnig, damit durchaus auch politischen Intentionen zuwiderhandeln. Sozialpolitische Maßnahmen können daher nicht vorhergesehene oder unerwünschte Zusatzwirkungen haben. Anders ausgedrückt handelt es sich um *nicht intendierte Effekte sozialpolitischer Intervention.*

6.3.1.5 | Der Staat als Interessenverwalter

Nach neomarxistischen Theorien, wie der Theorie der »Disparität der Lebensbereiche« (Bergmann u. a. 1969, vgl. auch Hradil 2001: 84 f.), sind auch die Eigeninteressen des Staates bzw. seiner Entscheidungsträger für staatliches Handeln bedeutsam. Dieses Faktum kann, so ist die These, eine verstärkende Wirkung auf soziale Ungleichheit haben. Staatliche Institutionen orientieren nach diesen Theorien ihr Planen und Handeln in erster Linie an Zielen wie wirtschaftliche Stabilität, Krisenvermeidung und politischer Machterhalt.

Einflüsse auf staatliches Handeln

So lässt sich beispielsweise argumentieren, dass der Wirtschaft und ihren Interessen eine besondere Bedeutung im politischen Entscheidungsprozess zukommt – auch qua Aktivität ihrer einflussreichen Lobbyverbände (→ Kapitel 6.3.1.2). Die Belange etwa der Kulturschaffenden oder gesellschaftlicher Randgruppen werden dagegen weniger stark beachtet. Die Folge ist, dass Bereiche wie Gesundheit und soziale Sicherung oder – heute zunehmend deutlich – Kultur und sogar Bildung tendenziell ökonomischen Zwängen untergeordnet werden. Diese Zwänge sind angesichts der zunehmenden Globalisierung und der wirkungsvollen Drohpotenziale einer international agierenden, mobilen kapitalistischen Wirtschaft groß.

Staatliches Handeln verstärkt in dieser Situation soziale Ungleichheit, da die privilegierten und einflussreichen Teile der Bevölkerung weitere Privilegien erfahren und sie gleichzeitig – im Unterschied zu (einfluss-)ärmeren Bevölkerungsgruppen – von neuen oder alten Defiziten gesellschaftlicher Entwicklung wenig betroffen sind bzw. diese besser verkraften können. Das gilt nicht nur für den monetären Bereich. So trifft eine durch zu laxe Bestimmungen zum Umweltschutz verursachte Verschlechterung von Umweltbedingungen in der Regel vor allem diejenigen, die sich ihren Auswirkungen aufgrund einer beschränkten Mobilität nicht entziehen können. Dazu gehören diejenigen, die diese Bestimmungen zu ihrem ökonomischen Vorteil nutzen und die Umwelt durch ihr Tun belasten, häufig nicht.

Zusammenfassung

Wohlfahrtsstaat und soziale Ungleichheit

Der moderne Wohlfahrtsstaat beeinflusst das Ausmaß sozialer Ungleichheit, indem er

- sich als Arbeitgeber betätigt;
- auf die sozioökonomische Entwicklung einer Gesellschaft Einfluss nimmt;
- gesellschaftliche und soziale Konflikte reguliert;
- sozialpolitische Maßnahmen zur sozialen Sicherheit und sozialen Gerechtigkeit einführt;
- gesellschaftliche Partikularinteressen unterschiedlich gut befriedigt.

6.3.2 Politische Teilhabe der Bevölkerung

In modernen demokratischen Wohlfahrtsstaaten haben wir es mit einer *pluralen Machtstruktur* zu tun, verfassungsmäßig repräsentiert mittels *Gewaltenteilung* zwischen Legislative, Exekutive und Judikative sowie der Existenz unabhängiger Organisationen der politischen Willensbildung, also im Allgemeinen mehrerer, miteinander konkurrierender politischer Parteien. Der deutsche Wohlfahrtsforscher Wolfgang Zapf spricht von *Konkurrenzdemokratie*, die er neben der Marktwirtschaft und der »Wohlstandsgesellschaft mit Massenkonsum und Wohlfahrtsstaat« als eine *Grundinstitution* moderner Gesellschaften betrachtet (Zapf 2008).

Konkurrenzdemokratie

Darüber hinaus gibt es eine Vielzahl weiterer Machtzentren außerhalb der Politik im engeren Sinne (korporative Struktur). Dazu gehören so verschiedene Institutionen wie die Kirchen und die ihnen angeschlossenen Organisationen, Wohlfahrtsverbände, Vereine, Institutionen des Gesundheitssystems, Gewerkschaften, Unternehmerverbände usw. Diese Organi-

Intermediäre Instanzen

sationen versuchen, die Interessen von gesellschaftlichen Akteuren zur Geltung zu bringen, politisch auf die Tagesordnung zu setzen oder in Interessenkonflikte einzubringen. Damit haben wir noch einmal einen Hinweis auf die Bedeutung der *intermediären Instanzen*, die wichtige Transmissionsfunktionen für die Vertretung und Durchsetzung der Interessen der Bürger im politischen Entscheidungsprozess haben.

Exkurs

Exkurs: Zivilgesellschaft

Zivilgesellschaft

»Zwischen der ökonomischen Struktur und dem Staat mit seiner Gesetzgebung und seinem Zwang steht die Zivilgesellschaft.« (Gramscis Gefängnisheft 10, Teil II, zitiert nach Ahlheit 1994: 600) Es gibt gesellschaftliche Instanzen zwischen Staat und Ökonomie, in denen soziale Akteure miteinander um Einfluss und Macht ringen, ohne dabei einen grundlegenden sozialen Konsens zu verlassen: Entscheidend ist für die Zivilgesellschaft die »dauerhafte Trennung und Abgrenzung gegenüber dem Staat« und die Abgrenzung gegenüber der Ökonomie sowie der in ihr dominanten Handlungslogik, die durch das Prinzip ökonomischer Zweckrationalität geprägt ist (Ahlheit 1994: 599 f.).

Gramsci meinte nicht, dass die Zivilgesellschaft unabhängig von Ökonomie und Staat ist, sondern dass in ihren Institutionen (z. B. Kinderschutzbund, Umweltschutzverbände, Bürgerinitiativen) im Rahmen einer Logik sozial gehandelt wird, die eher über Konsensinteressen vermittelt ist. Diese Institutionen bestimmen damit auf eine andere Weise gesellschaftliche Entwicklung mit, als dies wirtschaftliche Verbände tun, die eher ökonomisch begründete Partikularinteressen vertreten.

Partizipationsmöglichkeiten

Die Frage der sozial ungleich verteilten Partizipation der Bevölkerung an gesellschaftlichen Willensbildungsprozessen gewinnt mit der Bedeutung wohlfahrtsstaatlicher Regulierungen für den Einzelnen an Relevanz. Daher ist es nicht unwichtig, in welcher Weise der Zugang zu politischem Einfluss sozialstrukturell unterschiedlich ausgeprägt, also sozial selektiv ist.

Die parlamentarisch-demokratische Verfassung der Bundesrepublik Deutschland garantiert weitreichende politische Partizipationsrechte der Bürger. Dazu gehört das allgemeine Wahlrecht für alle erwachsenen Deutschen. Ausländer, die in Deutschland leben, haben in der Regel weder ein aktives noch ein passives Wahlrecht. Weitere Möglichkeiten der politischen Partizipation, als Versuch der Einflussnahme auf politische Entscheidungsprozesse, sind die Mitarbeit in politischen Parteien, Verbänden und Bürgerinitiativen, die Teilnahme an politischen Veranstaltungen sowie Eingaben bei politischen Entscheidungsträgern. Sie zählen zu den konventionellen Formen politischer Beteiligung. Politischer Protest, die Organisation von und die Teilnahme an Demonstrationen bis hin zu Aktionen wie ziviler Ungehorsam und nicht legale Arten politischen Protests gelten als unkonventionelle Formen.

Politische Partizipation und bürgerliches Engagement

Es lässt sich – mit einer Ausnahme – ein systematisches »Teilnahmedefizit« seitens der unteren Bildungsgruppen und sozialen Schichten bezüglich der politischen Partizipationsformen nachweisen (Engels 2008, Böhnke 2011, Groh-Samberg/Lohmann 2014, Statistisches Bundesamt/WZB 2018: 352). Allein bei der Mitgliedschaft in einer Gewerkschaft gibt es zwischen den Bildungsgruppen geringe Unterschiede bzw. ist der Trend sogar umgekehrt. In Tabelle 6.6 wird dies im Vergleich von Bevölkerungsgruppen mit unterschiedlicher Schulbildung bestätigt. Die Zahlen sind mit Daten des Allbus 2004 am Institut für Sozialforschung und Gesellschaftspolitik (ISG) geschätzt worden.

Vergleicht man Bevölkerungsgruppen mit unterschiedlichen Einkommensniveaus, bestätigt sich ebenfalls das bereits konstatierte »Teilnahmedefizit« unterer sozialer Schichten (vgl. Abb. 6.11). Menschen, die unter der Armutsrisikogrenze leben, engagieren sich deutlich weniger als solche, die nicht unter Einkommensarmut leiden (vgl. auch Böhnke 2011).

Die Mitglieder niedriger sozialer Schichten schätzen auch ihre Einflussmöglichkeiten eher als gering ein und ihre Motivation zum Engagement ist geringer als die von Mitgliedern höherer sozialer Schichten. Umgekehrt erleben die aktiven Teile der Bevölkerung Einflussmöglichkeiten und werden dadurch zu politischem Handeln motiviert. Die Situation hat also den Charakter eines sich selbst verstärkenden Prozesses, da sich faktisch die Ungleichheit der Einflusschancen immer weiter zuungunsten der unteren Schichten vergrößert. Neben diesen strukturellen Ursachen der ungleichen Partizipation von Bürgern am politischen Geschehen und bürgerlichem Engagement kann man eine »Unterschichtsferne« der Politik feststellen: Die

Partizipationsform	Schulabschluss		
	Hauptschule oder ohne Abschluss	Mittlere Reife	(Fach-)Hochschulreife
Mitgliedschaft in ...			
Partei	3,3	3,1	5,1
Gewerkschaft	13,0	13,1	10,3
Beteiligung an ...			
Unterschriftensammlung	40,8	57,6	74,4
Demonstration	15,2	30,5	51,7

Tab. 6.6

Politische und gesellschaftliche Teilhabe nach Bildungsstatus (in Prozent)

Quelle: Engels 2008: 27.

Abb. 6.11

Armutsrisiko und politische Partizipation

Quelle: Engels 2008: 25.

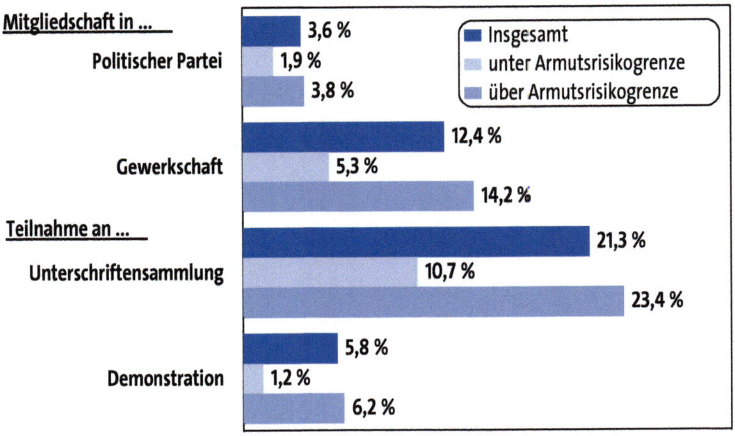

politische Diskussion hat sich mit ihrem steigenden Abstraktionsniveau und Spezialisierungsgrad immer mehr von den lebensweltlichen Erfahrungshorizonten der Menschen entfernt. Das trifft natürlich besonders die Mitglieder der unteren sozialen Schichten und Bildungsgruppen.

Lernkontrollfragen

1. Skizzieren Sie die wichtigsten Einflüsse sozialstaatlichen Handelns auf die Sozialstruktur, d.h. die Beziehungs- und Verteilungsstruktur, einer Gesellschaft.
2. Suchen Sie ein Beispiel für nicht intendierte Folgen sozialpolitischer Intervention.
3. Wie ist die soziale Ungleichheit bezüglich politischer Teilhabe mit anderen Dimensionen sozialer Ungleichheit verknüpft?

Infoteil

Auch zu den hier behandelten Themen sei noch einmal auf das Lehrbuch von Bernhard Schäfers verwiesen. Einschlägig sind natürlich die Arbeiten von Esping-Andersen (1990, 1999) und seiner Kritiker. Einen umfassenden Überblick über die außerordentlich umfangreiche Forschung zu Wohlfahrtsstaaten gibt eine dreibändige, von Stephan Leibfried und Steffen Mau herausgebende Aufsatzsammlung zur Wohlfahrtsstaatsforschung (2008).

Literatur

Ahlheit, Peter (1994): Die Fragilität des Konzepts »Zivilgesellschaft«, in: Das Argument, Jg. 36, Heft4-5, S. 599–607.

Albertini, Marco/Kohli, Martin/Vogel, Claudia (2007): Intergenerational transfers of time and money in European families: common patterns — different regimes?, in: Journal of European Social Policy, Jg. 17, Heft 4, S. 319–334.

Alt, Christian/Gedon, Benjamin/Hubert, Sandra/Hüsken, Katrin/Lippert, Kerstin (2018): DJI-Kinderbetreuungsreport 2018. Inanspruchnahme und Bedarfe bei Kindern bis 14 Jahre aus Elternperspektive – ein Bundesländervergleich, Deutsches Jungendinstitut München.

Andreß, Hans-Jürgen (2003): Lebenslagenkonzept – Lebensstandardansatz: Konkurrierende oder komplementäre Konzepte?, in: Bundesministerium für Gesundheit und Soziale Sicherung (Hg.): Lebenslagen, Indikatoren, Evaluation – Weiterentwicklung der Armuts- und Reichtumsberichterstattung, Bonn.

Andreß, Hans-Jürgen (2008): Lebensstandard und Armut – ein Messmodell, in: Groenemeyer, Axel/Wieseler, Silvia (Hg.), Soziologie sozialer Probleme und sozialer Kontrolle. Realitäten, Repräsentationen und Politik, Wiesbaden, S. 473–487.

Beck, Ulrich (2007): Was ist Globalisierung? 2. Aufl., Frankfurt/M.

Beck, Ulrich (2008): Jenseits von Klasse und Nation: Individualisierung und Transnationalisierung sozialer Ungleichheiten, in: Soziale Welt, Jg. 59, Heft 4, S. 301–325

Berger, Peter/Hank, Karsten/Tölke Angelika (Hg.) (2011): Reproduktion von Ungleichheit durch Arbeit und Familie, Wiesbaden.

Bergmann, Joachim/Brandt, Gerhard/Körber, Klaus/Mohl, Ernst Th./Offe, Claus (1969): Herrschaft, Klassenverhältnis und Schichtung, in: Adorno, Theodor W. (Hg.): Spätkapitalismus oder Industriegesellschaft?, Stuttgart, S. 67–87.

Bertram, Hans (2006): Kinder – die Zukunft Deutschlands : politische Weichenstellungen für eine zukünftige Familienpolitik, in: Henry-Huthmacher, Christine (Hg.): Politik für Familien. Wege in eine kinderfreundliche Gesellschaft, Stuttgart, S. 123–183.

Blossfeld, Hans Peter/Hofäcker, Dirk/Hofmeister, Heather/Kurz, Karin (2008): Globalisierung, Flexibilisierung und der Wandel von Lebensläufen in modernen Gesellschaften, in: Szydlik, Marc (Hg.) Flexibilisierung – Folgen für Arbeit und Familie. VS Verlag für Sozialwissenschaften Wiesbaden, S. 23–46.

BMAS (Hg.) (2015): Projektbericht an das Bundesministerium für Arbeit und Soziales. Analyse der Verteilung von Einkommen und Vermögen in Deutschland, Berlin.

BMAS (Hg.) (2017): Sozialbericht 2017, Bonn.

BMAS (Hg.) (2018a): Sicherheit und Gesundheit bei der Arbeit – Berichtsjahr 2017«, Berlin.

BMAS (Hg.) (2018b): Sozialbudget 2017, Hauptergebnisse, Bonn.

BMFSFJ (Hg.) (2012a): Ausgeübter Erwerbstätigkeit von Müttern. Erwerbstätigkeit, Erwerbsumfang und Erwerbsvolumen 2010. Dossier, Berlin.

BMFSFJ (Hg.) (2012b): Altern im Wandel. Zentrale Ergebnisse des Deutschen Alterssurveys (DEAS), Berlin.

BMFSFJ (Hg.) (2016): Bilanz 10 Jahre Elterngeld, Berlin.

Böhnke, Petra (2011): Ungleiche Verteilung politischer und zivilgesellschaftlicher Partizipation, in: Aus Politik und Zeitgeschichte , Heft 1-2/2011, S. 18–25.

Böhnke, Petra/Delhey, Jan (1999): Lebensstandard und Armut im vereinten Deutschland. WZB Discussion Paper, No. FS III 99-408, Wissenschaftszentrum Berlin für Sozialforschung (WZB), Berlin.

Böhnke, Petra/Delhey, Jan (2013); Lebensstandard und Lebensqualität, in: Mau, Steffen/Schöneck, Nadine M. (Hg.), Handwörterbuch zur Gesellschaft Deutschlands, Wiesbaden, S. 521–537

Buhr, Petra/Huinink, Johannes (2011): Armut im Kontext von Partnerschaft und Familie, in: Berger, Peter A./Hank, Karsten/Tölke, Angelika S. (Hg.): Reproduktion von Ungleichheit durch Arbeit und Familie, Wiesbaden, S. 201–233.

Bundesagentur für Arbeit (Hg.) (2017): Grundsicherung für Arbeitsuchende, Nürnberg.

Bundesagentur für Arbeit (Hg.) (2018a): Sozialversicherungspflichtige Bruttoarbeitsentgelte (Jahreszahlen). Reihe: Tabellen, Nürnberg.

Bundesagentur für Arbeit (Hg.) (2018b): Berichte: Analysen Arbeitsmarkt. Zeitreihen (Jahreszahlen). Deutschland 2017, Nürnberg.

Bundesagentur für Arbeit (2019): Monatsbericht zum Arbeits- und Ausbildungsmarkt. Berichte:

Blickpunkt Arbeitsmarkt | Dezember und Jahr 2018, Nürnberg.
Burkart, Günter (2018): Soziologie der Paarbeziehungen. Eine Einführung, Wiesbaden.
Cornelißen, Waltraud (Hg.) (2005): Gender-Datenreport. 1. Datenreport zur Gleichstellung von Frauen und Männern in der Bundesrepublik Deutschland, München.
Engels, Dietrich (2008): Gestaltung von Politik und Gesellschaft. Armut und Reichtum an Teilhabechancen, Gutachten zur Vorbereitung des 3. Armuts- und Reichtumsberichts, Institut für Sozialforschung und Gesellschaftspolitik e. V., Köln.
Engstler, Heribert/Menning, Sonja (2003): Die Familie im Spiegel der amtlichen Statistik. Lebensformen, Familienstrukturen, wirtschaftliche Situation der Familien und familiendemographische Entwicklung in Deutschland, BMFSFJ, Berlin.
Esping-Andersen, Gøsta (1990): Three worlds of welfare capitalism, Cambridge.
Esping-Anderson, Gøsta (1999): Social foundations of postindustrial economies, Oxford.
Esping-Anderson, Gøsta (2009): The incomplete revolution, Cambridge.
Eurostat (2019): eurostat. Your key to European Statistics. https://ec.europa.eu/eurostat/data/database, Stand 3.1.2019.
Flora, Peter/Heidenheimer, Arnold J. (1981): The Historical Core and Changing Boundaries of the Welfare State, in: dies. (Hg.): The Development of Welfare States in Europe and America, New Brunswick/London.
Fourastié, Jean (1969): Die große Hoffnung des zwanzigsten Jahrhunderts, Köln.
Gäfgen, G. (1972): Theorie der Wirtschaftspolitik, in: Ehrlicher, Werner/Esenwein-Rothe, Ingeborg/Jürgensen, Harald/Rose, Klaus (Hg.): Kompendium der Volkswirtschaftslehre, Bd. 2, 3., neubearb. Aufl., Göttingen, Seite 1–94.
Geißler, Rainer (2000): Entwicklung zur Dienstleistungsgesellschaft, in: Informationen zur politischen Bildung 269: Sozialer Wandel in Deutschland, Bundeszentrale für politische Bildung, Bonn.
Geißler, Rainer (2014): Die Sozialstruktur Deutschlands, 7. grundlegend überarbeitete Aufl., Wiesbaden.
Grabka, Markus M./Schröder, Carsten (2018): Ungleichheit in Deutschland geht bei Stundenlöhnen seit 2014 zurück, stagniert aber bei Monats- und Jahreslöhnen. DIW-Wochenbericht 09/2018, Berlin.
Grabka, Markus M./Westermeier, Christian (2014): Anhaltend hohe Vermögensungleichheit in Deutschland. DIW Wochenbericht 9.2014. Berlin.
Gramsci, Antonio (1999): Gefängnishefte, Band 6: Philosophie der Praxis., hg. von Wolfgang Fritz Haug unter Mitwirkung von Klaus Bochmann, Peter Jehle und Gerhard Kuck, Hamburg.
Groh-Samberg, Olaf/Lohmann, Henning (2014). Soziale Ausgrenzung von Geringqualifizierten: Entwicklungen der materiellen, kulturellen und politischen Teilhabe, in: Bauer, Ullrich/Bolder, Axel/Bremer, Helmut/Dobischat, Rolf/Kutscha, Günter (Hg.), Expansive Bildungspolitik – Expansive Bildung?, Wiesbaden, S. 173–194.
Hank, Karsten (2015): Intergenerationale Beziehungen, in: Hill, Paul B./Kopp, Johannes (Hg.), Handbuch Familiensoziologie, Wiesbaden, S. 463–486.
Hill, Paul B./Kopp, Johannes (2012): Familiensoziologie: Grundlagen und theoretische Perspektiven, Wiesbaden.
Hradil, Stefan (2001): Soziale Ungleichheit, 8. Aufl., Opladen.
Huinink, Johannes (1995): Warum noch Familie. Zur Attraktivität von Partnerschaft und Elternschaft in unserer Gesellschaft, Frankfurt/M.
Huinink, Johannes/Konietzka, Dirk (2007): Familiensoziologie. Eine Einführung, Frankfurt/M.
Huinink, Johannes/Kreyenfeld, Michaela/Trappe, Heike (2012): Familie und Partnerschaft in Ost- und Westdeutschland. Eine Bilanz, in: dies. (Hg.): Familie und Partnerschaft in Ost- und Westdeutschland. Ähnlich und doch immer noch anders, Sonderheft 9 der Zeitschrift für Familienforschung, Opladen, Seite 9–28.
Kalina, Thorsten/Weinkopf, Claudia (2017): Niedriglohnbeschäftigung 2015 – bislang kein Rückgang im Zuge der Mindestlohneinführung. IAQ-Report, Nr. 06/2017, Institut Arbeit und Qualifikation, Duisburg.
Kalina, Thorsten/Weinkopf, Claudia (2018): Niedriglohnbeschäftigung 2016 – beachtliche Lohnzuwächse im unteren Lohnsegment, aber weiterhin hoher Anteil von Beschäftigten mit Niedriglöhnen. IAQ-Report 2018-06. Institut Arbeit und Qualifikation, Duisburg.
Kaufmann, Franz-Xaver (1995): Zukunft der Familie im vereinten Deutschland. Gesellschaftliche und politische Bedingungen, München.
Kreckel, Reinhard (1997): Politische Soziologie der sozialen Ungleichheit, Frankfurt/M.

Lampert, Heinz (1994): Lehrbuch der Sozialpolitik, Berlin.
Leibfried, Stephan (1990): Sozialstaat Europa? Integrationsperspektiven europäischer Armutsregimes, in: Nachrichtendienst des Deutschen Vereins für öffentliche und private Fürsorge, Jg. 70, Heft 9, S. 295–305.
Leibfried, Stephan/Mau, Steffen (Hg.) (2008): Welfare States: Construction, Deconstruction, Reconstruction, Cheltenham.
Leif, Thomas/Speth, Rudolf (Hg.) (2003): Die stille Macht, Lobbyismus in Deutschland, Wiesbaden.
Leisering, Lutz (2003): Government and the Life Course, in: Mortimer, Jeylan T./ Shanahan, Michael J., (Hg.) Handbook of the Life Course, New York, S. 205–25.
Lepsius, M. Rainer (1990): Soziale Ungleichheit und Klassenstrukturen in der Bundesrepublik Deutschland, in: Lepsius, M. Rainer: Interessen, Ideen und Institutionen, Opladen, S. 117–152.
Mayer, Karl U./Müller Walter (1986): The State and the Structure of the Life Course, in: Sørensen, Aage B./Weinert, Franz E./Sherrod, Lonnie R. (Hg.): Human Development and the Life Course, Hillsdale, NJ, S. 219–245.
Mahne, Katharina/Wolff, Julia K./Simonson, Julia/Tesch-Römer, Clemens (Hg.) (2016): Altern im Wandel: Zwei Jahrzehnte Deutscher Alterssurvey (DEAS). Deutsches Zentrum für Altersfragen (DZA), Berlin.
Nave-Herz, Rosemarie (2013): Ehe- und Familiensoziologie – Eine Einführung in Geschichte, theoretische Ansätze und empirische Befunde, 3., überarbeitete Auflage, München.
Niederberger, Andreas/Schink, Philipp (2011): Elnleitung, in: Niederberger, Andreas/Schink, Philipp (Hg.) (2011): Globalisierung. Ein interdiziplinäres Handbuch, Stuttgart, S. 1–8.
Oláh, Livia Sz./Fratczak, Ewa (Hg.) (2013): Childbearing, Women's Employment and Work-Life Balance Policies in Contemporary Europe, Houndmills.
Piore, Michael J. (1978): Lernprozesse, Mobilitätsketten und Arbeitsmarktsegmente, in: Sengenberger, Werner (Hg.): Der gespaltene Arbeitsmarkt. Probleme der Arbeitsmarktsegmentation, Frankfurt/M., S. 67–98.
Schäfers, Bernhard (2012): Sozialstruktur und sozialer Wandel in Deutschland, 9. Aufl., Stuttgart.
Schneider, Norbert (Hg.) (2008): Lehrbuch Moderne Familiensoziologie: Theorien, Methoden, empirische Befunde, Stuttgart.
Schneider, Norbert/Diabaté, Sabine/Ruckdeschel, Kerstin (Hg.) (2015): Familienleitbilder in Deutschland. Kulturelle Vorstellungen zu Partnerschaft, Elternschaft und Familienleben, Opladen.
Schulten, Thorsten/Lübker, Malte (2019): WSI-Mindestlohnbericht 2019. WSI-Report Nr. 46, Düsseldorf
Schwan, Florian/Mai, Christoph-M./Braig, Michael (2018): Arbeitsmarkt im Wandel – Wirtschaftsstrukturen, Erwerbsformen und Digitalisierung, in: Wirtschaft und Statistik, Heft 3/ 2018, S. 24–39
Sengenberger, Werner (1987): Struktur und Funktionsweise von Arbeitsmärkten. Die Bundesrepublik Deutschland im internationalen Vergleich, Frankfurt/M.
Statistische Ämter des Bundes und der Länder (Hg.) 2019: Soziale Mindestsicherung in Deutschland 2017, Wiesbaden.
Statistisches Bundesamt (Hg.) (2017): Verdienste auf einen Blick, Wiesbaden.
Statistisches Bundesamt (2018a): Statistisches Jahrbuch 2018 der Bundesrepublik Deutschland, Wiesbaden.
Statistisches Bundesamt (2018b): Wirtschaftsrechnungen. Laufende Wirtschaftsrechnungen. Einnahmen und Ausgaben privater Haushalte, Fachserie 15, Reihe 1, Wiesbaden.
Statistisches Bundesamt (2018c): Wirtschaftsrechnungen. Einkommens- und Verbrauchsstichprobe. Ausstattung privater Haushalte mit ausgewählten Gebrauchsgütern und Versicherungen, Fachserie 15, Heft 1, Wiesbaden.
Statistisches Bundesamt (Hg.) (2018d): Bevölkerung und Erwerbstätigkeit. Erwerbsbeteiligung der Bevölkerung. Ergebnisse des Mikrozensus zum Arbeitsmarkt, Fachserie 1, Reihe 4.1, Wiesbaden.
Statistisches Bundesamt (Hg.) (2018e): Arbeitsmarkt auf einen Blick. Deutschland und Europa, Wiesbaden.
Statistisches Bundesamt (Hg.) (2018f): Volkswirtschafltiche Gesamtrechnungen. Inlandsproduktberechnung. Detaillierte Jahresergebnisse. Fachserie 18, Reihe 1.4, Wiesbaden.
Statistisches Bundesamt (Hg.) (2018g): Öffentliche Sozialleistungen. Statistik zum Elterngeld, Leistungsbezüge 2017, Wiesbaden.
Statistisches Bundesamt (Hg.) (2019a): Volkswirtschaftliche Gesamtrechnungen. Wichtige Zusammenhänge im Überblick, Wiesbaden.
Statistisches Bundesamt (Hg.) (2019b): Öffentliche Sozialleistungen. Statistik zum Elterngeld. Beendete Leistungsbezüge für im Jahr 2015

geborene Kinder. Januar 2015 bis September 2018, Wiesbaden.

Statistisches Bundesamt/WZB (Wissenschaftszentrum Berlin für Sozialforschung) (Hg.) (2018): Datenreport 2018, Ein Sozialbericht für die Bundesrepublik Deutschland, Bonn.

Stiglitz, Joseph (2002): Die Schatten der Globalisierung, Berlin.

Stiglitz, Joseph (2008): Die Chance der Globalisierung, Berlin.

Szydlik, Marc (1990): Die Segmentierung des Arbeitsmarktes in der Bundesrepublik, Berlin.

Ulrich, Carsten, G. (2005): Soziologie des Wohlfahrtsstaats. Eine Einführung, Frankfurt/M.

Veblen, Thostein (1997): Theorie der feinen Leute. Eine ökonomische Untersuchung der Institutionen, Frankfurt/M.

Westermeier, Christian/Grabka, Markus M. (2015): Große statistische Unsicherheit beim Anteil der Top Vermögenden in Deutschland. DIW Wochenbericht 07/2015, Berlin.

Zapf, Wolfgang (2008): Entwicklung und Sozialstruktur moderner Gesellschaften, in: Korte, Hans/Schäfers, Bernhard (Hg.): Einführung in die Hauptbegriffe der Soziologie, 7., grundlegend überarb. Aufl., Opladen, S. 257–269.

Schluss: Fragen an die aktuelle Sozialstrukturanalyse

7

Inhalt

In diesem Kapitel rekapitulieren wir kurz die Quintessenz des bisher Gesagten und greifen einige offene Fragen der Sozialstrukturforschung auf.

Wir haben in diesem Band einen Überblick über die wichtigsten Grundlagen einer mikrofundierten Sozialstrukturanalyse gegeben und einen theoretisch begründeten, begrifflichen Rahmen dafür vorgestellt. Dabei haben wir zwei miteinander zusammenhängende Dimensionen der Sozialstruktur unterschieden:

- die Muster sozialer Beziehungsgeflechte in einer Gesellschaft (soziale Beziehungsstruktur) und
- die Gliederung der Bevölkerung nach Merkmalen, die für die Stellung oder Positionierung von Individuen im sozialen Beziehungszusammenhang einer Gesellschaft eine wichtige Rolle spielen (soziale Verteilungsstruktur).

Diese Strukturphänomene verstehen wir als das Ergebnis des Handelns von Akteuren, die in ihrem Handeln selbst Bedingungen unterliegen, die durch die Sozialstruktur beeinflusst sind. An vielen Stellen hatten wir gezeigt, dass die Stabilität sozialstruktureller Merkmale keine Selbstverständlichkeit ist. Ebenso wie ihr Wandel ist sie das Ergebnis akteursspezifischer Handungsentscheidungen. Wir haben hervorgehoben, dass das Handeln der Akteure Teil ihres Lebenslaufs ist und dass der wechselseitige Zusammenhang zwischen akteursspezifischem Verhalten und Sozialstruktur nur im Längsschnitt adäquat erfasst werden kann.

Als inhaltliche Schwerpunktbereiche der Sozialstrukturforschung haben wir dann die Bevölkerungsstruktur und -entwicklung sowie Strukturen sozialer Ungleichheit in unserer Gesellschaft vorgestellt. Beide Bereiche sind in einer mehr oder weniger starken Entwicklung begriffen, zu der wir im Folgenden einige abschließende Anmerkungen machen.

7.1 | Demografische Sozialstrukturforschung

Zunehmende Bedeutung der Demografie in der Soziologie

Dieser Teil der Sozialstrukturanalyse hat in der deutschen soziologischen Forschung in den letzten vier Jahrzehnten deutlich an Relevanz gewonnen. Die Demografie fand in die Soziologie zurück, als deutlich wurde, dass die Konsequenzen demografischer Prozesse und des ihnen zugrundeliegenden individuellen Handelns weitreichende Folgen für unsere Wohlstandsgesellschaften haben. Dieses hat zu einer starken Belebung der Forschung zum Zusammenhang zwischen Dimensionen sozialer Ungleichheit auf der einen Seite und demografisch relevantem Verhalten von Akteuren – wie Familiengründung und -erweiterung oder die Wahl von Lebensformen – auf der anderen Seite beigetragen.

Längsschnittorientierung dominant

Die jüngste Entwicklungsphase der Bevölkerungsforschung, in Richtung längsschnittlicher und auf Mikrodaten basierender Ansätze, ist inzwischen etabliert (Huinink/Feldhaus 2009). Es gibt für diesen Teil der Sozialstrukturforschung einen weitgehend geteilten Kanon von Begriffen, Fragestellungen und methodischem Vorgehen. Grundlage großer Teile der demografischen Sozialstrukturforschung ist die handlungstheoretische Annahme, dass demografisch relevante Entscheidungen, wie etwa die Entscheidung zur Elternschaft, Teil der einer individuellen Lebensplanung sind, die sich an der von den Akteuren beurteilten Anreizstruktur orientiert. Damit hat diese Forschung nicht nur wissenschaftlich, sondern auch in der Politikberatung erhebliche Fortschritte gemacht. So kann man annehmen, dass ihre Befunde erheblich dazu beigetragen haben, dass die in den vorangegangenen Kapiteln thematisierten, familienpolitischen Maßnahmen eingeführt wurden (z.B. Elternzeit, Ausbau des Betreuungssystems).

Sicherlich gibt es – insbesondere, was die thematischen Forschungsfelder angeht – weiterhin Lücken im Themenspektrum dieser Forschung, die aus sozialstrukturanalytischer Sicht zu schließen wären. Dazu gehört vor allem eine differenziertere Analyse der Wechselwirkung zwischen sozialstrukturellen Positionen und individuellen Lebensformen auf der Grundlage eines mehrebenentheoretischen Modells. Das stellt große Anforderungen an die Analysedaten. Mittlerweile werden zahlreiche Panelstudien durchgeführt, die für eine entsprechende Forschung geeignete Daten bereitstellen (Gauthier/Farinha/Emery 2018, Huinink u.a. 2011, Schröder u.a. 2019).

Ungleichheitsforschung | 7.2

Die Diskussion um den richtigen Zugang zur Analyse sozialer Ungleichheit stellt sich nach wie vor offener dar. Sicher sind alle Sozialstrukturforscher darüber einig, dass es mit fortschreitender Modernisierung nicht mehr ausreicht, sich auf »klassische« Ungleichheitsmerkmale wie Einkommen, Prestige und Bildung zu beschränken. Soziale Ungleichheit drückt sich unübersehbar auch in anderen, vornehmlich wohlfahrtsstaatlichen, sozialen und emanzipatorischen Dimensionen aus. Es sind daher seit langem *neue Dimensionen* der individuellen Lebenslage vorgeschlagen worden, die, so wurde argumentiert, nicht mehr auf wenige, die sozialstrukturelle Position dominierende Faktoren zurückgeführt werden können.

Größere Vielfalt von Ungleichheitsmerkmalen

Begründet wurde diese Annahme im Wesentlichen mit zwei Argumenten (Hradil 1987):

1. Wohlfahrtsstaatliche, soziale und emanzipatorische Ungleichheitsmerkmale haben in Relation zu den klassischen Merkmalen (Einkommen, Bildung, Macht) an Bedeutung gewonnen. Zum einen hat sich mit dem steigenden Wohlstand der Kanon allgemein geteilter Lebensziele erweitert. Erlebnismöglichkeiten und Lebensqualität (Freizeit, Wohnen) sowie das Streben nach Emanzipation und Partizipation sind für die Menschen wichtiger geworden. Zum anderen hat der Wandel des Arbeitsmarktes ungleichheitsrelevante Risiken der Lebensgestaltung entstehen lassen, die es in früheren Zeiten nicht in dem Ausmaß gegeben hat. Das Streben nach langfristig stabilen Erwerbschancen, Arbeitsplatzsicherheit und sozialer Absicherung tritt in den Vordergrund (→ Kapitel 5.2, Kapitel 6). Mit dem Wandel der Lebensformen schließlich wird die Frage nach der Ungleichheitsrelevanz der Art des privaten Zusammenlebens virulenter. Die Lebensform ist mit einer spezifischen sozialen Dimension der Lebenslage, der Verfügbarkeit vertrauensvoller, intimer Beziehungen, verknüpft. Ihr Fehlen dürfte eine Form sozialer Deprivation darstellen, die in der Ungleichheitsforschung bisher zu wenig beachtet wurde (Buhr/Huinink 2011).
2. Verschiedene Ungleichheitsmerkmale korrelieren nicht mehr in so starkem Maße miteinander, wie das früher der Fall war. Insbesondere die ehemals zentrale Bedeutung der ökonomischen Dimensionen für die Lebenslage hat sich abgeschwächt. Diese These ist heute mehr denn je und berechtigter Weise umstritten.

Beschreibung von Strukturen sozialer Ungleichheit

Sucht man nach Ursachen dafür, dass – wie gezeigt – die soziale Ungleichheit in Deutschland und anderswo nicht geringer bzw. gar größer geworden ist, stellt man fest, dass die ökonomischen Dimensionen sozialer

Ungleichheit eine enorme Bedeutung behalten haben. Das gilt besonders in Zeiten ökonomischer Krisen. Demgemäß gründen zu Recht immer noch alle Gliederungskonzepte sozialer Ungleichheit und Klassifikationen von Lebenslagen und Milieutypologien wesentlich auf ökonomischen Statuspositionen sowie Macht und Prestige. Die gegenwärtig vorgeschlagenen Gliederungskonzepte zeigen gleichzeitig ein uneinheitliches oder gar verwirrendes Bild:

- *Erstens* ist man sich nicht einig, welche Merkmale genau berücksichtigt werden sollen. Es werden verschiedene Milieu- und Lebensstilansätze verwendet (Hartmann 1999, Otte/Rössel 2011). Dabei werden in unterschiedlicher Weise Aspekte subjektiver Wertorientierungen berücksichtigt.
- *Zweitens* ist die Begründung der Gliederungskonzepte in der eher deskriptiv ausgerichteten Schicht-, Milieu- und Lebensstilforschung kaum theoretisch fundiert. Ausnahmen bilden die klassentheoretischen Ansätze marxistischer oder Bourdieuscher Prägung (→ Kapitel 5.3.3). Ein Vorschlag, der die Relevanz verschiedener schicht-, milieu- und lebensstilspezifischer Merkmale inkl. der Wertorientierungen für soziale Ungleichheit aus handlungstheoretischer Sicht rekonstruiert und begründet, stammt von dem deutschen Soziologen Jörg Rössel. Er rekurriert dabei wesentlich auf das im Kapitel 3 vorgestellte Mehrebenenmodell (Rössel 2005: 182).
- *Drittens* fehlen theoretische Begründungen zu den Bedingungen der Stabilität dieser neuen Milieus und Lebensstile sowie für die (Un-)Durchlässigkeit von Schicht- und Milieugrenzen: Beispielsweise schreibt Beck (1986: 125) zwar, dass die Überschneidungszonen zwischen den Klassenwelten wachsen und an ihre Stelle Konsumstile treten. Es ist aber genauer zu begründen, ob, warum und wie sich Milieus oder Lebensstile gegeneinander abgrenzen, wenn entsprechende Strukturkonzepte sozialer Ungleichheit nicht bei einer Beschreibung flüchtiger mode- und szenespezifischer Vielfältigkeiten stehen bleiben sollen.

Die multidimensionalen Gliederungskonzepte leisten jedoch einen wichtigen Beitrag zum Verständnis sozialer Ungleichheit und haben im Sinne einer »Paradigmen-Vielfalt« neben den klassischen Gliederungskonzepten Bestand (vgl. Geißler 2014: 127ff.). Diskutiert wird dabei nicht nur über die (neuen) Handlungsbedingungen individueller Zielverfolgung, die sich in der objektiven Lebenslage von Akteuren niederschlagen, sondern man thematisiert vermehrt auch die Rolle der *subjektiven* Dimensionen sozialer Ungleichheit. Dafür werden neben objektiven Kriterien der Lebenslage Merkmale der subjektiv wahrgenommenen Wohlfahrtssituation berücksichtigt (Voges 2002). Aus subjektiver Sicht lassen sich objektive Ungleichheiten in Lebenslagedimensionen – beispielsweise das Einkommen oder die

Subjektive Dimension der Lebenslage

Möglichkeit, politisch Einfluss zu nehmen – durchaus als unterschiedlich gravierend wahrnehmen. Das hängt von der subjektiv unterschiedlichen Relevanz der Ziele, etwa »wirtschaftlicher Wohlstand« oder »politische Partizipation«, ab und davon, welche Ansprüche man diesbezüglich vertritt, d.h. wie viel Geld oder Einfluss man für sich als befriedigend ansieht.

Aus unserer Sicht spricht viel dafür, sich bei der Darstellung der Lebenslage zunächst auf die objektiven Faktoren zu beschränken. So haben wir es in diesem Band gehalten. Die subjektive Wahrnehmung der individuellen Wohlfahrtslage hängt stark davon ab, ob und wie gut Akteure meinen, aus ihrer subjektiven Sicht und vor dem Hintergrund ihrer subjektiven Ansprüche ihre Lebensziele mit den ihnen zur Verfügung stehenden Ressourcen erreichen zu können. Ihre Ansprüche wiederum hängen von dem erreichten Status und davon ab, mit wem sie ihren Lebensstandard vergleichen. Es ist daher ein komplexes Unterfangen, individuelle Wertemuster als erklärende Faktoren in die Analyse sozialer Ungleichheit einzubeziehen. Wie oben angedeutet, dürfen subjektive Faktoren zwar nicht außen vorgelassen werden. Ihre Relevanz kann aber nur im Rahmen einer dynamischen Analyse der Wechselwirkung subjektiver und objektiver Faktoren theoretisch und empirisch einwandfrei bestimmt werden (Schröder 2007).

»Neue« Determinanten sozialer Ungleichheit

Wir haben in Kapitel 5.2 vorgeschlagen, bei der Beschreibung sozialer Ungleichheit zwischen den in der individuellen Lebenslage enthaltenen Dimensionen sozialer Ungleichheit und den diese Lebenslage bestimmenden Determinanten zu unterscheiden, um Beschreibung und Erklärung sozialer Ungleichheit nicht zu vermischen. Wie bei den Dimensionen haben sich, so wird behauptet, mit fortschreitender Modernisierung auch die Gewichte bei den Determinanten sozialer Ungleichheit verändert (Hradil 1987: 40 ff.). Auch wenn der Beruf als bislang wichtigste Determinante kaum an Bedeutung verloren habe, hätten neue Aspekte an Relevanz und Aufmerksamkeit gewonnen (Geschlecht, Region, Lebensform, Nationalität). Ebenso müssten Veränderungen bzgl. der Eigendynamik sozialer Ungleichheit berücksichtigt werden (vgl. Voges 2005: 50 ff.). Klassische Thesen, etwa zur Geltung des Dominanzprinzips (→ Kapitel 5.3.2), reichten nicht mehr aus, um die vielschichtigen Ursachen für soziale Ungleichheit zu erfassen.

Determinanten sozialer Ungleichheit sind immer im Kontext einer erklärenden Theorie einzuführen. Mit den neuen Dimensionen sozialer Ungleichheit sind zum Beispiel andere Erklärungszusammenhänge in den Vordergrund gerückt, die auf neue Determinanten zurückgreifen. Dazu gehört die gestiegene Bedeutung wohlfahrtsstaatlicher Aktivitäten, die einen starken Einfluss auf die gesamte Lebensgestaltung und -planung der Menschen nehmen (Leisering 2003).

Die vorstehenden Erörterungen verweisen auf die große Bedeutung des sozialen Wandels für die Erklärung sozialer Ungleichheit. Sie konnte in diesem Buch nur punktuell angesprochen werden. Vor allem auf Aspekte des demografischen Wandels und auf die strukturverändernden Effekte der Globalisierung und technischen Innovationen sind wir in den Kapiteln 4 und 6 kurz eingegangen. Individualtheoretisch ist in diesem Zusammenhang noch einmal auf den *Lebenslaufansatz* zu verweisen. Fußend auf dem Konzept der Mikrofundierung struktureller Phänomene und strukturellen Wandels wird die soziale Ungleichheit so aus einer biografischen Perspektive erklärt. Damit werden die Aspekte der Entstehung, der zeitlichen Entwicklung und des Episodencharakters sozialer Ungleichheit betont (vgl. Mayer 2004). Soziale Ungleichheit ist von biografisch relevanten Entscheidungen abhängig, die ihrerseits durch die individuellen Ressourcen sowie die jeweils herrschenden Handlungsbedingungen der Akteure (etwa auf dem Arbeitsmarkt) beeinflusst sind. Die subjektiven Faktoren kommen zusätzlich als eigenständige Einflussdimension zum Tragen, wie die Entwicklungs- und Sozialpsychologie zeigt. Die Entwicklung entsprechender, interdisziplinär angelegter Theorien ist in vollem Gange (Bernardi/Huinink/Settersten 2018).

Literatur

Beck, Ulrich (1986): Die Risikogesellschaft, Frankfurt/M.

Bernardi, Laura/Huinink, Johannes/Setersten Rick (2018): The life course cube: A tool for studying lives, in: Advances in Life Course Research, online first: doi.org/10.1016/j.alcr.2018.11.004.

Buhr, Petra/Huinink, Johannes (2011): Armut im Kontext von Partnerschaft und Familie, in: Berger, Peter A./Hank, Karsten/Tölke, Angelika S. (Hg.): Reproduktion von Ungleichheit durch Arbeit und Familie, Wiesbaden, S. 201–233.

Gauthier, Anne H./ Farinha, Susana C. L./Emery, Tom (2018): Generations and Gender Survey study profile, in: Longitudinal and Life Course Studies, Jg. 9, Heft 4, S. 456–465.

Geißler, Rainer (2014): Die Sozialstruktur Deutschlands. 7. grundlegend überarbeitete Aufl., Wiesbaden.

Hartmann, Peter (1999): Lebensstilforschung. Darstellung, Kritik und Weiterentwicklung, Opladen.

Hradil, Stefan (1987): Sozialstrukturanalyse in einer fortgeschrittenen Gesellschaft, Opladen.

Huinink, Johannes/Feldhaus, Michael (2009): Family Research from the Life Course Perspective, in: International Sociology, Jg. 24, Heft 3, S. 299–324.

Huinink, Johannes/Brüderl, Josef/Nauck, Bernhard/Walper, Sabine/Castiglioni, Laura/Feldhaus, Michael (2011): Panel Analysis of Intimate Relationships and Family Dynamics (pairfam) – Conceptual Framework and Design, in: Zeitschrift für Familienforschung, Jg. 23, Heft 1, S. 77–101.

Leisering, Lutz (2003): Government and the Life Course, in: Mortimer, Jeylan T./Shanahan, Michael J., (Hg.) Handbook of the life course, New York, S. 205–25.

Mayer, Karl U. (2004): Whose lives? How history, societies, and institutions define and shape life courses, in: Research in Human Development, Jg. 1, Heft 3, S. 161–187.

Otte Gunnar/Rössel Jörg (2011): Lebensstile in der Soziologie, in: Rössel, Jörg/Otte, Gunnar (Hg), Lebensstilforschung. Sonderheft 51 der Kölner Zeitschrift für Soziologie und Sozialpsychologie, Wiesbaden, S. 7–34.

Rössel, Jörg (2005): Plurale Sozialstrukturanalyse. Eine handlungstheoretische Rekonstruktion der Grundbegriffe der Sozialstrukturanalyse, Wiesbaden.

Schröder, Carsten/Goebel, Jan/Grabka, Markus M./Liebig, Stefan/Kroh, Martin/Richter, David/Schupp, Jürgen (2019): The German Socio-Economic Panel Study (SOEP), in: Jahrbücher für Nationalökonomie und Statistik 238.

Schröder Torsten (2007): Geplante Kinderlosigkeit? Ein lebensverlaufstheoretisches Entscheidungsmodell. In: Konietzka, Dirk/Kreyenfeld, Michaela (Hg): Ein Leben ohne Kinder. Kinderlosigkeit in Deutschland, Wiesbaden, S. 365–399.

Voges, Wolfgang (2002): Perspektiven des Lebenslagenkonzepts, in: Zeitschrift für Sozialreform, Jg. 48, Heft 3, S. 262–278.

Voges, Wolfgang u. a. (2005): Methoden und Grundlagen des Lebenslagenansatzes, Reihe Lebenslagen in Deutschland, hg. vom Bundesministerium für Gesundheit und Soziale Sicherung, Bonn.

8 | Anhang: Daten zur Sozialstruktur – ein Überblick

Die Sozialstrukturanalyse »lebt« von empirisch erhobenen Informationen zur sozialen Beziehungs- und Verteilungsstruktur einer Gesellschaft. Dazu gehören besonders Daten zu verschiedenen Merkmalen der Bevölkerungsstruktur und -entwicklung sowie der sozialen Ungleichheit in einer Gesellschaft.

8.1 | Hinweise zur Nutzung von Informationsquellen

Informationsquelle Internet

Neben Handbüchern, kommentierten Datensammlungen wie dem Datenreport, statistischen Jahrbüchern und der ständig zunehmenden Zahl von Publikationen im Rahmen der Berichterstattung im Bereich der Politik spielt das Internet als Informationsquelle eine immer wichtigere Rolle. Auch wir haben es für die Erstellung dieses Buches genutzt. Die Vielfalt der meist kostenlos verfügbaren Informationen zu relevanten Themen der Sozialstrukturforschung ist mittlerweile sehr groß. Vor allem die Zahl der Sekundärquellen hat zugenommen. Dabei handelt es um die Publikation statistischer Befunde durch Autoren, Statistikplattformen oder Angeboten wie Wikipedia, die Originaldaten von Primärquellen, wie dem Statistischen Bundesamt oder der Bundesagentur für Arbeit, aufbereiten und in ansprechender Form präsentieren. Sie bieten einerseits den Vorteil, ohne aufwendige Recherche an spezifische Informationen zu heranzukommen. Andererseits birgt die Verwendung einer Sekundärquelle immer die Gefahr, dass Anbieter, etwa aus dem Bereich der Printmedien und elektronischen

Medien, mit den zur Verfügung gestellten Informationen und deren Interpretation bestimmte Interessen verfolgen. Bei Papier-Veröffentlichungen bürgen Verlag, Herausgeber und Autor mit ihrem Namen dafür, dass sie korrekte Informationen weitergeben. Zwar ist dies keine automatische Garantie für Glaubwürdigkeit, allerdings lassen sich Reputation und politische Einordnung einfacher beurteilen als bei Online-Publikationen. Wenn die Online-Recherche zu einem Thema einen Treffer erbrachte, ist es unbedingt notwendig, die Informationen kritisch auf ihre Glaubwürdigkeit hin zu prüfen – und im Zweifelsfall auf ihre Verwendung zu verzichten. Dies ist vor allem dann geboten, wenn zu den Recherchethemen uneinheitliche Befunde auftauchen.

Kriterien zu Beurteilung der Qualität einer Informationsquelle

Die Glaubwürdigkeit von Internetquellen fußt auf den bekannten Kriterienkatalogen zur Bewertung von Internetquellen, wie sie etwa von Universitäten online als Recherche-Hilfe zur Verfügung gestellt werden. Einen guten Einstieg in die Thematik bietet die Universitätsbibliothek der Ruhr-Universität Bochum mit ihrer Übersicht zur »Evaluation von Websites« (http://www.ub.ruhr-uni-bochum.de/digibib/Seminar/Evaluation_WWW-Seiten.html). Aus der umfangreichen Sammlung der dort genannten Prüfkriterien lassen sich drei Hauptaspekte herausfiltern: Die Glaubwürdigkeit der Urheberschaft, und die Glaubwürdigkeit des informativen Inhalts und die Glaubwürdigkeit der Primärquelle.

Übersicht 8.1

Beurteilung der Qualität von Informationsquellen
(vgl. http://www.ub.ruhr-uni-bochum.de/digibib/Seminar/Evaluation_WWW-Seiten.html, Stand 28.3.2019)

1. ***Glaubwürdigkeit der Urheberschaft einer Informationsquelle:***

- *Reputation des Betreibers der Informationsquelle (des Servers):* Haben wir es mit öffentlichen Forschungseinrichtungen und Universitäten, öffentlich kontrollierten Institutionen (z. B. Regierungen oder regierungsnahe Institution) oder kommerziellen Anbietern, privatwirtschaftlichen Unternehmen, Lobbyverbänden oder Privatpersonen zu tun? Ist die Urheberschaft der Information nicht klar ersichtlich und sind keine eindeutigen Kontaktdaten angegeben (etwa im Impressum), ist Vorsicht angebracht. Eine öffentliche Kontrolle der Informationen fehlt weitgehend. Aufschlussreich kann ein Nachschlagen der Urheberschaft, bzw. des Urhebers bei www.wikipedia.de oder www.lobbypedia.de sein.
- *Reputation des Verfassers der Information:* Ist der (namentlich genannte) Verfasser öffentlich bekannt, können Lebenslauf, bestehende Vernetzungen, berufliche Tätigkeiten, akademische Titel sowie bereits vorhandene Ver-

öffentlichungen Rückschlüsse auf dessen politische Orientierung und Sachkompetenz geben.

- *Kontextuelle Einbettung der der Website:* Gibt es weitere, ebenfalls auf der Website angebotene Informationen und Verweise? Ist auf der Webseite unseriöse Werbung geschaltet? Dabei sollten auch »formale« Kriterien der Publikation, wie etwa dessen Datierung oder die Rechtschreibung berücksichtigt werden.

2. ***Glaubwürdigkeit des Inhalts einer Informationsquelle***
   - *Wissenschaftliche Qualität der Information*: Ist der Text aktuell oder gibt es einen klaren zeitlichen Bezug der Informationen? Ist der Text verständlich formuliert, inhaltlich aufeinander aufbauend und logisch gegliedert? Werden eigene Meinungen und objektive Sachverhalte voneinander getrennt oder finden sich gar wertende Formulierungen in der Wortwahl (»politisches Framing«)? Skepsis ist auch angebracht, wenn offenkundig einseitig und lückenhaft informiert wird
   - *Überprüfbarkeit und kontextuelle Qualität der Argumente:* Ist die Argumentation nachvollziehbar und mit objektiv überprüfbaren Sachverhalten und Statistiken belegt? Sind diese korrekt zitiert? Es muss für den Leser möglich sein, die genannten Quellen und Primärdaten unaufwendig einzusehen, um deren Inhalt und Güte selbst beurteilen zu können. Ist dies nicht der Fall und werden die genannten Fakten nur unzureichend oder überhaupt nicht belegt, ist Vorsicht angebracht. Das Gleiche gilt für den Fall, dass die zugrundeliegenden Quellen unglaubwürdig erscheinen. Es sollte möglichst nach der Bestätigung durch eine weitere – glaubwürdigere – Quelle gesucht werden. Von einer Verwendung der Information ist generell abzuraten, wenn die im Text verwendeten Verweise und Zitate auf unseriöse Primärquellen verweisen.
3. ***Glaubwürdigkeit einer Primärquelle:***
   - Die goldene Regel der kritischen Überprüfung von Informationen lautet, *immer die Primärquellen publizierter empirischer Informationen selbst zu konsultieren.* Primärquellen können auch eine andere, als die im Text gegebene Interpretationen erlauben. Die Qualität oder Glaubwürdigkeit einer Primärquelle lässt sich einerseits nach den unter Punkt 1 genannten Kriterien der Glaubwürdigkeit der Urheberschaft beurteilen. Die Qualität empirischer Befunde bzw. statistischer Quellen lässt sich zudem anhand eines in der Regel zugehörigen Methodenberichts bewerten. Er dokumentiert Eigenheiten der Datengrundlage und verwendeter Erhebungsmethoden.

Die Kriterien zur Beurteilung der Glaubwürdigkeit können geben Anhaltspunkte für die Einschätzung. Dennoch ist es möglich, dass die angebotenen Informationen tendenziös oder falsch sind. Der beste Schutz bleibt ein wacher, kritischer Geist.

Informationsquellen zur Sozialstruktur | 8.2

Im Folgenden sind einige deutsche und europäische Institutionen aufgelistet, die aktuelle und weitgehend zuverlässige Informationen zu verschiedenen Themenfeldern der Sozialstrukturanalyse anbieten. Die Auswahl wurde mit der Absicht zusammengestellt, einige längerfristig verfügbare und möglichst aktuelle Einstiegsmöglichkeiten in die eigenständige Recherche zu geben. Deshalb finden sich hier nur Datenangebote, deren Zuverlässigkeit regelmäßig durch – zum Teil unabhängige – Gutachten und Methodenreports kontrolliert wird.

Statistisches Bundesamt

Statistisches Bundesamt (http://www.destatis.de):
Informationsangebot/Schwerpunkt: Amtliche Statistik mit ausführlichen Informationen zu allen Themen der Sozialstrukturanalyse.

Beschreibung: Das Statistische Bundesamt erhebt, analysiert und veröffentlicht statistische Informationen zu Wirtschaft, Gesellschaft und Umwelt. Die aufbereiteten Daten werden tagesaktuell online zur Verfügung gestellt.

Veröffentlichungen: Das Statistische Bundesamt veröffentlicht jährlich das **Statistische Jahrbuch** sowie – in Zusammenarbeit mit anderen sozialwissenschaftlichen Institutionen – den **Datenreport**. Daneben sind die Fachveröffentlichungen (**Fachserien und -berichte**), spezielle, zusammenfassende Publikationen zu einzelnen Fragestellungen und die Zeitschrift **Wirtschaft und Statistik** zu nennen. Eine Übersicht findet sich im jährlich erscheinenden Gesamtkatalog des Statistischen Bundesamtes.

Datenquellen:

- Jährlich wird ein Prozent der Bevölkerung der Bundesrepublik Deutschland im Rahmen des **Mikrozensus** über ihre Lebensformen, ihre wirtschaftliche und soziale Lage befragt. Der Mikrozensus ist eine zentrale Informationsquelle zu haushaltsspezifischen Themen.
- Die **Einkommens- und Verbrauchsstichprobe (EVS)** wird seit 1964 alle fünf Jahre durchgeführt und liefert Informationen über die Entwicklung der wirtschaftlichen Lebensverhältnisse in den Privathaushalten.

Im Jahr 2011 wurde ein registergestützter Zensus durchgeführt. Erste Ergebnisse dieser **Volkszählung von 2011** sind seit Mai 2013 verfügbar. Eigenrecherchen können über das Statistikportal des Bundes und der Länder (www.statistikportal.de) begonnen werden. Hier erhält man Zugang nicht nur zur Auswertung des aktuellen Zensus 2011 (https://ergebnisse.zensus2011.de/), sondern auch zur Online-Datenbank **GENESIS** (https://www-genesis.destatis.de). Beide Datenbanken bieten unter anderem Statistiken an zu den Feldern Gebiet und Bevölkerung, Migration, Religion, Erwerbstätigkeit, Wahlen, Bildung, Sozialleistungen, Gesundheit, Recht, Wohnen und Umwelt.

Mit den vielen aktuellen und gut aufbereiteten Statistiken zu verschiedenen, sozialstrukturell relevanten Themen gehört der regelmäßig erscheinende **Datenreport** (herausgegeben vom Statistischen Bundesamt und dem WZB) zu den wichtigen überblickartigen Veröffentlichungen. Überdies veröffentlicht das Statistische Bundesamt zu zahlreichen Themen Broschüren, die auch in diesem Band verschiedentlich genutzt wurden – so zum Beispiel zum Arbeitsmarkt.

Statistische Landesämter

Statistische Landesämter:
Informationsangebot/Schwerpunkt: Regionale und bundesweite Statistiken.

Beschreibung: Die Statistischen Landesämter der Bundesländer erstellen als Landesbehörden bundeslandspezifische Statistiken und nehmen in Zusammenarbeit mit dem Statistischen Bundesamt die Aufgaben der bundeseinheitlichen amtlichen Statistik in Deutschland wahr.

Veröffentlichungen/Datenquellen: Statistische Jahrbücher und die amtliche Statistik sind über die Landesämter abrufbar.
Internetadressen der Statistischen Landesämter:

- Baden-Württemberg: https://www.statistik-bw.de/
- Bayern: http://www.statistik.bayern.de
- Berlin und Brandenburg : http://www.statistik-berlin-brandenburg.de
- Bremen: http://www.statistik.bremen.de
- Hamburg und Schleswig-Holstein: http://www.statistik-nord.de
- Hessen: https://statistik.hessen.de/
- Mecklenburg-Vorpommern: http://www.statistik-mv.de
- Niedersachsen: http://www.statistik.niedersachsen.de
- Nordrhein-Westfalen: http://www.it.nrw.de/
- Rheinland-Pfalz: http://www.statistik.rlp.de
- Saarland: http://www.saarland.de/statistik.htm
- Sachsen: http://www.statistik.sachsen.de/
- Sachsen-Anhalt: https://statistik.sachsen-anhalt.de/
- Thüringen: http://www.tls.thueringen.de

Bundesregierung und Bundesministerien

Bundesregierung und Bundesministerien (http://www.bundesregierung.de): *Informationsangebot/Schwerpunkt*: Darstellungen des aktuellen Forschungsstands zu verschiedenen sozialstrukturellen Themenbereichen.

Beschreibung: Die Bundesregierung bzw. die jeweiligen Bundesministerien veröffentlichen zu diversen Themen informative Fachberichte, die in der Regel von wissenschaftlich besetzten Kommissionen erstellt werden.

Veröffentlichungen:

- Die **Bundeszentrale für politische Bildung** (http://www.bpb.de/) hat als nachgeordnete Behörde des Bundesministeriums des Inneren die Aufgabe, durch vielfältige Veröffentlichungen zur politischen Bildung das Verständnis für politische Sachverhalte zu fördern. Dazu gibt sie aktuelle, medial ansprechend aufbereitete Publikationen zu vielfältigen gesellschaftlich relevanten Themen heraus, darunter thematisch breit gestreute Einzelveröffentlichungen und eine Reihe regelmäßig erscheinender Zeitschriften. Zu nennen sind insbesondere »Info aktuell«, die dreimonatlich erscheinenden »Informationen zur politischen Bildung« (schwarzen Hefte) und die wöchentlich erscheinende Zeitschrift »Aus Politik und Zeitgeschichte« (APuZ).
- Der **deutsche Bundestag** (https://www.bundestag.de/dokumente) stellt umfangreiches Informationsmaterial zu den im Bundestag behandelten Themen zur Verfügung. Neben Drucksachen, Plenarprotokollen sowie Fachinformationen und Analysen, gibt es auch ein thematisch geordnetes Textarchiv und ein Dokumentations- und Informationssystem (DIP). Einsehbar sind auch Ausarbeitungen der Wissenschaftlichen Dienste (WD).
- Das **Bundesinnenministerium für Arbeit und Soziales** (http://www.bmas.de) veröffentlichte 2017 den **Fünften Armuts- und Reichtumsbericht** sowie den vom Robert Koch-Institut und dem Statistischen Bundesamt erarbeiteten **Gesundheitsbericht** »Gesundheit in Deutschland«, 2015)(http://www.gbe-bund.de). Letzterer vermittelt einen Überblick über die gesundheitliche Situation der Bevölkerung und das Gesundheitswesen in der Bundesrepublik Deutschland. Daneben gibt es weitere Beiträge zu diversen gesundheitsbezogenen Themen, etwa zur gesundheitlichen Lage von Männern (2014), oder zur gesundheitlichen Ungleichheit in verschiedenen Lebensphasen (2017). Es gab 2016 zudem den Bericht **Sicherheit und Gesundheit bei der Arbeit 2016** heraus, das regelmäßig unter der Federführung der Bundesanstalt für Arbeitsschutz und Arbeitsmedizin (BAuA) erstellt wird. Seit 2011 wird zudem der jährlich erscheinende Bericht zum **Sozialbudget** veröffentlicht, der ausführlich über die Einnahmen und Ausgaben des deutschen Sicherungssystems informiert. Ergänzend dazu erscheint alle vier Jahre der **Sozialbericht** (zuletzt 2017), welcher die Zahlen fortführt und die Maßnahmen in der aktuellen Sozialpolitik erläutert.

- Das **Bundesministerium für Bildung und Forschung** (http://www.bmbf.de) und die Ständige Konferenz der Kultusminister der Länder (KMK) veröffentlichen den **Bildungsbericht** »Bildung in Deutschland 2018« (http://www.bildungsbericht.de). Dieser wird federführend vom Deutschen Institut für Internationale Pädagogische Forschung (DIPF), in Zusammenarbeit mit dem Deutschen Jugendinstitut (DJI), der Hochschul-Informations-System GmbH (HIS) und dem Soziologischen Forschungsinstitut Göttingen (SOFI) erstellt. Er basiert auf repräsentativen empirischen Erhebungen und behandelt das deutsche Bildungswesen anhand ausgewählter Indikatoren.
- Das **Bundesministerium für Familie, Senioren, Frauen und Jugend** (http://www.bmfsfj.de/) veröffentlicht regelmäßig Studien und Berichte zur Situation von Familien sowie Senioren, Frauen und Jugendlichen. Neben dem regelmäßig erscheinenden Familienreport (zuletzt 2017, früher »Familienbericht«) gibt es auch Publikationen zu weiteren Themen wie Vereinbarkeit von Familie und Beruf, die Lebenslage von Familien, soziales Engagement oder Migration.

Gesellschaft sozialwissenschaftlicher Infrastruktureinrichtungen e. V.

Gesellschaft sozialwissenschaftlicher Infrastruktureinrichtungen e. V. (GESIS) (http://www.gesis.org):

Informationsangebot/Schwerpunkt: Sozialwissenschaftliche Empirie und Methodologie.

Beschreibung: Die GESIS stellt eine umfangreiche Sammlung von Informationsdatenbanken zu sozialwissenschaftlicher Forschung bereit. Hier werden Umfragedaten zu verschiedensten sozialwissenschaftlichen Fragestellungen verfügbar gemacht sowie eine umfassende Beratung und Weiterbildungen in methodischen Fragen angeboten.

Veröffentlichungen: Die GESIS gibt regelmäßige Publikationen wie den **GESIS-Report** sowie eine Zeitschrift zu empirischen Methoden (»**methoden daten analysen**«) heraus.

Datenquellen: Beispielhaft seien als bekanntere Datensätze, die über die GESIS zu beziehen sind, die »Allgemeine Bevölkerungsumfrage der Sozialwissenschaften« (**ALLBUS**), der deutsche Teil des »International Social Survey Programme« (**ISSP**), der **Wohlfahrtssurvey** oder auch der **Eurobarometer** genannt. Der ALLBUS-Datensatz ist im Download für jedermann frei und kostenlos verfügbar. Er wird seit 1980 in zweijährigem Abstand als repräsentativer Querschnitt der deutschen Bevölkerung durchgeführt und beinhaltet Fragen zu verschiedenen sozialwissenschaftlich relevanten Themen.

Deutsches Institut für Wirtschaftsforschung Berlin (DIW) (http://www.diw.de):

Deutsches Institut für Wirtschaftsforschung Berlin

Informationsangebot/Schwerpunkt: Wirtschaftswissenschaftliche und sozioökonomische Analysen, zum Teil auf Grundlage eigener Befragungen.

Beschreibung: Das DIW ist ein wirtschaftswissenschaftliches Forschungsinstitut, das zu aktuellen wirtschaftlichen Entwicklungen forscht und Stellung dazu nimmt. Für Sozialwissenschaftler ist es deshalb besonders interessant, weil es das Sozio-ökonomische Panel betreibt.

Veröffentlichungen: Analysen werden unter anderem regelmäßig in **DIW Wochenberichten** sowie den Vierteljahresheften publiziert.

Datenquellen: Das **Sozio-ökonomische Panel (SOEP)** des DIW ist eine jährlich durchgeführte repräsentative Wiederholungsbefragung in über 12 000 Privathaushalten in der Bundesrepublik Deutschland. Erhoben werden Daten zu allen Lebensbereichen, wobei ein gewisser Schwerpunkt auf Fragen der Lebenslage der Haushalte liegt. Der SOEP-Datensatz ist für Studenten und Wissenschaftler zur sozialwissenschaftlichen Analyse verfügbar.

Bundesinstitut für Bevölkerungsforschung (BiB) (https://www.bib.bund.de/DE/):

Bundesinstitut für Bevölkerungsforschung

Informationsangebot/Schwerpunkt: Bevölkerungs- und Familienfragen; Migration und Demografie.

Beschreibung: Das BiB befasst sich seit seiner Gründung 1973 mit allen Themen der Bevölkerungsforschung, darunter: Alterung, Fertilität, Sterblichkeit, Bevölkerungsbilanz und Familienstrukturen, Migration und Mortalität.

Veröffentlichungen: Das BiB gibt Veröffentlichungen zu bevölkerungswissenschaftlichen Themen und Fragestellungen heraus und informiert auf seiner Website ausführlich über demografische Entwicklungen. Dazu gehören die Zeitschrift **»Comparative Population Studies«** (Zeitschrift für Bevölkerungswissenschaft) und die Reihe **»Bevölkerungsforschung Aktuell«**.

Datenquellen: Neben dem umfangreichen Generations and Gender Survey (GGS) werden aktuell auch mehrwellige Studien zu Übergängen und Alternspotenzialen (TOP) sowie Familienleitbildern in Deutschland (FLB) durchgeführt. Die Datensätze sind allesamt über die GESIS verfügbar.

Deutsches Jugendinstitut (DJI) (http://www.dji.de):

Deutsches Jugendinstitut (DJI)

Informationsangebot/Schwerpunkt: Kinder- und Jugendforschung sowie damit in Verbindung stehende Themen.

Beschreibung: Das DJI verantwortet seit 1963 als außeruniversitäres Forschungsinstitut Forschungsprojekte und Erhebungen zu kinder-, jugend-, familien- und geschlechterbezogenen Themen.

Veröffentlichungen: Die Forschungsergebnisse des DJI werden Themenspezifisch geordnet sowie im vierteljährlich erscheinenden Forschungsmagazin »**DJI Impulse**« publiziert.

Datenquellen: Das DJI hat zahlreiche Surveys durchgeführt. Ein großer Teil der Forschung und Sozialberichterstattung zu Kindern, Jungend und Familie basiert heute auf dem sogenannten integrierten **Survey AID:A** (Aufwachsen in Deutschland: Alltagswelten).

Bundesagentur für Arbeit (BA) (http://www.statistik.arbeitsagentur.de/) und das **Institut für Arbeitsmarkt- und Berufsforschung (IAB)** (http://www.iab.de):

Bundesagentur für Arbeit und Institut für Arbeitsmarkt- und Berufsforschung

Informationsangebot/Schwerpunkt: Die BA erstellt und veröffentlicht als Teil der amtlichen Statistik die Statistik über den Arbeitsmarkt nach dem Sozialgesetzbuch III (SGB III) und über die Grundsicherung für Arbeitsuchende nach dem Sozialgesetzbuch II (SGB II). Das IAB ist eine Dienststelle der Bundesagentur für Arbeit, betreibt Arbeitsmarkt-, Berufs- und Qualifikationsforschung und analysiert Instrumente der Arbeitsförderung und Leistungen der Arbeitslosenversicherung und Grundsicherung

Veröffentlichungen: Die Erhebungsergebnisse werden in der IAB-Bibliothek veröffentlicht. Diverse Einzelveröffentlichungen werden in Jahres- oder Kurzberichten zusammengefasst.

Datenquellen: Die Statistikabteilung der BA bietet Aggregatdaten zu arbeitsmarktrelevanten Themen aus den amtlichen Statistiken. Es besteht die Möglichkeit, online auf verschiedene Datenquellen zuzugreifen: Mikrodaten und amtliche Statistik der Bundesagentur für Arbeit sowie Indikatoren zur Arbeitsmarktentwicklung. Das IAB führt mit dem **IAB-Betriebspanel** und dem **IAB-Haushaltspanel** zwei für die Sozialstrukturforschung wichtige Erhebungsprojekte durch.

Wissenschaftszentrum Berlin für Sozialforschung (WZB) (https://wzb.eu/)

Wissenschaftszentrum Berlin für Sozialforschung

Informationsangebot/Schwerpunkt: Aktuelle und praxisbezogene Forschung zu Problemen, Entwicklungsmöglichkeiten und Innovationschancen moderner Gesellschaften.

Beschreibung: Das außeruniversitäre Forschungsinstitut arbeitet zu diversen gesellschaftspolitisch relevanten Themen, oft international vergleichend.

Veröffentlichungen: Neben dem regelmäßig erscheinenden Datenreport (in Zusammenarbeit mit der bpb), werden aktuelle Forschungsergebnisse in regelmäßig erscheinenden Publikationen, etwa den **WZB-Mitteilungen** veröffentlicht.

»Sozialpolitik-aktuell« der Universität Duisburg Essen (Institut für Soziologie) (http://www.sozialpolitik-aktuell.de):

Sozialpolitik-aktuell

Informationsangebot/Schwerpunkt: Umfassende Darstellung sozialpolitisch relevanter Inhalte.

Beschreibung: Die Universität Duisburg Essen stellt im Internet aktuelle Informationen und aufbereitete Daten und Grafiken zu sozialpolitischen Themen bereit.

Veröffentlichungen: Es liegen diverse Internetangebote vor, zum Beispiel zum Arbeitsmarkt, zur Alterssicherung, zur sozialen Sicherung, zu Lebensformen und Familienpolitik.

Für den Zugang zu **internationalen Daten** sei auf vier Institutionen verwiesen, die in enger Zusammenarbeit mit den beteiligten Staaten vergleichende Statistiken anbieten:

Internationale Datenquellen

- Das **Statistische Amt der Europäischen Union** (Eurostat) trägt als Verwaltungseinheit der Europäischen Union die Statistiken der europäischen Staaten zusammen (ec.europa.eu/eurostat). Eine zentrale Aufgabe des Amtes ist neben der Publikation dieser Daten die Angleichung der statistischen Definitionen und Berechnungsmethoden zu relevanten sozialstrukturellen Indikatoren im europäischen Raum. Das Datenangebot von Eurostat und die Dokumentationstätigkeit haben sich enorm verbessert. Zentral ist die umfangreiche Datenbank, die unter https://ec.europa.eu/eurostat/data/database zu erreichen ist und von in diesem Band auch rege Gebrauch gemacht wurde.
- Die **Organisation für wirtschaftliche Zusammenarbeit und Entwicklung** (OECD), die 36 zumeist hochentwickelte Mitgliedsstaaten umfasst, hat zum Ziel, in den OECD-Staaten Wirtschaftswachstum, höhere Bildung und Beschäftigung und die Steigerung des Lebensstandards zu fördern sowie die wirtschaftliche Entwicklung von Nicht-OECD-Ländern zu unterstützen. Diese Zielsetzung schlägt sich auch in einem umfassenden Angebot von Publikationen nieder, die zum Teil auf selbst initiierten Erhebungen (in Kooperationen mit den Mitgliedsländern) beruhen. Am bekanntesten ist sicherlich die **PISA-Studie** zur Erforschung des Bildungsstands junger Menschen in den OECD-Ländern. Aber auch Umwelt, Migration oder Korruptionsbekämpfung sind Themen, mit denen sich die Publikationen der OECD beschäftigen. Sie werden in der OECD Library (http://www.oecd-ilibrary.org/) verfügbar gemacht. Auch stellt die OECD eine umfangreiche Datensammlung unter https://data.oecd.org bereit.
- Die **Internationale Arbeitsorganisation** (ILO) ist eine unabhängige Institution, die von den Vereinten Nationen damit beauftragt wurde, soziale Gerechtigkeit sowie Menschen- und Arbeitsrechte zu befördern. In

ihr sind die Repräsentanten der Regierungen sowie von Arbeitnehmern und Arbeitgebern von 187 Mitgliedsstaaten vertreten. Grundlage ihrer Arbeit sind umfangreiche Datensammlungen, die größtenteils in enger Zusammenarbeit mit statistischen Ämtern der Mitgliedsländer zusammengestellt werden. Neben dem jährlich mit wechselnden Schwerpunkten erscheinenden »Global Wage Report« (zuletzt 2012–13) werden weitere Studien zu arbeitsmarktbezogenen Themen veröffentlicht (http://www.ilo.org/berlin).

- Schließlich sei noch das **Department of Economic and Social Affairs der Vereinten Nationen** (https://www.un.org/development/desa/en/) genannt, das eine umfangreiche Datensammlung zu allen wichtigen Themen Bevölkerungsentwicklung (Population Division) und Sozialstrukturanalyse bereitstellt.

Sachregister